불교와 그리스도교의 만남

종교 간의 대화

길희성 | 윤영해 | 이찬수 | 류제동 | 전재성 | 곽상훈 | 배은주
박태식 | 유충희 | 최원오 | 박명우 | 민경석 | 김진경

현암사

종교가 다르고 교파가 달라도 서로 배우려는 학자들이 힘을 합쳐 '종교
신학연구소'를 만들고, 2003년부터 2006년까지 매월 한 차례 신학과
종교학의 여러 가지 주제들을 함께 공부했다. 그 가운데서 몇 편의 논
문을 가려서 이 책을 엮었다.

　이 책에서는 종교사의 양대 산맥인 불교와 그리스도교의 대화를 시
도해 보고자 했다. 1991년 교황청의 종교 간 대화위원회는 『종교 간의
대화 방향』이란 지침서에서 종교 간의 대화 양상 네 가지를 제창한 바
있다. 만남의 대화, 협동의 대화, 학문의 대화, 영성의 대화를 권장했는
데 우리는 학문의 대화를 하려고 애썼다. 불자와 그리스도인 숫자가
각기 1,400만, 거의 동수인 나라는 세계에서 오직 한국뿐이다. 그러나
양 교단은 물과 기름마냥 따로따로 놀고 도무지 섞이지 못했다. 만시지
탄은 있지만 이제라도 학문의 대화가 이루어진 것은 양대 종교뿐 아니
라 겨레의 화합을 위해서도 매우 다행한 일이다. 이법종교(理法宗敎)인
불교와 계시종교(啓示宗敎)인 그리스도교는 얼핏 보면 사유와 언어가
너무 달라서 도저히 상합할 수 없는 것처럼 보이지만, 깊이 파고들면
서로 다른 사유와 언어 밑바탕에 같은 진리가 자리 잡고 있으리라는
바람이 있는 것이다.

　그 근원을 탐구하기 위해 불교와 그리스도교의 초기 경전을 살펴보

왔다. 신학 논문의 바탕에는 역사비평과 해석학적 성찰이 깔려 있다. 역사비평에서는 성서와 교리의 형성배경사와 주석사를 살펴보았다. 아울러 해석학적 성찰을 시도했는데, 이는 옛날 옛적 헤브라이즘과 헬레니즘 문화권에서 만든 생경한 경전과 교리가 오늘날 이 땅에서 나날을 살아가는 그리스도인들에게 무슨 의미가 있는지 따지는 것이다. 곧, 화석처럼 굳어진 경전과 교리에 생기를 불어넣어 피가 돌도록 하는 일이 해석학적 성찰이다.

그리고 고대 교부들의 관점에 따라 오늘날 한국에서 이루어지고 있는 여러 교파 간의 대화와 소통의 길을 살피고, 한국 고유의 신학이 보여주는 창조적이고 의미 깊은 세계를 들여다보기도 했다. 또한 지구촌에서 벌어지고 있는 제국주의적 세계화와 탈식민주의의 팽팽한 긴장 속에서 다양하게 쏟아지고 있는 예언신학과 지혜신학, 세계화신학과 여성신학의 도전적인 주장들은 우리 삶의 자리를 폭 넓은 균형 감각을 가지고 보게 해줄 것이다.

믿음을 이해하려는 일(信解作業)에 협조하신 분들에게 감사할 일만 남았다. 우선 종교신학연구 월례발표회에서 발제와 논평을 감당하신 석학들을 비롯하여, 실무와 편집을 맡아주신 오지섭 박사와 모명숙 박사, 김지환 씨, 유정원 씨께 감사한다. 또한 탁인자 여사님의 도움으로 월례모임을 꾸려갈 수 있었음을 밝히면서 진심으로 사은의 정을 표한다. 끝으로 이 논집을 출간해주신 현암사 여러분께도 고마운 마음을 전한다.

2009년 6월
종교신학연구원장 정양모 합장

일러두기

성서 인용 구절의 각 장과 절은 ' , ' 기호로 구분하였습니다.

예) 마태복음 27장 46절 ⇒ 마태 27,46

1
불교와
그리스도교의
만남

왜 불교인가?

길희성

(서강대학교 종교학과 명예교수)

이 글에서 나는 왜 불교가 현대세계에서 각광을 받는지 종교학적 시각에서 분석하며, 동시에 그 신학적 함의를 묻고자 한다.

1. 불교와 그리스도교의 보편성과 초월성

나는 가끔 왜 아시아인인 내가 그리스도교 신자가 되었는가에 대해 자문해본다. 이른바 '모태신앙'이라는 것을 가지고 태어난 나에게 교회생활은 어려서부터 너무나 당연한 것이었다. 청소년기 신앙의 위기 — 아니, 삶의 위기라고 해야 더 정확할 것이지만 — 가 닥쳐와서 그리스도교 신앙에 회의를 갖고 고민하면서 주체적으로 그 의미를 되새기는 기간에도 그런 의문은 별로 없었다. 그만큼 그리스도교는 나에게 너무나 익숙하였다. 하지만 대학원 시절 비교종교학과 불교 등 아시아 종교와 문화를 공부하면서부터 이러한 물음이 서서히 자라나기 시작했고, 미국 유학시절 한국인이자 동양인으로서 나 자신을 강하게 의식하면서부터는 그러한 문제의식이 더욱 강하게 형성되었다. 더욱이 최근에 서구가 주도해온 근대문명과 그리스도교에 대한 평가가 이전보다 더 부정적이 되면서, 왜 그리고 어떻게 내가 동양인임에도 불구하고 아시아의 훌륭한 종교전통들을 떠나 '서양종교'인 그리스도교 신자가 되었는지 곤혹스러운 생각마저 든다. 지금 내가 가진 지식 상태에서 다시 한 번 종교를 선택할 기회가 주어진다면, 나는 과연 그리스도교를 선택할지 솔직히 자신이 없다.

내가 그리스도인이 된 데에는 여러 가지 이유를 꼽을 수 있다. 우선 선택의 문제가 아니었던 나의 모태신앙과 자라난 가족환경이 있다. 신앙고백 차원에서는 하느님의 은총을 말할 수 있을 것이고, 신학교육을 통해 나에게 '주입된' 그리스도교 신앙의 특수성과 장점 등에 대한 신학적 지식도 내가 왜 다른 종교 신자가 아닌 그리스도교 신자인지 어느 정도 설명해줄 것이다. 하지만, 이러한 설명들에는 한 가지 너무나 상식적이면서도 결정적인 요인이 빠져 있다. 그것은 한국 근대사의 격랑과 종교문화적 여건이라는 역사적 요인이다. 즉, 그리스도교는 서구열강들의 서세동점이라는 거대한 역사적 물결, 좀 더 직설적으로는 제국주의 역사와 함께 우리나라에 들어온 종교다. 만약 내가 약 200년 전에 조선 땅에 태어났더라면 나는 그리스도교라는 것을 알지도 못했을 것이며, 필경 (특히 양반가문에 태어났다면) 철저한 유교신자로 살아갔을 것이다. 이 역사적 우연성을 도외시한 채 내가 그리스도인이 된 사실은 설명할 수 없다.

내가 어쩌다 그리스도인이 되었냐 하는 개인적 차원의 문제를 떠나, 나는 종종 왜 아시아 국가 가운데 유독 (필리핀을 제외한) 한국에서만 그리스도교가 이렇게 번성하게 되었는지 묻게 되며, 외국인들한테도 이 질문을 받는다. 나는 솔직히 말해서 이 사실이 자랑스럽게 여겨지기보다는 당혹스럽게, 아니 약간 수치스럽게 느껴진다. 한국은 문화적 자존심도 없는 나라처럼 느껴지기 때문이며, 외국인도 그런 한국에 경탄하기보다는 경멸할 것 같은 생각이 들기 때문이다. 그리스도교 수용에 관한 한 한국은 필리핀을 제외하고는 아시아에서 예외다. 우리는 이것을 어떻게 설명하고 평가해야 할까?

그리스도교가 우리나라에서 이렇게 성행하는 이유를 찾자면, 신앙적 이유보다는 역사적 이유를 먼저 들어야 하겠다. 하느님이 아시아에서 유독 한국만을 특별히 사랑하셔서 그리스도교가 번성하도록 축복해주셨다고 확신 있게 말할 자신이 없기 때문이다. 한 가지 분명한 것은, 만약 우리나라가 일본이 아니라 서구 그리스도교 국가에 의해 30년간 강점지배를 받았다면, 그리스도교는 광복과 더불어 청산대상이 되었을 것이고 결코 지금처럼 번창하지 못했을 것이라는 사실이다. 인도를 비롯한 이슬람국가들의 예가 이것을 말해준다. 태국이나 일본처럼 아예 식민지배를 받지 않은 나라는 말할 필요조차 없다. 이 두 나라에서 과거는 물론이요 앞으로도 그리스도교가 우리나라처럼 번성하는 일은 결코 없을 것이라 장담해도 괜찮으리라. 다만 서구의 식민지배를 받은 필리핀만이 유일한 예외인 듯 보이나, 여기에는 또 하나의 결정적 요인이 작용하고 있음을 유의해야 한다. 이슬람이나 아시아의 철학적 종교전통이 지배하는 여러 나라들과 달리, 필리핀은 그리스도교가 들어오기 전에 고등종교가 존재하지 않았다. 이것을 뒤집어서 우리나라에 적용하면, 조선조 말 그리스도교가 들어왔을 때 불교라는 고등종교가 융성했더라면, 그리스도교는 결코 발을 붙이기가 쉽지 않았을 것이다. 한동안 불교가 약세를 면치 못하는 가운데 그리스도교가 한국인의 종교생활에 파고들 수 있었으며, 그 후 불교가 세력을 만회함에 따라 지금은 두 종교가 막상막하의 세력으로 한국 종교계를 지배한다.

불교와 그리스도교는 동서양을 대표하는 세계 양대 종교였으며, 이제는 이러한 지리적 구분을 넘어서 문자 그대로 '세계종교'가 되었다. 서구보다 아시아에서 그리스도교가 더 왕성하게 번창하고 있으며, 백인 불자들이 더 순수하고 진지한 불자가 되었다고 말할 정도로 상황이 변했다.

물론 신도 수로 보면 불교보다 이슬람이 훨씬 많으며, 따라서 그리스도교와 이슬람을 세계 양대 종교로 간주해야 할 것이다. 뿐만 아니라, 10억 인도인의 다수 종교인 힌두교도 신자 수로 말한다면 불교를 훨씬 능가한다. 이것은 물론 중국에 불자가 얼마나 있느냐에 달린 문제이기는 하지만. 여하튼 이러한 수적 열세에도 불구하고 내가 이슬람이나 힌두교보다 불교를 그리스도교에 견줄 만한 세계종교로 간주하는 이유는 그리스도교에 비견할 만한 불교의 '세계성' 때문이다. 즉 불교는 그 근본 성격상 그리스도교와 같이 어떤 특정지역이나 문화권, 계급이나 신분, 인종이나 성별의 제약을 받지 않고 모든 인간을 대상으로 보편적 메시지를 전하는 종교다. 바로 이 보편성으로 인해 불교는 과거부터 현재까지 세계를 무대로 '복음'을 전파하는 '선교적 종교 (missionary religion)'가 되었다.

이슬람도 물론 이 같은 요건들을 다 갖춘 종교다. 그러나 불교에 비하면 이슬람의 세계성은 떨어진다. 두 가지 근본적 제약성을 지적할 수 있다. 이슬람이 좀처럼 서구 백인을 개종시키지 못했다는 사실적 한계성과, 사회와 문화의 세속화(secularization)를 거부하는 이슬람의 근본적 성격이 그것이다.

우선, 이슬람은 그리스도교와 마찬가지로 유일신신앙에 기초한 종교이기에 백인들에게 근본적으로 새로운 세계관, 인간관, 가치관을 제공하지 못한다. 뿐만 아니라, 유일신신앙에 대해 현대인이 제기하는 동일한 문제들을 다 안고 있다. 창조론, 신의 섭리와 악의 문제, 초자연적 계시, 가부장적이고 전제군주 같은 권위적 하느님 이미지, 부활과 최후

심판 사상 등 현대인이 수용하기 쉽지 않은 신관을 이슬람은 그대로 지니고 있다.

둘째로, 이슬람은 유대교와 마찬가지로 인간의 외적 행위를 중시하는 율법중심의 종교다. 이것은 물론 이슬람이나 유대교가 인간의 내면적 신앙이나 경건성을 무시하는 종교라는 말은 아니지만, 두 종교 모두 하느님의 계시에 입각하여 인간 삶과 행위를 매우 구체적인 율법으로 규정하고 규제하는 종교라는 점은 확실하다. 유대교와 이슬람에서는 율법 준수가 가장 핵심적인 신앙행위다. 두 종교 모두 하느님의 뜻을 지나치게 구체적으로 규정하고 있어, 인간의 자유와 합리적 자율성의 여지를 협소하게 만든다. 삶 전체를 율법이라는 성스럽고 정형화된 행위, 곧 '의례(ritual)'로 살도록 명하는 종교다. 이러한 면에서 유대교와 이슬람은 예의범절을 중시하는 유교와 유사한 면이 있다. 문제는, 이렇게 구체성을 띤 율법이 당연히 시대적 제약성을 지닐 수밖에 없으며, 이 때문에 이슬람이 아직도 중세적 유산을 극복하지 못하고 현대세계에 적응하는 데 어려움을 겪고 있다는 사실이다. 이슬람은 세속화되고 다원화된 사회에서 살고 있는 현대인, 특히 이미 그리스도교적 배경을 갖고 있으나 탈그리스도교 시대를 살고 있는 백인들을 개종시키기는 어렵다.

종교의 세계성과 보편성은 단순히 신도 수나 지리적 범위 문제가 아니라 종교의 근본성격, 본질적 측면, 본성에 관한 것이다. 이것은 힌두교 경우를 보아도 잘 드러난다. 신자 수만 따진다면 힌두교가 불교를 제치고 단연 세계 3대종교 가운데 하나로 꼽힐 것이다. 하지만 우리는 힌두교를 '세계종교'라 부르지 않는다. 힌두교는 다분히 인도사람들만의 종교, 혹은 인도 민족종교라는 성격이 매우 강하기 때문이다. 카스트제도를 본질적 요소로 가진 힌두교는 본성상 인도라는 특수문화 및 사회체제와 불가분의 관계에 있기 때문에 세계성이 제약받을 수밖에 없다. 이런 점에서 보면, 힌두교와 불교의 관계는 유대교와 그리스도교의 관계와 매우 유사하다.

힌두교의 중심주제 혹은 주요 관심사는 다르마(dharma, 법도)와 목샤(moksa, 해탈)다. 이 가운데서 해탈에 관한 한, 힌두교는 불교와 같이 세계성을 띠며, 실제로 각종 요가와 정신수련을 통해 힌두교적 영성을 추구하는 서양인이 적지 않다. 그러나 그들은 자신이 힌두교로 개종했다고 여기지는 않는다. 힌두교의 지극히 작은 부분이라 할 하나의 특정 정신수련법, 혹은 힌두교의 다양한 해탈방법 중 하나의 길을 따르고 있을 뿐이며, 무엇보다도 카스트제도에 따른 힌두교적 사회질서 및 관습과는 무관하게 살기 때문이다. 이는 백인들이 동아시아의 유교전통을 높이 평가하지만 결코 아무도 유교로 개종하거나 유교신자가 될 수 없는 것과 유사하다. 유대교나 이슬람의 율법 같이 구체적 행동규범을 제시하는 힌두교의 다르마제도를 수용할 서양사람은 아무도 없다.

불교는 힌두교의 다르마 개념을 수용했으나 그것을 윤리화하고 보편화했다. 불교에서 다르마(法)는 주로 붓다의 가르침인 불법을 가리키며, 해탈을 위해 마음을 닦는 법이나 인격도야를 위한 내면적이고 보편적인 윤리적 가치들을 의미한다. 불교의 다르마는 남녀노소, 신분을 차별화는 윤리가 아니라, 언제 어디서나 누구에게든 해당되는 보편성을 띤다. 붓다는 힌두교적 사회질서로서의 다르마를 폐기하거나 무시하고 해탈을 위한 수행에 치중함으로써 그의 메시지, 그의 다르마를 보편화시킨 것이다. 이것은 마치 예수나 바오로가 그들의 메시지를 유대교적 율법 전통에서 분리시켜 그리스도교 신앙을 세계로 전파할 수 있는 초석을 마련한 것과 유사하다. 좀 단순화시켜 말하자면, 불교는 세계를 위한 힌두교요, 그리스도교는 세계를 위한 유대교라 할 수 있을 것이다.

종교에는 두 가지 측면, 두 가지 기능이 있다. 하나는 사회적 · 도덕적 기능으로서, 한 사회의 기강과 질서의 기초가 되며 집단 결속력과 정체성 형성에 결정적 역할을 한다. 종교는 왕권이나 정치권력, 혹은 국가를 신성화하기도 한다. 획일적 의례나 규범준수를 사람들에게 강요하여 사회통합을 꾀하고, 정통사상이나 교리를 수호하여 이단을 척결하고 사상을 통제한다. 전통사회에서는 거의 모든 종교가 이런 사회적 기능을 수행했으며, 종교는 전통의 보루요 체제의 성스러운 수호자 역할을 했다. 현대세계에서도 종교는 사회마다 정도와 방식의 차이는 있지만 여전히 이러한 기능을 수행한다. 한마디로 말해, 종교의 중세적 유산이라고 해도 좋을 것이다.

어느 종교를 막론하고, 이러한 사회적 역할을 수행하지 않는 종교는 없다. 오죽하면 뒤르켕(Emile Durkheim)이 신은 곧 사회 그 자체라고 했겠는가? 소수의 종교적 천재와 강한 종교체험과 카리스마로 출발한 종교도 신도 수가 증가하여 사회의 다수가 될 정도로 성공하면, 사회를 변화시키는 대신 사회체제 및 가치체계와 한 통속이 되어버린다. 심지어 국가종교나 국교가 되어 소수집단들이나 자유사상을 억압하며 체제 수호의 도구로 전락한다. 종교가 본연의 정신과 역할을 망각하고 사회 체제와 문화체제 속에 완전 통합되어버리는 것이다.

이러한 종교의 집단적 기능은 현대세계에서 점점 더 의미를 상실해 가고 있다. 현대인은 종교 없이도 도덕적 삶이 가능할 정도로 성숙해졌으며, 종교의 사회규범 기능은 인간 자유를 구속하고 자율성을 침해하는 것으로 여겨지게 되었다. 인간의 외적 행위를 규제하는 타율로서의 종교는 이제 억압적인 것으로 인식되며, 지배계급의 통치수단 정도로 여겨진다. 무엇보다, 다원화되고 세속화된 현대사회에서는 종교가 이러한 집단적 질서유지 기능을 수행하기가 현실적으로 불가능하게 되었다. 종교와 정치가 분리되고 종교의 자유, 사상의 자유, 행동의 자유가 법적으로 보장된 사회에서 종교적 도덕과 규율은 강제적 구속력을 상

실했으며, 시민들의 자유롭고 합리적인 토론과 합의에 의해 사회통합
이 이루어지는 사회에서 종교의 역할은 축소될 수밖에 없다. 이슬람이
아직도 이러한 사회통합적 종교 기능을 유지하려 애쓰지만, 현대세계
에서 많은 모순을 낳는다. 인도에서도 종교다원성을 기반으로 한 세속
적 정치질서를 거부하고 힌두교를 인도사회와 문화의 구심점으로 삼고
자 하는 힌두교 민족주의 세력이 정치를 주도하는 경우도 있었으나,
힌두교가 다종교, 다민족국가인 인도에서 사실상의 지배이념이나 종교
가 되기에는 현실적으로 많은 문제가 있다. 한국을 비롯한 동아시아의
유교, 이스라엘의 보수 유대교, 나아가서 미국의 보수주의 내지 근본주
의 그리스도교, 일본이나 구라파 여러 나라의 보수우익들은 아직도 사
회의 집단적 정체성을 보존하고 질서를 수호하는 종교의 전통적 역할
에 집착하지만, 그럴수록 종교는 결국 생명력을 상실하고 사람들은 외
면하고 말 것이다.

　종교에는 사회적 기능 외에 더 본질적 기능이 있다. 인생의 근본문
제, 개인 실존의 근본 물음에 답을 제시하는 정신적, 영적 기능이다.
뒤르켕의 통찰과 정반대로 화이트헤드(Whitehead)는 "종교란 한 개인
이 고독을 상대하는 일이다(Religion is what an individual does with his
solitariness)"라고 말했다. 종교는 인생의 가장 본질적이고 근원적인 물
음을 묻고 해법을 제시한다. 개체의 고독과 소외, 양심의 가책이나 죄
책감, 인간사회의 갈등과 대립, 인생무상과 허무를 직시하면서 인간존
재와 삶 자체에 필연적으로 수반되는 본질적 문제들을 극복하는 길을
제시하는 것이 종교의 본질적 기능이다. 인간이면 누구나 겪을 수밖에
없는 고통과 부조리와 유한성을 넘어서 구원을 갈망하는 이들에게 종
교는 초월적 구원으로 답한다.

　나는 이러한 초월적 구원의 종교로 그리스도교와 불교를 꼽는다. 두
종교도 물론 전통적으로는, 특히 중세시대에는, 위에서 논한 체제수호

적이고 체제순응적인 종교 역할을 수행했다. 이런 면에서는 불교와 그리스도교 역시 극복해야 할 중세적 유산을 많이 안고 있다. 집단성, 보수성, 억압성, 권위주의 등의 문제를 여전히 안고 있는 것이 사실이다. 그럼에도 이 두 종교 안에는 창시자의 순수한 메시지와 정신이 살아 움직이고 있으며, 긴 역사를 통해 그 정신을 되찾으려는 노력이 끊임없이 이어져 왔다. 불교와 그리스도교는 끊임없이 자기비판과 개혁을 꾀할 영적 힘을 지녔다. 물론 유교, 힌두교, 이슬람도 그러한 역량을 갖추고 있을는지 모른다. 그러나 이 세 종교는 사회성이 너무 강해, 한 특정한 사회의 도덕질서, 정치질서, 사회질서와 너무 밀착되어 왔기 때문에, 종교 본연의 영적 기능을 가리고, 현대사회에 적응하는 데 많은 어려움을 겪는다.

불교와 그리스도교는 인간문제, 인생문제를 가장 적나라하게 대면하는 가장 근본적 종교라고 나는 생각한다. 모든 인간이 겪는 문제, 겪을 수밖에 없는 보편적이고 근원적인 문제를 가지고 씨름하는 종교다. 두 종교는 어느 특정사회나 문화권, 어느 특정민족이나 종족의 관습이나 전통에서 발생한 역사적 우연성에 갇힌 종교가 아니라 모든 인간이 인간인 한 필연적으로 대면하고 해결해야 하는 근본적이고 보편적인 문제를 안고 고민하는 종교다.

이 이유로 인해 불교와 그리스도교는 인간을 차별하지 않는다. 인간을 인간으로, 개인을 개인으로 보며 특정집단의 일원, 가령 혈연공동체나 민족집단에 속한 존재로 보지 않는다. 인간을 영적 존재로, 다시 말해 초월적 실재와 관계된 존재로 보기 때문에 혈연이나 지연, 민족이나 종족 같은 자연적 뿌리의식이나 토착성으로부터 자유로운 종교다. 힌두교는 인간을 카스트집단에 귀속시키며, 유교는 인간을 일차로 가족과 혈연관계 속에서 파악한다. 유교는 사람을 보면 가족사항, 특히 애비가 누구냐, '근본'이 무엇이냐를 묻는 반면, 힌두교는 그가 어느 카스트 출신, 어느 지역 출신인지 먼저 묻는다. 불교와 그리스도교는 일차로 사람을 집단의 일원으로 파악하거나 그가 속한 사회적 맥락이나 관계망 속에서보다는 초월적 실재와 관련된 영적 존재로 파악한다. 인간을 일차적으로 한 개체, 한 단독자, 한 '영혼'으로 본다는 말이다. 두 종교는 인간의 궁극적 정체성을 결코 지상에 속한 것이거나 지상적 질서 혹은 자연적 관계에 속한 것이라고 보지 않는다. 인간의 '고향'은 민족이나 국가, 사회나 문화에 있지 않고 영원한 하늘나라 혹은 출세간적 해탈의 세계에 있다고 보기 때문이다. 지상에서 인간은 나그네요 순례자일 뿐, 결코 거기에 안주하거나 거기서 궁극적 행복을 찾을 수 있는 존재가 아니라고 본다. 그러므로 불교와 그리스도교는 적어도 원리상 인간을 차별할 수 없는 종교다. 남녀, 노소, 신분, 민족이나 계급 차이를 넘어서 모든 인간을 인간이기 때문에 가치 있는 존재로 여긴다. 사람들의 사회적, 문화적 소속이나 세속적 정체성이 초월적 시각에서 보면 비본질적이고 우연적인 것으로 상대화되기 때문이다.

두 종교의 세계성은 바로 이 보편적, 초월적, 영적 인간관에 기인한다. 이 평등주의적인 영적 인간관은 기본적으로 불교와 그리스도교가 추구하는 초월적 구원관에 기인한다. 두 종교는 세상과 세간 자체를 초월하는 초세상적, 초세간적 구원을 추구하는 종교로서, 두 종교의 보편성과 세계성은 바로 이 초월적 구원을 추구하는 초월적 영성에 있다.

'초월적 구원'이라는 말은 좀 더 설명할 필요가 있다. 모든 종교가 다 모종의 '구원'을 추구하지만, 불교와 그리스도교는 구원을 이 세상이나 이 세계, 혹은 어떤 특정 사회질서나 문화질서 속에서 구하지 않는다. 두 종교는 현세 질서, 지상적 질서에 안주하는 종교가 아니라 보이지 않는 초월적 이상, 초세상적 실재와 초세간적 가치를 추구하는 종교다. 보이는 현실세계에 안주하지 않고 끊임없이 우리가 살고 있는 세계와 현실, 그리고 인간존재 자체를 근본에서부터 묻고 도전하고 변혁하고자 한다. 불교와 그리스도교는 세계 혹은 세상과 대결하는 종교다. 이는 출가자나 수도자들의 고뇌에 찬 결단에서 가장 극명하게 드러난다. 불교와 그리스도교는 그 가장 진정한 모습에서, 한 개인으로 하여금 이 세상과 정면 승부하도록 요구한다. 탐욕과 죄악으로 얼룩진 세상에 안주하거나 타협하지 말고 싸워 이기라고 촉구한다. 불교와 그리스도교는 이러한 면에서 출가와 재가, 성직자와 평신도를 막론하고 금욕적 영성의 종교다. 성(sexuality)과 가족, 물질세계와 문화적 성취 등은 그 자체가 악은 아니지만 항시 유혹과 장애가 될 수 있다고 생각한다. 초월적 구원을 추구하는 두 종교는 본질적으로 죄악 세상(cosmos)과 탐욕적 세간(loka)을 강하게 부정하며 출발한 종교로서 항시 세상과 긴장관계를 유지한다. 불교는 무상하고 고통스러운 세상을 결코 집착 대상으로 삼아서는 안 된다고 보며, 그리스도교도 폭력과 억압이 횡행하는 현세 질서를 다가오는 새 질서 앞에서 사라져야 할 구시대 질서로 여긴다.

따라서 불교와 그리스도교는 세상과 인생을 철저히 부정하고 초월하여 변화된 세계를 갈망한다. 신자들은 도덕적-영적 변화를 통해 새로운 존재로 태어나서 새로운 세상, 즉 세간적 질서와는 전혀 다른 초월적 가치와 질서를 구현하고자 한다. 불교는 그것을 열반(nirvāna), 정토, 불국토, 법계(dharmadhātu) 등 여러 이름으로 부르며, 그리스도교는 하느님 나라 혹은 하늘나라라고 부른다. 불교와 그리스도교는 이 초월적 구원 세계를 위해 인간존재와 세간적 질서의 총체적이고 근본적인 변화를 추구한다. 개인과 사회를 향해 '영적 혁명'을 촉구하는 셈이다. 예수와 붓다는 바로 이 영적 혁명을 일으킨 사람이며, 그 혁명의 파장과 파고, 충격과 열기는 수천 년이 지난 오늘날까지 지속되고 있다. 약화되기도 하고 변질되기도 했지만 여전히 인간을 변화시키고 사회를 변화시키는 힘을 발휘한다.

이 세상의 질서를 넘어서는 초월적 구원의 추구가 두 종교에서 종종 역사나 현실을 부정하거나 세계로부터 도피하는 영성으로 나타난 것은 부인할 수 없는 사실이다. 그러나 초월적 구원은 어디까지나 세상을 이기고 변화시키려는 것이지 세상을 피하려는 것은 아니다. 불교에서 즐겨 사용하는 진흙탕에 핀 연꽃 상징이 그것을 말해준다. 그리스도교의 하느님 나라 역시 초월적 세계이지만 이 세상 밖에서, 혹은 사후에야 비로소 실현되는 세계가 아니라 역사 안에서 이루어지는 종말적 세계다.

초월적 구원세계를 실현하는 영적 혁명은 무엇보다 자기부정에서 시작한다. 불교는 무아(無我)의 진리를 철저히 깨달아 거짓된 자아와 아집을 버릴 것을 말하며, 그리스도교는 그리스도의 십자가가 상징하는 자기부정을 말한다. 불교든 그리스도교든 진정한 생명, 진정한 구원은 탐욕과 무지가 판치는 세상 혹은 세속과의 치열한 싸움과 철저한 자기부정을 통해서만 가능하다고 본다. 두 종교 모두 "죽어야 산다" 혹은 "죽는 것이 곧 사는 길이다"라는 사즉생(死卽生)의 메시지를 전한다.

2. 불교와 그리스도교의 차이

이상에서 나는 불교가 평등주의적 종교, 초월적 구원의 종교로서 본질적으로 그리스도교와 같은 성격과 유형의 종교성을 지닌 종교임을 말했다. 이제는 그럼에도 불구하고 왜 수많은 서구인이 자기 전통인 그리스도교를 외면하고 불교에 심취하거나 매력을 느끼는지 생각해보고자 한다. 이것은 두 종교의 차별성에 대한 고찰이라고 할 수 있다.

나는 위에서 불교가 사실상 백인들이 선택할 수 있는 거의 유일한 대안적 종교임을 밝혔다. 그렇다면 서구인은 과연 불교의 어떤 면에 매력을 느끼며, 왜 그리스도교를 대체할 대안종교로 불교에 관심을 보이는 것일까? 이 점을 생각해보는 것은 우리 동양인에게도 시사하는 바가 매우 크다. 우리보다 앞서 역사발전을 경험한 서구인의 종교성이 이제 어디로 향하는가 보는 것은 우리 아시아인의 미래, 그리고 무엇보다 현대 그리스도교 신학과 사상이 나아가야 할 방향을 가늠해보는데 중요한 의미를 지니기 때문이다.

서양이 동양종교나 사상에서 그리스도교를 대신할 '대안'을 찾는 일은 계몽주의 시대부터 시작하여 이미 오래된 일이다. 좀 더 대담하게 말하면, 서양의 근대지성사는 그리스도교라는 이념이 붕괴된 후 새로운 정신적 지주를 찾으려는 시도들의 연속이라 해도 크게 틀리지 않다. 그리고 그러한 노력은 현재도 진행 중이다. 불교는 그 대안이념 가운데 하나다.

서구는 지금 탈그리스도교, 탈과학주의, 탈근대, 탈계몽주의, 탈산업사회, 탈역사주의, 탈인간중심주의 시대를 살고 있다. 아니, 살고 있다기보다 살려고 모색한다는 편이 정확할 것이다. 이것은 반문화운동, 녹색운동, 환경운동, 뉴에이지 운동, 신비주의 유행, 포스트모더니즘 등을 통해 표출되고 있다. 현대인은 지금 세계화(globalization)라는 근대화의 종점 내지 완결을 향해 치닫는 한편, 다른 편에선 근대성(modernity)으로 대표되는 문명과 생활방식에 대한 총체적 반성과 더불어 그 대안적 삶을 모색하고 있다. 백인, 서구인의 불교에 대한 관심은 이 거시적인 사상적 맥락과 무관하지 않다.

많은 서구인은 자기 전통종교인 그리스도교에서 만족을 얻지 못하지만 그렇다고 세속주의로 만족하는 것도 아니다. 그들은 그리스도교와 세속주의를 넘어서는 제3의 길로 불교를 찾거나 선택하고 있다. 대다수 서구인에게 그리스도교는 근대와 더불어 이미 사멸했거나 사멸될 수밖에 없는 전근대적 유산이다. 우리 아시아인이 근대와 더불어 그리스도교를 접하면서 그리스도교가 어느 정도 역사의 진보를 뜻한다고 여기는 것과 달리, 서구인에게 그리스도교는 지나간 시대의 종교다. 서구 신학자들이 그리스도교 메시지를 근대성에 맞추고자 엄청난 노력을 기울였고 어느 정도 성과도 거두었지만, 아직도 대다수 신자는 이 노력을 알지 못하며, 여전히 전통적 그리스도교 이해를 벗어나지 못한 채 신앙생활을 하고 있다. 스퐁(Spong) 주교의 말을 빌리면, 대다수 신자들은 "머리로 이해할 수 없기에 가슴으로 사랑하지 못하는" 갈등 속에서 신앙생활을 하거나 아니면 교회와 담을 쌓고 산다.

그러면 불교는 무엇이 다른가? 무엇이 대안요소로 보이는 것일까? 이미 언급한 바와 같은 불교의 근본성격, 즉 불교가 초월적 구원종교로서 평등주의적이고 보편적 메시지의 종교라는 점은 서구인이 불교를 선택하는 필요조건일 뿐 충분조건은 못 된다. 충분조건은 불교 자체가 가진 매력, 그리스도교에서는 발견할 수 없다고 여기는 것들에서 찾아야 한다. 이것은 무엇보다도 불교가 서구인의 눈에 종교 없는 종교, 탈종교시대의 종교가 될 수 있다는 것, 적어도 그리스도교가 종교로서 가진 온갖 문제로부터 자유로운 종교라고 불교를 이해하기 때문이 아닐까 생각한다.

우선, 현대인은 제도적 종교를 싫어한다. 불교는 복잡한 의례를 준수하는 종교가 아니며, 자유를 구속하는 행동규범이나 제재를 강조하는 종교도 아니다. 교회조직이나 규율, 위계질서가 요구하는 의무나 간섭이 없는 자유로운 종교다. 적어도 재가신도들에게는 그렇다. 불교는 외적 행위보다 내적 마음 상태를 강조하는 종교다. 불교는 기본적으로 '마음공부'하는 종교다.

불교는 전지전능한 인격신에 대한 믿음보다는 인간의 주체적 노력을 중시하는 종교다. 신에게 의지하기보다는 자신의 지성과 마음가짐에 의존하는 자기개발과 자기실현의 종교로서, 자기 밖에 있는 '타자'로서의 신보다 자기 안의 신성을 실현하고자 하는 성숙한 인격의 종교다. 이것은 불교가 인간성을 낙천적으로 본다는 의미다. 원죄 개념과 같이 인간성에 비관하거나 은총의 필요성을 강조하는 종교가 아니라 모든 인간의 성불가능성을 인정하고 인간성을 긍정하며 사랑하는 휴머니즘적 종교다.

불교는 또한 어떤 초자연적 진리나 기적 같은 것을 믿어야 하는 신앙의 종교가 아니라 인간과 사물에 대한 통찰과 지혜를 강조하는 종교다. 초자연적 계시보다는 자연의 이법과 이치를 깨닫고 순응하는 지혜의 종교며, 과학적 합리성에 정면으로 위배되지 않는 종교라는 생각이 일반적이다.

불교는 인간중심주의적 세계관을 벗어나서 동물을 포함한 모든 중생을 사랑하고 품는 자연친화적이고 친환경적인 종교다. 불교는 그리스도교를 따라다니는 어두운 역사의 그림자를 가지고 있지 않은 종교, 즉 폭력과 억압의 역사(이단심문, 십자군전쟁이나 종교전쟁, 마녀사냥, 반유대주의와 유대인 대학살, 노예제와 식민주의, 과학적 지식과 자유사상 억압 등)로부터 비교적 자유로운 평화의 종교다. 그리스도교에 비해 불교는 타종교에 대하여 배타적이지 않고 관용적이다.

윤회사상, 업보사상이 지닌 매력도 무시할 수 없다. 유일회적 인생관이 안고 있는 문제들로부터 자유로운 종교며 (쇼펜하우어는 서구를 한마디로 정의하면 인생을 단 일회적이라고 믿는 유일한 문화라고 말했다), 도덕적 부조리와 이해할 수 없는 인생고의 문제에 답을 제공한다. 불교는 그리스도교 신앙을 괴롭혀온 변신론의 부담을 갖고 있지 않다.

무엇보다 불교는 초월적 구원의 종교이면서도 그 초월은 그리스도교에서처럼 신과 세계, 창조주와 피조물, 신과 인간, 초자연과 자연의 이원적 대립에 근거하지 않는다. 불교의 초월은 내재적 초월, 안으로의 초월이다. 현대 그리스도교의 가장 큰 문제가 아직도 전통적인 초자연적 신관에 있다면, 불교는 적어도 그런 신관의 부담을 갖고 있지 않다. 불교 영성은 세계내적 영성, 자연정향적 영성인 동시에 인간 마음을 다스려 실재와 하나가 되려는 영성이다.

초자연적 신관과 더불어 현대인이 이해하기 어려운 그리스도교의 또 하나의 문제는 역사지향성에 있다. 이는 변신론의 문제와 밀접히 연결되어 있는데, 현대인은 역사에 개입하며 역사를 주도하고 종말을 향해 인도한다고 믿는 성서적인 역사적 신앙에 회의적이다. 아니, 한걸음 더 나아가 현대인은 역사의 진보를 믿거나 부조리한 역사에서 의미를 찾고 구원을 발견하려는 역사지향적 인생관과 세계관 자체에 회의를 품는다. 이것은 중세적 영성이 보였던 역사도피와는 다른 차원의 현상이다. 현대인은 역사에 과다 노출된 나머지 역사 피로증후군을 앓고 있으며, 과열된 역사를 식히고 쉬기 원한다. 역사적 신앙보다는 우주적 영성, 구원사의 드라마보다는 창조세계 보존에 더 관심을 둔다. 아직도 빈곤에서 탈출하고 인권신장을 위한 해방적 관심과 투쟁을 소홀히 할 수 없는 '후진국'들과 달리, '역사의 종언'을 경험한 서구인들은 이제 역사의 진보와 완성보다는 새로운 의미의 초역사적 구원을 갈망한다. 이 초역사적 구원을 과거의 초자연적 영성과는 달리 세계와 자연의 재성화(resacralization)와 우주적 영성의 재발견에서 찾고자 한다.

이상과 같은 판단이 정당하다면 — 이는 물론 더 많은 엄밀한 고찰과 논의를 필요로 하지만 — 현대 그리스도교는 어떠한 방향으로 나아가야 할 것인가? 어떤 하느님 이해, 어떤 그리스도 이해, 어떤 세계관과 인생관을 제시해야 할지 현대 그리스도교는 진지하게 묻고 고민해야 할 것이다. 이를 위해 불교와의 진정한 만남과 진지한 대화는 필수적이다.

그리스도교와 불교의 自己否定의 의미

윤영해

(동국대학교 경주캠퍼스 불교학과 교수)

1. 자기중심의 대립과 알력

오늘 인류사회의 두드러진 현상 중 하나는 대립과 갈등, 반목과 투쟁이다. 현대사회의 기본구조인 산업사회의 인간관계는 경쟁을 그 본질로 삼는다. 산업사회의 개인들은 내 앞에 놓인 모든 너를 협력자나 동반자로 이해하기보다는 경쟁자로 간주한다. 개인적인 모든 인간관계는 물론이거니와 국가나 민족, 직장이나 학교, 심지어 종교 공동체 같은 집단관계도 그렇다. 역사비평가들은 요즘 시대와 사회를 무한경쟁 시대라는 말로 성격짓는다. 이 무한경쟁에서 탈락하는 것은 곧바로 도태를 의미한다. 따라서 산업사회의 모든 인간은 경쟁 속에서 살아남기 위해 필사의 노력을 경주해야만 한다.[1]

---

1 현대 산업사회의 경쟁상태 중에서 최악의 경우가 전쟁이다. 이 최악의 경쟁 상태를 만들어내는 데 종교도 한 몫 한다. 현재 지구에서 진행 중인 지역분쟁은 수백 건이 넘는다고 보고(이시카와 준이치, 『종교분쟁지도』, 윤길순 역, 자

경쟁관계 형성에는 먼저 자기인식이 선행되어 있다. 즉, 경쟁관계란 개인적 자기든 집단적 자기든 자기중심적 인식에서 출발한다. 먼저 자기로서 나를 인식한 다음에 내 앞에 있는 모든 것을 너로 인식하는 데서 경쟁관계가 생긴다. 나와 너를 인식할 때, 우리는 습관적으로 '너에게 나'가 아니라 '나에게 너'로 인식한다. 즉, 인간은 자기중심일 수밖에 없다. 모든 존재는 존재를 최상 가치로 삼으며, 자기존재를 가장 앞세우기 마련이다. 이처럼 자기존재가 다른 가치나 다른 존재보다 우선한다는 인식, 즉 자기중심적 인식에서 이기심이 태동한다. 이 이기심이야말로 모든 경쟁의 원천이다. 나와 무수한 너 사이에서 나를 먼저 인식하고, 나를 우선시하며, 내 이득을 먼저 챙기는 것이 이기심이다.

모든 인간이 보편적으로 추구하는 가치는 행복이다. 그러므로 인간들이 무한경쟁으로 치달리는 것도 역시 행복을 위해서다.[2] 그러나 이기심에서 나온 경쟁관계는 행복 대신에 불화와 알력, 대립과 반목을 낳으며 결국 갈등과 쟁투의 불행으로 이어진다.

그리스도교나 불교는 자기중심적 인식과 이에 기인한 이기심에서 비롯된 경쟁 속에 사는 한, 인간은 결코 행복할 수 없다고 못 박는다. 구원이나 해탈이라고 하는 행복은 자기중심적 인식과 이기심에서 비롯되는 무한경쟁을 통해서가 아니라, 도리어 자기를 부정[3]하고 자기를 포

작나무, 1993)되었으며, 1700년 이후 진행된 480여 건의 세계 주요 전쟁은 종교적 신념 때문에 발생했다는 연구(Joanne O'Brien and Martin Palmer, *The State of Religion Atlas*, A Touchstone Book, New York: 1993, p.117)도 있다.

2 행복하고 싶지 않은 인간은 없다. 의식적이든 무의식적이든 인간이란 존재의 궁극 목적은 예외 없이 행복이다. 얼핏 생각하면 자살하는 사람처럼 불행한 사람은 없을 듯싶다. 그러나 자살을 감행하는 사람도 행복을 추구한다. 사는 것보다 죽는 것이 차라리 낫겠다 싶어 자살하는 것이다. 자살하는 것보다 사는 것이 낫다고 생각하며 자살하는 사람은 없다. 그러니 자살도 행복 추구의 몸부림이다.

기해야만 누릴 수 있는 것으로 이해된다. 이 글은 자기부정이라는 하나의 열쇠말로 그리스도교와 불교를 이해해보려는 시도다.

2. 그리스도교의 自己否定

그리스도교의 정체성은 하느님과 그리스도를 향한 믿음, 그리고 사랑의 실천에 있다. 하느님과 그리스도를 향한 믿음과 사랑의 실천은 다양한 양식으로 고백할 수 있으며, 그 내용 또한 다양하게 해명할 수 있다. 그러나 여기서는 하느님과 그리스도에 대한 믿음과 사랑의 실천을 불교의 경우처럼 자기부정(自己否定)[4]이라는 하나의 문법을 통해 이해를 시도한다.

---

3 이러한 개념을 표현하기 위해 자아부정, 자아포기, 자기버림, 자기포기, 자기
   내맡김 등의 말을 사용할 수 있으나 자아는 그리스도교를 설명하기에, 포기
   는 불교를 설명하기에 적합하지 않아 자기부정을 택하기로 했다.
4 그리스도교에서 불교의 無我思想과 같은 자기부정이라는 용어만큼 어색한 느
   낌을 주는 말도 드물다. 그리스도교에서는 자기부정보다 오히려 靈魂不滅에
   대한 신앙이 분명하다. 따라서 그리스도교 전통으로부터 자기부정과 같은 개
   념을 논하는 작업은 쉽지 않아 보인다. 그러나 미시간 대학에서 신학을 전공
   한 감리교회 목사이며 WCC의 저명한 아시아 대변인인 Lyn A. de Silva는 성
   서 내용이 본래 불교와 같은 무아사상이었다고 주장한다. 다만 그리스도교가
   희랍철학의 靈肉二元說(dichotomous)을 받아들이면서 영혼불멸설로 변질되었
   다는 것이다. 그는 성서에 '實體的 自我 개념이나 인간의 영육이원론적 개념
   은 없다'고 잘라 말한다. 그는 심지어 불교의 無我槪念보다 성서의 무아개념
   이 더 철저하다고 주장하기까지 한다. de Silva, L.A., The Problem of the self
   in buddhism and Christianity, Colombo, 1975. 및 "Reflections of life in the
   midst of death," Dialogue vol. X/1, Colombo, 1983 참조.

1) 자기없음의 믿음

하느님은 창조주다. 그리스도인으로서 하느님을 향한 믿음은 무엇보다 먼저 그분을 창조주로 믿는 것이다. 하느님은 창조주이고 인간은 피조물이다. 슐라이어마허는 그리스도교 신앙의 본질을 '피조물적 감정', 혹은 '무한자를 향한 느낌과 맛봄'이라고 갈파했다. 창조주 하느님 앞에 선 피조물 인간은 '먼지만도 못한 존재'다.[5] 모든 전권은 하느님께 있다. 만들어진 하나의 옹기그릇을 화병으로 사용하느냐, 물병으로 사용하느냐, 요강으로 사용하느냐는 온전히 만든 사람의 권한이듯이, 모든 생명은 전부 우리를 만든 그분 것이다. 창조주 하느님과 인간 피조물의 관계는 전부와 아무것도 아님의 관계다. 하느님을 창조주로 믿는다는 것은 하느님 앞에서 '나 없음'을 믿음[6]이다.

그러나 하느님은 사랑이기에 사랑으로 세계와 인간을 만들었고, 사랑으로 죽음도 없는 영원한 즐거움인 완벽한 자유와 평화를 주었다. 그러나 이것은 창조주 하느님과 피조물 인간이라는 관계 안에서만 성립한다. 그런데 인간은 자신이 피조물임을 잊었다. 자신이 먼지만도 못한 존재, 아무것도 아닌 존재임을 잊고 자신의 뜻을 세웠다. 불교에서 말하듯 본래 자신이 없음을 모르고 착각에 빠져 결국 죽음을 초래한 것처럼, 인간은 자신이 피조물임을 모르고, 즉 자기없음을 믿지 못하고 자신을 세워 하느님을 거역하는 죄를 범했다. 그 결과는 죽음과 불화다.[7]

---

5 Friedrich E. D. Schleiermacher, 최신한 역, 『종교론』(한들, 1998), 58쪽 참조.
6 피조물 인간은 절대자 하느님을 알 수 없다. 하느님은 본래 스스로 그렇게 있는 분이기 때문이다. 불교에서 왜 세계가 無我이고 緣起이고 空이고 中道인지는 알 수 없다. 하느님이 본래 스스로 그렇게 있는 것처럼 불교에서 보는 세계도 본래 그렇게 무아로 연기로 공으로 중도로 있다. 하느님이 왜 그러한지 알 수 없는 것처럼, 불교도 세계가 왜 그런지 해명하지 않는다. 두 종교 모두 믿음을 통해 체험으로 알라고 할 뿐이다.

그러나 하느님은 사랑이기 때문에 죄를 징벌로 다스리지 않고 용서했다. 절대적 하느님이 창조주로서의 자신을 부정하고 피조물인 사람의 몸이 되어 이 땅에 왔다. 창조주 하느님이 자신을 구원의 선물로 내놓는 자기부정이 없었다면, 자기를 내세우는 죄의 결과로 사망과 불화에 떨어진 인간은 구원받을 수 없다. 하느님은 이 자기부정을 통해 구원사업을 계획했다. 인간은 하느님의 구원계획을 믿고 구원사업을 사실로 믿을 때 구원받는다. 그리고 구원은 자기부정의 실천을 통해 완결된다. 불교에서 자기부정의 깨달음이 해탈의 열쇠이듯, 그리스도교에서는 자기부정에 대한 믿음이 구원의 시작이다. 그리고 자기부정을 행할 때 구원이 완결된다.

2) 예수 그리스도의 自己否定

사랑의 하느님은 사람 몸으로 이 땅에 와서 인간의 죄를 벗겨 대신 짊어졌다. 자기를 내세운 피조물의 오만한 죄를 자신의 피로 씻어주기 위해 자신을 십자가 위에 내어 놓았다. 이는 온전히 하느님의 자기부정이 있었기에 가능한 일이었다. 그러나 예수는 이미 사람 몸이 되었기에 자신을 부정하는 일이 그리 쉽지 않았다. 겟세마네 동산에서는 물론 십자가 위 마지막 순간에도 자신을 부정하여 남김 없이 자신을 내어놓기에 주저한다.

> 아버지, 아버지의 뜻에 어긋나는 일이 아니라면 이 잔을 저에게서 거두어
> 주십시오. 그러나 제 뜻대로 하지 마시고 아버지의 뜻대로 하십시오.[8]
> 예수께서 큰 소리로 "엘리 엘리 라마 사박다니?"하고 부르짖으셨다. 이

---

7 로마 6,23 참조.
8 루카 22,42.

말씀은 "나의 하느님, 나의 하느님, 어찌하여 나를 버리셨나이까?"라는 뜻이다.[9]

아직도 인간 예수와 하느님 사이에 긴장과 갈등의 일말이 남아 있었다. 아직도 인간 예수는 하느님께 할 말이 남아 있었다. 자신을 철저하게 부정하는 것은 참으로 어렵다. 사망과 불화의 원인인 자기세움을 완전히 포기하는 것이 얼마나 어려운 것인가를 십자가 위에 못박히는 예수는 절절하게 보여준다. 그러나 예수는 자기부정이 구원의 길임을 명백히 밝힌다. 예수는 "주님, 안 됩니다. 결코 그런 일이 있어서는 안 됩니다"[10]라고 하며 십자가 희생을 만류하는 베드로를 돌아다보며, "사탄아, 물러가라. 너는 나에게 장애물이다. 너는 하느님의 일은 생각하지 않고 사람의 일만 생각하는구나!"[11]라고 꾸짖는다. 그리고 "나를 따르려는 사람은 누구든지 자기를 부인하고 제 십자가를 지고 따라야 한다. 제 목숨을 살리려는 사람은 잃을 것이며, 나 때문에 또 복음 때문에 제 목숨을 잃는 사람은 살릴 것이다"[12]라고 선언한다. 예수는 자기세움이 죄이며 자기부정이 영생임을 분명히 한다. 자기부정 없이 구원받을 수 있는 길은 없다. 결국 예수는 자신을 하느님에게 온전히 내어 맡긴다. 하느님 앞에서 자신을 완전히 부정하는 것이다.

예수께서 큰 소리로 "아버지, 제 영혼을 아버지 손에 맡깁니다!" 하시고는 숨을 거두셨다.[13]

---

9 마태 27,46 ; 마르 15,34.
10 마태 16,22.
11 마태 16,23.
12 마태 16,24~25.
13 루카 23,46

하느님을 향한 완전한 자기 내맡김, 하느님 앞에서 완전한 자기포기, 남김 없는 자기부정이 여기에서 이루어진다. 예수의 자기부정이란 결국 하느님 계획을 완성하는 것이다. 그것이 다름 아닌 구원이다. 자기부정을 통한 죄의 소멸은 죄의 결과였던 죽음을 극복한다. 자기부정은 죽음마저 초월하는 자유인 것이다.

불자가 무아(無我)와 연기(緣起)와 공(空)과 중도(中道)의 깨달음, 즉 자기부정의 깨달음을 통해 죽음을 초월하는 자유를 얻는 것처럼, 그리스도인은 하느님 앞에서 완전한 자기포기, 즉 자기부정의 믿음을 통해, 그리고 예수의 십자가 희생이라는 자기부정을 통해 죽음을 초월하는 영생의 자유를 얻는다.

이처럼 완전한 자기부정은 자유라는 개인적 차원의 구원으로 드러난다. 이 자기부정이 인간들 사이에서 실천되는 것이 바로 사랑이다. 사랑은 죄로 말미암아 불화(不和)한 세상을 평화롭게 만드는 사회적 차원의 구원이다.

3) 自己否定을 행함, 사랑

하느님께서 자기부정을 통해 보여주셨고 그리스도인이 예수 그리스도를 따라 실천하는 사랑은 아가페(agape)다. 에로스(eros)가 궁극적으로 이기심에 기초한 자기사랑이라면, 아가페는 자기사랑을 극복한 이타적 사랑이다.

너희가 무엇이든지 남에게 대접받고자 하는 대로 너희도 남을 대접하라.[14]

---

14 마태 7,12 ; 루카 6,31.

이 사랑의 황금률은 에로스의 극복이며 아가페의 실천, 즉 자기사랑의 극복이며 자기부정과 자기희생의 실천이다. 나보다 먼저 남을 대접하는 것은 자기부정 없이는 불가능하다. 나를 부정하지 않고서는 남을 먼저 대접할 수 없다. 나를 인식하는 한, 인간은 자기중심적일 수밖에 없기 때문이다. 자비(慈悲) 실천이 자기부정에서부터 시작되듯이 사랑 실천도 자기부정이 본질이다.

네 마음을 다하고 목숨을 다하고 뜻을 다하여 주님이신 너희 하느님을 사랑하라.[15]

네 이웃을 네 몸처럼 사랑하라.[16]

이는 그 유명한 사랑의 이중계명이다. 첫 번째 계명 "하느님을 사랑하라"는 하느님 앞에서 너 자신을 부정하고 포기하라는 말과 다름없다. "모든 것을 다하되 끝내 목숨까지 다하라"가 이를 웅변한다. 하느님 앞에서 완전한 자기부정이 사랑의 실천이다. "네 몸처럼 사랑하라"야말로 자기부정의 극치다. 자비란 내가 부정되어 사라지고 세상과 내가 하나가 되는 삶이듯, 사랑은 세상인 이웃과 내가 한 몸으로서 하나가 되는 삶이다. 내 앞에 놓인 모든 네가 너로 있는 한, 나는 나로 있다. 나와 모든 너인 세상이 대립하여 마주 서서 둘로 있는 한, 완전한 아가페나 대자비는 이룰 수 없다. 둘로 있는 한 내가 먼저이기 때문이다. 내가 먼저라는 이기심이 있는 한 무한경쟁의 대립과 반목은 종식되지 않는다. 둘이 아닌 하나는 내가 사라질 때만 가능해진다.

나와 네가 둘로 있고서야 어찌 너를 내 몸처럼 사랑할 수 있으랴!

---

15 마태 22,37.
16 마태 22,39.

너와 내가 둘이 아닌 하나로 있어야만 너를 내 몸처럼 사랑할 수 있다. 너와 내가 둘이 아니라 하나라는 것은 자기부정을 통해서만 가능하다. 자기를 부정하지 않고서는 자기를 내세웠던 죄의 결과인 불화를 극복할 수 없다. 자기가 부정되어 사라질 때, 그리하여 나와 세상이 하나가 될 때만 불화를 극복한 평화를 이룰 수 있는 것이다.

3. 불교의 自己否定

불교라는 한마디가 담은 내용은 너무나 광범위하고 다양하다. 무엇보다도 정법과 비법을 엄격하고 과감하게 변별(辨別)하고 취사(取捨)하기보다는 무엇이든 끌어안는 관용을 높이 사는 전통 때문에, 불교 안에는 서로 상반되어 보이는 것들마저 천연덕스레 혼재(混在)한다. 근본불교와 대승불교, 인도불교와 티벳불교는 서로 다른 종교라고 해도 좋을 만큼 현격하게 다르다.

그러나 혼란스러울 만큼 다양한 이 전통 속에도 시종일관하며 다양성의 토대를 이루는 하나의 주제가 있다. 따라서 이 주제야말로 불교를 불교이게끔 해주는, 즉 불교의 고유한 성격을 확보해주는 정체성이라고 할 수 있다. 이처럼 불교의 정체성을 확보해주는 것은 다름 아닌 무아(無我), 연기(緣起), 공(空), 중도(中道), 자비(慈悲)의 교설이다. 이들 교설이야말로 불교를 그리스도교나 유교가 아니고 불교이게끔 해주는, 혹은 철학이 아니고 종교이게끔 해주는 불교의 고유한 정체성[17]이다.

---

17 無我, 緣起, 空, 中道, 慈悲 등의 주제는 불교를 다른 종교와 변별시켜주는 근거다. 뿐만 아니라 이 주제들은 불교가 단순히 윤리나 철학만이 아니라 종교일 수밖에 없는 이유도 아주 잘 드러내준다.

그런데 이들 교설의 진술양식은 서로 다르지만 기실 하나의 사실을 가리킨다. 그것이 바로 자기부정이다. 바꾸어 말하면 불교의 정체성은 자기부정에서 드러난다는 말이다. 무아, 연기, 공, 중도, 자비의 교설이 각각의 진술양식을 가지고 있으므로, 자기부정이라는 하나의 사실로 일관되게 이해하기 위해, 여기서는 이들 교설을 "모든 존재는 실체적[18]존재가 아니라, 상관적[19] 존재다"라는 한 문장의 진술로 설명하겠다.

1) 자기없음의 깨달음

흔히 불교를 깨달음의 종교, 지혜종교라고 말한다. 그럴 때 그 깨달음의 내용이 무엇이냐고 물으면, 깨달음은 체험이기 때문에 설명할 수는 없고 체험해야만 한다고 말한다. 옳은 말이다. 체험은 체험으로만 공유할 수 있다. 그러나 그렇다고 해서 체험에 대한 이해마저 불가능하다는 뜻은 아니다. 불교에서는 깨달음의 내용에 대한 이해를 해오(解悟)라고 한다. 불교를 이해하자면 불교의 핵심인 깨달음의 내용을 이해하는 것이 필수다.

붓다 석가모니가 보리수 아래서 체험한 깨달음의 내용은 바로 지금 말하고자 하는 무아, 연기, 공, 중도다. 이를 한꺼번에 아울러서 말하자면, 다름 아닌 "모든 존재는 실체적 존재가 아니라, 상관적 존재다"라는 한 문장의 내용이다.

---

18 실체(substance)는 스스로 존재하며 영원히 존재하는 것을 가리킨다. 自存과 恒存은 實體의 주요한 두 요소다. 스스로 존재하지 못하고 다른 존재에 의존해서 존재하거나, 항시 존재하지 못하고 일시적으로 존재하는 것은 실체적 존재라고 할 수 없다.
19 상관적이라는 말을 달리하면 依存的, 臨時的이라는 뜻이 된다.

(1) 無我(anātman)[20]

무아라는 것은 앞서 말한 한 문장 두 구절의 전반부 구절에 해당한다. 붓다가 등장했을 당시 가장 강력한 기성사상이었던 바라문교는 우주의 궁극적 실재이며 통일적 원리이기도 한 브라만(Brahman)[21]의 존재를 믿었다. 궁극적 실재인 브라만은 모든 현상세계의 근원이며 만물의 통일적 실재로서 '자존적' 존재이며 '항존적' 존재다.

당시 인도인은 인간을 이 브라만과 관련지어 파악했다. 그들에 의하면, 인간은 물질적인 육체와 정신적인 마음이라는 생멸하는 두 가지 현상적 자아와, 이 현상적 자아를 초월하는 영원불멸의 순수한 자아인 아트만(ātman)의 세 요소로 구성되어 있다. 그런데 아트만은 다름 아닌 브라만의 내재화다. 즉, 개물(個物)에 내재한 보편적 일자(一者)인 브라만이 바로 아트만이다. 그러므로 브라만과 마찬가지로 아트만도 궁극적 실재로서 '자존적' 존재이며 '항존적' 존재다. 생멸하는 두 현상적 자아가 아닌 아트만이야말로 실체적 존재로서 진정한 자아라고 할 수 있는 존재다. 보편적 브라만이 개물에 내재한 모든 개별적 아트만들은 다른 것과 섞이지도 않고 변경되지도 않는 독자적 본성을 갖게 된다.

그런데 붓다는 이러한 아트만의 존재를 단호하게 부정했다. 이는 실

---

20 anātman은 명사인 경우도 있고 술어로서 사용되는 형용사인 경우도 있다. 어느 경우나 나가 아닌 것[not a soul, 非我]이라고 하는 뜻과 나를 갖지 않는 것[without a soul, 無我]이라는 두 가지 뜻으로 모두 통한다. 따라서 漢譯佛典에서도 非我라고 번역되는 경우와 無我라고 번역되는 경우가 모두 있다. 이 말마디의 직접적인 뜻은 '어떤 것이 나를 갖고 있지 않은 것' 혹은 '어떤 것에 나가 없는 것'이 된다.

21 Brahman은 이것을 앎으로써 현상세계의 다른 모든 것을 통틀어 알 수 있는 단 하나의 근원적 실재다. 또한 이는 모든 현상세계의 근저나 핵심으로서, 드러나 보이는 현상세계의 다양성 배후에 있는 만물의 통일적 실재다. 따라서 브라만은 萬有가 나오는 근원인 동시에 만유가 다시 흡수되는 귀착지이기도 하다.

체적 존재로서의 자기존재를 부정한 것이다. "모든 존재는 실체적 존재가 아니다"라는 진술은 바로 이런 뜻이다.

> 세상 사람들은 '이것이 나의 아트만이다'라는 집착 때문에 결박당하고 있
> 다. 그러나 '이것이 나의 아트만이다'라고 집착하지 않는다면, … 이런 것
> 만으로도 올바른 견해가 일어나는 것이다.[22]

아트만의 존재를 부정하는 것이 바로 자기부정이다. 불교는 무아의 깨달음에서 시작하는 바, 무아는 다름 아닌 자기부정이다. 다만 무아는 실체적 존재의 부정이다. 현상적 실제의 자아를 부정하는 것은 아니다. 그것이 바로 한 문장으로 진술된 후반부 반 구절인 "모든 존재는 관계적 존재다"라는 뜻이다. 이를 순서를 바꾸어 말하자면 모든 존재는 관계적, 임시적, 의존적 존재일 뿐 실체적, 자존적, 항존적 존재가 아니라는 뜻이 된다. 다만 무아는 앞부분의 "모든 존재는 실체적 존재가 아니다"라는 점을 강조한다.

(2) 연기(pratītya-samutpāda)

연기는 앞서 말한 한 문장 두 구절의 후반부인 "모든 존재는 상관적 존재다"라는 구절로 설명된다. 붓다는 자신이 깨달은 연기의 진리를, "이것이 있기 때문에 저것이 있고, 이것이 생기기 때문에 저것이 생긴다. 이것이 없기 때문에 저것이 없고, 이것이 사라지기 때문에 저것이 사라진다"[23]는 네 구절로 압축하여 표현한다.

독자들은 지금 책 한 권을 손에 들고 있을 것이다. 그러나 불교는 이 책이 언제 어디서나 책일 수 있다고 믿지 않는다. 불교는 실체적

---

22 *Saṃutta Nikaya*, Ⅱ. p.17, Ⅲ. p.135.
23 *Saṃutta Nikaya*, Ⅱ, pp.28, 65.

존재로서의 책을 인정하지 않는다는 뜻이다. 책이란 존재는 사용하는 사람과 관계할 때만 책으로 존재한다. 즉, 종이와 활자로 이루어진 물체에 담긴 내용을 읽고자 하는 사람, 즉 독자가 있을 때만 책이 존재한다. 그 물체를 베고 누우면 그것은 책이 아니라 베개다. 그 물체 위에 그릇을 올려놓으면 그것은 책이 아니라 그릇받침이다. 찢어서 오물을 닦으면 휴지가 된다. 틀어쥐고 때리면 무기가 될 것이다. 심지어 뜯어먹는 염소에게는 음식이 될 것이다. 종이와 활자로 이루어진 그 물체는 언제 어디서나[恒存] 스스로[自存] 책이 되는 것이 아니라 읽는 사람에 의해서 책이 된다. 올려놓은 그릇에 의해서 받침이 되고, 오물에 의해서 휴지가 되며, 때리는 사람과 얻어맞는 사람에 의해서 무기가 된다. 그 물체 자체가 언제나 스스로 음식인 것이 아니라 뜯어먹는 염소에 의해서 음식이 되는 것이다. 독자가 있기 때문에 책이 있고, 독자가 사라지면 책도 사라진다. 우리가 항상 휴지라고 부르는 사물도 오물이 묻기 전이나 혹은 묻었던 오물이 없어지면 휴지가 아니다.[24]

불교는 자신을 포함한 모든 존재를 이처럼 관계 속에서 파악한다. 이러한 연기의 진리도 다름 아닌 자기부정으로 이해된다. 연기란 모든 존재가 의존적, 임시적, 관계적 존재임을 말함으로써, 고정적, 항존적, 자존적인 실체적 자아를 부정한다. 연기 역시 자기부정이라는 하나의 문법으로 읽힐 수 있는 것이다.

(3) 공(śūnyatā)
공이란 의미는 기본적으로 무아의 의미와 다르지 않다. 이 역시 "모든

---

24 이 상태에는 아무 이름도 없다. 습관적으로 혹은 무의식적으로 혹은 편의상 그렇게 휴지라고 부를 뿐이다. 아들과 아버지, 아내와 남편, 노동자와 사용자, 교수와 학생 등을 생각해보면 이해가 쉽다. 아들이 태어나는 순간 아버지가 되는 것이며 아버지가 죽는 순간 아들도 더는 존재하지 않는다.

존재는 실체적 존재가 아니다"라는 진술로 설명된다. 지금 손을 들어 주먹을 만들어보자. 분명 우리 눈앞에 주먹이 있다. 그러나 손가락을 펴면 주먹은 사라진다. 주먹이라는 존재에 실체(dravya), 자성(svabhāva), 자아(ātman)가 없기 때문이다. 우리가 지금 앉아 있는 책상도 마찬가지다. 조립된 부속품들을 해체해 놓고 보면 — 조립되어 있을 때와 조금도 가감(加減)이 없지만 — 책상이라는 존재는 없다. 실체적 존재가 아니기 때문이다. 실체가 없기 때문이다. 공은 모든 존재에 실체가 없다는 뜻이다. 따라서 이 역시 자기부정으로 이해된다.

다만 불교의 어떠한 본문도 공을 주어로 세워 설명하는 곳을 찾기 어렵다. 즉 단도직입적인 한 문장으로 공의 정의를 설파하는 본문을 찾기란 쉽지 않다.[25]

緣起인 것, 그것을 우리는 空性이라고 부른다. 그것은 무엇인가에 기초한 방편적 표명이며[假], 또한 중도에 다름 아니다. 무엇이든 연기한 것이 아닌 것은 존재하지 않으므로 공이 아닌 것은 존재하지 않는다.[26]

그런데 여기까지 듣고 보면 무아, 연기, 공이 모두 같은 말처럼 이해된다. 표현양식은 다를지 모르나 결국 "모든 존재는 실체적 존재가 아니라, 상관적 존재다"라는 뜻으로 집약된다. 이렇게 무아, 연기, 공이 모두 같은 뜻이라는 점에서 중도의 의미가 아주 잘 드러난다.

---

25 Garma C. C. Chang, *The Buddhist Teaching of Totality: The Philosophy of Hwa Yen Buddhism*, Univ. Park and London: Pennsylvanis State University. 1971 참조. Chang 역시 90여 쪽에 걸쳐 공을 설명하면서도 공을 한 문장으로 압축하여 설명하는 본문은 제시하지 못하였다.

26 『中論頌』제24품 제18偈.

(4) 중도(madhyamā-pratipad)

처음에는 중도를 쾌락에도 탐닉하지 말고 고행에도 집착하지 말라는 수행적 중도의 뜻으로 썼으나 대승불교 시대에 이르러 사상적 의미로 쓰게 된다. "실체가 비었지만 의존적으로 존재한다"는 것은 바로 '비어서 있음', '없게 있음', '없으면서 있음', '없지만 있음'을 뜻한다. 중도는 '비었음'과 '있음'을 동시에 하는 말, '비어 있음'이다. 실체 없음[空]이 의존적으로 있음[色]이며, 의존적으로 있음이 바로 실체 없음이다. 중도는 '실체 없음이 바로 의존적 있음이다[空卽是色]'의 뜻이며, '의존적 있음이 바로 실체 없음이다[色卽是空]'의 뜻이다.

> 붓다는 가전연(Katyayana)에게 말씀하셨다. 세상 사람들의 견해는 언제나 '있다'와 '없다'의 두 갈래 위에 근거한다. '그것이 있다'가 이쪽 끝이고 '그것이 없다'가 저쪽 끝이다. 세상은 이 두 극단 사이에 갇혀 있다. 거룩한 이는 그 극단을 초월한다. 양극단을 피하면서 여래는 中道에서 법을 설하신다. 거기서만 진리를 찾을 수 있다. … 둘은 더 이상 다르기를 멈추고 같은 것이 된다.[27]

따라서 중도는 무아, 연기, 공을 한꺼번에 언급한 "모든 존재는 실체적 존재가 아니라, 상관적 존재이다"라는 진술에 다름 아니다. 그러므로 중도 역시 이미 무아, 연기, 공에서 언급한 대로 자기부정으로 이해된다. 깨달음, 즉 지혜는 사물을 있는 그대로 보는 경험과 능력이다. 모든 사물에는 실체가 없으며 의존적으로 존재한다는 사실을 아는 것이 깨달음이다. 반대로 깨달음이 없는 상태인 지혜의 반대는 무명(無明: avidyā)이다. 무명은 사물을 있는 그대로 보지 않고 왜곡해서 보는 것이

---

27 Edward Conze, *Buddhism: Its essence and development* / 한형조 역, 『한글세대를 위한 불교』(세계사, 1990) 182~183쪽.

다. 바꾸어 말하면 사물을 실체시하는 것, 즉 자기를 세우는 것이 무명이다. 붓다에 따르면 이 무명이 죽음의 원인이다.[28] 무명을 타파하는 것, 즉 자기를 부정하는 것은 죽음을 극복하고 초월하는 길이다. 깨달음은 죽음마저 초월하는 자유를 성취하는 길이며, 자기부정을 통해서 이루어진다.

대승불교, 특히 선불교는 태어남과 죽음이 본래 없다[本無生死]고 말한다.[29] 그것은 실체라는 자기부정을 통해 태어날 나나 죽을 내가 없다는 의미다. 불교의 죽음초월은 안 죽는 것이 아니라 죽을 내가 없다는 사실의 깨달음, 즉 자기부정을 통해 죽음으로부터 자유로워지는 것이다. 이것이 불교가 말하는 생사해탈의 의미다. 이 자유는 개인적 차원의 구원이다. 이에 비해 사회적 차원의 구원은 자비다. 이는 깨달음의 실천, 자기부정의 실천으로 성취된다.

2) 자기부정의 실천, 자비(maitri-karuṅa)

자비라는 말은 모든 너에게 '이익과 즐거움을 주는 실천[maitri]'과 '불이익과 고통을 덜어주는 실천[karuṅa]'을 뜻한다. 그러나 이 말의 의미를 넘어 자비 실천이 갖는 진정한 의미는 다름 아닌 무아, 연기, 공, 중도, 즉 자기부정을 실천하는 것이다. 진정한 자비 실천은 '내가 너를 향해서' 즐거움을 주거나 '내가 너의' 고통을 덜어주거나 하는 것이 아니다. 자비는 너와 내가 사라지고[不二] 세계만 남는 실천이다. 다시

---

28 無明에서 시작해서 老死로 끝나는 12緣起法을 상기해보자. 무명의 결과는 죽음이고 죽음의 원인은 무명이다. 무명은 사물을 실체시 하는 것, 즉 자기를 세우는 것이다. 그리스도교의 입장에서 죽음의 원인을 생각해보자. 죽음의 원인은 죄이고 죄는 하느님 앞에 자기를 세우는 것이었다.

29 柳田聖山, 『臨濟錄』(大藏出版株式會社, 1977.) 102쪽 ; 塚本善隆 編, 『肇論硏究』 (法藏館, 1955.), 14〜22쪽.

말해, 자비는 내가 부정됨으로써 나와 세계가 하나되는 실천이다. 『유마경(Vimalakīrti-sutra)』의 한 구절은 이를 명쾌하게 설명한다.

문수(文殊: Mañjusrī)가 유마 병문안을 갔다. 유마는 이미 깨달음을 성취하여 생노병사를 모두 초월한 붓다나 보살로 여기던 사람이었다. 그런 유마가 병을 앓다니 알 수 없는 일이었다. 문수는 유마가 병을 앓는 까닭을 물었다.

> 문수여, 나의 병은 모든 중생의 병이 다하지 않는 한 낫지 않을 것입니다. 모든 중생의 병이 다할 때 나의 병도 낫습니다. … 문수여, 마치 상인의 외아들이 아플 때 그의 양친이 아들의 병으로 인하여 아프듯이. 문수여, 그와 같이, 보살은 모든 중생을 자기의 하나밖에 없는 자식처럼 사랑합니다. 중생이 아프면 보살도 아프고, 중생이 나으면 보살도 낫습니다. 문수여, 그대는 보살의 병이 어디에서 오는가를 물었습니다. 보살의 병은 대자비에서 생깁니다.[30]

진정한 자비는 내가 부정되어 너도 사라지는, 그래서 너와 내가 하나가 되는 깨달음 위에서 이루어진다. 너로 인해 내가 있으므로, 너 없이는 내가 있을 수 없으므로, 네가 사라지면 나도 사라지므로, 너는 곧 나다. 즉, 무아요, 연기요, 공이요, 중도이므로 너와 나는 하나다. 네가 아프니까 내가 보살펴주는 것은 자비가 아니다. 너와 내가 하나이기 때문에 네가 아프면 바로 내가 아픈 것이며, 너의 아픔이 바로 나의 아픔임을 알고 보살피는 것이 바로 진정한 자비, 대자비다.[31] 대자비가 실천되는 장에서는 주는 자나 받는 자나 주어지는 행위와 대상이나 각

---

30 Rovert A. F. Thurman, trans., *The Holy Teaching of Vimalakīrti*(University Park and London: The Pennsylvania Steate University Press, 1981), p.43.

31 「大智度論」, 『大正新修大藏經』 제25권 209쪽 참조.

자의 자기가 모두 사라지고, 모두가 서로에게 의존하여 존재하는 한 덩어리 세계만 있을 뿐이다.

다시 말해서, 자기부정을 통하여 세계가 하나임을 깨닫고 그에 입각하여 살아가는 삶이 자비의 실천이다. 자비 실천은 다름 아닌 사회적 구원이다. 자기부정의 깨달음이라는 개인적 구원이 자유로 드러난다면, 자기부정의 실천이라는 자비는 사회적 구원이며 평화로 드러난다. 나를 자기중심적으로 인식하여 내세운 다음 내 앞의 모든 것을 너로 인식할 때, 평화는 있을 수 없으며 이기심에서 비롯되는 무한경쟁과 그 결과인 대립과 갈등, 반목과 쟁투가 난무할 뿐이다. 그러나 대자비가 실천되는 장에서는 이기심에서 비롯되어 무한경쟁의 결과로 초래되는 대립과 갈등, 반목과 쟁투는 사라지고 모두가 하나되는 평화가 찾아온다.

4. 불교와 그리스도교의 自己否定의 의미

불자는 자기부정을 무아와 연기와 공과 중도를 깨달음으로써 터득한다. 그리고 이 자기부정의 실천인 자비로 해탈과 불국토를 성취한다. 그리스도인은 자기부정을 하느님의 뜻 안에서 믿는다. 그리고 자기부정의 행함인 사랑으로 구원을 완결하고 하느님 나라를 성취한다. 두 종교가 자기부정을 해명하는 내용과 양식은 다르지만 성취 결과는 둘 다 자유와 평화다. 성취 결과가 같은 것은 불자와 그리스도인의 삶의 양식인 자비와 사랑이 자기부정의 실천이라는 점에서 같기 때문이다.

현대인은 개인이건 집단이건 행복추구를 위한 무한경쟁 속에서 살고 있다. 그러나 그 결과는 행복이 아니라 대립과 반목, 죽음과 불화라는 불행이다. 그 이유는 행복추구 방식이 자기없음의 확인, 자기비움, 자기버림, 자기포기라는 자기부정이 아니라, 자기중심적 자기세움의 결과인 이기심 충족이기 때문이다. 진정한 자유와 평화로 가는 길은 자비나 사랑의 자기부정뿐이다.

자기부정 없이는 자유가 없다. 내가 있는 한 자유는 없다. 내가 있는 한 나는 죽는다. 내가 있는 한 죽음이라는 궁극적 속박에 사로잡힌다. 불교와 그리스도교는 한결같이 내가 나의 자유를 성취한다고 가르치지 않고, 나를 포기할 때 자유를 얻는다고 가르친다. 뿐만 아니라 자기부정을 통한 하나됨 없이는 평화도 없다. 세상의 모든 나들이 사라져 하나된 세상만 남아야 평화가 있다. 나와 네가 마주 서 있는 한, 평화는 없다. 그러는 한 언제나 대립과 갈등뿐이다. 모든 나들이 포기되고 세상이 하나로 남을 때, 완전한 평화가 있을 수 있다.

자비와 사랑의 불교와 그리스도교는 이렇게 자기버림이라는 하나의 열쇠말로 읽힌다. 깨달음과 믿음이 불교와 그리스도교의 특징을 변별(辨別)적으로 가장 뚜렷하게 드러내주는 말마디라면, 두 종교의 유사한 특징을 가장 잘 드러내주는 말은 자비와 사랑이다. 그리고 자비와 사랑을 한마디로 아우르는 말마디가 자기부정이다. 자기부정이라는 열쇠말로 바라보면, 불교와 그리스도교는 전혀 다른 내용을 같은 문법으로 해명하고 있음을 알 수 있다. 불교와 그리스도교는 깨달음과 믿음이라는 전혀 다른 내용을 자비와 사랑, 즉 자기부정이라는 똑같은 문법으로 담아낸다.

불교와 그리스도교, 갈등과 만남의 역사[*]

이찬수

(종교문화연구원장)

1. 무엇을 어떻게 쓸까

이 글은 한국적 맥락에서 불교-그리스도교 대화의 역사를 정리해보려
는 의도에서 시작되었다. 하지만 '대화(對話, dialogue)'의 한자 뜻이 '마
주보고 하는 이야기'이고 영어의 의미가 '둘이서 하는 말'이라면, 한국
내 불교와 그리스도교의 '대화'란 지금까지 거의 없었다고 해도 과언이
아니다. 기존 대화 관련 출판물들은 상대가 말할 때 내가 듣는 상호소
통 관계가 아닌, 주로 그리스도인의 일방통행 식, 아전인수 식 선언이
주종을 이루었기 때문이다. 현재까지도 편견 없는 상호연구들은 극히
제한된 수준에 머물고 있는 실정이다. 더욱이 불자의 그리스도인에 대

---

[*] 이 논문은 종교신학연구소에서 처음 발표된 이후 한국종교교육학회편, 『종교
교육학연구』 제19권(2004년 12월)에 「대립과 조화: 한국 불교와 그리스도교
관계의 역사」라는 제목으로 게재되었다가 이번 『종교 간의 대화』 출판을 위
해 일부 수정·보완한 것임을 밝힙니다.

한 평가래야 일부 개신교도의 공격적 선교에 대해 내부적 대응방안을 모색하는 정도에 머물 뿐, 불자가 그리스도교의 신학내용을 다룬 예는 전무하다시피 한 상황이다.

이 마당에 한국 내 불교와 그리스도교의 대화 역사는 사실상 한국에서 그리스도인은 불교를 어떻게 보아왔는가의 문제로 제한된다. 이 글도 '한국'이라는 구체적 지평 안에서 벌어진 그리스도인의 불교 이해 역사, 그 '대강(大綱)'을 특별히 문헌적 연구결과들을 중시하며 살펴보려 한다. 주로 학자들의 저술을 중심으로 보겠으나, 수행자적 자세로 산 일부 그리스도인의 불교관도 포함시키겠다. 이들의 저술과 행위를 한국 그리스도교 전체의 입장으로 삼을 수는 없겠지만, 저간의 흐름과 분위기를 반영해주는 적절한 재료는 될 수 있으리라 보기 때문이다.

물론 불자는 그리스도교를 어떻게 보아왔고, 또 보고 있는지 그 역사적 측면도 마찬가지의 무게중심을 두고 병행해서 살펴야 할 주제이지만, 전술한 대로 문헌화한 예가 거의 없을 뿐더러 불자들 안에 경계와 우려의 감정차원에서 숨어 있는 경우가 대다수인 까닭에 체계적으로 추적하기가 쉽지 않다. 이에 대해서는 현대 한국 불교권 학자들의 그리스도교에 대한 입장만을 간략하게 추려 소개하고자 한다.

2. 한국적 지평의 종교적 차원

한국 그리스도인이 한국 불교를 어떻게 보아 왔고, 또 보고 있는지 알아보려면, 먼저 '한국'이라는 구체적 지평의 의미를 고찰할 필요가 있다. 불교와 그리스도교에게 '한국'은 무엇인가? 한국은 불교와 그리스도교를 불교와 그리스도교로 살아가게 해주는 장소다. 그곳에 있음으로써 불교적, 그리스도교적 피와 살을 얻는다. 인도에는 인도불교, 중국에는 중국불교가 있듯이, 당연히 한국에서는 한국불교이고, 일본에서는 일본불교다. 이들에게 독특성을 부여해주는 장소가 인도이고, 중국이고, 한국이며, 일본이다. 불교 자체란 없다. 저마다 독특한 지역(local)의 불교가 있을 뿐이다. 그리스도교도 마찬가지다. 유럽 또는 미국 그리스도교, 한국 그리스도교가 있을 뿐이다. 불교든 그리스도교든 특정 지역 안에서, 우리 주제에 맞게 표현하면 '한국적 지평 안'에서만 피와 살을 가지고 살아갈 수밖에 없다.[1] 이것은 무슨 뜻인가?

한국은 세계에 유례가 없을 만큼 다양한 종교들이 공존하는, 종교백화점과 같다. 한국은 늘 종교다원사회였다. 고려가 대체로 불교 일원적 사회였고 조선이 유교 일원사회였던 것은 분명하지만, 그렇다고 종교적으로 다양하지 않았던 적은 없다. 정치, 사회적으로 불교가 주도하던

---

1 한국에서 피와 살을 얻은 불교는 지난 1,500여 년 동안 한국을 위한 가르침, 말하자면 호국불교로 자처해왔다. 적어도 고려시대까지는 한국과 불교가 하나였다고 해도 과언이 아닐 정도로 불교는 국가와 밀착해왔다. 조선조 이래 정치적 차원에서 받은 억압의 반작용으로 불교는 호국 성향을 견지했고, 일제 치하에서 살아오고 독립한 이후 '불교의 한국적 측면'을 강조하는 연구논문들이 주류를 이루었다. 그리하여 근대 한국불교를 논하는 자료들은 '호국', 오늘날 언어로 '애국' 내지 '민족주의'적 시각을 견지하는 것이 태반이었다(길희성, 「한국 불교 정체성의 탐구」, 『한국종교연구』 제2집, 서강대학교종교연구소, 2000, 163~167쪽 참조). 크게 보면 그리스도교도 다르지 않았다. 한국에 그리스도교가 전개된 이래 '신앙'이라는 이름으로 한국 독립을 위해 기도하기도 했고, 한국의 회복을 신학 안에 담기도 했다. 일제 이후 우리 학문은 정신적 독립을 위해서라도 민족주의적 시각을 견지하지 않을 수 없었던 것이다. 사실 한국에서 불교와 그리스도교가 만난다면 이러한 '민족주의'가 주요한 접점이 될 것이다. 한국의 대표적 개신교회사가인 민경배의 입장을 "민족교회사관"으로 정리하는 것도 한 보기다(이찬수 외, 『한국종교문화 연구 100년』, 서울: 청년사, 1999, 278~282쪽 참조). 1960년대 이후 토착화신학이 생겨나고 1970년대 후반 민중신학, 민중불교 등이 등장하였으며 민주주의 구현과 분단 극복을 위해 실천 차원에서 그리스도교와 불교가 공동의 일을 도모하게 된 정신적 배경도 '한국'이라는 자리를 떠나서는 '종교'도 불가능하다는 암묵적 타협이 기초에 있었던 셈이다.

다원사회, 유교적 이념에 따라 돌아가던 유교중심의 다원사회가 있었을 뿐이다. 주도세력은 있었을지언정 종교적 현상 자체가 다양하지 않았던 적은 없다. 가령 조선 중기 이래 한국인 대다수는 유교신자가 되었지만, 불교의 영향으로 전생, 내세 등 '저 너머'의 세계에 대한 관심도 유지되어왔다. 불교적 세계 해석체계에 영향받아 생겨난 유교적 세계 해석체계, 즉 성리학이 조선시대 이래 한국사상의 큰 획을 그어오고 있었지만, 그 와중에도 서산대사, 사명대사, 만해 등 불교의 뛰어난 사상가들의 꾸준히 배출되었다. 근세에 들어서는 동학, 원불교, 증산교 등 가능성 있는 민족종교들이 출현해 오늘날까지 교세를 넓혀가고 있고, 가톨릭과 개신교를 포함한 이른바 그리스도교에 의해 종교지형이 바뀌면서부터 한국은 동양종교와 서양종교가 비등하게 자리 잡고 움직이는, 그야말로 종교적 다양성의 전형적인 장이 되었다.

이런 맥락에서 보자면, 한국은 일단 다양성을 용납하는 장임에 틀림없다. 비록 조선 후기 위정척사(衛正斥邪)운동과 같은 유학자들의 서구문물 거부 내지는 탄압이나 천주교 박해, 그리스도교, 특히 개신교도들의 타종교 비판 내지는 냉대 같은, 종교제도들 간 갈등이 없던 것도 아니고, 여전하기도 하지만, 분명히 한국의 종교 역사 전체는 갈등보다는 수용과 타협, 공존의 역사였다. 신라의 최치원은 화랑 난랑비문에 "나라에 현묘한 도가 있으니 풍류라 한다. 그 교의 기원은 선사(仙史)에 자세히 실려 있거니와 이는 실로 삼교(三敎)를 포함한 것이요 민중과 접하여서 그들을 교화하였다"(『삼국사기』, 권4 진흥왕 37년)고 적었다. 고대로부터 한국은 유불선을 포섭하는 정신 위에서 살아왔음을 보여주는 한 사례이다.[2] 오늘의 용어로 바꾸면, 다양한 가르침을 받아들이고 함께 사는 정신에 한국적 정서의 핵심이 있다는 말이다. 그리스도교가

---

2 유동식, 『한국 무교의 역사와 구조』(서울: 연세대학교출판부, 1975), 84~85쪽.

크든 작든 종교 간 갈등 한복판에 있는 듯해도, 그리스도교 역시 피치 못하게 한국사회 안에서 늘 그러했던 수용적 정서에 영향을 받으며 한국적 피와 살을 얻어가고 있는 것이다.

진리독점적 성향이 강한 그리스도교가 소개되고 전개되었다고 해서 한국적 정서 자체가 완전히 달라진 것은 아니다. 가만 보면 외형적으로 드러나는 그리스도교의 배타적 성향조차도 다양성을 포용하는 한국적 정서의 깊이 안에서 이루어지고 표현되고 있는 것으로 보인다. 다양성을 용납하는 자세가 한국의 지속적 역사의 근간이며, 바로 이것이 한국을 한국되게 해주는 것이다.

이처럼 한국인의 심층적 구조 안에는 한국을 한국되게 해주는 통일성이 있으며, 그 심층적 통일성이 있기에 다양하고 때로는 이질적인 듯한 우리 사회가 그래도 돌아가고 있는 것으로 보아야 한다. 다양한 종교현상들 저변에는 다양한 문화적 형식을 수렴시키면서 한 언어를 사용하며 살게 하는 통일적이고 심층적인 근거가 작용하고 있다는 말이다. 이 근거가 의식적 차원의 갈등에도 불구하고 무의식적 차원에서 종교들을 서로 만나게 해주는 한국적 정신의 '깊이'인 것이다.

린드벡이 종교를 "삶과 사고 전체를 형성해주는 일종의 문화-언어적 틀이나 매개"[3]로 정의한 적이 있는데, 그 문화-언어적 틀이 바로 한국적인 것의 '깊이'에 해당한다. 불자와 그리스도인이 세계관의 표면적 차이로 인해 갈등하고 대립하는 듯하면서도 공존하며 살아가는 이유는 이들이 불교인이기 이전에, 또 그리스도인이기 이전에 한국인이기 때문이다. 한국인은 자신의 "삶과 사고 전체를 형성해주는 일종의 문화-언어적 틀"을 '한국' 안에서 얻는다. 그것이 '불교', '그리스도교'라는 이름에 선행하는 한국적 정신의 깊이다. 우리가 불교라고 부르는 현상

---

3 George A. Lindbeck, *The Nature of Doctrine*: *Religion and Theology in a Postliberal Age*(Philadelphia: The Westminster Press, 1984), p.33.

은 한국인이 공유하는 정신적 깊이의 불교문화적 측면이고 그리스도교라는 현상은 그 깊이의 그리스도교적 측면이 된다. 한국인은 '한국종교'라는 거대한 틀 안에서 유교문화, 불교문화, 그리스도교문화 등을 일구어간다고 표현해도 크게 틀리지 않아 보인다.[4]

이 깊이는 불교, 그리스도교, 유교라는 차별적 이름들로 불려온 배타적 인간집단 안에 갇히지 않는다. 불교, 그리스도교, 유교의 교리체계들은 서로 차별적인 듯하지만, 실상은 그것을 낳고 또 받아들이는 한국적 정신 위에서 이루어진다. 다양한 종교들의 이름으로 불린다 해도, 모두 그 다양성을 수용하고 다시 산출해내는 한국적 '깊이'의 표현방식인 것이다.

3. 그리스도교의 정치·사회적 출발점

물론 한국적 깊이가 종교적 다양성을 수용하고 또 산출한다 하지만, 이것은 무의식 또는 습관 차원에서 벌어지는 일이자, 한국역사 전체를 거시적으로 본 결과론적 판단이다. 미시적인 눈으로 보면 한국종교사 안에 대립과 갈등이 없었던 적은 없다. 하지만 그것은 표면적이고 의식적인 차원에서 벌어지는 일이었다. 특히 정교분리적 상황에 익숙한 그리스도교 선교사들을 통해 유교일원적, 정교일치적 조선사회에 새로운 도전적 종교관이 생겨나면서 갈등상황은 더 커졌다. 현실 삶을 떼어놓고 종교를 종교로만 보다 보니, 종교들 간 대립과 갈등이 생겨날 여지가 커졌다. 이런 경향은 불자보다는 정치와 종교를 분리시켜 사유하는 데 익숙한 그리스도인에게 더 강하게 드러났다. 종교의 본질을 탈사회

---

4 이찬수, 『생각나야 생각하지: 사유, 주체, 관계 그리고 종교』(다산글방, 2002), 제12장, 「'문'으로 '화'하다: 한국종교문화론」 부분을 참조할 것.

적 교리 차원이나 초현실적 피안세계에서 찾곤 하던 그리스도인이 다른 종교적 현상들에 대해 대립적 자세를 취하게 되었던 것이다. 더 나아가 그리스도교적 피와 살의 원천인 한국적 기초는 잊은 채 '한국'마저도 극복대상으로 생각하는 배타적 자세가 득세하기 시작했다. 추상화한 교리가 현실을 집어삼키고, 다른 언어는 문법적 오류에 빠져 있다는 식으로 오해하기 시작한 것이다.

물론 그리스도교의 이 '오만한' 자세는 한국의 정치·문화적 상황과 연관되어 있다. 역사 차원에서 보면, 한국에 그리스도교가 들어와 성장하게 된 주요 이유는 청일전쟁(1894)에 승리한 일본을 경계하면서도 패한 중국에는 더 이상 기대지 못하던 조선이 서양문명을 등에 업은 그리스도교를 통해 정치·사회적 불안감과 후진성을 극복하고, 더 큰 '힘'에 편승하려는 힘지향적(power-oriented) 자세와 연결되어 있기도 하다. 풍전등화와 같은 위기 속에서 한국인은 자신을 보호해줄 정치적 '힘'을 찾은 것이지, 새로운 '영적 실재'를 갈구했던 것만은 아니라는 말이다.

특히 개신교의 경우는 제국주의 국가의 종교로 인식되었던 천주교가 조선에 도전하여 많은 희생자를 냈던 것과 달리, 남의 나라를 침범하지 않는다고 다소 과장되게 믿어진 개신교 나라 미국의 영향으로 거의 검증절차 없이 상륙하고 전파되었다. 거대한 땅덩어리의 중국이나 메이지시대(1868~1912) 이전까지는 이념적 통일국가 차원에 이르지 못했던 일본과는 달리, 유교적 세계관에 익숙했던 '통일국가' 조선의 전통이 서구문명과의 접촉으로 급격히 단절되면서 그리스도교, 특히 개신교야말로 한국을 한국되게 해주기 충분한 '보편적' 기준처럼 받아들여져 온 것이다. 이것이 이승만 친미정권을 거치면서 더욱 '미국문명의 기호'처럼 부상하고 대중화하게 되었으며, 그 뒤에는 앞선 흐름에 편승했다는 그리스도교인의 자기우월적 안도감이 상대적으로 위축된 불교를 노골적으로 비판하는 거센 힘으로 나타난다. 물론 이러한 개신교의 자세는 초기 가톨릭에서도 비슷한 양상으로 전개된 바 있다. 한국에서의 그리스도교는 이러한 정치·사회적 출발점을 지니는 것이다. 이제 역사 차원에서 주요 문헌들 중심으로 그리스도교와 불교 간 갈등과 만남의 사례를 구체적으로 짚어나가 보자.

4. 외국 선교사들의 불교관

가톨릭이나 개신교를 막론하고 선교 초기에는 불교를 위시한 한국기존 종교문화 전통에 대해 대단히 부정적이었다. 가령 조선 말기 그리스도교 상황을 전반적으로 다룬 한국 교회사 연구 대작인 샤를르 달레의 『한국천주교회사』(1874)[5]에서도 한국 종교문화에 대한 부정적 이해가 구체적으로 드러난다. 조선의 종교문화를 직접 체험할 기회가 없었던 달레는 다블뤼 신부의 기록을 토대로 여러 문헌을 참조해 이 책을 쓰면서,[6] 조선에는 오랜 전통과 역사에 비해 조상숭배, 점복, 푸닥거리 등 미신행위가 활개치고 있으며, 유교와 불교라는 저급한 종교전통만 있다는 식으로 묘사한다.[7] 조선인에게는 어떤 특별한 신앙이 있다고 보기 힘들며, 내세신앙도 결핍되었다고 그는 본다. 조선의 대표적 종교인 듯 보이는 유교와 불교는 사실상 두 개의 서로 다른 무신론

---

5 Claude-Charles Dallet, *Histoire de L'Église de Corée*(Paris, 1874). 우리말 역문은 샤를르 달레, 최석우·안응렬 역주, 『한국천주교회사』 上·中·下, (왜관: 분도출판사, 1979~80).

6 다블뤼 신부가 초기와는 달리 후기에 들어 조선에 공감적 이해를 일부나마 표명했던 데 반해서, 달레는 조선을 폄하하는 경향을 좀 더 드러낸다. 달레, 앞의 책 下, 301쪽; 다블뤼 신부의 조선에 대한 평가 및 달레 저술과의 관계에 대해서는 조현범, 『문명과 야만: 타자의 시선으로 본 19세기 조선』(책세상문고 58)(서울: 책세상, 2002)을 참조할 것.

7 달레, 앞의 책, 209~223쪽.

으로서, 응당 조선 천지에 하느님 없이 귀신만 가득차게 되었다는 것이 달레의 한국 종교문화에 대한 극명한 표현들이다. 그러면서도 조선의 천주교신자에 대해서만큼은 한껏 추켜세우는 편파적 호교론의 입장을 강하게 보여준다.

이 입장은 비슷한 시기에 한국에 개신교를 전해준 미국 선교사들의 자세와도 대동소이하다. 기본적으로 그들에게 한국 종교문화는 극복 대상이었다. 가령 한국 최초의 장로교 선교사인 언더우드는 한국 내 교육, 의료 등 문화적 영향을 적지 않게 끼쳤지만, 기존 종교문화 전통에 대해서는 부정적인 편이었다. 한국은 그리스도교(개신교)에 의해 개혁해야 할 극복의 땅이라는 것이 그의 기본입장이었다. 1892년 캐나다 토론토에서 행한 세계개혁교회연맹회의에서 그는 조선에 먼저 들어온 천주교회가 "토착인들이 애착을 가지고 있는 관례나 의식을 없애거나 제한하지 않은 것"은 잘못한 일이라고 말한 바 있다.[8]

언더우드는 불교를 두고서 "본래 사람들이 갖고 있는 정욕이나 욕망을 억제시키고 있기는 하나 이타적인 것보다 오히려 이기적인 것에 관심을 두고 있다"고 비판하여 평가한다.[9] 개인주의적이고 인간본위적이며, 생명도 죽음도 없는 곳을 추구하기에 무가치한 종교라는 식의 입장을 보인다. 전체적으로 불교를 인격적 신에 대한 신앙이 결여된 철학이지 종교가 아니라고 비판하며, 민간신앙과 습합된 잡신숭배나 우상숭배라고 지적한다.[10]

---

8 Horace. G. Underwood, "Romanism of the Mission Field," *Alliance of the Reformed Churches Holding the Presbyterian System*, 5th Meeting, Toronto, 1892, pp.409~411 ; 신광철, 「개항기 한국 그리스도교의 포교전략」, 『한국 기독교와 역사』 제9호(1998.9), 108쪽 재인용.

9 언더우드, 앞의 책, 77쪽.

10 유교에 대해서도 비슷한 비판을 한다. 가령 언더우드는 말한다. "한국에서 유교는 명목상으로는 다른 어떤 종교보다 더 강력한 지위를 차지하는 신앙이

영국의 인류학자 비숍은[11] 불교 승려를 "무식하고 미신적"이라 표현하기도 했다.[12] 한국 승려들은 "불교 역사나 교의, 불교의식의 취지에 대해 전혀 무지한 채로 대다수 승려들이 그저 몇 마디 음절만 공덕을 쌓느라고 끊임없이 반복"하고 있으며, 예불 시에는 그들 "스스로도 무슨 뜻인지 모르는 산스크리트어나 티벳어 몇 마디를 중얼거리거나 큰 소리로 뱉어내는 것일 뿐"이라고 비판한다. 그런 뒤 "극소수 승려를 제외하고는 대다수 승려가 신앙도 갖고 있지 않다"는 지극히 피상적인

다. 그러나 이 신앙은 사람의 욕구를 충분히 채워주지 못하고 있다. 왜냐하면 이것은 사람이 만든 신앙이고 당연히 갖추어야 할 종교적 본성을 아무것도 갖고 있지 못하기 때문이다"[Horace G. Underwood, *The Call of Korea*: *Political-Social-Religious*(New York: Fleming H. Revell Company, 1908) / 이광린 역, 『한국개신교수용사』(서울: 일조각, 1989), 64쪽]. 그가 말하는 종교의 기준은 내세, 초월자에 대한 관심 유무에 달려 있다고 할 수 있다. 그래서 한국의 조상제사에서는 종교적 요소의 흔적을 보기도 한다(언더우드, 앞의 책, 같은 쪽). 최초의 감리교 선교사인 아펜젤러도 유교를 두고서 인간의 의무 개념과 도덕기준을 제시해 주는 윤리체계일 뿐, 더 높은 존재에 대한 인간의 의무를 말하지 않아 종교라고 볼 수 없다는 입장을 보였다[H. H. Appenzeller, *Bring to the Light and Liberty*: *H. G. Appenzeller's Diaries 1886～1902*/노종해 역, 『자유와 빛을 주소서』(서울: 대한기독교서회, 1988), 243쪽]. 그러면서 조상숭배만 정복하면 조선 선교에서 승리할 수 있을 것이라는 강경한 태도를 드러내기도 했다. 언더우드에 비해 아펜젤러는 전반적으로 유교 비판의 강도가 깊었던 것으로 보인다.

11 비숍은 "한국에는 극도로 미신적이고 미숙한 형태이기는 하나 조상숭배와 샤머니즘 형식을 통해서만 보이지 않는 저승에 대한 인식이 잔존해 있다"고 서술한다[Isabella L. Bishop, *Korea and Her Neighbors*, 이인화 역, 『한국과 그 이웃나라들』(서울: 살림, 1898/1994), 83쪽]. 그리피스 역시 제사는 아시아 지역의 정신적이고 영적 발전에 가장 큰 장애요인이며, 인간 타락, 사고의 질곡, 그리고 과거지향적 태도의 원인으로 작용하였다고 비판하면서, 제사는 문명화의 장애라고 밝힌다[W. E. Griffis, *A Modern Pioneer in Korea*: *The Life Story of Henry G. Appenzeller*, 『아펜젤러: 한국에 온 첫 선교사』, 이만열 편(연세대학교출판부, 1912/1985), 165쪽].

12 Isabella L. Bird Bishop, 앞의 책, 171～172쪽.

혹평을 한다.[13] 물론 이때의 신앙이란 대단히 그리스도교 중심적인 것이다. 중국 불교 초기에 불교는 후손을 두지 않는 등 인간의 기본적 행복을 저버릴 뿐만 아니라, 예의와 법도를 모르는 불효의 가르침이라며 유교권에서 비판했던 것이나,[14] 당나라 중기 유학자 한유(韓愈, 768~824)가 불교를 천박한 오랑캐들의 문화라고 비판했던 것과 마찬가지다.[15] 당연히 불자의 눈으로 보면 수긍할 수 없는 비판이었다. 초기 그리스도교 선교사들의 불교 비판 기준도 철저하게 그리스도교적 세계관에 따른 피상적 판단이었다.

그나마 조선의 생활문화 전반에 대해서는 긍정과 부정이 섞여 있는데 비해,[16] 종교적 측면과 관련해서는 부정 일색이다. 이런 식으로 "조선에는 종교가 없다"는 것이 선교사들의 공통 입장이다. "종교가 없다"면 무엇이 있는가? 미신이 있다! 달레가 유교와 불교를 부정적 의미에서 무신론의 두 가지 형태나 미신으로 보고, 한국은 종교적 열정은 풍부하지만 종교는 존재하지 않는 나라라고 보았던 것이 그 대표적인 사례이다.[17]

5. 한국 그리스도인의 불교관 : 20세기 전반까지

한국인으로 그리스도 신자가 되었던 이들도 선교사들의 한국 종교문화관을 답습했다. 특히 한국 천주교회는 외국 선교사와 무관하게 자생하

---

13 비숍, 앞의 책, 같은 쪽.

14 중국의 초기 불교 논서인 『모자이혹론(牟子理惑論)』에 따른 보고이다. 구보타 료온, 최준식 역, 『유불도삼교교섭사』, 민족사.

15 윤영해, 「유교와 도교, 그리고 불교의 다원주의 가능성」, 『불교학연구』 5호 (2002년 12월), 67쪽 참조.

16 언더우드, 앞의 책, 78~79쪽.

17 달레, 앞의 책, 상권, 218~219쪽.

다시피 했는데도 1795년 한국인이 쓴 최초의 교리서라 할 수 있을 정약종의 『주교요지(主教要旨)』에서 유·불·선(儒佛仙), 무속 등을 배척하고 천당과 지옥, 영혼불멸, 천주의 유일성 등, 그리스도교의 교리적 측면을 내세우려는 모습이 역력하다. 그래도 유교에 대해서는 어느 정도 보완적 입장을 천명하는 데 반해, 불교에 대해서는 배척 분위기가 더 강하다. 정하상의 『상재상서(上宰相書)』(1839)도 기본적으로 보유배불(補儒排佛) 자세를 견지한다.

이들이 주로 간략한 교리서를 통해 서학을 제한적으로 이해한 탓이기도 하겠으나, 문제는 이 시각이 20세기 중반에 들어서까지 변하지 않았다는 것이다. 대표적 보기로 한국인이 쓴 선구자적 천주교회사인 유홍렬의 『한국천주교회사』1949~1975년도 부분을 보자. 거기서도 천주교는 우월하고 한국의 종교문화는 저급하다는 전형적 시각을 보여준다.[18] 야마구치(山口正之)나 우라가와(浦川和三郎) 같은 일본인 신부의 한국 그리스도교 연구(『朝鮮西教史』, 『朝鮮殉教史』)는 한국 종교를 폄하하는 자세가 별로 없이 문화사적 시각을 견지하는 데 반해, 한국인의 연구에 도리어 그리스도교 중심적이고 전통종교를 폄하하는 자세가 나타나는 것은 안타까운 일이다. 이러한 분위기 속에서 일제를 거치는 동안 가톨릭의 경우는 신학연구 작업 자체가 거의 없거나, 있더라도 단순한 교리적, 호교론적 시각을 벗어나지 못한 채 20세기 전반기를 보내야 했다.

이에 비해 개신교는 짧은 선교역사에도 불구하고 신학연구 활동 자체는 비교적 활발한 편이었다. 그러나 열정적으로 사회에 참여하고 독립운동을 하기도 했던 개신교인 윤치호도 한국 전통종교에 대해서만큼은 비판적이었을 정도로 전반적으로 보수주의적, 문자주의적, 근본주의적 시각의 전통 비판이 주류를 이루었다. 한국의 정치, 경제적 낙후

---

18 유홍렬, 『한국천주교회사』(증보판)(서울: 가톨릭출판사, 1975).

를 종교적 낙후와 동일시하는 모습을 보였다. 이러한 경향은 후에 한국 그리스도인이 이른바 '미신'타파운동을 벌인다거나 전통신앙에 배타적 태도를 갖는 결정적 근거로 작용하였고, 특히 서양 선교사들의 편향된 교육의 결과 조상숭배를 하지 않겠다는 다짐이 그리스도교 신앙의 첫째 조건과 동일시될 정도의 배타적 자세로 흐르게 되었다. 일제 시기 정경옥 같은 자유주의 신학자, 김재준 같은 진보적 신학사상가들도 타종교를 포용할 수 있는 신학의 싹을 틔웠지만, 한국 전통종교들에 대한 전반적인 신학적 태도는 분명하게 드러내지 않거나 부정적이었다.

6. 그리스도교 중심적 불교 수용의 시작 : 최병헌

물론 헐버트(Homer B. Hulbert)나 존스(G. H. Jones) 목사처럼 조선의 종교와 문화를 비교적 포용하려 한 교육자나 선교사들이 없던 것은 아니다. 하지만 이들은 외국인의 눈으로 나름의 사실 보고만 하는 데 머물렀을 뿐, 불교에 대한 한국인의 자세에 기여한 바는 그다지 없어 보인다. 이에 비해 최병헌(1858~1927) 같은 목사는 일찍이 그리스도교 신학에 대한 학문적 반성을 할 만한 여유가 없던 20세기 초반에 활동했으면서도 유·불·선 등 전통적 종교들을 받아들이고 포용하는 모습을 보여주었다. "유교의 상제와 그리스도교의 하느님은 하나"라거나,[19] "서양의 하늘은 곧 동양의 하늘"이라고도 규정하는 등 보유론적(補儒論的)이고 토착적인 시각에서 그리스도교를 볼 줄 알았다. 그러나 그러면서도 결국에 가서는 내세관이 약하다는 이유로 유교는 온전한 종교가

---

19 崔炳憲, 『萬宗一臠』(朝鮮耶蘇敎書會, 1922), 13쪽. 『만종일련』은 소설 형식을 취한 일종의 종교변증론으로서, 그리스도교 입장에서 종합적이고 본격적으로 세계 제종교와 한국종교들을 논한 선교신학 차원의 작품이다.

되지 못한다거나, 불교에 대해서도 한편에서는 호의적이지만 허(虛)와 공(空)을 강조하며 천륜과 인륜을 거스르는 무신론이라고 규정하는 등, 그리스도교 중심의 호교론적 한계도 드러냈다.

불교는 무엇보다 윤리가 결여되어 있어서 온전한 종교가 못 된다는 것이 그의 불교비판론의 핵심이다. 그는 이런 비유를 들었다.

소식채죽(蔬食菜粥)과 고량옥식(膏粱玉食)이 다 같이 음식이로되 귀천(貴賤)과 미악(美惡)이 있나니, 옥식을 만나지 못하여서는 초식을 먹으려니와 옥식을 보고도 의심하여 먹지 아니하면 실로 어리석은 사람의 지혜없는 일이다.[20]

즉, 불교를 소식채죽에, 그리스도교를 고량옥식에 비유하면서, 그리스도교를 변증하는 선교 자세를 견지했다. 그럼에도 불구하고 최병헌의 시각은 접근방법에서 선교사들의 몰이해에 따른 배타적 거부 자세와는 놀라울 정도로 달랐다. 먼저 한국 전통종교에 대해 어느 정도 학문적이고 실존적인 이해를 도모한 다음 나름대로 내린 결론이라는 점에서 몰이해로 가득한 비판과는 차원이 달랐다. 그는 한국종교들에 대한 깊은 이해와 애정을 담아낸 최초의 변증적 신학자라고 할 수 있다.

7. 일제 이후 불교관의 역사

사실 최병헌은 20세기 초반 사상가나 목회자 중 예외적인 경우에 속했다. 대다수 그리스도인은 일제시대를 지나도록 불교를 위시한 전통종교

---

20 최병헌, 『聖山明鏡』(東洋書院, 1912), 27쪽.

를 극복 대상으로 간주하거나 아무 관심도 없어 하는 경우가 훨씬 많았다. 그렇지만 소수 흐름이기는 해도 토착적 영성가인 이용도(1901~1933)가 경우에 따라 사람들에게 불경을 읽어보라고 권유하는 등, 타종교를 포용하는 자세는 의식 있는 이들 중심으로 꾸준히 유지되어갔다. 그러다 1960년대에 들면서 유동식, 윤성범 같은 이들 중심으로 한국 전통종교 사상과 한국인의 기존 세계관을 신학적으로 수용하려는, 이른바 토착화신학이 등장했다. 다양성을 용납하는 한국적 정신의 가장 구체적인 표현들일 것이다.

채필근 목사(1884~1973)가 나름대로의 객관성을 유지하면서 비그리스도교 전통을 꾸준히 연구해『비교종교론』(1960)을 출판했던 것도 이러한 흐름 안에 포함된다 하겠다.[21] 이 책은 현대적 의미의 비교종교학서라고까지 할 수는 없지만, 일부 개신교인이 여전히 읽는 이 분야 고전이라면 고전이다. 학문방법론에서는 전근대성이 느껴지지만, 불교를 비롯한 세계 대종교전통의 역사와 사상을 종교의 본질, 기원, 분류 등과 함께 나름대로 '객관적으로' 정리하면서, 이 부분에 대한 자신의 실존적 이해를 독자와 나누고자 한다. 그는 그리스도교인으로서 자신의 학문적 한계도 솔직하게 인정한다: "저자는 그리스도교 신자라는 것을 맨 먼저 말씀드려 둡니다. 그러므로 아무리 공평무사한 태도를 가지고 싶어도 모든 종교를 그리스도교적 견지에서 고찰하고 비평하게 될 것만은 분명한 일입니다."

이러한 종교적 한계를 타종교를 직접 비판하는 식으로 이어가진 않지만, 은근한 그리스도교 호교론적 자세는 저자 가슴속에 늘 살아 있다. 그렇지만 의도적이고 노골적인 호교론과 다른 것은 분명하다.

의식 있는 이들의 이러한 작업 안에서 우리는 20세기 중반 이전 불교

---

21 채필근,『비교종교론』(서울: 대한기독교서회, 1960), 머리말.

에 대한 개신교권의 포용적 흐름의 한 축을 읽을 수 있게 된다. 가톨릭의 경우는 조선 선교 초기 기존 전통과의 마찰로 인해 박해와 순교의 역사가 엄청났던 탓에 주로 순교자 현양을 위한 초기 교회사 연구물들만 일부 발표되었을 뿐, 이 시기까지 한국 전통문화에 대한 적극적인 평가가 거의 보이지 않다가 제2차 바티칸공의회(1962~1965)를 기점으로 해서 타종교 포용적 시각으로 선회하기 시작했다.

8. 불교와 그리스도교는 '불가결의 보충' : 변선환

1960년대에 토착화 신학자 유동식, 윤성범을 중심으로 유·불·선에 대한 원칙적 포용 자세가 나타나기 시작했다면, 1970년대 이후에는 변선환(1927~1994) 목사에게서 불교를 포섭하는 신학이 등장하기 시작한다. 타종교, 특히 불교에 대한 단순 입장표명을 넘어 불교를 신학의 내용으로 삼고 그에 따라 신학의 패러다임 자체를 바꾸어보라고 요청하는 데까지 이른다.

가령 그는 불교와 그리스도교의 관계를 실존철학자 야스퍼스의 말을 빌어 "불가결의 보충"으로 규정했다. 불교와 그리스도교는 이론적 틀에서는 물론이거니와 무엇보다 사랑을 실천하는 데서 서로를 풍요롭게 해준다는 것이다. 그가 보건대 불교와 그리스도교는 단순히 양자택일하는 가르침이 아니다. 도리어 상보적이다. 그는 이렇게 말한다.

> 불교냐 기독교냐는 물음, '이것이냐 저것이냐'는 서구적인 너무나도 서구적인 사고에서 나온 것이다. 진리를 찾아가는 겸손한 길손은 '이것이냐 저것이냐'가 아니라, '이것도 저것도'의 논리를 배우며 상호보완의 길을 택해야 할 것이다.[22]

그러면서 구체적 예를 든다.

기독교 행동주의자들의 예언자적 정신은 불교의 명상체험에서 신비체험
의 지혜를 배우며, 에고(ego)에서 벗어나는 초탈을 훈련할 필요가 있다.
기독교의 사랑행은 끝없이 에고를 부정하고 또 부정하는 무의 체험을 통
해 세계를 향하는 대승불교 보살도주의에 나타난 대자비심에서 배우며
보완해야 할 것이다.[23]

불교는 그리스도교를 보충해주는 불가결한 상대라고 보는 자세가 잘
드러난다. 역으로 불자가 그리스도교를 불교에 대한 불가결의 보충으
로 보아주기를 바라는 마음도 들어 있다고 할 수 있다. 서로에게서 자
신에게 부족한 부분을 배우는 대화의 길을 가자는 제안인 것이다.

기독교와 불교는 앞으로 한국의 미래, 인류의 미래를 위하여 사랑의 휴머
니즘의 영역에서 사이 없는 대화와 협동을 이룩할 수 있는 새로운 신학적
인 노력을 계속하여야 할 것이다.[24]

그렇게 볼 수 있는 신학적 근거로 전통적인 교회중심적, 그리스도
중심적 사고방식에서 벗어나 "신중심적 종교해방신학"으로 나아갈 것
을 제시했다. 더 나아가 그는 불자와 그리스도인이 함께 명상하고 참선
하면서 동일한 종교경험을 공유하는 단계로까지 가야 한다는 희망적인
생각까지 가지고 있었다. 도그마적 원리보다는 인간의 실존적 구도심
자체를 중시하면서 그곳에서 신학의 핵심을 보고자 했던 것이다.[25]

---

22 『변선환전집』2(한국신학연구소, 1999), 106~107쪽.
23 앞의 책, 131쪽.
24 앞의 책, 103쪽.

사실 이러한 신학적 제안은 일반 그리스도인의 신앙생활에서는 물론 신학계에서도 아직 자연스럽게 느껴지지 않을 정도로 선구자적이다. 대다수 신학자가 이러한 학문을 하지는 않지만, 변선환이 불교와 대화하기 위한 신학적 기초를 충실히 닦았다고 할 수 있다.

9. 만남과 비교의 차원이 정교해지다 : 길희성

이와 함께 1980년대 이후 개신교적 배경 속에서 불교학을 하는 종교학자 길희성(1943~)의 불교-그리스도교 비교 연구 결과들은 그 접근 방식이나 치밀함에서 대화 수준을, 적어도 이론적 차원에서는 한 차원 끌어올렸다. 그는 "불교와 그리스도교가 사용하는 현격한 언어와 개념 차이에도 불구하고 양자가 궁극적 진리의 차원에서 만날 수 있다는 기대와 가정을 가지고" 연구에 임한다고 자신의 입장을 밝힌다.[26] 불교의 공(空)과 하느님의 사랑은 근원적 차원에서 상통하는 깊이를 지닌, 동일한 실재라는 것이 그의 기본적 가정이다.[27] 다음은 그의 핵심적 입장이라고 할 수 있다.

나는 여기서 이러한 상호 이해와 변화의 가능성을 지향하는 불교와 그리스도교의 대화를 넘어서서, 그 전제이자 결론일지도 모를 두 종교의 만남, 그 궁극적 일치를 논하고자 한다. 심층적 일치란 보이지 않는 차원의 일치

---

25 주재용·서광선 편, 『역사와 신학』(한국신학연구소, 1985), 258~259쪽.
26 길희성, 『일본의 정토사상』(민음사, 1999), 9쪽.
27 그의 책, 『포스트모던 사회와 열린 종교』(민음사, 1994) 중 "예수, 보살, 자비의 하느님"을 비롯해 불교와 비교하는 논문 대부분이 이러한 시각에서 쓰여졌다.

를 말한다. 두 종교는 가시적 차원에서는 명백하게 다른 종교이다. 교리와 사상, 언어와 개념이 다르고 제도와 체제가 달리 형성되었으며, 역사와 문화가 달리 전개되어 왔다. 그러나 종교에는 가시적 차원만 있는 것이 아니라 불가시적 차원도 있으며, 이 후자야말로 실로 종교의 핵이라는 것이 모든 위대한 세계종교들의 공통된 증언이다.[28]

이것은 물론 여전히 이론적 수준의 접근이지만, 이 이론들이 언젠가 어떤 형식으로든 일상 삶 안에 스며드는 근거로 작용하리라는 점에서 희망적인 연구결과들이다. 변선환이 신학의 세계와 언어 안에서 불교를 포섭하고자 했다면, 길희성은 다분히 보편적 인문주의자의 시각을 가지고서 불교와 그리스도교의 창조적 일치를 도모하고 있는 것이다.

10. 불교학과 신학을 조화시키는 그리스도인들

이와 함께 1990년대 이후 활동하다가 2000년대에 일본으로 옮겨간 김승철(1958~)은 불교철학을 직접 다루기도 하지만, 선(禪)에서 아이디어를 얻은 동양신학[29], 해체주의 신학 관련 연구물[30]을 출판하고, 불교 관련 문화비평집[31]을 내기도 하는 등 전통 논문류의 접근방식과는 다르게 불교를 소화하는 학자다. 그리고 이찬수(1962~)도 1990년대 후반부터 일본의 현대불교철학파인 쿄토학파를 중심으로 연구하면서, 각

---

28 길희성, 「불교와 그리스도교: 창조적 만남과 궁극적 일치를 향하여」, 『종교연구』 제21집(2000년 가을), 28, 34쪽.

29 김승철, 『대지와 바람: 동양신학의 조형을 위한 해석학적 시도』(서울: 다산글방, 1994).

30 김승철, 『해체적 글쓰기와 다원주의로 신학하기』(서울: 시공사, 1998).

31 김승철, 『전시회에 간 예수, 영화관에 간 부처』(서울: 시공사, 2001).

교리를 허용하고 신자들에게 신앙적 의미를 부여해주는 종교적 '깊이' 차원에서 불교와 그리스도교의 구조적 상통성을 밝히는 작업을 꾸준히 하고 있다.[32] 불교적 세계관을 신학과 접목시킨 종교철학 에세이 『생각 나야 생각하지: 사유, 주체, 관계, 그리고 종교』[33]도 불교적 세계관을 소화한 새로운 글쓰기 사례로 평가된다.

그 밖에 유동식, 김경재, 김용복, 이정배, 배국원, 정희수, 장왕식, 김진 등 개신교권 학자들과 정양모, 이제민, 김승혜, 최현민, 방상복, 곽상훈 등 가톨릭권 학자나 수도자들, 성공회의 김은규 등이 저마다 전문 분야에 충실하면서도 불교에 대해 열린 마음으로 학문적 활동을 하고 있다. 특히 한국 신학계의 대표적 원로인 유동식, 정양모, 김승혜, 김경재, 이정배 등은 직접 불교 관련 저술을 하면서도, 기본적으로는 불교학적 시각을 포용하는 광범위한 학문을 통해 그리스도인의 불교 포용적 성향을 자연스럽게 보여준다. 이 가운데 김경재(1940~)는 동학은 물론 불교와 그리스도교를 직접 비교하는 논문을 쓰기도 하지만, 무엇보다 자신이 평생 연구해온 신학의 정신을 '대승기독교'로 규정한다는 점에서 그의 불교적 친화성을 엿볼 수 있다.

11. 그리스도교권의 수행적 사상가들

이상과 같은 전문학자들과는 구분되지만, 종교사적 의미에서 더욱 지대한 이들이 있다. 유영모를 시발로 하는 그리스도교권의 '수행적' 사

---

32 이찬수, 『불교와 그리스도교를 잇다: 쿄토학파와 그리스도교』(서울: 다산글방, 2003).
33 이찬수, 『생각나야 생각하지: 사유, 주체, 관계, 그리고 종교』(서울: 다산글방, 2001).

상가들이다. 유영모(1890~1981)는 15세 이후 그리스도인이 되었다고 하지만, 기본적으로 유교와 불교 등을 온몸으로 체화한 그리스도인이다. 그에게 그리스도교, 불교, 유교 등은 사실상 하나의 진리에 대한, 그리고 하나의 진리를 향한 다른 길들이다. 그는 말한다. "예수교, 불교, 유교는 다 다른지 모르나 진리는 하나밖에 없는 것을 얘기하니 이보다 더 좋은 낙이 어디 있겠는가?" 여기서 말하는 진리란 기존 제도종교로서 예수교, 불교, 유교를 말하는 것이라기보다는, 예수, 부처, 공자가 가르치고 실천한 일종의 본원적 진리를 말한다. 그에 의하면 본원적 차원에서 종교들은 만난다.

하루 한 끼 식사를 실천했던 유영모는 종교연구가라기보다는 철저한 수도자였다. 그의 수도 자세는 때로 유교적이지만, 신을 '있음'이라는 말 속에 갇히지 않는 '없음', 그런 의미의 "없이 계시는 이"라고 풀 때는 대단히 불교적이기도 하다. 유영모의 그리스도교 이해방식 안에는 불교적 해석이 들어 있다. 그는 완전한 공(空)/무(無)로서의 절대신, 모든 존재자들을 있게 하는 :하나'를 추구했다. 그러면서 유교랄 수도 있고, 불교랄 수도 있는, 그런 독자적 그리스도교에 대한 이해를 이론으로 남겨두지 않고 온 몸으로 살아낸, 20세기 한국 종교계의 큰 스승이다.

함석헌(1901~1989)도 종교 간 대화 — 좁히면 불교와의 대화 — 를 몸으로 실천한 인물이다. 유영모, 우찌무라(內村鑑三)한테서 절대적인 영향을 받았고, 1960년대 이후 퀘이커교에 몸담았던 그는 한계에 부딪힌 현대 서양문명을 바로 이끌어줄 수 있는 가르침이 동양 고전에 있다고 확신했다. 김경재에 의하면, 함석헌에게는 "간디를 낳은 힌두교의 불살생(不殺生) 비폭력 저항사상, 원효를 낳은 만법귀일(萬法歸一)의 대승불교 사상, 그리고 노장의 순수 본바탕을 찾아 지키려는 비판적 무위사상과 유가의 인의(仁義)·천명(天命) 사상 및 한국의 하늘님신앙 등이 기독교사상 및 서구 과학정신과 혼연일체가 되어 융합되고 있다." 그러면서 그리스도교 신앙의 변혁적, 저항적 성격이 그 안에 자리 잡고 있다. 그에게는 "동과 서가 만나고, 불교와 그리스도교가 만나고, 종교적 신비주의와 과학적 합리주의가 만난다." 함석헌 자신은 이렇게 말한다.

> 내게는 이제는 기독교가 유일의 참 종교도 아니요, 성경만 완전한 진리도 아니다. 모든 종교는 따지고 들어가면 결국 하나다.

사실 유영모나 함석헌을 그리스도인으로 범주화시키려는 시도 자체가 이들에 대한 왜곡을 낳을 수 있을 만큼 이들은 종교적으로 자유롭다. 그럼에도 불구하고 그리스도교적 언어로 자신의 신앙을 즐겨 표현했다는 점에서 이들을 그리스도교권 사상가들로 포함시키는 것은 일단 정당하다. 20세기 한국 그리스도교가 유영모나 함석헌과 같은 인물을 가졌다는 것은 '복된' 일이 아닐 수 없다.

유영모의 제자 김홍호 목사(1919~)도 스승을 따라 일일일식(一日一食)하면서 중용, 대학, 주역, 도덕경은 물론 법화경, 원각경, 벽암록, 전등록 등을 번역하고 강의하면서 종교 간 대화와 만남을 몸으로 실천하는 수행적 사상가이며, 동서양 고전을 아우르는 글쓰기와 강의를 하면서 면벽좌선하며 살기도 하는 이현주 목사(1944~)의 삶과 사상도 이 흐름 안에 있다. 다음은 그의 신앙고백이다. "제 속에는 예수님과 여래님이 나란히 계시거니와, 이 두 분 사이가 저와 저 사이보다 더 가까우신 것은 분명합니다."[34] 가톨릭권에서는 농촌, 생명운동을 펼치는 정호경 신부(1940~)가 구도자의 자세로 『반야심경』을 번역하는 등 몸으로 종교 간 대화를 하는 몇 안 되는 이들 중 하나다.

그리고 이들과 분위기는 다소 다르지만, 사회적 실천 차원에서 종교

---

34 이아무개, 『이 아무개 목사의 금강경 읽기』(서울: 호미, 2001), 7쪽. 이현주는 이아무개라는 필명을 사용하기도 한다.

간 대화에 크게 기여한 이가 있다면 강원룡 목사(1917~2006)이다. 그는 1965년 '크리스찬아카데미'를 창립한 뒤 다양한 대화활동을 벌이면서, 특히 종교 간 대화를 개인의 관심 내지 학문의 영역 너머로 확대시켰고, 한국사회 안에 공론화시키는 근거와 기초를 제공했다. 종교 간 대화야말로 사회적 소명이라는 사실을 종단 안에까지 일깨워주었고, 그의 영향력 하에서 '한국종교인평화회의'라는 종교연합기구도 창설되었다.(1986) 강원룡의 활동으로 인해 불교와 그리스도교의 대화가 종단 차원에서도 진행될 수 있는 가능성의 문이 열린 것이다.

물론 앞서 말한 수행적 사상가들은 여전히 소수이고, 실천적 대화운동의 흐름도 여전히 주류가 되지 못한다. 그럼에도 불구하고 이러한 사람들과 운동이야말로 한국적 정신을 풍요롭게 해주고 활력을 불어넣는, 한국 정신의 에너지원이다. 이런 이들로 인해 불교를 대하는 그리스도교적 자세가 더욱 다양해져가고 있을 뿐 아니라, 한국종교의 지평도 더 넓고 깊어져간다. 앞으로 더욱 의미 있게 평가될 가치 있는 작업들이 아닐 수 없다.

12. 또 다른 극단적 자세 : 훼불사건

유감스러운 것은 정작 그리스도교 교회 현장이 이런 분위기와는 거리가 멀다는 것이다. 그나마 가톨릭은 적어도 외형적으로는 개방과 포용 분위기로 가야 한다는 의식을 갖기 시작했지만, 개신교는 일부 선구자적 사상가나 개별교회 차원에서 이루어지는 타종교 포용적 흐름에 전체적 흐름이 크게 미치지 못한다. 과거와 같은 독단은 좀 줄어든 듯해도 여전히 무지와 편견에 사로잡혀 있다. 더 나아가 거의 정반대 현실이 곳곳에서 벌어지기도 한다. 대표적 사례로 근본주의 개신교인의 공격적 노상

선교 행위들("예수천당 불신지옥!!")이나 이보다 더 나아간 극단적 훼불 사건들을 꼽을 수 있다. 한 광적 개신교도가 750여 기에 달하는 나한상의 목을 자르고, 삼존불과 옥불, 백의관 등을 심하게 파손시킨 제주 원명선원 사건(1998)을 포함한 훼불 사건은 일일이 거론할 수 없을 정도로 많다.[35] 원명선원 사건은 한때 한국에서 종교전쟁이 나는 것 아니냐며, 세계 언론의 비상한 관심의 대상이 되기도 했던 부끄러운 역사이다.

물론 이러한 훼불은 유영모, 함석헌, 이현주 등과 같은 이의 세계관과는 정 반대편에 있는 극소수 행위에 지나지 않는다. 하지만 문제는 그러한 사건의 심각성을 여전히 느끼지 못하는 교회의 폐쇄적 분위기다. 개방적이고 열린 자세가 확장되어가기는 하지만, 21세기에 접어든 현재까지 타종교 포용성은 아직 예외현상에 속한다. 한편에서는 '부처님 오신 날'을 축하하는 현수막이 교회 입구에 걸리거나 불교방송에서 크리스마스 캐럴을 방송하는 등, 전에 없던 우호적이고 포용적인 일들이 생기는 반면, 다른 한편에서는 일부 개신교인을 중심으로 불교에 대한 노골적 저해행위까지 벌어지는 등 불교에 대한 자세가 극단적인 데로 흐르기도 하는 것이 여전한 현실이다.

물론 이러한 파괴적 행위는 신학적·신앙적 몰이해의 산물이다. 대다수 그리스도인은 여전히 "우상을 섬기지 말라"는 십계명을 지킨다면서도 문자에만 매이는 바람에 오히려 그 속뜻을 놓치는 경우가 허다하다. "어떤 사람 우상 앞에 복을 빌고 있으며 어떤 사람 자연 앞에 사랑 요구 하도다. 먼저 믿는 사람들 예수 사랑 가지고 나타내지 않으면 저들 실망하겠네"(개신교 찬송가 373장 3절)하는 노래도 있지만, 불상 앞에 절을 한다 해서 우상을 숭배하는 것이랴. 도리어 이웃의 삶, 그 내면 세계를 받아들이지 못하고, 진리를 자기 안에 독점하는 행위가 우상숭

---

35 상세한 훼불 일지는 『불교와 문화』제7호(1998년 가을호), 대한불교진흥원, 111~139쪽 참조.

배에 가깝다. 불자들 마음속 깊은 곳에서 벌어지는 일, 부처님의 가르침이 무엇인지 생각해보기도 전에 공격적 마음으로 설교하는 교회 지도자들마저 허다한 실정이니, 그것이 바로 오늘날 우상숭배에 더 가깝다 하겠다. 스미스의 다음과 같은 말, 그 의미를 새겨야 하리라.

> 19세기의 한 찬송가에는 "이방인들은 눈 어두워 나무와 돌에 절한다"라는 구절이 있다. 그러나 여기서 눈 어두운 사람은 이방인이 아니라 관찰자다. 아무리 낮게 잡아도 '우상숭배자'는 내가 보는 대로의 돌을 숭배하는 것이 아니라 그가 보는 대로의 돌을 숭배하는 것이다.[36]

13. 훼불에 대한 불교권의 대응

이러한 그리스도교권의 공격적 자세에 대한 불자들의 염려는 작지 않다. 불교계 신문은 한동안 사태의 심각성을 폭로했고, 여전히 예의 주시 중이다. 불씨는 여전히 꺼지지 않고 있다. 이러한 사태를 겪으면서 불자들은 그리스도교를 이렇게 보게 되었다.

> 한국의 불자들은 내심으론 기독교에 잔뜩 긴장하고 있으면서도 겉으로는 무관심한 척하고 있다. 한마디로 한국에서 불교가 기독교를 바라보는 태도를 묘사하는 말은 냉전이라는 표현이 가장 적합하다. 한국불교는 철저하게 냉담한 시선으로 기독교를 바라보고 있다. 한국불교에게 기독교는 전혀 상대하고 싶은 생각이 나지 않는 상대다. 한국의 불자들은 기독교를 무조건 외면하고 기피한다.[37]

---

36 윌프레드 캔트웰 스미스, 길희성 역, 『종교의 의미와 목적』, 분도출판사, 192쪽.
37 윤영해, 「한국 불교의 기독교 바라보기」, 『불교평론』 통권 10호(2002년 봄),

양식 있는 불자들의 심정을 적절히 반영해주는 발언이 아닐 수 없다. 이러한 사태의 일차적 원인제공자인 그리스도교, 특히 개신교권의 진지한 자기반성이 요청되는 상황이다. 하지만 불교와 그리스도교의 대화라는 우리 주제와 관련하여 보건대, 특히 불교의 대화자세와 관련해 보건대 정작 문제는 불자들이 수구적 방어태세를 취하는 데만 머물러 있다는 점이다. 20세기 후반 이후 불교권에서 그리스도교에 대해 보이고 있는 반응은 무관심으로 포장된 경계와 우려 속에서 주시하면서 그리스도교의 훼불사건에 대한 보고와 대응책을 내놓는 정도에 그친다. 개신교의 양적 성장과 가톨릭의 조직적 교회운영에 '선망'의 눈길을 보내기도 하지만, 전체적으로는 특히 승단 차원에서는 그리스도교와 같이 '유치하고 황당한' 종교를 배우고 그와 대화한다는 것은 그 자체로 '유치한' 행동처럼 비춰지는 분위기가 오늘날까지도 지배적이다. 물론 이때의 그리스도교란 주로 개신교에 해당하지만, 어찌되었든 그리스도교에 부족한 것이 불교 안에 다 있다는 자기중심적이거나 포괄주의적 자세와, 한편에선 경계심도 늦추지 않는 복합적 감정이 뒤섞여 있다. 불교학자 김용표가 "현대 한국 불교도의 타종교에 대한 태도를" "교단적으로는 배타주의적 입장에서 벗어나지 못하고 있으나, 교리적으로는 포괄주의적 해석을 하고 있으며, 종교 체험적으로는 다원주의적 입장을 보이고 있다"고 진단한 것이 그 보기다.[38]

체험으로는 다원주의이고, 교리로는 포괄주의인 불교가 교단 차원에서는 왜 배타적일까? 김종명에 의하면, "근본주의적 사고를 바탕으로 불교의 성격을 잘못 이해하는" 보수적 개신교도들에 대한 방어기제 때문이다. 그래서 진정한 대화도 "개신교 측의 훼불사태(와 같은 공격적

104~111쪽.

38 김용표, 「종교다원주의에 대한 불교의 입장」, 『불교평론』 제2권 제1호(2000년 봄호), 218쪽.

자세)가 종식된 후라야 가능할 것"이라고 본다.[39]

　불자들의 심정을 잘 반영해준 말이 아닐 수 없다. 그러나 이러한 질문을 제기하고 행정적 차원의 대처방안을 모색하는 수준에서 더 나아갈 필요가 있다. 그리스도교에 대한 적극적 연구가 필요한 시점이라는 것이다. 경영학자이자 새시대불교포럼 대표인 박승원은 이렇게 자기비판한다.

　　상당수 불교인은 불교만이 제일이며, 남의 종교는 공부할 대상이 아니라고 생각한다. 이 때문에 우리의 경우 종립대학에서 타종교에 대한 접근은 제도적으로 차단되어 있다. … 기독교국가인 미국의 경우, 신학대학에서조차 교과과정 중에 불교과목이 상당히 많음을 주목할 필요가 있다. 타종교 성직자 가운데 불경을 체계적으로 이해하고 참선을 생활화하는 경우는 있지만, 불교인의 타종교에 대한 관심은 찾아보기 힘들다. 오히려 기독교를 매우 천박한 종교로 매도하기도 한다. 한마디로 지독히 자폐적인 시스템이다.[40]

　윤영해는 이렇게 지적한다.

　　종교 간 긴장과 갈등이 필연적으로 노정될 수밖에 없는 한국의 다종교사회에서 불교와 기독교의 상호이해는 필수적이다. 한국사회에서 기독교 측이 저지르는 불교훼손을 궁극적으로 방지할 수 있는 길은 그들이 정확하게 불교를 이해하도록 도와주는 길밖에 없다. 그리고 그 책임은 틀림없이

39　김종명, 「개신교와의 대화: 불교적 전제와 대안」, 『종교와 문화』 제6호(서울대 종교문제연구소, 2000), 22, 35~36쪽.

40　박승원, 「정보지식사회의 도전에 직면한 불교」, 『불교평론』, 제2권 (2000년 봄호), 238~239쪽.

불교학도들에게 있다. 한국 같은 다종교사회에서 불교의 타종교 연구가 절체절명의 과제라는 주장은 결코 과장이 아니다.[41]

14. 그리스도교를 다룬 최초의 불자: 이능화

누가 어떻게 그런 일을 할 수 있을까? 사실 한국에 불자로서 그리스도교, 도교, 무속 등 한국의 다양한 종교들을 연구했던 이능화(1869~1943) 같은 이가 없었던 것은 아니다. 주로 20세기 초반에 활동했던 그는 도교, 유교, 그리스도교, 이슬람, 힌두교, 대종교, 천도교 등을 불교와 비교하며 논한 일종의 종교대론서 『백교회통(百敎會通)』(1912)을 쓰면서 저술목적을 다음과 같이 밝힌 바 있다.

> 모든 종교의 강령을 열람하고 대조하여 서로 견주어 같은 것과 다른 것을 가리고, 필요에 따라 원문을 인용하여 증거를 하면서 회통케 하였다. 또 털끝만큼이라도 뜻이 바뀔까 조심하면서 성인들의 가르침을 높이 존중하여 옛 문장을 알기 쉽게 풀어 두루 보게 하였으니 각 종교의 이치와 행이 손바닥을 보듯이 훤히 드러날 것이다. 그러므로 유교를 믿는 사람이 보면 유도(儒道)라 할 것이요, 불교인이 보면 불도(佛道)라 할 것이며, 다른 종교인도 또한 마찬가지일 것이니, 마음을 말하고 성(性)을 말할 때 남의 것과 자기 것을 함께 잘 비교하여 옳은 결택을 내리길 바랄 뿐이다.[42]

가능한 성인들의 가르침을 그대로 전달하려는 종교연구 자세, 자신

---

41 윤영해, 「비교종교와 불교연구의 상관관계」, 『불교평론』 제1권 제1호(1999년 겨울호), 208~209쪽.

42 이능화, 강효종 역, 『백교회통』(서울: 운주사, 1989), 머리말.

은 불자이지만 자신이 쓴 타종교 소개가 타종교인에게도 부족함이 없는 가르침이 되도록 정리하려는 자세는 오늘 다시 보아도 적잖은 귀감이 된다. 무엇보다 그가 천주교 측 자료들에 조선측의 관변 기록 등을 참조해서 쓴 『조선기독교급외교사(朝鮮基督敎及外交史)』(1928)는 당시 호교론적 관점에 머물러 있던 그리스도교 관련 대다수 저술들에 비하여, 한국인의 시각을 견지하고서 비교적 객관적으로 쓴 최초의 한국 그리스도교사라는 의의를 지닌다. 더욱이 불자로서 한국 그리스도교사를 정리했다는 사실은 후학 불자들의 그리스도교 연구를 더욱 독려하는 자극제가 되기에 충분하다. 그의 그리스도교 연구가 단순한 자료 나열 수준에 머문다는 비판이 없지 않지만,[43] 그것은 가능한 한 자신의 선입견을 배제하려는 학문적 방법론의 하나로 생각함이 좋을 듯싶다. 정작 문제는 이능화 사후 50년이 지나도록 그리스도교 및 타종교를 연구한 불자가 등장하지 못하고 있다는 것이다.

15. 서구사상과 대화를 도모한 불자: 이기영

20세기 중후반 서구사상과의 대화를 염두에 두고 한국불교의 현대화를 고민한 이가 이기영(1922~1996)이다. 본래 천주교인이었다가 불자가

---

43 김용섭, 「우리나라 근대 역사학의 성립」, 『한국의 역사인식』 下(서울: 창작과 비평사, 1983), 446~447쪽 ; 이원순, 「한국천주교사연구소사」, 『한국교회사논총』(최석우신부화갑기념)(한국교회사연구소, 1982), 682쪽. 그 밖에 이능화 그리스도교 연구의 의의에 대해서는 홍이섭, 「李能和先生의 '朝鮮基督敎及外交史'」, 『한국사의 방법』, 447쪽 ; 홍이섭, 「한국기독교사연구개황」, 『신학논단』 제7집(1962.10), 8~9쪽 ; 민경배, 『한국기독교회사』(개정판), 서울: 대한기독교출판사, 1989, 21쪽 ; 그 밖에 신광철, 「이능화의 종교학적 관점」, 『종교연구』 제9집(한국종교학회, 1993), 194쪽 ; 김수태, 「이능화의 한국기독교연구」, 『종교연구』 제9집(한국종교연구회, 1993), 119, 126쪽을 볼 것.

된 그는 그리스도교와 불교를 균형감 있게 정리할 수 있었을 학자였지만 아쉽게도 이 분야의 본격적 연구에까지 이르지 못한 채 작고하고 말았다. 그렇더라도 석가의 자비와 예수의 사랑 양쪽을 오가며 쓴 에세이를 남기기도 했던 만큼,[44] 그는 종종 현대 서구문명과의 관계, 좁게는 그리스도교와의 관계를 염두에 두고서 글을 쓰곤 했다. 그는 그리스도교와 불교의 관계에 대한 자신의 견해를 이렇게 밝힌다.

> 그리스도교에서 제시한 몇몇 문제와 불교가 제시한 진리는 내 안에서 하나로 겹치고 있지만, 그것을 모든 그리스도인, 모든 불교인에게 똑같이 알아달라고 강요할 수는 없으며, 그것은 제각기 알 사람만이 알면 족한 것이 틀림없기 때문이다.[45]

이제는 이기영이 느끼는 그 "하나로 겹치는" 부분을 좀 더 많은 사람이 고민하고 공감할 수 있도록 이론과 실천면에서 구체화시키는 작업이 더욱 요청되는 때다. 이미 그러한 논문을 쓴 바 있는 윤영해나 종교연합(U. R.)운동을 주도하는 진월 등에게서 그런 작업을 기대해 볼 만하다. 아울러 신학적 소양을 갖춘 뒤 한국 조계종단으로 출가한 현각(폴 뮌젠)도 어떤 형식으로든 불교 안에 그리스도교에 대한 오해를 줄이고 이해 폭을 넓힐 수 있을 적절한 인물이라 생각된다.

이와 함께 불교학 연구방법론의 다양화 역시 병행해야 할 과제가 아닐 수 없다. 오늘날 '응용불교'라는 불교학 용어가 등장하고 있는 것은 그나마 다행스런 일이다. 이와 관련해서는 불자를 자처하면서도 전형

---

44 이기영, 「석가와 예수」, 『사색인의 염주』(한국불교연구원, 1999). 1977년 간행되었다가 이기영 사후 재출판되었다.
45 이기영, 「불교의 현대적 의미」, 안병무 편, 『전환기의 신앙』(서울: 태극, 1974), 430쪽.

적인 불교 교의학적 시각과 다른 차원에서, 그리고 불교 제도권 밖에서 서구 불교학의 동향을 우리나라에 소개하는 이민용[46]이나 안양규, 그리고 해외 불교 현황을 소개하는 진우기 등도 불교학의 연구주제나 방법론의 지평을 넓히는 데 일조할 수 있을 것으로 보인다.[47] 탈종파적, 비교의적 차원에서 그리스도교 문화권에 속한 지역의 불교학을 소개하는 일이 더 확대됨으로써, 결과적으로 그리스도교와 만날 수 있는 여지와 상황이 넓어지고 개선될 수 있게 되는 것이다.

16. 21세기의 불교유신론

20세기 초반, 이능화가 비불교권 종교들에 대한 이론 연구에 매진할 때 만해와 용성, 권상로, 박한영 등은 포교와 교육, 제도개혁과 사원유지 등을 골자로 하는 "조선불교유신론"을 펼친 바 있다. 물론 이러한 개혁은 여전히 긴요하다. 하지만 본 논문의 입장에서 보자면, 무엇보다 21세기 불교의 '유신'은 그리스도교라는 새로운 언어를 배우며 상생하는 가운데 이루어질 필요가 있다. 토인비가 20세기 최대 역사적 사건으로 불교와 그리스도교의 만남을 지목한 바 있듯이, 불교의 그리스도교 연구야말로 불교를 더욱 충실한 불교로 변모시켜줄 것으로 생각된다. 이웃종교를 배우고 포섭하는 행위는 종단의 제도 개혁 이후에 취해야 할 느긋한 과제가 아니다. 새로운 언어를 배우는 행위 자체가 바로 오

---

46 이민용, 「서구 불교학 연구의 문화배경에 대한 성찰」, 『종교연구』 제18집(한국종교학회, 2000) ; 「미국 속의 불교와 불교의 미국화」, 『종교문화비평』(한국종교문화연구소, 2002.2) 등 참조.

47 안양규, 「영국, 일본의 불교학 연구 동향」, 『불교평론』 제1권 제1호(1999, 겨울 창간호).

늘날의 불교개혁인 것이다.

원효의 일심(一心)사상과 여래장사상, 의상의 화엄일승(一乘)사상 등 한국 최고 스승들의 뛰어난 사상들은 한결같이 일체의 차별적인 것들을 하나로 포섭해내려 한 시도였다는 사실에서도 오늘날 불교유신의 이유와 근거를 찾을 수 있다. 화쟁(和諍)을 자기 사유방식의 큰 틀로 삼았던 원효가 21세기에 다시 태어난다면 아마도 그리스도교를 화쟁 대상으로 삼았으리라. 의상이 오늘날 태어났다면 '일승'이라는 우주적 구원의 진리 안에 그리스도교를 자연스럽게 포섭했으리라. 더 말할 필요도 없거니와, 불교적으로 보건대 외적 차별이라는 것은 무지[無明] 내지는 분별심에 의한 것이며, 따라서 극복의 대상이다. 이 마당에 그리스도교를 차별의 대상으로 남겨두지 않고 적극 포섭하는 자세는 불교적으로 보더라도 필연적, 자연적인 일이라 아니할 수 없다. 불교를 억압하거나 배타하지 않고 있는 그대로 두면서도 그리스도교 안에 수용해내는 자세 역시 더 말할 필요없는 요청이다. 이런 것이 21세기 한국 불교와 그리스도교가 서로를 대하는 자세여야 하리라.[48]

---

[48] 본 논문이 발표되었던 2004년 봄과 교정본이 나온 2008년 여름 사이에는 불교-그리스도교 관계의 수준 내지 외적 양상이 제법 달라졌다. 2007년 여름 아프가니스탄 선교사 대량 피랍사태를 겪으면서 국민 사이에 개신교 우월적 태도에 대한 반대여론이 심화되었고, 2008년 여름에는 이명박 정부의 개신교 중심 종교 편향적 분위기 때문에 상처받아오던 불교계의 반감이 급기야 '범불교도대회'라는 반정부적 결집대회를 통해 폭발하는 유례없는 사태가 벌어졌다. 외형적이고 미시적으로는 분명히 불교와 그리스도교의 관계가 악화된 것으로 보인다. 하지만 거시적으로 '범불교도대회'는 적어도 불교계 안에 그동안 무관심해왔거나 의도적으로 회피해왔던 그리스도교에 대한 관심의 폭을 확대시킬 것이고, 그에 따라 대화의 분위기도 진작될 것이다. 여기에다가 불교를 대하는 그리스도교인의 시각에도 진정성이 더해지면서, 양 종교 간 대화 내지 상호이해의 분위기도 확대되는 전환점으로 작용할 것으로 보인다.

하느님과 일심(一心)

월프레드 캔트웰 스미스의 세계신학적 신앙관과
대승기신론을 중심으로

류제동

(금강대학교 HK연구교수)

1. 서론

그리스도교와 불교가 유신론과 무신론이라는 관점에서 대립한다고 이
해하는 경우가 있다. 이 이해는 전혀 잘못된 것이라고 할 수 없다. 분명
그리스도교는 '유신론'을 내세우는 교리가 있고, 불교도 일견 인격적
창조주를 격하시키는 교리가 있다는 점에서 '무신론'을 내세우는 교리
를 부인할 수 없기 때문이다.

그러나 이 교리들을 우리 눈에 비치는 그대로 바라보는 것이 정당
한 것일까? 예컨대 문자 그대로 하면 천주교(天主敎)는 천주(天主)를
섬기는 종교라 할 수 있다. 그런데 불교에서 이 천주(天主)를 천주교의
천주(天主) 개념과 단순 일치시켜서 파악하는 것이 올바른 이해일까?
불교 안에서도 천주는 하찮은 존재가 아니다. 천상계 제왕으로 간주되
는 존엄한 존재다. 그러나 불교의 천주는 비록 천상의 존재이기는 하
지만 윤회에 속박된 존재이며 가르침을 받아야 할 어리석은 존재에

불과하다.

우리는 단순히 단어가 같다는 이유로 피상적 동일시를 하기가 쉽지만, 그러한 동일시는 정당화될 수 없고 심각하게 경계해야 할 것이 아닐까? 다시 말해서, 유신론과 무신론이 불교와 그리스도교 신앙인에게 갖는 의미를 제대로 이해하지 않고서는 그 교리가 서로 얼마나 다른지 성급하게 이야기하는 것이 무모하지 않을까?

물론 천주라는 단어가 불경에 있다고 해서 불경에 있는 천주의 의미로 그리스도교의 천주를 간단하게 이해하면서 그리스도교를 낮은 수준의 종교로 이해하는 학자는 흔치 않을 것이다. 예컨대 에드워드 콘즈(Edward Conze)는 『불교: 그 핵심과 전개(*Buddhism: Its Essence and Development*)』에서 "불교는 무신론인가(Is Buddhism Atheistic?)"라는 제목 하에 불교의 무신론을 논의하기 앞서 신이라는 말의 의미를 분명히 할 필요가 있다고 말한다. 그리고 불교가 무신론이라고 말할 때에는 인격적 창조주에 무관심하다는 차원에서 이해해야 한다고 강조한다. 곧 그는 "만약 우주의 인격적 창조주에 무관심한 것이 무신론이라면, 불교는 진정 무신론적이다"라고 밝힌다.[1] 곧, 인격적 창조주라는 측면에서 불교를 무신론적이라고 명시한 것이다. 그러면서 그는 "그리스도교 사상 가운데 신비적 전통에서 이해하는 신성(Godhead)의 특질과 열반의 특질을 비교해보면, 양자 사이에 거의 아무런 차이도 발견하지 못할 것이다"라고까지 이야기한다.[2] 요컨대 그리스도교의 하느님 개념을 취사선택해서 받아들인다면 불교를 유신론적으로 볼 수도 있다는 것이다. 서구 계몽주의 시대에 불교를 무신론이라고 비판하던 것에 비하면 상당히 진전된 입장이다.

---

1 Edward Conze, *Buddhism: its Essence and Development*(Oxford: Bruno Cassirer, 1951), p.39 / 한형조 역, 『한글세대를 위한 불교』(서울: 세계사, 1990), 68쪽.
2 Edward Conze, 같은 쪽 / 한형조 역, 같은 책, 69쪽.

그러나 콘즈 류의 입장이 온전히 타당한가 재차 묻는 것은, 인격적 창조주 하느님이 그리스도인에게 갖는 의미를 탐구하지 않는 것이 부당할 수 있기 때문이다. 단지 외형적 단어의 같음에서 개념적 일치를 보는 것이 오류이듯, 개념적 외연(denotation)이 같다고 해서 그 함의(connotation)까지 같다고 볼 수 있는지 문제가 제기된다. 인격적 창조주라는 개념적 외연이 그리스도인이나 무슬림이나 힌두인에게 동일한 함의를 가질 것인가? 더 나아가 그리스도인끼리도 인격적 하느님이 동일한 함의를 갖느냐 물을 수 있다. 또한 비인격적 실재 개념을 가진 종교인의 그 비인격적 실재는 인격적 창조주 개념이 갖는 함의를 상당 부분 내포할 수도 있지 않을까?

윌프레드 캔트웰 스미스는 이러한 맥락에서 개념의 단순 이해를 비판적으로 성찰하고 인격적 신앙에 초점을 맞추어 현대의 피상적이고 배타적인 종교 이해를 극복하고 보편적 신앙 이해를 추구한다. 그리고 그 보편적 신앙 이해를 바탕으로, 기존의 개별종교적 신학을 넘어서서 세계종교사 전체에 기초한 새로운 신학인 세계신학을 시도한다. 그는 불교 역시 세계신학의 중요 구성요소로 여긴다. 이 논문은 우선 그의 세계신학적 신앙에서 하느님을 어떻게 새롭게 이해하는지 살펴보고, 새로운 하느님 이해로 불교를 어떻게 새롭게 바라볼 수 있는지 『대승기신론(大乘起信論)』을[3] 통해 살펴보고자 한다. 이 시도는 불교가 유신론적 종교로서 세계신학 구성에 얼마나 적극 기여할 수 있을지 탐구한 것이라고도 할 수 있다.

---

3 원효(元曉)의 주석서 곧 『대승기신론별기(大乘起信論別記)』와 『기신론소(起信論疏)』를 중심으로 살펴본다.

2. 윌프레드 캔트웰 스미스의 세계신학적 신앙관과 하느님

이 장에서는 스미스의 세계신학적 신앙 이해가 어떻게 종교를 바라보게 하는지 구체적으로 살펴보고자 한다. 1절에서는 근대 서구의 외면적 종교관에 대한 비판을 살펴본다. 우선 종교를 외면적으로 파악하는 것이 어떤 문제를 낳는지 스미스의 비판을 살펴본다. 우리는 외면적 인식이 얼마나 실재로부터 소외된 이해인가 알게 될 것이다. 2절에서는 축적적 전통과 인격적 신앙이라는 스미스의 기본적 종교 이해 범주를 살펴본다. 살아 있는 종교의 의미를 이해하려면 인격적 신앙의 관점에서 종교를 바라보아야 하며, 축적적 전통과 인격적 신앙의 두 범주로 종교를 바라보는 것이 합리적 대안임을 보게 될 것이다. 믿음체계로만 종교를 보지 않고 인격적 신앙의 맥락에서 종교를 축적적 전통으로 바라보는 것이 정당한 태도임을 알게 될 것이다. 종교는 인간의 신앙, 곧 초월적 실재에 대한 통찰과 응답의 표현인 축적적 전통으로 이해할 때에 올바르게 이해할 수 있다. 3절에서는 신앙을 초월적 실재에 대한 통찰이자 응답으로 보는 스미스의 관점을 살펴본다. 스미스의 이러한 신앙 이해는 그의 세계신학적 전망의 기반이 된다. 4절에서는 스미스가 이해하는 보편적 구원의 하느님에 대해 살펴본다.

1) 근대 서구의 외면적 종교관에 대한 비판

"어떤 종교를 믿습니까?"라는 질문은 필자를 비롯해서 종교학 전공자들이 강의할 때 자주 접하는 질문 중 하나다. 이 질문에는 종교를 객관적 실체로 간주하는 관점이 전제되어 있다. 종교 자체를 어떤 가치를 지닌 믿음 대상으로 본다. 그리고 대개 종교를 믿음 대상인 교리체계로 여긴다. 그러나 스미스는 이 관점이 근대 서구에서 밀어붙인 견해일 뿐이며 논리상 오류라고 지적한다. 서구를 비롯한 인류 대부분의 역사는 종교를 어떤 외면적 실체라기보다 초월적 실재를 외경하는 태도로 이해했으며, 인간의 이러한 신앙 태도를 떠나서는 종교현상을 이해할 수 없다고 스미스는 주장한다.

스미스는 자신의 주요 저서 가운데 『종교의 의미와 목적』[4]에서, 이처럼 서구에서 종교를 물상화(物像化: reification)하여 이해한 과정을 고대 로마시대부터 근대에 이르기까지 치밀하게 추적하였다. 로마에서는 종교(religion)라는 말을 '인간 밖에 존재하는 힘으로서 무서운 보복의 고통을 주는 위협을 하며 인간에게 의무적으로 어떤 행위를 하게 하는 일종의 타부(taboo)와 같은 힘'[5]을 체험한 데 사용했다. 그리스도교 시대부터 16세기 종교개혁가 칼빈에 이르기까지 종교라는 용어는 하느님에 대한 경건성을 가리켰다. 이처럼 서구 대부분의 역사에서 경건한 체험을 가리키던 종교라는 말은 주지주의적 계몽주의 시대인 17세기에 이르러 교리와 행위의 외적 체계를 가리키기 시작하다가, 18세기 중엽쯤에는 이러한 의미가 유럽인의 의식 깊이 뿌리박히게 되었다고 스미스는 지적한다. 그리고 오늘날 유럽인만이 아니라 아시아의 한국에서도 '어떤 종교를 믿습니까?'라는 질문이 스스럼없이 오간다. 요컨대, 서구역사에서 종교라는 말이 교리체계를 가리키기 시작한 것은 최근 몇 세기에 한정된다.[6] 그러한 서구의 풍조를 무비판적으로 받아들이면서 비서구권에서도 종교를 물상화하여 이해하는 일이 확산되었다.

종교를 물상화하여 이해하는 것은 이처럼 다소 예외적인 역사상의

---

4 Wilfred Cantwell Smith, *The Meaning and End of Religion*: A *New Approach to the Religious Tradition of Mankind*(New York: Macmillan, 1963).

5 Wilfred Cantwell Smith, 같은 책, p.20 / 길희성 역, 『종교의 의미와 목적』(왜 관: 분도출판사, 1991), 44쪽.

6 Wilfred Cantwell Smith, 같은 책, pp.15~50 / 길희성 역, 같은 책, 39~81쪽.

한 현상일 뿐 아니라 살아 있는 종교를 크게 왜곡하여 바라보게 한다. 스미스는 현대 이슬람세계의 근본적 비극도 무슬림이 하느님에게 충성을 바치는 대신 이슬람이라 부르는 것에 실체가 있다고 보고 거기에 충성을 바치려는 정도가 심했다는 데 원인이 있다고 지적하였다.[7] 외부자뿐 아니라 내부자들마저 초월적 실재에 대한 원래 통찰을 잃어버리고 자신이 만들어 놓은 산물들을 우상숭배하듯 숭배하게 된 데 무슬림을 비롯한 근대 종교인의 비극이 있다. 마치 달을 가리키는 손가락 비유에서 손가락이 가리키는 달을 바라보지 않고 손가락 자체를 숭배하는 오류에 빠지는 것과 같다. 손가락 자체가 어떤 종교적 실체로 존재한다는 것은 근대에 예외적으로 형성된 왜곡된 관점이다. 이러한 맥락에서 스미스는 종교를 달리 보는 일이 시급하며, 이 작업은 새로운 신앙 이해에서 비롯된다고 주장한다.

> 신앙은 깊은 개인 인격체 안에서 이루어지는 역동적이고 궁극적인 것이다. 고뇌나 탈아상태, 혹은 지적 양심이나 일상생활에서 한 인간을 온 우주의 하느님과 연결시켜 주며 고통 받는 이웃과 연결시켜주는 직접적 만남이다. 이웃이 자신의 제도화된 종교공동체 밖의 존재라 해도 개의치 않고 인격체를 인격체와 이어주는 만남이 신앙이다. 그러므로 신앙이 생동하는 사람은 추상적 개념에 별로 관심이 없고 제도에는 부차적 관심만을 지닐 뿐이다.[8]

---

7 Wilfred Cantwell Smith, 같은 책, p.126 / 길희성 역, 같은 책, 175쪽 ; Wilfred Cantwell Smith, *Islam in Modern History* (Princeton: Princeton University Press, 1957).

8 Wilfred Cantwell Smith, *The Meaning and End of Religion: A New Approach to the Religious Tradition of Mankind*, p.127 / 길희성 역, 같은 책, 176쪽.

여기서 유신론자가 아닌 독자는 '하느님'이라는 단어를 거리낄 것이
나, 스미스는 이 개념을 매우 폭넓게 쓰고 있으며 각자 자기 종교에서
사용하는 궁극적 개념으로 대치해서 읽어도 좋다고 밝히므로 그다지
부담 없이 받아들일 수 있을 것이다. 스미스는 우주의 초월적 실재나
궁극적 실재와 이어주며 주변의 낯선 이들과도 인격적 친교를 나눌 수
있게 하는 체험인 신앙에 초점을 맞출 때 종교를 올바로 이해할 수 있
다고 말한다. 스미스는 '초월적'이라는 말도 매우 폭넓은 의미로 사용
한다. 내적인 것이든 외적인 것이든 육안으로 보는 것 이상을 바라보게
하는 것이면 초월적이라 말할 수 있다고 스미스는 밝힌다.[9] 스미스는
이러한 신앙에 초점을 두고 종교를 인격적 신앙과 축적적 전통이라는
두 범주로 바라보라고 제안한다. 이때 역동적 종교이해가 가능하다고
생각한다.

2) 인격적 신앙과 축적적 전통

스미스가 종교를 이해하기 위해 인격적 신앙과 축적적 전통의 두 범주
를 제안하는 핵심은 살아 있는 종교를 이해하려는 데 있다. 그는 이
두 개념을 다음과 같이 설명한다.

'신앙'이라는 말은 개인 인격체적 신앙을 뜻한다. … 우선 그 말을 한 특정
인격체의 내적 종교 체험이나 개입을 뜻한다고 이해하면 된다. 사실이든
관념뿐이든, 초월적인 것이 그에게 미치는 영향을 의미한다. '축적적 전
통'이란 연구하는 공동체의 과거 종교적 삶의 역사적 축적물인 외적 객관
자료 전체를 가리킨다. 사원, 경전, 신학체계, 춤 양식, 법제도나 그 외

---

9 Wilfred Cantwell Smith, *Faith and Belief*(Princeton: Princeton University Press, 1979), p.193 note 14.

사회제도, 관습, 도덕규범, 신화 등을 가리킨다. 즉, 한 인격체나 한 세대에서 다른 인격체와 다른 세대로 전수되는 것으로, 역사가가 관찰할 수 있는 모든 것을 의미한다.[10]

간단하게 말한다면, 스미스는 기존에 종교라고 부르던 것을 축적적 전통이라 부르면서 인격적 신앙의 관점에서 그 의미를 연구해야 한다고 주장한다. '축적적'이라는 말을 전통 앞에 붙이는 것은 각 신앙인의 주체적 체험을 강조하기 때문이다. 전통은 그저 답습되는 것이 아니라, 세대에서 세대로 전해지면서 각 세대의 창조적 신앙인들의 업적에 의해 계속 축적된다. 이러한 스미스의 관점을 깊이 이해하기 위해, 사람들이 전통의 의미를 수용하는 과정을 그가 어떻게 이해하는가 살펴볼 필요가 있다.

우리는 가장 초보단계에서 시작할 수 있다. 어떤 전통이 종교전통인지 어떻게 아는가? 어떤 건물이 과연 종교적 건물인지 아닌지 어떻게 아는가? 너무 당연한 이야기이만, 그 건물을 종교적으로 이용하는 사람 없이는 그러한 인식은 애초에 불가능하다. 어떠한 전통이 종교 전통으로 살아 있는 것은 그 전통을 종교적으로 전수하는 사람들이 있기에 가능하다고 스미스는 강조한다.[11] 우리가 어떤 종교전통을 이해한다는 것은 그 전통 자체를 이해하는 것이라기보다 그 전통을 수용하는 신앙인의 태도를 이해하는 것이다.

종교경전에도 이러한 관점을 적용할 수 있다. 어떤 본문이 종교경전

---

10 Wilfred Cantwell Smith, *The Meaning and End of Religion*: *A New Approach to the Religious Tradition of Mankind*, pp.156~157/길희성 역, 같은 책, 212쪽.

11 Wilfred Cantwell Smith, "Objectivity and the Humane Sciences: A New Proposal," *Modern Culture from a Comparative Perspective*, ed. John W. Burbidge (New York: State University of New York Press, 1997), pp.126~132.

이 되는 것은 그 종교인이 그 본문에서 종교적 의미를 읽어내기 때문이다. 혹자는 그 본문 자체에 종교적 의미가 있다고 반문할지 모른다. 그러나 스미스는 본문을 포함해서 이 세상의 어떠한 것도 인간을 떠나 그 자체로 종교적인 것은 없다고 역설한다. 인간과 관계 맺을 때 인간에게 종교적 의미가 있는 것이며, 인간은 시대와 상황에 따라 어떤 대상에서 종교적 의미를 읽어내는가에 있어서 매우 풍부한 다양성을 보여 온 것이다. 이러한 스미스의 본문에 관한 주장은 그의 언어관과 연결시켜 이해할 필요가 있다.

언어는 매혹적이며 경이로운 인간적 특성이다. 언어가 한 사람의 지성과 감성 안에서 작용하면서 부분적으로 다른 사람들의 지성과 감성 안에서 공유되고, 이로써 아무리 사소해도 (때론 최상의 것이 될 수 있어서) 그들 사이에 공동체를 이루게 한다.[12]

스미스는 우선 언어가 소통능력을 지녔다고 인정한다. 그러나 그 소통은 기계적이거나 아무 변화 없이는 이루어지지 않음을 유의해야 한다.

그것은 장엄하고 항상 인상을 남기는 하나의 도구이면서도, 불완전한 면이 있기 마련이다. 말하는 이나 글쓴이가 의도한 것이 듣는 이나 보는 이에게 충분히 전달된 사실에 우리는 경외심을 갖고 감사해 마땅하지만, 그 것들은 원칙상 결코 정확히 동일하지 않고 특히 중요하거나 미묘하거나 심각한 문제의 경우는 더 동일하지 않다.[13]

---

12 Wilfred Cantwell Smith, *What is Scripture?*(London: SCM Press Ltd, 1993), pp.86~87.
13 *Ibid.*, p.87.

스미스는 언어가 매우 인상적이지만 언어의 불완전함을 잊지 말라고 충고한다. 특히 중요하거나 심각한 문제의 경우에 말하는 이와 듣는 이가 동일한 말의 의미를 공유하지 못한다는 것은 스미스가 종교전통을 이해하는 핵심요소 중 하나다. 외부자뿐 아니라 내부자들도 서로 중요한 의사소통을 할 때는 서로 간에 다양성이 생길 수밖에 없다. 이러한 면에서 우리는 스미스의 다음 말을 귀담아 들을 필요가 있다.

모든 언어는 불완전하며, 읽는 이나 듣는 이가 이야기를 이해할 때는 언제나, 글쓴이나 말하는 이가 의미하는 것에서 일정 부분을 빠뜨리고 읽는 이나 듣는 이가 가정하거나 부여하는 어떤 것을 덧붙이는 방식으로 이해한다고 오르테가 이 가세트(Ortega y Gasset)는 사려 깊게 주장하였다. 나는 이 주장에 동의하면서도 인간 상황의 이러한 특성에 대해 낙담할 필요가 없다고 생각한다. 우리는 문어와 구어를 가지고 사람들이 의사소통하며 공동체를 얼마나 많이 성공적으로 세우는가에 대해, 성공이 흠 없이 이루어진다고 불만스러워하기보다 경탄하는 것이 더 바람직하다.[14]

스미스는 언어의 불완전함이 불행하고 통탄스러운 결함이 아니라 그 불완전함을 통해 공동체가 이루어진다는 것을 경탄해야 한다고 주장한다. 여기에 축적적 전통의 풍요로운 의미를 발견해내는 스미스의 탁월함이 있다. 어떤 종교전통에서건 시간적 차이나 지역적 차이에 의해 두 사람끼리도 다를 수밖에 없다는 것이 스미스의 통찰이다. 심지어 한 사람에 있어서도 하루 중 아침과 점심의 종교적 태도가 다양성을 보인다. 이 점에 주목해야만 우리는 인간의 종교성을 이해할 수 있다.

---

14 Wilfred Cantwell Smith, "On Mistranslated Booktitles," *Modern Culture from a Comparative Perspective*, ed. John W. Burbidge (New York: State University of New York Press, 1997), p.51.

그리고 그것을 불행이 아니라 축복으로 여겨야 할 것이다. 우리는 하나의 정확한 의미가 아니라 풍요로운 의미들을 발견하게 된다. 스미스는 하나의 정확한 의미를 틀리게 이해하는 사람과 바르게 이해하는 사람을 보는 것이 아니라, 어떤 초월적 실재를 다양하고 풍요롭게 이해하는 수많은 신앙인을 풍요롭게 이해하는 길을 제안하는 것이다. 이처럼 의사소통에서 발생하는 다양성을 어떻게 이해할 것인가? 스미스는 다음과 같이 말한다.

> 어떤 사람에게든, 특정 어구나 문장이나 문헌과, 어떤 용어나 개념의 의미는 그 사람 전체 경험과 세계관 안에 하나의 부분으로 통합되고, 선호적으로 통합된다. 그 의미는 (어떤 특수 경우에는 그 차이가 너무 작아 무시할 수 있을지라도) 두 사람 사이, 두 세기 사이, 두 지역 사이는 결코 정확히 동일할 수 없다. 특히 두 세기와 두 지역 간 의미 차이는 아주 심각할 수 있다.[15]

각 개인은 자신의 전체 경험과 세계관이 서로 다를 수밖에 없고 그에 따라 본문을 이해할 수밖에 없으므로, 본문 이해는 다양할 수밖에 없다. 여기에서 스미스는 저자가 의도한 의미만을 본문의 의미로 인정해야 한다는 주장이 서구 근대에 흥기한 개인주의 때문이라고 논박하면서, 저자가 의도한 의미와 아울러 독자가 파악하는 의미도 당당하게 하나의 의미로 간주해야 한다고 주장한다. 특히 종교전통은 그 전통을 수용하고 유지해온 사람들한테서 그 의미를 찾아야 하므로, 저자가 의도한 의미 못지않게 독자가 파악한 의미가 중요하다고 주장한다.[16] 특히 외부 연구자들이 특정본문의 원저자가 꾀한 의미를 밝힌다고 하면

---

15 Wilfred Cantwell Smith, *What is Scripture?*, p.87.
16 *Ibid.*, p.89.

서, 그 본문을 종교경전으로 간직해온 신앙인들 모두가 그 원래 의미를 잘못 이해했다고 주장하는 것은 지나친 월권이다.

요컨대 스미스는 인류사에서 종교란 신앙인들이 전통을 축적해온 과정이며, 경전적 전통에서 본문에 대한 이해를 축적해온 과정이라고 강조한다. 신앙은 단순히 본문 이해에 그치는 것이 아니다. 스미스는 다음과 같이 말한다.

> 각 사람의 신앙은 자신의 것이지만 어느 정도 자유로운 것이며, 그 사람의 인격 안에서 대면하는 전통 및 세속환경과 초월적인 것이 상호작용하여 생기는 결과다. 한 인간의 신앙은 전통이 그에게 주는 의미다. 그러나 한 걸음 더 나아가 그의 신앙은 이 전통의 빛 아래서 우주가 그에게 주는 의미다.[17]

스미스는 특정 시대의 신앙인을 이해할 때, 그 사람이 특정 본문을 쓴 원저자의 정확한 의도를 읽어냈는가에 주목하기보다는 그가 그 본문의 빛 아래서 초월적 실재와 어떻게 만났고 우주의 의미를 어떻게 파악했는가에 관심을 가져야 한다고 주장한다. 우리가 이해하려는 것은 본문 자체가 아니라 그 사람들이 이해하는 본문이다. 아니 그 사람들이 그 본문을 통해 어떤 우주를 바라보았는가다. 이것을 달을 가리키는 손가락에 비유하면, 우리가 바라보아야 하는 것은 달이다. 곧, 손가락이라는 상징을 통해 표현한 초월적 실재이며, 그 초월적 실재를 통해 그 사람이 우주와 인생의 의미를 어떻게 파악하며 살았는가이다. 이 모든 맥락을 무시한 채 손가락만 바라보거나 초월적 실재 자체만을 찾으려 한다면, 우리가 종교적으로 이해할 수 있는 것은 거의 없다 해도

---

17 Wilfred Cantwell Smith, *The Meaning and End of Religion*: *A New Approach to the Religious Tradition of Mankind*, p.159 / 길희성 역, 같은 책, 214~215쪽.

과언이 아니다. 미국과 러시아 우주비행사가 달에 착륙해서 소감을 말하는데, 미국 비행사는 하느님의 섭리를 본 반면 소련 비행사는 유물론적 우주를 바라보았다는 이야기는 사람들 사이에 널리 회자되는 이야기이다. 여기서 그 두 사람 말의 진위를 캐기 위해 두 사람을 배제하고 우주 자체를 연구하는 것은 스미스의 맥락에서 볼 때 어불성설이다. 우리에게 중요한 과제는 그 두 사람이 우주를 바라보는 가운데 그들 마음속에서 무엇이 일어나는지 이해하는 것이다.

스미스는 인격적 신앙이 역사를 통하여 계속 변화했음에 유의하면서 종교의 온갖 표현을 단순한 전통이 아니라 축적적 전통으로 보라고 역설한다. 종교전통은 여러 시대를 지나면서 각 시대 신앙인의 새로운 체험에 의해 그 의미가 축적된다. 스미스는 이러한 시각에서 인류의 종교적 신앙을 초월적 실재에 대한 통찰과 응답으로 이해할 수 있다고 주장한다. 다음은 이러한 그의 이해를 살펴보기로 한다.

3) 초월적 실재에 대한 통찰과 응답인 신앙

스미스의 신앙관에서 중요한 것은, 근대 서구의 일부 예외를 빼면, 초월적 실재에 대한 통찰(insight)과 응답으로 신앙을 이해해야 한다는 것이다. 스미스는 자신의 신앙 이해를 제시하면서 대표 인물 다섯 명을 예시한다. 지성적 차원에서 서기 1000년 경 초기의 신앙 대변자였으며 거의 동시대 지성인이었던 다섯 인물로, 그리스도교 전통의 성 빅토르 후고(Hugh of St. Victor, 약 1096~1141), 유대 전통의 유다 하 레비(Judah ha-Levi, 약 1080~1141), 무슬림 전통의 알 가잘리(Al Ghazzali, 1058~1111), 힌두 전통의 라마누자(Ramanuja, 1017~1137?), 유교 전통의 주희(朱熹, 1130~1200)가 그들이다.[18] 캔트웰 스미스는 이 인류사의 대표 인물들을 통해 신앙이 단순히 교리체계를 믿는 것이 아닌 초월적 실재에 대한 통찰이자 응답임을 명시하려 한다.

(1) 초월적 실재에 대한 통찰인 신앙

스미스가 이 다섯 지성인의 공통점으로 꼽는 첫 번째는 그들의 통찰(insight)이 모두 초월에 대한 인식이라는 점이다. 스미스는 '초월(transcendence)'이라는 말로 자신이 의미하는 바를 다음과 같이 이야기한다.

> '초월(transcendence)'이라는 말은 당면한 세속을 초월하는 실재(reality)를 의미한다. 실제 중요 부분에서 나는 후고와 여러 그리스도인 저술가, 유다하 레비와 여러 유대인 저술가, 알 가잘리와 여러 무슬림, 라마누자와 여러 힌두인, 주희와 여러 동아시아인의 도움을 받아 실재(reality)를 보았다. 이것은 내가 그들 저술에서 그들이 보았다고 확인할 수 있는 초월적 실재 (the transcendent reality)다.[19]

스미스가 가리키는 '초월'은 '당면한 세속'을 초월하는 실재(reality)이며, 막연히 추상적인 초월적 실재가 아니라 인류의 다양한 축적적 전통이 통찰해온 초월적 실재(the transcendent reality)다. 스미스는 그의 주요 저서 가운데 하나인 『지구촌의 신앙(*Patterns of Faith Around the World*)』에서 왜 초월이라는 말을 자신이 자주 사용하는지 말한다.

---

18 Wilfred Cantwell Smith, *Faith and Belief*, pp.158~159.
19 Ibid., p.161. 각별히 중요한 부분이므로 스미스의 원문을 제시한다. By "transcendence" I mean formally a reality that transcends the immediate mundane. Substantially, in significant part I mean that reality that Hugh and other Muslims, Ramanuja and other Hindus, Chu Hsi and other East Asians, have helped me to see: the transcendent reality that, so far as I through their writings am able to ascertain, they saw.

이 책의 몇몇 독자는 인격신론자일 것이고 또 다른 몇몇은 그렇지 않을 것이다. 인격신론자에게 궁극적 실재(ultimate reality)는 '하느님' 개념으로 집약되며, '신앙' 개념은 신앙의 원천으로서 그 신앙을 유지해 주고 보상해주며 그 밖의 많은 것을 해주시는 하느님을 향한 인간적 응답이자 관계를 의미한다. …

비인격신론자들, 특히 남방불교인, 몇몇 측면에서 서구 언어로 주요 사색을 하지 않는 대다수 아시아인과 여러 사람들, 몇몇 세속주의자는 흔히 궁극적 실재(ultimate reality)를 초월적인(transcendent) 것으로 인식한다(나는 이 '초월적'이라는 단어를 자주 쓰는데, 이 단어를 양쪽 집단 모두 사용하기 때문이다).[20]

스미스는 인격신론자와 비인격신론자 모두가 궁극적 실재(ultimate reality)를 지칭하는 어휘로 '초월'이라는 말을 통용할 수 있다고 밝힌다. 스미스는 초월적 실재를 이렇게 파악할 뿐 아니라 초월적 실재가 인간 삶에서 지니는 지고의 중요성을 파악하는 데도 다섯 지성인이 모두 동의했다고 힘주어 말한다.[21]

스미스는 그들이 세속적 세계만이 아니라 자신의 이해를 단연 초월하는 실재를 통찰했다고 강조한다. 그들은 스스로가 실재에 관해 어떤 말을 해도 실재의 전체 진리에는 거의 닿지 못한다고 모두 동의했다.[22] 그러나 이 초월은 인간이 결코 닿을 수 없는 절대적 초월이 아니다. 스미스는 이 점을 다음과 같이 밝힌다.

---

20 Wilfred Cantwell Smith, *Patterns of Faith around the World*, (Oxford: Oneworld, 1998). pp.15~16.

21 *Ibid.*, p.161.

22 *Ibid.*, pp.160~161.

그들은 각자 고유한 방식으로 자신이 인식한 초월적 진리가 전혀 닿을 수 없는 것이거나 지성으로 알 수 없는 완전 초월적인 것이 아니라고 밝혔다. 반대로 그들은 자신이 초월적 진리를 통찰할 수 있게 된 것을 온전한 겸손과 기쁨에 찬 감사로 확언한다. 그들은 아무리 일부라도 다른 사람과 나눌 수 있고 나누는 것이 중요하다고 느낀 중요 진리를 인식하였다. 그리하여 책을 쓴 것이다.[23]

다섯 지성인은 모두 실재가 초월적임을 인식하는 동시에 초월적 실재에 관한 진리에 인간이 일부나마 닿을 수 있고 다른 사람들과 나눌 수 있으며 나누는 것이 중요함을 깨달았다. 이 점에서 스미스는 그들의 통찰을 무시할지 모르는 현대 연구자에게 다음과 같은 경고를 아끼지 않는다.

신앙이 통찰인 점에 있어서, 이 같은 사람들이 아무리 소수라도 인간 삶과 우주에 관해 인식하고 발견한 중요 사실을 현대 학자가 인식하지 못한다면, 그 학자는 무식하거나 어리석은 학자라 여겨도 괜찮을 것이다.[24]

스미스는 다섯 지성인이 진리의 초월성을 인식하고 겸손한 태도를 보인 것에 주목하는 동시에 그들이 통찰해낸 것도 간과하지 않는다. 이러한 통찰이 인격적 앎의 과정이라고 생각하며 그는 다음과 같이 말한다.

'이해(understanding)', '통찰(insight)', '핵심 파악(seeing the point)', '자각(awareness)', '인식(recognizing)' 등과 같은 개념의 현대적 어법이 지닌 뚜

---

23 *Ibid*., p.161.
24 *Ibid*., pp.161~162.

렷한 장점 한 가지는, 현대세계에서조차 이 개념들이 비인격화되지 않았다는 점이다. 오로지 인격적 존재만이 이해할 수 있거나 인식할 수 있다. 통찰과 핵심 파악은 한 인격적 존재 — 혹은 일군의 인격적 존재들 — 의 머리(혹은 영성) 안에서 일어난다. 이 모든 인격적 자질은 외적 실증으로 — 즉 문어나 구어 문장들을 통해 — 표현할 수 있지만, 우리는 그 개념 자체가 일차로 가리키는 바를 그 문장에 담아내지 못하고 다소 일부만 표현할 뿐이다.[25]

스미스는 진리와 앎의 처소를 인격적 존재들이라고 본다. 어느 경우든 이해와 통찰에서 이 점은 명백하며, 이 개념들을 통해 인간적 맥락에서 사색을 회복하는 방향으로 나아갈 수 있다.

곧, 스미스가 신앙을 통찰로 보는 것은 통찰을 인격적 자질로 보고 중시하기 때문이다. 앎이 인격적 자질에 속한다는 것은 스미스가 종교 신앙전통의 하나로 인정한 서양철학과, 그 초석을 놓은 플라톤에서부터 뚜렷하다. 플라톤은 친필 서간에서 다음과 같이 말한다.

이것(철학 원리)은 다른 학문처럼 단어들로 고정될 수 없다. 이 사실은 그 주제 자체에 관한 가르침을 오랜 기간 숙고하고 긴밀한 친교 후에 알 수 있는 것이니, 그 후에 솟아오르는 불꽃으로 타오르는 불길처럼 그 사람 영혼 안에 갑자기 그 앎이 생기고 스스로 지속된다.[26]

이처럼 인격적 자질로 앎을 강조하는 전통은 토마스 아퀴나스에게도 뚜렷하게 이어진다. 아퀴나스의 저명한 연구자 중 한 명인 케네스 슈미

---

25 *Ibid.*, p.148.
26 Plato, *The Collected Dialogues of Plato, Including the Letters*. Contributors: Huntington Cairns - editor, Edith Hamilton - editor(New York: Pantheon Books, 1961), p.1589.

츠(Kenneth L. Schmitz)는 다음과 같이 말한다.

훌륭한 가르침으로 구분되는 윤리적 가르침은 제자가 스승 내면에서 불꽃
이 일어나 자신의 가슴과 삶에 불꽃을 점화한다고 느낄 때 이루어진다.
여기서 우리는 역사에 대한 토마스 아퀴나스의 진정한 기여를 발견한다.[27]

슈미츠는 토마스 아퀴나스의 가르침이 단순정보로서 지식을 전달한
것이 아니라 제자의 인격적 실존 내면에 통찰의 불꽃을 일으켰음을 뚜
렷이 지적한다. 이와 관련하여 슈미츠는 토마스 아퀴나스의 다음 입장
에 주목한다.

스승의 통찰(insight)은 가르침의 원천인데, 가르침은 어떤 것을 파악하는
것이라기보다 파악한 것들을 전달하는 데서 이루어진다. 따라서 스승의
통찰은 묵상(contemplation)보다 실천(action)에 속한다.[28]

토마스 아퀴나스는 통찰이 단순히 개인의 앎에 머무는 것이 아니라
적극적이고 능동적인 전달을 통한 실천이라고 밝힌다.[29] 캔트웰 스미스
는 신플라톤주의 전통에 속한다고 자처하며,[30] 신앙은 단순히 개인의

27 Kenneth L. Schmitz, St. Thomas Aquinas(Nashville: Carmichael and Carmichael,
    1990), p.7.
28 Thomas Aquinas, Truth. Vol.2. trans. James V. McGlynn(Indianapolis: Hackett,
    1994), p.101.
29 현대 가톨릭 신학자로서 저명한 버나드 로너간(Bernard J. F. Lonergan)은 앎
    의 문제를 깊이 천착한 것으로 유명하거니와 그의 대표적 저서 하나는 통찰
    문제를 집중하여 다루었다. Bernard J. F. Lonergan, Insight: A Study of Human
    Understanding(New York: Harper Row, c1958[1978]).
30 Wilfred Cantwell Smith. Wilfred Cantwell Smith: A Reader, Kenneth Cracknell(ed.),
    (Oxford: Oneworld, 2001)., pp.18~20, 72~84.

고립된 통찰이 아니라 적극 실천하는 응답을 수반하는 통찰이라고 말한다.

(2) 초월적 실재에 대한 응답인 신앙

스미스는 실천적 응답을 적극 요구한다고 밝혀, 신앙이 초월적 실재를 통찰하는 데서 한걸음 더 나아가 응답이기도 함을 어떤 면에서 훨씬 더 강조해야 한다고 역설한다. 스미스는 신앙연구를 통해 거듭해서 신앙이 초월적 실재의 진리 및 선(善)의 맥락에서 삶에 헌신하는 것임을 발견했다고 말한다.

> 신앙은 (초월적 실재의) 진리에 "예!"라고 외치는 것이다. 그리스도인과 무슬림과 다른 많은 신앙인이 실제로 진리를 보았고 자신의 삶에서 그 진리에 응답했으며 그 진리의 맥락에서 자기 문명을 키우고 유지해왔다. 신앙의 그리스도교적 형태는 그리스도인이 그리스도 안에서 그리스도를 통해 본 진리에 "예!"라고 외치는 것이었다. 무슬림의 형태는 그들이 쿠란 및 여타 이슬람적 상징과 형태들을 통해 발견한 진리에 "예!"라고 외치는 것이었다. 불자의 형태는 특히 [불(佛)·법(法)·승(僧)] 삼보(三寶)를 통해 볼 수 있게 된 진리에 "예!"라고 외치는 것이었다.[31]

신앙은 초월적 실재에 관한 진리를 적극 긍정하고 수용하며 자신의 삶을 통해 구현하고자 노력해온 과정이다. 스미스는 여기서도 초월적 실재에 관한 진리는 언제나 우리의 유한한 인식을 초월한다고 지적한다.

---

31 *Ibid.*, p.163.

더 나아가 각 집단은, (초월적 실재에 관한) 진리 자체가 자신이 보아온 진리보다 크다고 강조하며, 자신이 보아온 진리에 충실해야 한다고 확언하는 점에서 옳았다.[32]

이를 통해 스미스는 현대 각 종교 공동체 일각에서 자신이 보는 초월적 실재에 관한 진리만을 진리의 전부로 보고, 타종교 공동체들은 진리를 보지 못한다고 폄하하는 풍조를 경고한다. 원래 전통적 신앙인들은 그렇게 오만한 태도를 취하지 않았다는 것이다. 스미스는 이점에 대해 다음과 같이 구체적으로 언급한다.

(초월적 실재에 관한) 진리의 온갖 잠재적 무한성이나 절대성을 고려할 때, 그들은 모두 유한한 진리를 보았을 뿐이며 그 진리에 대한 그들의 비전 또한 인간적 방식일 뿐이므로 유한하다. 더욱이 그들은 다른 이들과 자신에 관해 말과 개념으로 자신이 본 바를 보고하였으므로 이것 또한 시간과 장소의 특수성을 띤다.[33]

다섯 지성인은 자신이 본 진리가 초월적 실재에 관한 진리 자체의 극히 일부에 불과하며, 진리를 인간적 한계 내에서 볼 수밖에 없고 다시 언어로 개념화하는 과정에서 거듭 한계를 지니게 됨을 뚜렷이 인식했다. 표현된 교리체계만으로 종교 전부를 알고자 하는 일부 현대 종교 연구자들은 이 시각에서 볼 때 분명 크나큰 오류를 저질렀다. 따라서 스미스는 현대를 사는 우리에게 이 다섯 지성인의 시공간적 특수성마저 넘어서라고 요구한다.

---

32 *Ibid*., p.163.
33 *Ibid*., p.164.

그들의 시공간적 특수성을 넘어서는 것은 우리 과제다. 그들은 자신의 시공간적 특수성을 제외한 다른 특수성은 스스로 넘어섰으며, 그들 각자는 (초월적 실재에 관한) 진리가 자신의 비전을 초월해 있고 신앙은 바로 그 초월에 충실함을 의미한다고 뚜렷이 인식했다.[34]

이 다섯 지성인이 자신의 시공간적 특수성에 매여 있으면서도 가능한 한 자기가 전수받은 전통을 더 폭넓은 시야에서 쇄신하는 데 진력했듯이, 우리 자신도 그들이 물려준 전통을 그냥 답습하는 것이 아니라 우리 시야를 최대한 확장하는 것이 그들 비전을 공정하게 대하는 길이다. 다시 말해서, 다섯 지성인은 초월적 실재에 대한 진리에 충실하려 했으며 자신이 발견한 진리나 진리 표현에 후대인이 구속되길 바라지 않고, 오히려 자신의 한계를 넘어서길 바랐다고 스미스는 말한다. 그들 스스로도 앞선 이들이 발견한 진리나 진리 표현을 존중하면서도 그 한도에 구애되지 않고 진리 자체를 통찰하며 충실히 헌신하려 했기 때문이다. 스미스는 다음과 같이 이야기한다.

우리 다섯 지성인은, 인간에게 신앙이란 무엇보다 압도적으로 진리 자체, 곧 (초월적) 실재 자체에 충실함을 의미하며, 자신들이 보고 선포하는 구체적 진리 및 실재에 충실함을 의미한다고 생각한다. 따라서 이 충실함은 위대한 (초월적 실재의) 진리에 들어오고 그 때문에 긍정된다. 그들은 모두, 결코 사소하지 않은 부분에서 자기 시대와 장소의 지배적 개념 전통이 인간 운명과 초월과 신앙을 참되게 이해하는 데 특히 부적절함을 보았고 그 전통을 초월했기 때문에 주목받아왔다.[35]

---

34 *Ibid*.
35 *Ibid*., p.165.

다시 말하자면, 다섯 지성인은 자신의 전통 안에서 전수된 교리체계를 그저 믿는 것으로 신앙생활을 한 것이 아니었다. 그들은 교리체계를 넘어선 초월적 실재에 관한 진리 자체에 충실하려 했으며, 그러한 노력 가운데 당시 지배 전통의 부적절함을 발견하고 과감히 초월했다. 그들이 역사상 중요 인물로 등장하는 것은 이처럼 초월적 실재에 대한 헌신적이고 초월적인 신앙 때문이다. 스미스는 대표적 보기로 성 빅토르 후고와 한 세기 뒤 토마스 아퀴나스의 행적에 관하여 이야기한다.

성 빅토르 후고는 신앙생활에 세속적 학문이 유용하다고 옹호하여 교회 당국을 깜짝 놀라게 했다. 그의 견해는 파리 대학 발전, 다시 말해 서양 대학 자체의 발전에 기여하였고 한 세기 뒤 성 토마스에게 길을 놓아주었다. 성 토마스는 후고의 권고를 받아들여 신앙을 이해하는 중대 과제와 관련하여 자신이 구할 수 있는 모든 자원을 적극 활용했다.[36]

성 빅토르 후고와 토마스 아퀴나스는 전통을 혁신하는 데 과감했다. 전통은 그저 답습으로 유지되는 것이 아니라 부단한 쇄신을 통해 살아 움직인다는 사실을 그들은 알고 있었다. 스미스는 토마스 아퀴나스가 전통 내 보수주의자의 공격에도 아랑곳없이 자신의 지성과 외부 자료를 적극 활용했다고 강조한다.

이 자원들에는 교회의 성사 및 가르침과 헌신적 생활 등 교회 당국이 그에게 제공한 것들뿐 아니라, 자신의 명석하고 강력하며 독립적인 지성의 자유로운 사용도 포함됐다. 성 토마스는 너무 독립적이고 너무 합리주의적이며 교회 당국의 기존 입장들에 순종하지 않을 만큼 지성적이라고 공격

---

36 *Ibid.*

받았다. 그가 취한 자원들에는 자신이 알고 있던 비 그리스도교 문명의 가르침에 담겨진 통찰들, 특히 희랍 전통의 아리스토텔레스의 통찰이 대거 포함되어 있다. … 스스로는 그리 의식하지 못했으나, 그는 미묘한 방식으로 이슬람문화의 영향을 받았으며 이븐 루시드(Ibn Rushd, 'Averroes' 1126~1198)한테 영향 받은 사실은 널리 알려졌다. 그는 당대 아베로에스주의자(Averroist)라고 비난받았으며 오늘날까지도 그 점에 관해 변호받아야 했다.[37]

토마스 아퀴나스의 신앙은 기존 교리체계를 단순히 믿어서 이루어진 것이 아니었다. 그의 신앙은 초월적 실재에 겸손함과 동시에 보수적 기존 권위에 용감하고 대담하며 헌신적인 태도로 적극 맞선 신앙이었다. 스미스는 토마스 아퀴나스에 관하여 비교적 상세하게 이야기하지만 다른 네 지성인의 사정도 마찬가지였다고 이야기한다.

유다 하 레비는 비교종교에 관한 책을 저술했다. 알 가잘리는 자신이 속한 세계의 신학적이거나 혁명적이거나 회의주의적이거나 이슬람적이거나 비이슬람적이거나 상관없이, 주요 운동들을 깊이 연구하였고 철저한 고투 끝에 인격적이고 공적인 종합을 산출한 위대한 사람이었다. 그의 종합은 당시 대담한 것이었고 후대에는 그 자체로 정통화되었다. 라마누자는 전 세대 중요 인물인 샹카라(Śankara)보다 불교의 영향을 덜 받았으나 거의 비교종교학적 인격신론이라고 부를 수 있는 신학을 전개하였다. 자신이 살던 시대에 대담한 혁신을 주도했고 나중에 중국 정통사상의 종합가로 여겨진 주희도 우주 내 인간 위치를 비판적으로 이해했다. 그는 당시 중국에서 유행하던 전통들 가운데 토착적인 것이든 외부에서 온 것이든 어느

---

37 *Ibid.*

것도 배제하지 않았다.[38]

당대를 대표하는 이 다섯 지성인은 기존 교리체계를 그저 믿는 데 그치지 않고 초월적 진리에 헌신하면서 과감하고 폭넓게 혁신을 단행했다. 스미스는 그리스도교 전통의 성 빅토르 후고 및 아퀴나스는 비교적 상세히 다루는 데 반해서 다른 인물들에 대한 구체적 언급은 거의 하고 있지 않다. 특히 동아시아권에 속한 우리는 주희에 대한 언급이 좀 더 있었으면 하는 바람을 가질 수 있는데, 스미스는 주희에 관해서는 다음과 같이 언급한다.

> (오늘의 관점에서 보았을 때) 주희가 아무리 많은 부분에서 중국이나 동아시아나 유교(신유교)와 12세기 방식으로 사상을 전개했다 할 수 있을지라도, (그 자신의 의식에서는) 중국이나 동아시아나 유교적 신앙이 아니라 인간적 신앙에 관하여 생각했으며, (우리 시대 이전의) 모든 집단과 모든 시대 사람들도 그러하였다.[39]

이것은 주희에 대한 구체적 언급이기보다 근대 이전 신앙인의 대표 인물로 주희를 본보기로 든 언급이랄 수 있다. 근대 민족주의가 발흥하기 전에는 대다수 문화권에서 어떤 민족구성원으로 어떻게 살 것이냐의 문제보다는 보편적 의미의 인간으로서 어떻게 살 것이냐의 문제가 사색의 중심이었으며, 주희도 그러한 시각에서 이해해야 정당하다 할 수 있다. 주희는 특히 불교를 심하게 비판한 배불론자로도 유명하지만, 배불 이유를 단지 중국 민족종교가 아니라는 데서 찾기보다는 주희 자신의 진리에 대한 통찰에서 찾아야 할 것이다. 다시 말해서 주희는 이른바

---

38 Ibid., pp.165~166.
39 Ibid., p.167.

종파적 당파심에서 불교를 비판하지 않았다. 오늘날 불교 측에서도 주회의 불교비판을 이러한 시각에서 받아들일 때 건전하게 수용할 수 있다.[40]

이러한 맥락에서 스미스는 오늘날 각 종교집단에서 발견되는 고립주의에 대하여 다음과 같이 일갈한다.

실로 이 심각한 문제에 최대한 광범위한 자료와 방법과 준비도 없이 접근하는 것은 옹졸할 뿐 아니라 영성적 신앙의 관점에서 신성모독에 가깝고 지성적 관점에서 무책임하다고 보아야 하지 않을까? 최근에 우리는 서로 상이한 일련의 '종교들(religions)'이 서로 배타적인 동시에 과학이나 세속 지식과 대립하면서 자기만을 위한 지적 비전만을 고안해 내려는 내적 고립주의 현상들을 목도해왔다. 이것은 겉보기에 전통주의적이기도 하고, 서양의 기묘한 특수성과 과거의 지리적이고 역사적인 분산에 근거하는 면이 있지만, 비교적 최근에 도입된 것이다. 이것은 신앙이 기울어가는 시대의 표징이다.[41]

그렇지만 스미스는 희망을 버리지 않는다. 스미스는 다음과 같이 힘주어 말한다.

이성이 원래 보편적이며 지적 차원에서 인류가 일치해간다고 주장한 이들

---

40 윤영해, 「주자의 불교비판 연구」(서강대학교 종교학과 박사학위 논문, 1996). 이 논문은 주자의 불교비판이 불교가 단지 중국 종교가 아니어서라기보다는, 현실의 선과 악을 분별하여 판단함으로써 현실개선 참여에 무기력하다는 사실에 주안점을 두고 있음을 뚜렷하게 밝힌다. 곧 불교의 무분별적 지혜가 현실 개선에서는 무기력하다는 점을 주자는 통렬하게 비판하고 있는 것이다. 오지섭, 「한국 유·불 공존 의식의 배경에 관한 연구: 윌프레드 캔트웰 스미스의 종교 이해에 근거하여」(서강대학교 종교학과 박사학위 논문, 2001), 80쪽도 참조.

41 Wilfred Cantwell Smith, *Wilfred Cantwell Smith: A Reader*, p.166.

은 부조리하지 않다. 진리의 인간적 형태들 및 신앙형태들이 우리 세계를 다양하게 장식하고 물들이더라도 진리(Truth)는 궁극적으로 하나다. 우리의 하나됨(unity)은 초월적으로 참이다. 그저 우리 현실인 세계사회가 아니라 세계공동체를 세상에 건설하는 가운데 실제로 더욱 하나됨을 이루어가는 쪽으로 역사가 움직여갈 것인지는 초월적 진리와 사랑의 맥락에서 우리의 실천역량에 달려 있다.[42]

현대 종교인은 자신의 교리체계를 답습하여 종교전통을 연명해갈 것인가, 초월적 실재에 대한 개방적 태도로 쇄신을 이루어갈 것인가를 현명하게 판단해야 한다. 그러한 판단을 내리기 위해 전통적 신앙인의 자세에서 배워야 한다고 스미스는 강력하게 촉구한다.

4) 보편적 구원의 하느님

스미스에게 하느님은 보편적 구원의 하느님이다.

그리스도가 계시한 하느님은 자비와 사랑의 하느님이고, 자비와 연민 가운데 모든 곳의 모든 남녀에게 다가오시는 분이며, 죄인의 참회에 기뻐하시는 분이고, 기꺼이 구원하시는 분이다. 이렇게 말하는 것이 그리스도교 신학자들의 일부 교설과 모순된다고 인정하지만, 이와 달리 말하는 것은 그리스도의 핵심계시와 모순된다. 성 바오로나 어느 누구라도 그리스도인만 구원받을 수 있다고 생각했거나 생각한다면 오류를 범한 것이다. 그리스도와 그리스도를 통하여 나에게 신앙을 주신 하느님이 그 신성모독적 교설을 믿는 데서 나를 벗어나게 해준다.[43]

---

42 *Ibid.*, p.171.

43 Wilfred Cantwell Smith, *Towards a World Theology: Faith and the Comparative*

스미스는 보편적 자비와 사랑의 하느님을 강조한다. 심지어 사도 바오로조차도 그리스도인만이 구원받는다고 생각했다면 오류를 범한 것이라고까지 말한다. 그리고 오늘날은 바오로 시대와 다른 시대이며 다른 이해를 요청한다고 다음과 같이 이야기한다.

성 바오로는 실제로 그리스도에 대한 신앙(faith in Christ), 그리스도를 통한 하느님 신앙(faith in God through Christ)을 구원이라 보고 선포했다는 점에서 옳았다.[44] 하지만 성 바오로는 붓다(Buddha)에 대한 신앙이나 이슬람적 방식을 통한 하느님 신앙에 관해서는 들은 적이 결코 없다. 그러나 이러한 것들에 관해 듣고 꽤 많은 것을 알게 된 그리스도인은, 하느님이 신앙의 그 형태들을 통해서도 구원하신다는 사실이, 역사 안에서 활동하시고 모든 사람에게 다가가 사랑하고 포옹하시는 구원의 하느님에 관한 그리스도적 비전을 확증해준다고 그리스도인으로서 기쁨과 환호로 긍정해야 한다.[45]

타 종교 전통을 통해 형성된 신앙이 오히려 하느님의 보편적 사랑을 확증해준다고 적극 기쁘게 받아들이는 것이 그리스도인으로서 마땅한 태도라고 스미스는 강조한다. 이러한 의미에서 스미스는 하느님을 그리스도인만 구원하는 편협한 하느님으로 인식하는 태도를 질타한다.

하느님이 다른 사람들을 돌보시지 않거나 그들을 구원하실 경로를 전혀

History of Religion(Philadelphia: The Westminster Press, 1981), p.171.

44 Wilfred Cantwell Smith, *Belief and History*(Charlottesville: University Press of Virginia, 1977), pp.94~95 참조.

45 Wilfred Cantwell Smith, *Towards a World Theology*: *Faith and the Comparative History of Religion*, p.171.

생각하지 않았음이 드러난다면, 하느님에 관한 우리의 그리스도적 이해는 오류로 판명된다. 실제 최근 한 세기 동안 교회 내 많은 사람이 이 판단을 택한 것 같으니, 교회의 상당히 많은 구성원은 이러한 그리스도교의 가르침이 오류임에 틀림없다고 판단하면서 떠나갔다.[46]

근대에 그리스도교가 취한 잘못된 배타적 교리는 상당수 사람에게 전통을 등지게 만들었다. 스미스는 세계사를 통해 구원하시는 하느님을 강조한다.

신앙은 보편적 인간 자질이다. 그리고 세계종교사는 반항과 죄악으로 물들어 있지만 응답해온 남녀에게 하느님이 사랑으로 창조와 영감을 담아 다가오신 것에 관한 기록이다.

하느님은 그리스도의 죽음과 부활을 통해, 교회로 부르신 것을 통해, 성사들을 통해, 그리스도 교회의 신화와 의례와 미술과 음악과 신학과 영고성쇠한 역사를 통해 그리스도인을 구원해오셨다. 하느님은 붓다(Buddha)의 가르침을 통해, 붓다 인격에 대한 상상적 회상을 통해, 경전과 사원과 강한 인상을 주는 고아한 불상(佛像)들을 통해, 혁신적 남녀들이 세계의 다양한 지역에서 점증하는 불자들의 운동과정에 더해온 공헌을 통해 불자를 구원해오셨다. 하느님은 그리스도인이 상당히 오해해온 토라(Torah)를 통해, 유대적 세부사항들의 역동적 복합체를 통해, 그들 및 그들과 하느님의 관계 및 하느님 자신에게 옛 것이 아닌 성서를 통해 유대인을 구원해오셨다. 하느님은 『바가바드기타』의 시를 통해, 상당수 그리스도인에게는 기묘하게 보이지만 하느님은 유익하다고 여기시는 형상(form)과 교설과 건축물들을 통해 힌두인을 고무하고 격려하고 창조적이게 하며 구원해오

---

46 *Ibid*.

셨다. 하느님은 그리스도인이 생각해왔던 것보다 더 풍요롭게 창조적이시다. 그리고 사람들은 더욱 풍요롭게 응답해왔다. 우리가 한때 알던 것보다 하느님은 인간사에 더욱 풍요롭게 참여해오셨고 사람들은 더욱 다양하게 하느님께 참여해왔다.

모든 인간역사는 구원사(救援史, Heilsgeschichte)다. 예전이나 새로운 이스라엘 역사만이 아니라, 각 종교공동체 모두, 곧 각 인간 공동체 역사가 다 그러하다.[47]

이러한 스미스의 주장에 대해 혹자는, 인류사를 구원사로 이끌어 온 초월적 실재를 왜 그리스도교 '하느님' 개념에 집어넣어 세계종교사를 포괄하려는지 비판할 수도 있다. 이 입장에도 스미스는 개방적이다.

예컨대 산스크리트, 곧 힌두 전통은 우주를 이해하면서 '하느님(God)' 너머 비인격적 절대 실재인 신성(Godhead)과 인격적 지고 실재인 하느님(God)을 각각 중성형 어휘(Brahman)와 남성형 어휘(Īsvara)로 구별했다. 여신 하느님(Goddess)을 가리키는 또 다른 어휘도 있다. 또 현대영어에서는 하느님(God)을 남성(He)과 여성(She)과 중성(It) 가운데 어느 것으로 불러야 할지 문제가 있는 반면, 프랑스어와 인근 언어 및 히브리어, 아랍어로 사고하는 많은 그리스도인과 유대인 및 무슬림이 하느님이나 그 밖의 어떤 것에 관해 이야기할 때는 남성형(He)과 중성형(It) 사이에 확연한 구분이 전혀 없다. 페르시아어나 중국어는 남성형(He)과 여성형(She) 사이에 전혀 구분이 없다.[48]

---

47 *Ibid.*, pp.171~172.
48 Wilfred Cantwell Smith, "Theology and the World's Religious History," *Towards a Universal Theology of Religion*, ed. Leonard Swidler(New York: Orbis Books, 1987), p.52.

스미스는 문화권마다 초월적 실재에 대한 다양한 어법이 있으며 그 어법들을 적극 다루는 것에 개방적 태도를 보인다. 그는 심지어 '하느님'이 보편적으로 초월적 실재를 가리키는 데 큰 장애가 될 수 있다는 주장을 적극 수용한다.

공간이 아닌 시간 차이를 고려한다면, '하느님(God)'은 우주적 함의보다 인격신론자들의 특수주의적 개념을 가리키는 방향으로 변하면서 '초월(transcendence)' 개념을 더 편안하게 느끼게 되었다. … 이 단어를 좋아하지 않거나 이해하지 못하는 독자들이 있다면 '하느님'이라는 용어를 '초월적 실재(transcendent reality)'나 자신이 가치 있다고 보는 것들의 초월적이면서 통일적 기반이 되는 어떤 것, 궁극적 진리와 아름다움과 선(善) 및 그 외 다양한 것들로 교체해서 읽기를 요청한다.[49]

스미스는 그리스도교의 우월적 배타성을 고집하려고 '하느님' 개념을 사용하지 않는다. 그는 그리스도교와 예수 그리스도의 역사적 한계까지도 겸허하게 수용한다. 그리스도교 신학에 있어서 그리스도 안에서 하느님이 온전히 계시되었거나 계시된다는 주장이나 더 나아가 그리스도 안에서만 하느님이 온전히 계시되었다는 주장을 비판하면서 그는 다음과 같이 확언한다.

나에게, 또 내가 만났거나 역사적 연구를 통해 발굴해온 어떤 사람에게 하느님은 예수 그리스도 안에서 완전히 계시되지 않았다.[50]

---

49 Ibid.
50 Wilfred Cantwell Smith, Towards a World Theology: Faith and the Comparative History of Religion(Philadelphia: The Westminster Press, 1981), p.175.

이것은 인간 신앙의 역사적 한계를 인정하는 스미스의 입장과 일맥상통한다. 이것은 불교에서 '무여의열반(無餘依涅槃)'과 '유여의열반(有餘依涅槃)'을 구분하여, 붓다의 역사적 삶은 제한이 있을 수밖에 없다고 인정하는 것에 비견할 수 있다. 스미스는 이 입장에서 자신이 그리스도 중심이기보다 하느님 중심이라고 거리낌 없이 말한다.

나는 당당하게 하느님 중심임을 밝힌다. 내 제안에 여러 가지 오류가 있을 수 있지만 적어도 이것만은 미덕이다. 그리스도교 사상은 최근 수세기, 특히 20세기에 하느님에 관한 시야를 너무 철저히 잃어버렸고, 성령을 향한 시선도 잃어왔다. … 다른 종교공동체들이나 그 공동체들에 대한 연구로 그리스도교가 하느님 중심성을 회복할 수 있으면 좋겠다. … 그리스도인이 자기 삶의 중심을 그리스도라고 주장하더라도 이제는 하느님이 우주의 중심임을 재발견할 때다. 나에게 하느님은 죽지 않았다. 성자(the Son)의 기적은 성부(the Father)의 영광을 보게 해왔으며, 은총을 통해 내가 그 영광을 보고 받아들이며 그 안에서 살 수 있게 해왔다.[51]

여기서 분명 스미스는 그리스도인만의 하느님을 말하지 않는다. 그는 세계 종교공동체들이 상호이해를 통해 하느님을 중심으로 한 신앙을 회복해야 한다고 외친다. 그는 그리스도의 의미가 하느님의 영광을 드러내는 데 있다고 밝힌다. 스미스는 신앙이 초월적 실재에 대한 통찰과 응답이라고 말하면서, 신앙주체인 보편적 구원을 주시는 하느님을 초월적 실재라고 말한다.

---

51 *Ibid.*, p.177.

3. 윌프레드 캔트웰 스미스의 관점에서 본 대승기신론의 일심(一心)

앞에서는 교리체계를 단순히 믿는 것이 아니라 초월적 실재를 통찰하고 응답하는 인격적 신앙에 초점을 맞추어 종교적 전통을 바라볼 때, 종교를 올바로 이해할 수 있다고 밝혔다. 아울러 보편적 구원의 하느님에 대한 윌프레드 캔트웰 스미스의 주장을 살펴보았다. 여기서는 스미스의 이 시각에 힘입어 그리스도교의 4복음서에 비견되는 역할을 해온 대승불교 전통 경전인 『대승기신론(大乘起信論)』의 일심(一心)에 대해 원효(元曉)의 주석서를[52] 중심으로 살펴보고자 한다. 『대승기신론』이 초월적 실재에 대한 통찰이자 응답인 신앙을 일깨우는 종교경전이라는 시각에서 일심(一心)을 이해해 보고자 한다.

대승기신론에서 초월적 실재에 해당하는 대표적 개념은 일심(一心)이다. 일심은 '법(法)' 혹은 '대승(大乘)'이라 불리며, 진여문과 생멸문의 두 차원에서 일심을 어떻게 이해할 수 있는가를 밝히는 것이 대승기신론 핵심 부분인 해석분(解釋分)이다. 해석분에서 일심은 진여문인 절대적 차원에서 진여(眞如)라고 불리며, 생멸문인 현상적 차원에서는 여래장(如來藏)이나 본각(本覺)이라 불린다. 이 대승기신론의 설명을 통해 일심을 초월적 실재로서 어떻게 이해할 수 있는가 살펴보기로 한다.

1) 대승으로서의 법(法)

원효의 대승기신론소는 처음 종체(宗體)를 나타내는 부분에서부터 '대승'이라는 말이 초월적 실재에 억지로 붙인 이름이라고 말한다.

---

52 원효의 『대승기신론별기(大乘起信論別記)』와 『기신론소(起信論疏)』를 중심으로 살펴본다.

크다고 말하고 싶으나 안이 없는 것에 들어가도 남지 않고, 작다고 말하고 싶으나 밖이 없는 것을 감싸고도 남는다. 유(有)로 이끌려고 하나 한결같이 그것을 활용해도 공(空)하고 무(無)에 두려고 하나 만물이 이를 타고 생성되니, 무엇이라 말해야 할지 몰라, 억지로 이름하여 대승이라고 한다.[53]

여기에서 원효는 『장자(莊子)』「천하편(天下篇)」을 원용하면서 '대승'이란 초월적 실재에 대해 억지로 붙인 이름이라고 밝힌다. 다시 말하면, '대승'이라는 이름은 억지 이름일 뿐이고, 그 이름이 가리키는 실재는 그 이름을 초월하는 실재다. 곧, 대승기신론은 대승에 대하여 말하는 저서가 아니라 초월적 실재를 '대승'이라는 이름으로 부르며 서술한 저서임을 유념해야 한다. 그러나 그 초월이 일방적이고 절대적인 초월이기만 한 것은 아니라는 점도 유념해야 한다.

(이 대승의 체가) 깊고 또 깊으나 어찌 만상(萬像)의 밖을 벗어났겠으며, 고요하고 또 고요하나 오히려 백가(百家)의 말 속에 있다. 만상의 밖을 벗어나지 않았으나 오안(五眼)으로 그 몸을 다 볼 수 없으며, 백가의 말 속에 있으나 사변(四辯)으로 그 모양을 다 말할 수 없다.[54]

스미스가 초월에 대해 말하듯, 대승기신론에서 말하는 초월적 실재는 초월적이면서도 만상(萬像)과 동떨어진 초월이 아니며, 언어로 전혀

---

53 은정희 역주, 『원효의 대승기신론 소·별기』(서울: 일지사, 1991), 19쪽. 韓國佛教全書1, 733a. "欲言大矣入無內而莫遺 欲言微矣苞無外而有餘 引之於有 一如用之而空 獲之於無 萬物乘之而生 不知何以言之 强號之謂大乘."

54 은정희 역주, 같은 책, 18쪽. 韓國佛教全書 1., 733a. "玄之又玄之 豈出萬像之表 寂之又寂之 猶在百家之談 非像表也五眼不能見其軀 在言也 四辯不能談其狀."

110

설명할 수 없는 것도 아니다. 원효는 대승기신론 첫 부분인 서분(序分)의 귀경게(歸敬偈) 가운데 '법성진여해(法性眞如海)'라는 구절을 해석할 때에 "일체 법은 말할 수도 없고 생각할 수도 없기 때문에 진여(眞如)라고 부르는 것임을 알아야 할 것이다"라고 하여 법(法)의 본성이 초월성을 지닌다고 강조한다.[55] 여기서 법(法)은 대승기신론의 대승(大乘)이 가리키는 바이기도 하다. 대승기신론의 대승(大乘)은 스미스가 남방 상좌부에서 초월적 실재로 주목한 다르마(dharma)에 해당한다.

대승에 대한 원효의 이 초월적 이해는 하케다의 대승에 대한 해석에서도 일관되게 발견된다. 하케다는 입의분(立義分)의 마하연(摩訶衍 Mahayana), 곧 대승(大乘)을 영어로 번역하면서 다음과 같이 대승에 대해 풀이한다.

여기서 '대승(Mahayana)'은 소승에 대립되는 대승이라는 뜻으로 사용되지 않았다. 연이어진 논의를 따르면, 대승은 진여(Suchness), 곧 절대(the Absolute)를 지칭한다. 그러므로 이 저술제목인 '대승에 대한 신앙의 일깨움(the Awakening of Faith in the Mahayana)'은 소승불교와 구별되는 대승불교가 아니라 '절대에 대한 신앙의 일깨움(Awakening of Faith in the Absolute)'으로 이해해야 한다.[56]

---

55 은정희 역주, 같은 책, 51쪽. 韓國佛敎全書 1, 736a. "當知一切法不可說不可念, 故名謂眞如."

56 *The Awakening of Faith: Attributed to Aśvaghosha*, Trans. Yohito S. Hakeda(New York: Columbia University Press, 1967), p.28. 훼일런 라이는 "Faith is … equally in Mahayana as it is of, that is, by the power of, Mahayana"라고 하여 'in'의 어법을 'of'와 구별하면서 대승이 신앙의 대상일 뿐만 아니라 신앙에 힘을 주는 주체임을 명시한다. Whalen Lai, *The Awakening of Faith in Mahayana: A Study of the Unfolding of Sinitic Mahayana Motifs*(Cambridge: Harvard University, 1975), p.74.

하케다도 대승기신론의 대승이 단순히 종교전통을 가리키는 것이 아니라 초월적 실재인 절대의 상징어라고 명시하고 있는 것이다.

2) 일심(一心)으로서의 법(法)

원효는 입의분(立義分)에 나오는 "법은 중생심(衆生心)을 말한다(所言法者, 謂衆生心)"를 다음과 같이 풀이한다.

> 이제 대승 중에 (현상으로서의) 제법(諸法)이 다 별다른 바탕이 없고 오직 일심(一心)으로 스스로의 바탕을 삼기 때문에, (초월적 실재로서의) '법이란 중생심을 말한다'고 한 것이다. '이 심(心)이 바로 일체의 세간법과 출세간법을 포괄한다'고 한 것은 대승법이 소승법과 다름을 나타내니, 참으로 이 심(心)이 모든 법을 통섭(通攝)하며, 모든 법 자체가 오직 일심(一心)이기 때문이다. 이는 소승에서 일체 모든 법이 각각 자체로 있는 것과는 다르다. 그러므로 일심을 (초월적 실재로서의) 대승법이라 말하는 것이다.[57]

곧 원효는 대승기신론의 '법이란 중생심을 말한다'는 구절에서 (초월적 실재로서의) 법(法)이 단순히 중생 각자의 어리석은 마음을 가리키는 것이 아니라 중생들 스스로가 바탕으로 삼는 일심을 가리킨다고 밝힌다. 일심이 중생 각자가 가진 심리현상인 마음과 다르다는 것은 "참으로 이 심(心)이 모든 법을 통섭(通攝)하며, 모든 법 자체가 오직 일심(一心)이기 때문이다. 이는 소승에서 일체 모든 법이 각각 자체로 있는

---

57 은정희 역주, 같은 책, 80쪽. 韓國佛教全書 1, 740a. "今大乘中一切諸法皆無別體, 唯用一心爲其自體. 故言法者謂衆生心也. 言是心卽攝一切者, 顯大乘法異小乘法. 良由是心通攝諸法, 諸法自體唯是一心. 不同小乘一切諸法各有自體. 故說一心爲大乘法也."

것과는 다르다"는 말로 뚜렷하게 밝혀진다. 원효는 기신론 본문에서 말하는 중생심이 우리가 각자 가진 통상의 마음과는 전혀 다른 차원인 초월적 실재로서의 일심(一心)임을 밝히는 것이다. 하케다는 이 부분 영어번역에서 심(心)에 관한 다음 설명을 덧붙인다.

'심(心, Mind)'이라는 용어는 개인적 심리기능이나 물질과 대조된 마음으로 쓰이지 않는다. 이것은 형이상학적인(metaphysical) 법(法)을 상징한다. … 이러한 법 소개는 급작스럽기는 하나 의심할 바 없이, 인간이 절대에 기반한다는 내적 가치의 인식이 중요함을 독자들에게 각인시키고자 의도한 것이다.[58]

하케다도 입의분에서 중생심(衆生心)이라는 표현이 단지 중생인 일반인의 심리현상을 가리키는 것이 아니라 중생 안에 있는 형이상학적 절대로서의 법(法)을 가리킨다고 명백히 인식한다. 물론 이 부분은 중생이 그저 덧없이 헤매는 존재가 아니라 일심(一心)이라는 절대에 기반한다는 기쁨에 찬 선언임을 간과해서는 안 될 것이다. 원효는 진여문과 생멸문에 대한 풀이에서 다음과 같이 이야기한다.

염정(染淨)의 모든 법은 본성이 둘이 없어, 진망(眞妄)의 이문(二門)이 다를 수 없기 때문에 '일(一)'이라 이름하며, 이 둘이 없는 곳이 모든 법 가운데 실재하는지라 허공과 같지 아니하여 본성이 스스로 신묘하게 이해하기 때문에 '심(心)'이라 부른다고 말한 것이다.[59]

---

58 *The Awakening of Faith: Attributed to Aśvaghosha*, p.29. 여기에서 하케다는 '심(心)'이라는 용어가 이처럼 특수한 의미로 사용된다고 여겨질 때는 그 첫 번째 철자를 대문자로 표기하는 방침을 제안한다.

59 은정희 역주, 같은 책, 88쪽. 韓國佛教全書 1, 741a. "何爲一心. 謂染淨諸法其性

'일심'이라고 부르는 것은 초월적 실재가 모든 법 가운데 있어서 스스로 신묘하게 이해하기 때문이고, 이것은 일심을 초월적 실재라고 부르는 것이 아니라, 초월적 실재를 일심이라고 부르는 이유를 설명한 것이다. 초월적 실재를 마음이라고 부르는 것은 마음이 사물을 이해하는 것에 비유할 수 있기 때문이다. 그러나 초월적 실재의 이해는 신묘한 이해로서 우리의 일상적 이해와는 다르다. 이것은 그리스도교 전통에서 하느님이 무소부재하시며 사람이 하는 일을 모두 아신다는 것과 충분히 비견할 수 있는 것이다. 원효는 이렇게 풀이하면서도 '일심'이라는 말이 초월적 실재를 너무 실체화하는 것이 아닌가 염려했던 듯 다음 풀이를 덧붙인다.

그러나 이미 둘이 없는데 어떻게 '일(一)'이 될 수 있는가? '일(一)'도 있는 바가 없는데 무엇을 '심'이라 말하는가? 이러한 도리는 말을 여의고 생각을 끊은 것이니 무엇이라 지목할지 모르겠으나, 억지로 이름붙여 일심(一心)이라고 하는 것이다.[60]

이러한 원효의 서술은 초월적 실재에 함부로 이름짓는 것을 자상하게 경계한 것이다. 곧, '하나'는 하나, 둘, 셋 하듯이 수를 세는 의미에서 하나가 아니라 모든 수를 초월하는, 인간의 분별을 초월한다는 의미의 '하나'를 가리키는 신비한 개념으로 이해해야 하며, '일심'을 일상적인 하나의 마음 정도로 이해하는 것을 경계해야 하는 것이다. 그것은 억지로 붙인 이름에 불과하며, 그 이름 너머의 초월적 실재를 바라보려 할

無二, 眞妄二門不得有異. 故名爲一. 此無二處諸法中實, 不同虛空, 性自神解, 故名爲心."

60 은정희 역주, 같은 책, 88쪽. 韓國佛敎全書 1, 741a~b. "然旣無有二, 何得有一. 一無所有, 就誰曰心. 如是道理, 離言絶慮. 不知何以目之, 强號爲一心也."

때 바른 이해로 나아간다. 이러한 일심을 원효는 '리(理)'라고도 일컫는다. 그는 리(理)에 대해 다음과 같이 말한다.

진여문 중에서 말하는 리(理)는 진여라고 말하지만 그 실체는 얻을 수 없으며, 그러나 없는 것도 아니다. (역사적 인물로서의) 부처가 (세상에) 있거나 없거나 그 성(性)의 모습은 항상 머물러 있어서 변이(變異)함이 없어 파괴할 수 없는 것이므로, 이 진여문 중에서 진여(眞如)나 실제(實際)라는 등 이름을 임시로 세운 것이니, 이는 『대품(大品)』 등 여러 반야경(般若經)에서 설명한 것과 같다.[61]

리(理)로서의 일심은 (역사적 인물인) 부처가 (세상에) 있든 없든 그 사실을 넘어서 존재하는 초월적 실재라고 원효는 말한다. 또한 원효는 이 부분을 주석하면서 공(空)의 의미를 단순히 알아듣는 것을 경계하여 그 의미를 깊게 알아들으라고 촉구한다.

공(空)의 뜻에 의해서도 유(有)를 지을 수 있다. 왜인가? 만일 공이 반드시 공일 뿐이라면 당연히 유를 지을 수 없지만, 이 공도 또한 공이므로 유를 지을 수 있는 것이다.[62]

원효는 공을 단순히 공하다고, 다시 말해서 공허하다고 이해해선 안 된다고 밝힌다. 공은 초월적 실재의 초월성을 나타내며 그 초월성이란

---

61 은정희 역주, 같은 책, 93~94쪽. 韓國佛教全書 1, 742a. "眞如門中所說 理者, 雖曰眞如, 亦不可得, 而亦非無. 有佛無佛, 性相常住, 無有變異, 不可破壞. 於此門中, 假立眞如實際等名. 如大品等諸般若經所說."
62 은정희 역주, 같은 책, 96~97쪽. 韓國佛教全書 1, 742b. "而約空義亦得作有. 何者. 若空定是空, 應不能作有. 而是空亦空, 故得作有."

우리가 '초월'이라는 언어로 가둘 수 있는 단순한 초월성이 아니다. 원효는 공의 이러한 공함에 대하여 진여문과 생멸문의 양 차원으로 말한다.

공(空)이 공(空)하다는 것에도 두 가지 뜻이 있다. 첫째는 법성(法性)의 공함이 있으니, 이 공 또한 공하여 유(有)와 공(空) 모두 (그 실체를) 얻을 수 없다. 이와 같이 공이 공한 것은 진여문에 있으니, 이는 『대품경(大品經)』에서 "일체법이 공하고 이 공한 것 또한 공하므로 이를 공공(空空)이라 이름한다"고 말한 것과 같다. 둘째는 마치 유(有)가 유(有)의 자성(自性)이 없기 때문에 공(空)이 될 수 있는 것과 같으니, 이를 이름하여 공이라 하며, 이 공은 공성(空性)이 없어서 유를 지을 수 있으니 이를 공공(空空)이라 이름하는 것이요, 이 공공은 생멸문에 있다. 이는 열반경에서 "유(有)와 무(無)를 공공이라 이름하고, 시(是)와 비(非)를 공공이라 이름하니, 이 공공은 십주보살(十住菩薩)도 털끝 정도의 조금밖에 얻지 못하는데 하물며 다른 사람은 어떻겠는가?"라고 말한 것과 같다.[63]

원효는 진여문의 절대적 초월로서 공을 말함과 동시에 생멸문의 상대적 초월로서 공을 말한다. 진여문의 공이 실체를 얻을 수 없다는 차원에서 절대적 공이라면, 생멸문의 공은 공성(空性)을 고정된 성(性)으로 갖고 있지 않아 유(有)를 지을 수 있는 상대적 공이랄 수 있다. 그러나 이 의미도 우리가 아주 약간이나 접근 가능한 매우 심오한 차원에서

---

63 은정희 역주, 같은 책, 96~97쪽. 韓國佛教全書 1, 742b~c. "然此空空亦有二義. 一者, 有法性空, 是空亦空. 有之與空, 皆不可得. 如是空空, 有眞如門. 如大品經云, 一切法空, 此空亦空, 是名空空. 二者猶如有無有性, 故得爲空, 是名曰空. 如是空無空性, 故得作有, 是名空空. 如是空空, 在生滅門. 如涅槃經云, 是有是無, 是名空空. 是是是非, 是名空空. 如是空空. 十住菩薩尚得少分如毫釐許. 何況餘人."

이해해야 함을 원효는 십주보살(十住菩薩)에 빗대어 이야기한다. 십주보살(十住菩薩)은 보살이 수행하는 52계위(階位) 가운데 제11위에서 20위까지의 보살로서, 마음이 진제(眞諦)의 이치에 안주(安住)하는 위치에 이르렀다고 하여 주(住)의 명칭으로 불리는 보살이다. 원효는 이 높은 수준에 이른 보살도 공(空)의 의미를 아주 조금밖에 이해하지 못한다고 하는 것이다. 원효는 공의 심오한 의미에 겸손하라고 요구한다. 원효의 공에 대한 이 초월적 이해는 진여문과 생멸문 양 차원에서 일심을 이해할 때도 심층적으로 초월성을 이해해야 함을 촉구한다.

3) 진여문에서의 일심

앞에서 말한 바와 같이 대승기신론에서 일심은 진여문과 생멸문의 두 차원으로 다룬다. 대승기신론 진여문의 일심은 다음과 같이 설명된다.

> 심진여(心眞如)란 바로 일법계(一法界)의 대총상(大總相) 법문(法門)의 체(體)이니, 이른바 심(心)의 본성은 생멸을 초월하며 일체의 모든 법이 오직 망념(妄念)에 의하여 차별이 있으니, 만약 망념을 여의면 일체의 경계상(境界相)이 없을 것이다. 그러므로 일체 법이 본래부터 언설상을 여의었으며 명자상(名字相)을 여의었으며 심연상(心緣相)을 여의어서, 필경 평등하고, 변하거나 달라지는 것도 없으며 파괴할 수도 없는 것이어서 오직 일심(一心) 뿐이니, 진여라 부르는 것이다.[64]

---

64 은정희 역주, 같은 책, 103~104쪽. 韓國佛敎全書 1, 743b. "心眞如者, 卽是一法界大總相法門體. 所謂心性不生不滅. 一切諸法唯依妄念而有差別. 若離心念, 則無一切境界之相. 是故一切法從本已來. 離言說相, 離名字相, 離心緣相, 畢竟平等. 無有變異. 不可破壞. 唯是一心. 故名眞如."

대승기신론에서 진여는 절대적 초월인 일심 자체로서 언어로 감히 형용할 수 없는 실재다. 한편 '오직 일심일 뿐이니'라는 표현을 가지고 유물론(唯物論)에 맞서 유심론(唯心論)을 주장하는 것이 불교라고 생각하면 안 된다. 앞서 하케다의 설명도 그렇거니와, 일심은 초월적 실재에 억지로 붙인 이름일 뿐이지, 세상이 우리가 보통 생각하는 관념뿐이라고 말한 것은 아니다. 참된 실재는 일심뿐이라는 것을 제대로 비교한다면, 그리스도교에서 참된 실재는 하느님뿐이라는 주장에 해당한다.

대승기신론은 진여를 언설로 분별하여 여실공(如實空)과 여실불공(如實不空)의 두 개념으로 풀이한다. 이 두 개념은 진여의 초월적 성격을 어떻게 이해해야 하는지 풀이할 때, 어느 한 쪽 극단에 빠지는 것을 경계하면서 올바른 이해의 길을 제시한다. 우선 기신론은 공(空)에 대해 다음과 같이 이야기한다.

공(空)이라는 말은 본래 일체의 염법(染法)과 상응하지 않으므로 일체법의 차별되는 모양을 여읨을 가리킨다. 왜냐하면 허망(虛妄)한 심념(心念)이 없기 때문이다. 그러므로 진여의 자성(自性)은 모양이 있는 것도 아니요 모양이 없는 것도 아니며, 모양이 있지 않은 것도 아니요 모양이 없지 않은 것도 아니며, 유(有)·무(無)를 함께 갖춘 모양도 아님을 알아야 한다. 또한 같은 모양도 아니요 다른 모양도 아니며, 같은 모양이 아닌 것도 아니요 다른 모양이 아닌 것도 아니며, 같고 다른 모양을 함께 갖춘 것도 아님을 알아야 한다. 이리하여 전체적으로 말하면 일체 중생이 망심(妄心)이 있음으로 해서 생각할 때마다 분별하여 다 진여와 상응하지 않기 때문에 공(空)이라 말하지만, 망심을 떠나면 실로 공이라 할 까닭도 없다.[65]

---

65 은정희 역주, 같은 책, 111쪽. 韓國佛敎全書1, 744c. "所言空者所言空者, 從本已來, 一切染法不相應故. 謂離一切法差別之相, 以無虛妄心念故. 當知眞如自性, 非有相, 非無相, 非非有相, 非非無相, 非有無俱相. 非一相, 非異相, 非非一相, 非非

여기에서 우리는 기신론 자체에서 공(空)이라는 말을 쓸 때도 초월적 실재의 초월성을 가리키는 방편으로 사용함을 알 수 있다. 공이 자체로 실제 의미를 표현하고 있다고 이해해도 안 되고, 초월적 실재가 공허하다거나 허무하다고 이해해서도 안 된다. 다시 말해서, 초월적 실재는 중생의 생각이나 분별과 언제나 상응하지 않는 차원이 있기에 그 생각과 분별의 한계를 깨우쳐주고자 공이라는 말을 하는 것이다. 이것은 불공(不空) 풀이에서 더욱 뚜렷해진다.

불공이라는 말은 이미 법체의 공(空)에 허망함이 없음을 나타냈기 때문에 바로 진심이며, 이 진심은 항상하여 변하지 않고 정법(淨法)이 가득히 구족되어 있기 때문에 불공(不空)이라 이름한다. 그러나 또한 취할 만한 상(相)이 없으니, 망념을 여읜 경계는 오직 증득할 때 상응하기 때문이다.[66]

단순히 허무함을 말하기 위해 공을 말하는 것이 아니다. 실재 자체는 공의 측면에서 중생의 생각과 분별을 초월하지만, 깨끗한 법을 가득히 구족하여 변함이 없기 때문에 불공의 측면을 간과하면 공을 제대로 이해할 수 없다. 다만 불공의 측면도 보통 사람은 이해하기 어려운 심오한 차원에서 증득해야 함을 유의해야 할 것이다. 이러한 공과 불공 부분에 대해 하케다는 다음과 같이 설명한다.

이것은 "긍정은 부정이고 부정은 긍정이다"라고 알려진 논증법을 적용한

異相, 非一異俱相. 乃至總說, 依一切衆生, 以有妄心, 念念分別, 皆不相應, 故說爲空. 若離妄心, 實無可空故."

66 은정희 역주, 같은 책, 118쪽. 韓國佛教全書 1, 745b. "所言不空者, 已顯法體空無妄故, 卽是眞心, 常恒不變, 淨法滿足, 則名不空. 亦無有相可取, 以離念境界, 唯證相應故."

하나의 보기다. "이것은 펜이다"라는 말은 "이것은 찻잔이다"라는 말을 부정한다. "이것은 푸르지 않다"라는 말은 "이것은 푸른색이 아닌 다른 색이다"라고 긍정하는 것이다. "진여는 공하다"라는 말은 진여가 어떤 개념화도 거부함을 시사한다. 곧, 진여는 이것도 아니고 저것도 아니라는 말이며, 진여가 개념을 넘어선 초월적 실재라는 말이다. 이러한 부정은 진여를 우리에게 익숙하지 않은 다른 곳이나 다른 시각이나 차원에서 볼 가능성을 배제하지 않는다. 그러므로 상징적으로 말하면 진여를 영원하며 항구적이고 불변하다 등으로 표현할 여지가 있는 것이다. '공(空)'은 문자 그대로 '비존재'를 의미하지 않는다.[67]

하케다도 진여를 공이라고 말할 때 단순히 비존재를 가리키는 것이 아니라 우리의 언어적 개념화를 초월하는 차원을 상징어로서 말한다는 것을 명시하고 있는 것이다.

4) 생멸과 관계하는 일심(一心)

일심이 우리 현상계 존재들에게 중요한 것은 단지 진여문 차원에 머물지 않고 생멸문에서 존재들의 궁극적 기반이 되기 때문이며, 우리를 생멸의 속박에서 구원해 주는 근원적 힘을 지닌 실재이기 때문이다. 여기서는 우선 생멸문에서 일심이 생멸과 어떠한 관계인지 살펴본다. 대승기신론의 심생멸문은 다음 말로 시작한다.

심생멸(心生滅)이란 여래장에 의존하므로 생멸심이 있으니, 이른바 불생 불멸(不生不滅)이 생멸과 화합하여 같은 것도 아니고 다른 것도 아닌 것을

---

67 Hakeda, *op. cit.*, p.36.

가리켜 아려야식(阿黎耶識)이라고 한다.[68]

기신론은 현상계 존재인 우리 중생이 단지 생멸에 속하는 존재가 아니라 불생불멸, 생멸을 초월하는 여래장(如來藏)에 기반한다고 천명한다. 여기서 우리에게 구원 가능성이 열린다. 원효는 여기서 불생불멸과 생멸의 관계를 다음과 같이 명시한다.

> 만약 같은 것이라면 생멸식상(生滅識相)이 다 없어질 때에 심신(心神)의 체(體) 또한 따라서 없어지게 되니 이는 단변(斷邊)에 떨어지게 될 것이고, 만약 다른 것이라면 무명(無明)의 바람에 의해 훈습되어 움직일 때 정심(靜心)의 체가 연(緣)을 따르지 않게 되니 이는 상변(常邊)에 떨어질 것이다. 이 두 변을 여의었기 때문에 같은 것도 아니고 다른 것도 아니다.[69]

우리 생멸하는 마음의 본 바탕이 역시 생멸한다면 우리는 생멸을 초월할 가능성이 없는 것이며, 초월적 실재가 절대 타자로서 생멸과 무관하게 떨어져 있다면 우리의 구원 가능성은 전혀 없는 셈이다. 불생불멸의 초월적 실재가 생멸과 같지도 다르지도 않은 신비한 관계로 우리의 생멸하는 마음에 관여하기에 우리의 구원 가능성이 열린다. 원효는 이러한 관계, 진여수연에 의한 중생의 구원 가능성을 다시 자세히 이야기한다.

---

68 은정희 역주, 같은 책, 120~121쪽. 韓國佛敎全書 1, 745c. "心生滅者, 依如來藏故有生滅心. 所謂不生不滅, 與生滅和合, 非一非異. 名爲阿黎耶識."
69 은정희 역주, 같은 책, 124쪽. 韓國佛敎全書 1, 746a~b. "若是一者, 生滅識相滅盡之時, 心神之體亦應隨滅, 墮於斷邊. 若是異者, 依無明風熏動之時, 靜心之體不應隨緣, 卽墮常邊, 離此二邊, 故非一非異."

묻기를, "심체(心體)가 상주하고 심상(心相)은 생멸하지만, 체와 상이 떨어지지 아니하여 합해서 일식(一識)이 된다고 해야 하는가, 심체는 상주하기도 하고 생멸하기도 한다고 해야 하는가?"

답하기를, "만일 뜻을 체득한 사람이라면 두 뜻을 모두 인정할 것이니, 어째서인가? 만약 그 상주를 논한다면 다른 것을 따라 이루어지지 않는 것을 체라 하고, 그 무상(無常)을 논한다면 다른 것을 따라 생멸하는 것을 상(相)이라 하니, 체는 상(常)이요 상(相)은 무상(無常)이라고 말할 수 있다. 그러나 생멸이라고 하는 것은 생(生)이 아닌 생이요 멸(滅)이 아닌 멸이므로 생멸이라 이름하며, 이는 심(心)의 생(生)이며 심의 멸이기 때문에 생멸이라고 이름하는 것이니, 심체가 생멸한다고 말할 수 있다. 이는 마치 바닷물이 움직이는 것을 물결이라 부르지만, 끝내 이 물결의 움직임이 바닷물의 움직임이 아니라 말할 수 없음과 같다. 이 중의 도리도 또한 그러함을 알아야 할 것이다. 심체는 움직이지 않고 다만 무명상(無明相)이 움직이는 것이라면 범부(凡夫)를 전변시켜 성인을 이루는 이치가 없을 것이니, 무명상은 한결같이 멸하기만 하고 심체는 본래 범부를 짓지 않을 것이기 때문이다."[70]

여기서 원효는 생멸을 단순한 생멸로 받아들여서는 곤란하며, 다소 역설적이지만 생멸 아닌 생멸로 이해하라고 역설한다. 그럴 때 우리는 심체와 심상의 관계를 파악하면서 중생에게도 성인이 되는 길, 구원의

---

70 은정희 역주, 같은 책, 129~130쪽. 韓國佛教全書 1, 746c~747a. "問, 爲當心體常住, 心相生滅 體相不離合爲一識, 爲當心體常在, 亦卽心體生滅耶. 答, 若得意者, 二義俱許. 何者. 若論其常住, 不隨他成, 曰體. 論其無常, 隨他生滅, 曰相. 得言體常, 相是無常. 然言生滅者, 非生之生非滅之滅, 故名生滅. 是心之生心之滅, 故乃名生滅. 故得言心體生滅. 如似水之動名爲波. 不可說是動非水之動. 當知此中道理亦爾. 設使心體不動但無明相動者, 則無轉凡成聖之理. 以無明相一向滅故, 心體本來不作凡故."

길이 열릴 수 있음을 이해할 수 있다. 원효는 자신의 답에 다음과 같은 의문이 있을 수 있다고 힐난 형식을 빌어 이야기한다.

힐난하기를, "만약 심체(心體)가 생멸한다면 진심(眞心)이 다 없어질 것이니, 생멸할 때에는 상주(常住)함이 없기 때문이다. 또 만일 심체는 본래 고요한 것이나 연(緣)을 따라 움직인다면 생사(生死)에 시작이 있을 것이니, 이는 큰 잘못이 된다. 왜냐하면 본래 고요한 때에는 생사가 없기 때문이다. 또 만일 심(心)이 연을 따라 변하여 생멸을 일으킨다면 또한 일심(一心)이 연을 따라 변하여 다심(多心)을 일으킬 수 있을 것이다. 이상의 세 가지 힐난을 떨칠 수가 없기 때문에 이 뜻이 성립될 수 없음을 알 수 있다."[71]

생멸과 상주, 고요함과 움직임, 변화와 불변을 서로 용납할 수 없는 대립 개념으로 이해하는 쪽의 힐난이 있을 수 있다고 원효는 생각한다. 원효는 이 힐난 중에서 세 번째 힐난인 일심(一心)과 다심(多心) 문제에 다음과 같이 답한다.

마치 상심(常心)이 무명의 연을 따라 변하여 무상심(無常心)을 일으키지만, 그 상성(常性)은 항상 스스로 변치 않는다고 말함과 같이, 일심(一心)은 무명의 연을 따라 변하여 많은 중생심을 일으키지만 그 일심은 항상 스스로 둘이 아니다. 이는 『열반경』에서 "한 가지 맛의 약이 옮겨가는 곳에 따라 여러 가지로 달라져도, 이 약의 참 맛은 산에 머물러 있다"고 한 것과 같으니, 바로 이것을 두고 한 말이다.[72]

---

71 은정희 역주, 같은 책, 130~132쪽. 韓國佛敎全書 1, 747a. "難曰. 若使心體生滅, 則眞心有盡, 以生滅時無常住故. 又若心體本靜而隨緣動, 則生死有始. 是爲大過, 以本靜時無生死故. 又若心隨緣變作生滅, 亦可一心隨緣 變作多心. 是三難不能得離. 故知此義不可立也."

원효는 일심이 여러 중생심을 일으키면서도 항상 스스로 둘이 아닌 초월적 실재라고 명시한다. 원효는 생멸과 상주, 고요함과 움직임도 같은 맥락에서 서로 대립 개념으로 파악하기보다 한 초월적 실재의 두 차원으로 파악하라고 촉구한다.[73] 원효의 이 사상은 뒤에 화엄종의 대성자인 법장(法藏)에 의하여 여래장연기(如來藏緣起) 사상으로 체계화된다. 법장은 『대승기신론의기(大乘起信論義記)』에서 여래장연기를 정점에 놓고 당시까지 중국에서 전해온 불교 가르침을 다음 4종으로 분류하여 설명한다.

현재 동쪽(중국)이 전해온 모든 경론은 대·소승을 통틀어 네 가지 사상적 입장이 있다. 첫째는 수상법집종(隨相法執宗)이니, 소승 여러 부파가 해당한다. 둘째는 진공무상종(眞空無相宗)이니, 반야 계통 경전들과 중관 계통 논서들이 설하는 내용이 해당된다. 셋째는 유식법상종(唯識法相宗)이니, 해심밀경(解深密經) 계통 경전들과 유가론(瑜伽論) 계통 논서들이 설하는 내용이 해당된다. 넷째는 여래장연기종(如來藏緣起宗)이니, 『능가경(楞伽經)』·『대승밀엄경(大乘密嚴經)』 계통 경전들과 『기신론(起信論)』·『보성론(寶性論)』 계통 논서들이 설하는 내용이 해당된다. 이 네 가지 가운데 첫째는 수사집상설(隨事執相說)이고, 둘째는 회사현리설(會事顯理說)이며, 셋째는 의리기사차별설(依理起事差別說)이고, 넷째는 이사융통무애설(理事融通無碍說)이다. 이 여래장연기종(如來藏緣起宗)에서는 여래장이 수연(隨緣)하여 아뢰야식(阿賴耶識)을 이루는 것을 허용하니 이것이 바로 이(理)가 사(事)에 철(徹)하는 것이다. 또 의타연기(依他緣起)가 무성(無性)하여 진

---

72 은정희 역주, 같은 책, 131~132쪽. 韓國佛敎全書 1, 747a. "如說常心隨無明緣
   變作無常之心 而其常性恒自不變 如是一心隨無明緣變作多衆生心 而其一心常自無
   二 如涅槃經云 一味之藥 隨其流處有種種異 是藥眞味停留在山 正謂此也."
73 은정희 역주, 같은 책, 131~132쪽. 韓國佛敎全書 1, 747a~b.

여(眞如)와 같음을 허용하니 이것이 바로 사(事)가 이(理)에 철(徹)하는 것이다(現今東流一切經論. 通大小乘. 宗途有四. 一隨相法執宗. 即小乘諸部是也. 二眞空無相宗. 即般若等經. 中觀等論所說是也. 三唯識法相宗. 即解深密等經. 瑜伽等論所說是也. 四如來藏緣起宗. 即楞伽密嚴等經. 起信實性等論所說是也. 此四之中. 初則隨事執相說. 二則會事顯理說. 三則依理起事差別說. 四則理事融通無礙說. 以此宗中許如來藏隨緣成阿賴耶識. 此則理徹於事也. 亦許依他緣起無性同如. 此則事徹於理也).[74]

이렇게 불교 가르침을 4종으로 분류하는 것은 유식법상종과 별도로 여래장연기종을 주장한다는 점에서 법장의 독특한 사상을 보여준다. 법장은 진여수연을 인정하는 대승기신론의 여래장사상을 유식법상종의 사상과 나누어 독립적이고 우월한 사상으로 부각시킨다. 이러한 법장의 주장은 어떠한 의의를 지니는가? 요시즈 요시히데(吉津宜英)는 그 구원론적 의의를 다음과 같이 이야기한다.

이것은 오로지 4종 가운데 제3종 이하와 제4종 사이의 교리적 기반 차이를 명백히 한다. 특히 제3종의 오성각별설(五性各別說)에 근거한 일분불성(一分不成)과 제4종의 일체개성(一切皆成) 사이의 결과적 상위를 천명하려는 것이다. 진여수연(眞如隨緣)을 인정하지 않으면 진여는 불변의(不變義)일 뿐이어서 이른바 응연(凝然)하여 일체 제법과 확연히 구별하게 된다. 진여의 빛에 비추지 않은 채 그 빛과 전혀 연이 없는 중생인 무성유정(無性有情)도 존재할 수 있게 된다.[75]

---

74 『大正新脩大藏經』 권44, 高楠順次郎 편(東京: 大藏出版株式會社, 1925), 243b~c. 한문번역은 박태원, 『大乘起信論思想研究(1)』(서울: 민족사, 1994), 137~138쪽에 준함.

75 吉津宜英, 「法藏の大乘起信論義記の成立と展開」, 『如來藏と大乘起信論』, 平川彰

진여가 불변의 측면만 지니고 응연에 머무른다면 당시 화엄종과 대립관계에 있던 법상종이 주장하는 오성각별설을 용인하게 되고, 일부 중생은 성불할 수 없음을 인정하는 결과를 낳는다. 이 점에서 법장은 여래장연기종을 별도로 부각시키면서 그 차이점을 예리하게 드러내고 모든 중생이 성불할 수 있다고 역설하는 것이다.

현대 한국불교계 원로 중 한 명으로 최근에 입적한 청화(淸華, 1923~2003) 스님은 사종연기(四種緣起)[76]에 대한 그의 법문 가운데 여래장 연기에 관하여 다음과 같이 이야기한다.

우리 인간이 미처 몰라서 이것이다 저것이다 하는 것이지 원인(原因)을 캐고 들어가 끝에 가면 다 부처님한테 이르는 것입니다. 그러므로 부처님, 진여불성(眞如佛性)이 그때그때 연(緣) 따라 이루어지는 것이 지금 현상계입니다. 내가 금생에 태어난 것이나, 또 살다 죽는 것이나, 사업에 실패하는 것이나, 누구를 좋아하는 것이나, 모두가 다 겉만 보면 별것도 아니고

편(東京: 春秋社, 1990), 398쪽.

76 업감연기(業感緣起), 아뢰야연기(阿賴耶緣起), 여래장연기(如來藏緣起), 육대연기(六大緣起)를 가리킨다. 청화스님에 의하면, 업감연기는 가장 낮은 상대적 차원의 연기로 행한 바에 따라 고(苦)를 받는다는 연기이며, 아뢰야연기는 한층 더 심오한 차원의 연기로 업감연기의 근원적 실재로서 아뢰야식(阿賴耶識)을 상정하는 연기이고, 여래장 연기는 더욱 심오한 차원의 연기로 아뢰야식의 근원적 실재로서 진여불성(眞如佛性)의 여래장(如來藏)의 여래장을 상정하는 연기이다. 육대연기는 밀교의 연기로서 땅 기운, 물 기운, 불 기운, 바람 기운, 텅 빈 공(空)의 기운, 마음 기운 등 여섯 가지 속성이 진여불성의 여래장 가운데 갖추어져 있어서 일체 존재를 이룬다는 것이니, 여래장 연기를 밀교적으로 구체화했다고 할 수 있다. 요컨대, 행한 바에 따라 고(苦)를 받는다는 차원의 연기는 가장 낮은 가르침이며, 모든 존재가 궁극적 실재로서 진여불성의 여래장을 품고 있으며 진여불성의 섭리 아래 놓여 있다는 여래장 연기를 깨달아야 참된 연기의 이치를 깨치는 것이라고 청화스님은 가르친 것이다. 淸華 큰스님, 『마음의 고향』 제16집(http://www.amita.net/buddhism/bud4_04_32.php).

상대적인 결로 해서 되는 것 같지만 근본 뿌리를 캐 들어간다고 할 때는 다 부처님의 도리란 말입니다. 다 하나님의 섭리(攝理)입니다. 여러분이 하나님의 섭리라고 하면 우습게 생각하고 미신(迷信) 같이 생각하시는 분도 있겠지요. 그렇지 않습니다. 우주라는 것을 근원에서 본다고 생각할 때는 다 하나님의 섭리요, 근본 도리입니다. 다 진리의 섭리입니다. 우리가 뚝 떼어서 현상세계만 볼 때는 원인이 있으면 결과가 있고, 이것이 있으면 저것이 있고, 이렇게 되겠습니다마는 가장 근본적 도리에서 생각할 때에는 부처님의 섭리, 하나님의 섭리입니다. 여기에서 불교와 기독교는 하나가 되는 것입니다.[77]

소박한 법문이라 할 수도 있으나 여래장연기는, 우리 삶에 초월적 실재의 섭리가 함께 하는 데에서 불교와 그리스도교 사이의 접점이 이루어질 수 있음을 잘 밝히고 있다고 하겠다.

4. 결론

우리는 지금까지 윌프레드 캔트웰 스미스의 세계신학적 신앙관 및 그에 바탕한 보편적 구원의 하느님에 대한 이해를 살펴보고, 그 관점에 따라 원효의 『대승기신론별기(大乘起信論別記)』와 『기신론소(起信論疏)』를 중심으로 대승기신론에 대한 이해를 시도해보았다.

그 결과 우선 스미스가 종교를 인격적 신앙과 축적적 전통이라는 두 범주에서 바라봄으로써, 종교에 대한 기존의 인식론적 폄하를 성공적으로 극복하는 과정을 살펴볼 수 있었다. 종교는 지식(knowledge) 이하

---

77 위의 글.

의 맹목적 믿음 차원이 아니라 초월적 실재에 대한 뚜렷한 통찰에 기반하는 응답으로 이루어졌음을 인식할 때에야 제대로 이해될 수 있음을 알았다. 또 하느님을 우리 자신과 이웃과 우주를 초월하는 신앙적 차원에서 바라볼 수 있게 하는 보편적 구원의 하느님으로 이해하게 되었다.

또 이러한 스미스의 통찰을 대승기신론에 적용하여, 대승불교 전통도 진여(眞如)로서의 일심(一心)이라는 초월적 실재를 통찰하고 응답한 것으로 정당하게 이해할 수 있음을 살펴보았다.

대승불교는 특히 유식(唯識)사상의 초월적 실재인 다르마, 곧 법(法)을 인식적이고 심리적인 차원에서 접근하며, 이 시도로 여래장(如來藏)사상이 꽃을 피운다. 초월적 실재로서 다르마는 유식사상에서 유식무경(唯識無境)이나 경식구민(境識俱泯) 차원을 통해 묘사되며 여래장사상에서는 여래장(如來藏) · 진여(眞如) · 일심(一心) 등으로 표현된다. 특히 유식사상에서는 식(識)의 허망한 차원에 초점을 맞추며 부정신비주의 측면에서 인식대상과 인식주체 모두가 사라지는 경식구민(境識俱泯)의 신비적 경지를 말하는 쪽으로 기우는 문제가 있었다. 그러나 여래장사상은 현상적 인식의 허망함보다는 초월적 인식의 진실함에 초점을 맞춤으로써, 다르마 곧 법(法)이 지니는 구원 역할에 주목한다. 이 과정에서 대승기신론은 그 정점에 있는 사상을 천명한다. 대승기신론에서 일심(一心)은 구원 가능성의 기반일 뿐 아니라 일체 중생을 구원으로 이끄는 적극적이고 능동적 힘을 지닌 실재라고 이야기되는 것이다.

신앙을 초월적 실재에 대한 통찰과 응답으로 바라보는 스미스의 신앙관은 대승기신론의 일심(一心)이 지니는 함의를 심층적으로 정당화시켜준다. 우리는 이 글에서 스미스의 신앙관을 통해 대승기신론의 일심(一心)이 단순한 현상으로서의 마음을 가리키는 것이 아니라 현상으로서의 마음을 초월하여 있는 실재이며, 미망 속에 헤매는 중생을 깨달음의 세계로 인도하는 역동적 실재임을 확인할 수 있다.

초월적 실재에 대한 통찰과 응답, 곧 인격적 신앙과 축적적 전통으로 종교를 이해하는 가운데 보편적 구원의 하느님을 제시하는 윌프레드 캔트웰 스미스의 세계신학적 전망은, 기존의 다소 폐쇄적인 종교 이해를 극복할 뿐만 아니라 인류사를 심오하게 이해하여 인간에 대한 새로운 비전을 제시해주는 것이다.

2
불교의
이해

초기경전의 이해와 역사 속 부처

탈신화적 이해

전재성

(한국빠알리성전협회 대표)

1. 붓다 출현 당시의 사회조건

붓다 출현 당시에는 이미 철기가 도입(B.C.750~700)[1]되었고, 무역이 활발해지고 사회적 부가 축적되어 강대국이 생겨나고 차츰 전쟁과 유혈을 통해 한 국가로 통합되어가는 시기였다. 당시 가장 강대했던 마가다 국의 수도인 라자가하 남쪽에는 거대한 노천 철광석 광산이 있었고 동남쪽에는 황동광이 출토되어, 그것으로 강력한 전제국가를 세웠다. 빔비사라 왕(B.C.540~490)은 앙가 국을 정벌하면서 갠지스 강변의 무역로를 확보하여 국가의 부를 축적하였고, 전사계급에 속한 꼬살라 국의 빠세나디 왕은 권력을 위하여 주변 약소국의 병권을 쥐고 사제계급인 바라문과 결탁하여 각각 500마리씩의 소, 말, 염소 등을 학살하는 희생제를 지내며 전제정치를 강화하였다.[2] 당시 최대 국가였던 꼬살라

---

1 Hermann Kulke, Dieter Rothermund, *Geschichte Indiens*(Stuttgart: Verlag W. Kohlhammer, 1982), 62쪽.

국의 빠세나디 왕이나 마가다 국의 빔비사라 왕은 모두 비폭력적인 붓다에게 귀의하여 붓다의 재가신자로서 경건한 왕이 되었다. 그러나 꼬살라 국은 붓다가 태어난 싸끼야 공화국을 속국으로 삼았다. 꼬살라국의 빠세나디 왕은 자기 아들 비두다바에 의해, 마가다 국의 빔비사라왕 역시 자기 아들 아자타삿투에 의해 목숨을 잃었다. 이 강대국들은붓다 당시에도 수시로 패권을 위한 전쟁을 일으켰다.[3] 비두다바는 붓다가 살아 있을 당시에 싸끼야 공화국을 멸망시켰고 아자타삿투는 한때붓다를 살해하려 했다가 후회하고 붓다에게 귀의했음에도, 붓다 사후에는 붓다가 생전에 그 침공을 허락하지 않은 밧지 연합국을 멸망시켰다. 불교에 귀의했지만 그 왕들도 현실 역사의 급격한 사회 변동을 거스르지 못했다.

한편 초기 베다시대는 제사를 신들의 의례적 축제로 여겼다. 인도아리안들이 스스로를 일컫는 아리야(ārya)라는 말은 '손님을 환대하는'이라는 뜻을 지녔고, 그 환대 속에 신들이 포함되어 있으므로 그들 종교 이름으로도 불린다. 세속적인 눈으로는 신들이 공중에서 내려와 제주를 방문하여 제단 같은 제장 자리에 앉는 것이 보이지 않는다고 한다. 그 신들은 경건하게 제주에게서 음식을 대접받고 쏘마를 즐긴 후,감사표시로 매일 태양을 떠오르게 하고 비를 내리게 하고 승리와 복지를 보장하고 제주가 성공하고 자손이 번창하고 많은 가축과 장수와 건강을 보장하는 제사에 보답한다. 신에게 기원할 때 얼마나 완벽하게실수를 하지 않느냐에 보답이 달려 있었다.

제사에서 기본 마음가짐을 다지게 하는 것은 제의적 실수를 두려워하는 것이었다. 제주의 의도는 아니지만 결정적으로 중요한 올바른 형태를 지키기 위해 제주는 신들에게 음식 대접하는 것을 전문가에게 맡

---

2 SN. I. 75 ; 雜阿含 46권 13(大正 2. 338a, 잡1234) 참조.
3 SN. I. 82 ; 雜阿含 46권 15(大正 2. 338b, 잡1236) 참조.

기도록 권장되었다. 주술적 말(brahma)의 형식과 지식을 가지고 제사를 위탁 받아 진행하는 사람들은 시간이 지나면서 제의기술자, 의례전문가로 여겨져, 처음에는 직업적 명칭을 얻고 나중에는 계급적 명칭(brāhamṇa)을 얻게 되었다. 사람들은 바라문의 제사장이 의식을 잘못 집전하거나 찬가를 왜곡하여 제주에게 화를 입힐 수 있다고 믿었다. 그래서 제사를 지내려는 사람은 누구나 지정된 바라문에게 많은 보수를 약속하고 호화로운 음식을 대접하여 좋은 분위기 속에서 제사를 집행하도록 배려했다. 그래서 한때 바라문 사제 한 달 수입은 궁전 문지기 월급의 8천 배에 이르렀다.

특별히 바라하트(바르후트) 탑묘조각은 기원전 6세기경 인도의 도시를 상세하게 그리고 있다. 당시의 도시는 강들 위에 지어졌고 평지가 허용될 경우 사각형 모양이었다. 고대 인도에서 원형도시계획은 일반적인 것이 아니었다. 도시는 상당한 폭과 깊이의 강물이 공급되는 해자로 둘러싸여 있었다. 도시의 시장에는 좀더 사치스럽고 세련된 물건을 파는 가게와 작업장이 있었고, 거리마다 은행가, 금세공, 아이보리 세공사, 의복장사, 향료장사, 놋쇠와 철을 파는 장사, 쌀장사, 향신료와 사탕과자 장사들이 있었다. 가내공업 부문과 모든 상거래는 조정 기능을 담당하는 쎄니라는 길드로 조직되어 있었다. 길드는 생산과 판매, 표준가격 문제를 결정했고 왕도 그것을 받아들였다.

가장 부유한 길드는 은행가 길드였다. 그들의 주요 수입은 돈을 빌려주고 받는 고정 이율의 이자였다. 결혼식 때 딸의 지참금과 같은 완전히 보장된 신용대출에는 1년에 15% 이율이 붙고, 부분적으로 보장된 외상에는 60% 이율을 챙겨 부를 증진시킬 수 있었다. 상업 신용대출은 높은 위험성 때문에 그 이율이 훨씬 높았다. 대상들을 지원하는 대출에는 1년에 120%, 행상무역에는 240%의 높은 이율이 부과되었다.[4] 배타적으로 거의 상인계급(vessa)에 속하는 대출업자는 사회적으로 높은 계급이 아니었지만 영향력은 지도자급에 속했다. 그들의 우두머리는 여러 지역 길드의 제일인자(대부호: mahāseṭṭhi)[5]가 되었고 그 지역 상공인들 사이에서 가장 중요한 인물이 되었다. 쌍윳따니까야에 나오는 큰 부자 [Mahaddhana][6]라는 경전을 살펴보자. "큰 부자로 많은 재산을 가지고 나라를 다스리는 왕족도 감각적 쾌락에 만족하지 못해 서로가 서로를 탐한다"는 이야기가 나온다. 붓다 당시에 베살리에서 가장 큰집은 경전에 자주 나오듯이 기생집이었다. 고대 인도에서 매춘은 아주 일반적 현상이었고 경멸 받기는 했지만 관용되었다. 예술도시의 기생(gaṇikā)은 자부심이 대단했다. 경전에 자주 등장하는 암바빨리(Ambapàli)는 아름답고 고상했을 뿐 아니라 유모가 있었고 남자들을 자신의 예술과 문학으로 유혹하는 매력적인 여인이었다. 전성기에 그녀는 하룻밤 사랑의 대가로 5마리 젖소에 해당하는 화대, 지금 돈으로 계산하면 수천만 원대를 벌었다.[7]

중앙구역에는 전사계급 중심의 행정관료와 그들의 안녕을 보장하는

4 H. W. Schumann, *The Historical Buddha*, Trans. M. O'C.(Walshe: ARKANA, 1989).

5 SN. I. 91 ; 雜阿含 46권 12(大正 2. 337b, 잡1233) 참조. [빠세나디] "세존이시여, 싸밧티에서 어떤 백만장자가 죽었습니다. 그에게는 자식이 없으므로 내가 그의 유산을 몰수하여 왕궁으로 가져다 놓고 왔습니다. 세존이시여, 그에게는 금이 8백만 냥이나 있는데 은은 말해서 무엇하겠습니까? 세존이시여, 그 백만장자는 쌀겨로 만든 죽을 먹었고 세 조각으로 기운 대마옷을 입었으며 나뭇잎으로 덮개를 한 낡은 수레를 타고 다녔습니다." 곡물도 재산도 금과 은도, 또한 어떠한 소유도, 노예, 하인, 일꾼 또는 그의 친인척도, 모두 놓고 가야 하네. 몸으로 행하는 것, 입으로 행하는 것, 뜻으로 행하는 것, 그것은 그 자신의 것으로, 자기 자신을 쫓아가네. 그림자가 떠나지 않듯이. 착한 일을 해서, 내세를 위해 공덕을 쌓아라. 공덕은 저 세상에서 뭇삶들의 의지처가 되리."

6 SN. I. 15 ; 雜阿含 22권 14(大正 2. 156b, 잡589) 참조.

7 Thiy. 252~270.

사제계급의 집들을 단단하게 지었고 여기저기 그림과 장신구로 잘 치장했으나, 변두리로 갈수록 모습이 달라졌다. 교외에는 노예계급에 속하는 노동자와 하인들이 진흙집이나 얼기설기 짠 대나무집에서 살았다. 그들도 어떤 장사를 하는가에 따라 무리지어 살았다. 목수들, 가구장이, 수레공, 나무조각가, 연장 만드는 자, 금속 주물공, 석공, 직조공, 염색공, 재단사, 도공, 피혁공, 칠장이, 화초 재배자, 요리사, 이발사, 목욕업자, 세탁업자, 도시 청소부 거리가 있었다. 계급구조 밖에 속하여 사회적 접촉이 없는 계급도 있었다. 그러나 그들과 접촉해선 안 된다는 불가촉성 개념은 아직 사회에 통용되지 않았다. 이 불가촉민에 대한 이야기는 수세기 후에 성립한 자따까[8]에만 나온다. 성곽 밖에는 숲이 있었고 아주 가난하여 땔감을 수집하거나 쇠똥을 수집하는 자나, 부자들 정원에 임시 고용된 풀 자르는 노동자들 집이 있었다. 유랑하는 수행자들이 쉴 수 있는 숲과 그늘도 있었다. 손질하지 않은 산발한 머리로 영혼의 지적이고 미묘한 모험에 나선 그들은 베다의 노래와 바라문의 제식을 비웃으며 깨달음을 찾아 집 없는 삶을 선택한 사람들이었다.

2. 새로운 종교운동과 붓다의 출현

고대 북인도의 다신교적 베다 전통사회는 왕에게 전쟁의 승리와 번영을 빌어주는 대신 제사에 받치는 공물로[9] 소유를 늘이고 쾌락을 추구하는 제식주의에 묶여 있었고, 인간의 선이란 이웃을 사랑하고 자비를

---

8 Jāt. 377.
9 Stn. Ⅱ. 7. 이러한 공물에는 침구, 화려한 의복, 수레, 호화로운 주택과 잘 치장한 여자까지 포함되어 있었다.

베푸는 것보다 현세나 내세에서 행하는 제사의 공덕에 달려 있다고 믿었다. 한편 무역과 상공업 발달로 축적한 사회적 부는 권력과 감각적 쾌락을 누리다가 하늘나라에 태어나도록 제사지내는 것 말고는 다른 적절한 합리화와 윤리성을 부여할 수가 없었다. 그들은 부를 움켜쥐고 죽어갔다.

이 상황에서 고행주의가 기원전 7, 8세기에 등장했다. 이것은 자기 죄를 참회하는 운동이 아니라 기존의 물질적 제사에서 벗어나는 일종의 영적 운동이었다. 그들 중에는 물질적 제사를 내면적 제사로 바꾸어 고행을 통해 심리적 힘을 축적해서 새처럼 날거나 물위를 걷거나 담을 통과하거나 먼 대상이나 과거와 미래를 아는 신통력을 키우고 나아가 절대자와 합일하길 목표로 삼는 출가자들이 있었다. 한편에선 제사로는 공덕을 쌓지 못한다는 극단적 결정론이나 무인무과론을 전개하면서 가족을 대가족에게 맡기고 영적 자유와 새로운 지식을 찾아 유행하는 수행자들이 있었다. 자기 행복을 위해 제사를 저버린 그들은 소유와 가족을 버린 채 자유롭게 유행하는 자들이었다. 이 운동은 당연히 제사 중심의 보수적 종파에겐 위험한 경쟁자로 인식되었다.

붓다는 이 새로운 영적 운동에 매력을 느껴 고행하는 수행자로서 영적 자유의 길을 가고자 사문의 길에 들어섰다. 그는 "재가의 삶은 더러운 곳이고, 수행자의 삶은 자유로운 공간이다"라고 진술했다.

싯다르타는 아들을 출산하여 사회적 책무를 다하고 출가했다.[10] 싯다르타는 젊었을 때부터 정치적으로 민감하게 사회를 경험한 왕자로서

---

10 사문유관 후에 출가한 것은 다소 신화적이다. 밤중에 머리를 자르고 아노마 강에 이르렀다는 것은 단순한 전설 이야기다. 싯다르타는 첫날을 아우뻬야 근처의 야외에서 보냈다. 아노마 강은 현재 아우미 강으로, 당시에 말라족 영토에 속했고 세 왕국의 영토를 지나다녀야 했다. 부왕인 쑷도다나와 양모인 빠자빠띠는 싯다르타의 출가 의도를 어려서부터 알았으나 돌이킬 수 없었다 (MN. 26. 16).

행정과 사법에 대한 사회 교육을 받았으며 살생과 도둑질, 간음과 위증과 형벌, 전쟁 등 인간사회의 괴로움에 대하여 잘 알고 있었다. 그 괴로움에 대한 궁극적 질문으로 "왜 사람들은 스스로 번뇌에 묶여 있으면서 번뇌에서 벗어나고자 하는가?" 고민해왔다. 그는 출가하여 선정주의자이며 고행주의자로서 사문의 길에 들어서 6년간 수행했으나 마음의 평화를 발견하지 못했다.

그러던 중에 젊은 날의 체험이 떠올랐다. 농경제 행사 중 보습에 찢겨나가는 벌레들의 잔혹한 삶을 보고 감각적 쾌락의 욕망을 버렸을 때 사유와 숙고가 일어난 것을 체험했다. "나의 아버지 싸끼야 족의 왕이 농경제 행사를 하는 중에, 나는 장미사과 나무의 서늘한 그늘에 앉아 감각적 쾌락의 욕망을 버리고 악하고 불건전한 상태를 떠나서 사유와 숙고를 갖추고, 멀리 떠날 때 생겨나는 희열과 행복의 첫 번째 선정을 성취했는데 이것이 깨달음에 이르는 길일까?"[11]

이렇게 그는 인격과 정신이 성숙한 35살에 가서야 최초로 인간의 욕망을 깊이 성찰한 후, 제사주의자나 선정주의자는 하늘나라에 가려는 욕망에 묶여 있고, 고행주의자는 자신의 좌절된 사회적 욕망을 전지성 획득 같은 신통력으로 보상하려는 또 다른 욕망에 묶여 있다고 통찰했다. 모두 불가능한 욕망에 묶여 있는 것이다. 그는 욕망을 버리고 사유와 숙고를 통해 연기 법칙이라는 중도를 발견하였다. 제사주의나 고행주의는 욕망을 성찰하지 않았다. 그는 제사주의와 고행주의 속에 숨어 있는 인간 욕망의 깊이와 더불어 위험과 재난을 보았다. 당시 인간 욕망과 고통에 대한 붓다의 성찰은 곧 사회상황에 대한 통찰이었다. 붓다는 욕망이 사회현상 속에서 사건으로 드러난다고 보았다. 베란자의 장자들에 대한 경[12]을 보자.

---

11 MN. 36.

12 *Verañjakasutta* : MN. I. 290. 漢譯에는 類似한 經이 없다.

잔인하여 손에 피를 묻히고 살육에 전념하고 살아 있는 존재에 자비심이 없었다. 마을이나 숲에 있는 다른 사람의 부와 재산을 남몰래 훔친다. 어머니의 보호를 받고 있고 아버지의 보호를 받고 있고 부모의 보호를 받고 있고 형제의 보호를 받고 있고 자매의 보호를 받고 있고, 친족의 보호를 받고 있다. 이미 혼인했거나 주인이 있거나 법의 보호를 받거나 심지어 약혼 표시로 꽃다발을 사거나 한 여인과 관계한다. 법정에 불려가거나 모임에 나가거나 친지와 있거나 조합에 참여하거나 왕족 가운데 있다. 증인으로서 질문을 받아 '오! 이 사람아, 그대가 아는 것을 말하라'고 하면, 모르면서 '나는 안다'고 대답하고, 알면서 '나는 모른다'고 대답한다. 보지 못하면서 '나는 본다'고 말하며, 보면서 '나는 보지 못한다'고 말한다. 이처럼 그는 자신을 위하여, 혹은 타인을 위하여, 혹은 뭔가 이득을 위하여 고의로 거짓말을 한다. 또 여기서 듣고 저기에 말하여 이들을 파괴하고, 저기서 듣고 여기에 말하여 저들을 파괴한다. 화합을 깨고 사이를 갈라놓게 만들고 파란을 좋아하고 기뻐하며 파란을 일으키는 말을 한다. 거칠고 난폭한 말로 다른 사람을 괴롭히고, 다른 사람을 화나게 한다. 다른 사람을 분노하게 하며 스스로 분노하여 마음의 안정에 도움이 되지 않는 말을 한다. 때맞추어 말하지 않고 사실을 말하지 않고 의미를 말하지 않고 가르침을 말하지 않고 계율을 말하지 않는다. 근거도 없고 이치에 맞지 않고 무절제하고 유익하지 않은 말을 한다. '아, 다른 사람의 것이 내 것이면 정말 좋겠다'고 타인의 부와 재산을 탐하거나, '이 사람이 살해되고 피살되고 도살되고 파멸되어 사라지길 바란다'고 해칠 의도를 갖는다. '보시에는 공덕이 없다. 제사의 공덕도 없다. 공양의 공덕도 없다. 선악의 과보도 없다. 이 세상도 없고 저 세상도 없다. 어머니도 없고 아버지도 없다. 마음에서 홀연히 생겨나는 삶도 없다. 이 세상과 저 세상을 알며 스스로 깨달아 올바른 길을 가르치는 수행자나 성직자는 세상에 없다'고 삿된 견해를 갖는다.

일찍이 셰익스피어는 "우리를 지옥으로 이끄는 천국을 어떻게 버려야 할지 아무도 모른다." 이렇게 말한 적이 있다. 우리를 천국으로 이끌려고 하는 하늘사람들이 "삶은 덧없고 목숨은 짧으니, 늙음을 피하지 못하는 자는 조용히 쉴 곳이 없네. 죽음의 두려움을 꿰뚫어 보는 자는 행복을 가져오는 공덕을 쌓아가리"라고 유혹하자 붓다는 단호하게 말했다. "삶은 덧없고 목숨은 짧으니, 늙음을 피하지 못하는 자는 조용히 쉴 곳이 없네. 죽음의 두려움을 꿰뚫어 보는 자는 욕망을 버리고 고요함을 원하리."[13]

붓다의 최대 관심사는 인간의 평화였다. 붓다는 전란시기에 왕자로서 국가끼리 개인끼리 죽이고 빼앗고 위증하고 간음하고 폭행하는 모든 실제사건이 가장 직접 인간 고통을 낳는 원인이라고 통찰했다. 인간 욕망은 현실에서 소유에 집착하는 것으로 나타난다. 붓다는 제사주의자가 세상을 두고 "이것은 내 것이고 이것이야말로 나이며 나의 자아다"라는 욕망에 사로잡혀 있고, 고행주의자는 자신의 몸을 두고 "이것은 내 것이고 이것이야말로 나이며 나의 자아다"라는 욕망에 사로잡혀 있다고 통찰했다. 욕망으로 존재를 만들어내는 그들에게 평화는 없었다. 그럼에도 이 욕망에 대하여 아무도 자각하지 못하였다. 불교의 네 가지 거룩한 진리는 세상은 괴로운데 그 괴로움의 원인이 욕망이고 그 원인을 제거하면 평화가 온다는 사회를 향한 메시지였다. 그래서 깨달은 후에 선언한 여덟 가지 고귀한 길 가운데 올바른 견해란 바로 이 네 가지 거룩한 진리의 자각을 의미했다. 올바른 사유란 탐욕과 분노와 폭력를 여읜 생각을 가리킨다. 이것이 바로 평화를 가져오는 지혜로운 삶이고, 붓다 가르침의 시작이자 완성이었다. 그렇다면 과연 역사의 붓다는 이 삶을 사건 속에서 어떻게 실천했을까?

---

13 SN. I. 2.

3. 할머니 경과 기존 종교에 대한 부정

■ 할머니 경 [Ayyakāsutta][14]

한때 세존께서 싸밧티 시에 계셨다. 그때 꼬살라 국의 빠세나디 왕이 대낮에 세존이 계신 곳으로 찾아 왔다. 가까이 다가가서 세존께 예배를 올리고 한쪽으로 물러앉았다. 한쪽으로 물러앉은 꼬살라 국의 빠세나디 왕에게 세존께서 이와 같이 말씀하셨다.

[세존] "대왕이여, 당신은 어떻게 대낮에 왔습니까?"

[빠세나디] "세존이시여, 나의 할머니는 대단히 나이가 많은 노부인으로 인생의 여정을 지나서 그 종착에 이르러 나이 120세에 돌아가셨습니다. 세존이시여, 그런데 나에게 할머니는 몹시 사랑스러운 분이었습니다.[15] 세존이시여, 만약 내가 값비싼 코끼리를 주어 할머니가 돌아가시지 않을 수 있었다면 값비싼 코끼리를 주어서 할머니를 돌아가시지 않게 했을 것입니다. 세존이시여, 만약 내가 값비싼 말을 주어 할머니가 돌아가시지 않을 수 있었다면 값비싼 말을 주어서 할머니를 돌아가시지 않게 했을 것입니다. 세존이시여, 만약 내가 가장 좋은 마을을 주어 할머니가 돌아가시지 않을 수 있었다면 가장 좋은 마을을 주어서 할머니를 돌아가시지 않게 했을 것입니다. 세존이시여, 만약 내가 한 성을 주어 할머니가 돌아가시지 않을 수 있었다면, 그 성을 주어서 할머니를 돌아가시지 않게 했을 것입니다."

[세존] "대왕이여, 뭇삶은 죽어야 하는 것이고 죽음을 끝으로 하며 죽음을 뛰어넘지 못합니다."

[빠세나디] "세존이시여, 놀라운 일입니다. 세존이시여, 일찍이 들어본 적이 없던 일입니다. 세존이시여, 세존께서는 '뭇삶은 죽어야 하는 것이고

---

14 SN. I. 96 ; 雜阿含 46권 6(大正 2. 335b, 잡1227) 참조.
15 Srp. I. 163에서는 파세나디 왕을 어머니가 죽은 후 할머니가 키웠다고 전한다.

죽음을 끝으로 하며 죽음을 뛰어넘지 못합니다'라고 훌륭하게 말씀하셨습니다."

[세존] "대왕이여, 그렇습니다. 뭇삶은 죽어야 하는 것이고 죽음을 끝으로 하며 죽음을 뛰어넘지 못합니다. 대왕이여, 마치 옹기장이가 만든 옹기가 구워지지 않은 것이든 구워진 것이든 어떤 것이라도 모두 부서져야 하는 것이고 부서짐을 끝으로 하며 부서짐을 뛰어넘을 수 없음과 같습니다. 대왕이여, 이와 같이 뭇삶은 죽어야 하는 것이고 죽음을 끝으로 하며 죽음을 뛰어넘을 수 없습니다.

모든 삶은 죽음에 이르네. 삶은 그 끝을 죽음으로 삼으니
행위하는 그대로 좋고 나쁜 과보를 받으니
나쁜 일을 한 사람은 지옥으로, 좋은 일을 한 사람은 하늘나라로 가네.
오로지 착한 일을 해서 미래를 위해 공덕을 쌓아라.
공덕은 저 세상에서 뭇삶의 의지처가 되리.

빠세나디 왕은 어머니가 일찍 죽어 할머니의 양육 속에 자랐다. 그는 사랑하는 할머니가 죽자 대낮에 집무를 포기하고 붓다께 달려와 "세존이시여, 나에게 할머니는 몹시 사랑스러운 분이었습니다. 만약 내가 값비싼 코끼리를 주어 할머니가 돌아가시지 않을 수 있었다면 나는 값비싼 코끼리를 주어서 할머니를 돌아가시지 않게 했을 것입니다. 세존이시여, 만약 내가 한 성을 주어 할머니가 돌아가시지 않을 수 있었다면 그 성을 주어서 할머니를 돌아가시지 않게 했을 것입니다"라고 말하자 붓다는, 대가를 바라는 제사장이 하듯이 빠세나디 왕의 욕망을 부추기며 그를 위로하여 하늘나라를 약속하지 않았다. 붓다는 있는 그대로의 사실, "대왕이여, 뭇삶은 죽어야 하는 것이고 죽음을 끝으로 하며 죽음을 뛰어넘지 못합니다"라고 말한다. 붓다의 이 말은 빠세나디 왕이나 자신에게 욕망을 여읜 지혜를 일깨운다. 절대권력을 가진 대국의 왕에

게 진실을 말할 수 있다는 것은 상대를 배려하는 용기 있는 자비 없이는 불가능한 일이다. 감동한 빠세나디 왕은 붓다를 극찬하면서 "세존이시여, 놀라운 일입니다. 세존이시여, 일찍이 들어본 적이 없던 일입니다"라고 극찬한다. 붓다의 이 답변만 보면 허무주의적 단멸론을 주장한다고 오해할 수 있다. 그러나 그러한 오해는 역사 사건의 맥락에서 이해하지 않기 때문에 생겨난다.

당시 제사장들은 사람이 죽음을 기회로 삼아 하늘나라를 약속하며 제사를 통해 막대한 부를 누리고 욕망을 충족하는 삶을 영위했다. 그들은 복잡한 천공지 삼계를 동원한 우주적 제단을 쌓는 제사작법을 만들고는, 많은 비용을 들여 그것을 충족시키면 충족시킬수록 영원한 하늘나라에 태어나게 된다고 주장하면서 종교적 권위와 부를 쌓아갔다. 빠세나디 왕은 할머니의 죽음을 놓고 많은 제사장이 권력과 부를 바라며 하늘나라를 약속하는 말을 신물나게 들었을 것이다. 그러나 아무도 진실을 말해주지 않았고 오직 용감하게 진실을 말해준 사람은 역사의 붓다뿐이었다.

붓다는 죽음을 끝으로 보았지만 저 세상을 부정하지는 않았다. "오로지 좋은 일을 해서 내세를 위해 공덕을 쌓으면, 공덕은 저 세상에서, 뭇삶의 의지처가 될 것입니다"라고 말한다. 사랑스러운 할머니가 좋은 일을 했다면 저 세상에서 복락을 누린다고 말할 만한데, 왜 붓다는 그 대신 '뭇삶의 의지처'가 된다고 말했을까. 복락을 누린다는 말은 대가를 바라고 선을 행하는 잘못된 공덕사상을 유포시킬 뿐만 아니라, 축복의 대가를 노리는 제사장의 탐욕스러운 말이 될 수 있다. 욕망을 여읜 지혜에 맞지 않는 말이다. 이처럼 붓다 말씀을 역사 사건속에서 이해하지 않으면, 제사나 공덕이나 선행이나 욕망을 제거한 사유를 깊이 성찰할 수 없고 많은 해석학의 오류를 낳을 수 있다. 그래서 붓다는 인색함[16]이란 경에서 "벼이삭을 모아 아내를 부양하고 조금 있어도 보시하는 사람은 가르침을 실천하네. 천 사람이 십만의 보화로 재를 올려도 그 보시에 비해 전혀 무가치하다. 어떤 사람은 부정하게 살면서 보시하니 상처내고 죽이고 괴롭히니, 그 보시는 눈물과 상처로 얼룩진 것이며, 올바른 보시로서 가치가 없다. 천 사람이 십만의 보화로 재를 올려도 그 보시에 비해 전혀 무가치하네"라고 말한다.

부처님은 기존 종교의 의례가 무용함을 다음과 같이 밝혔다. 아씨반다까뿟따 경[Asibandhakaputtasutta][17]에서 촌장 아씨반다까뿟따는 세존께 이와 같이 말씀드렸다. "세존이신 고타마여, 서쪽 지방에 사는 사제들은 물병을 들고 쎄발라 꽃으로 화환을 두르고[18] 목욕재계하며 불의 신을 섬기는데, 그들은 이미 죽은 사람을 들어올려 이름을 부르고 하늘 나라로 인도합니다.[19] 그런데 세존이시여, 세상에 존경받으시고 거룩하고 올바로 원만히 깨달은 님께서는 모든 세상 사람이 몸이 파괴되고 죽은 뒤에 좋은 곳, 하늘나라로 태어날 수 있게 할 수 있습니까?"라고 질문했다. 부처님의 답변은 다음과 같았다.

그렇다면 촌장이여, 거기에 대하여 내가 그대에게 질문하겠습니다. 옳다고 생각하여 대답해주면 감사하겠습니다. 촌장이여, 그대는 어떻게 생각합니까? 이 세상에 어떤 사람이 살아 있는 생명을 죽이고 주지 않은 것을 빼앗고 사랑을 나눔에 잘못을 범하고 어리석은 거짓말을 하고 이간질하는 말을 하고 욕지거리하는 말을 하고 꾸며대는 말을 하고 탐욕스럽고 성내

---

16 SuHa: SN. I. 18 ; 雜阿含 48권 22(大正 2. 354c, 잡1288) 참조.

17 SN. IV. 311 ; 이 경의 다른 이름은 '서방인[Pacchābhumakā]'이다.

18 sevālamālikā: 아침에 물 속에서 쎄발라꽃이나 청연화를 꺾어서 화환을 만들어 몸에 착용하고 목욕한다.

19 saggaṁ nāma okkāmenti: Srp. III. 104에 따르면, 그들은 '범천 세계로 가자. 범천 세계로 가자(gaccha brahmalokaṁ, gaccha brahmalokaṁ)'고 말하며 하늘 나라로 보낸다.

는 마음을 가지고 삿된 견해에 사로잡혔다면, 그에게 많은 사람이 모여 와서 "몸이 파괴되고 죽은 뒤에 좋은 곳, 하늘나라로 태어날지어다"라고 기도하고 찬탄하고 합장하고 순례한다면, 촌장이여 그대는 그것을 어떻게 생각합니까? 많은 사람이 기도하고 찬탄하고 합장하고 순례했기 때문에 몸이 파괴되고 죽은 뒤에 좋은 곳, 하늘나라에 태어날 수 있습니까? 촌장이여, 예를 들어 한 사람이 커다란 돌을 깊은 호수에 던져 넣었다고 합시다. 많은 사람이 모여 와서 그것을 두고 "커다란 돌이여, 떠올라라. 커다란 돌이여, 떠올라라" 기도하고 찬탄하고 합장하고 순례한다면, 촌장이여 그대는 그것을 어떻게 생각합니까? 많은 사람이 기도하고 합장하고 찬탄하고 순례했기 때문에 그 커다란 돌이 물속에서 떠오르거나 땅 위로 올라올 것입니까?

4. 늙음의 경과 신화적 우상화의 부정

■ 늙음의 경 [Jarāsutta][20]

이와 같이 나는 들었다. 한때 세존은 싸밧티 시의 뿝바라마에 있는 미가라마투 강당에 계셨다. 그때 세존은 저녁 무렵 홀로 명상에 들었다가 일어나 서쪽 양지에 앉아 등을 따뜻하게 하고 계셨다. 마침 존자 아난다가 세존이 계신 곳을 찾았다. 가까이 다가가서 세존께 인사드리고 세존의 두 손과 두 발을 만지며 말씀드렸다.

[아난다] "세존이시여, 아주 놀라운 일입니다. 세존이시여, 예전에 없던 일입니다. 이제 세존의 안색은 청정하거나 고결하지 못하고 사지가 모두 이완되어 주름지고 몸은 앞으로 기울고 시각능력, 청각능력, 후각능력, 미

---

20 SN. V.216.

각능력, 감촉능력의 모든 능력이 변화 조짐을 보입니다."

[세존] "아난다여, 그러하다. 젊더라도 늙게 마련이고 건강하더라도 병들게 마련이고 오래 살더라도 죽게 마련이다. 나의 안색은 청정하거나 고결하지 못하고 사지가 모두 이완되어 주름지고 몸이 앞으로 기울고 시각능력, 청각능력, 후각능력, 미각능력, 감촉능력의 모든 능력이 변화 조짐을 보인다."

이처럼 말씀하시고 올바른 길로 잘 가신 세존께서는 스승으로서 시를 통해 말씀하셨다.

[세존] 부끄러워할지어다, 가련한 늙음이여
추악한 모습을 드러내는 늙음이여
잠시 즐겁게 해주는 사람의 영상 늙어감에 따라 산산히 부서지네.
백 세를 살더라도
결국 죽음을 궁극적인 것으로 할 뿐
아무도 죽음을 피하지 못하니
그것은 모든 것을 부수어버리네.

우리는 태어남이나 죽음을 직접 체험하지 못한다. 자신의 죽음을 결코 의식할 수 없기 때문이다. 그러므로 죽음은 항상 타자의 죽음일 수밖에 없다. 죽음은 타자의 죽음과 자신의 늙음을 통해서 체험되고 추론되는 것이다. 우리 삶에서 무상이 가장 절실하게 느껴지는 것은 자신의 늙음과 마주할 때일 것이다. 여래가 사후에 존재하는지 존재하지 않는지 논쟁하거나, 영원한 붓다를 이야기하는 것은 형이상학적 진술 아니면 신화적 진술이다. 위의 늙음의 경을 살펴보자. 역사의 붓다는 자신의 늙음을 있는 그대로 관찰함으로서 놀라운 무상의 진리를 그대로 보여준다. 붓다가 하루는 서쪽 양지에 앉아 햇볕을 받으며 등을 따뜻하게 하고 계셨다. 그러나 훗날 붓다고사는 이것마저 신화화하여 주석서에

서 불광(佛光)을 발하는 부처님이 태양광(太陽光)을 쐬고 있었던 사실에
관해 다음과 같이 진술한다. "그런데 어떻게 불광이 분쇄되어 태양광
안으로 흡수될 수 있는가. 불가능하다. 그렇다면 무엇이 타오르는가.
빛의 광채다. 정오에 나무 밑 둥그런 그늘에 앉았을 때 어떠한 태양빛
도 신체를 건드리지 못한다. 그러나 모든 방향으로 빛은 퍼진다. 불의
불꽃에 둘러싸인 것과 같다. 이처럼 태양광 속으로 불광이 분쇄되어
흡수될 수 없다. 스승은 빛을 발산하면서 앉아 있다고 알아야 한다. 부
처님은 태양광보다 위대한 영원한 불광을 발하고 있었다."[21]

마침 존자 아난다가 붓다의 두 손과 두 발을 만지며 말했다. "세존이
시여, 아주 놀라운 일입니다. 세존이시여, 예전에 없던 일입니다. 이제
세존의 피부색은 청정하거나 고결하지 못하고 사지가 모두 이완되어
주름지고 몸이 앞으로 기울고 시각능력, 청각능력, 후각능력, 미각능력,
감촉능력의 모든 능력이 변화 조짐을 보입니다." 부처님의 늙음을 있는
그대로 받아들일 수 없었던 붓다고사는 후대에 아난다에게만 유독 붓
다가 늙게 보였다고 변명했다. "나이가 들면 혈관이 늙어 시들고, 관절
은 이완되고 살이 뼈에서 불거져 나와 느슨하게 되어 거기 매달려있다.
그러나 부처님은 그렇지 않았다. 다른 사람에게는 두드러지지 않았다.
면전에서 시봉해 온 아난다에게만 두드러지게 보였다."[22] 역사의 붓다
는 그의 말을 긍정하여 말한다. "부끄러워할지어다, 가련한 늙음이여,
추악한 모습을 드러내는 늙음이여, 잠시 즐겁게 해주는 사람의 영상,
늙어감에 따라 산산이 부서지네. 백세를 살더라도 결국, 죽음을 궁극적
인 것으로 할 뿐, 아무도 죽음을 피하지 못하니, 그것은 모든 것을 부수
어버리네." 우리는 종교의 힘이나 철학의 힘을 빌어 영원히 살 것처럼
이야기한다. 그리고는 욕망을 줄여나가기보다는 내 것을 포기하지 않

---

21 Srp. Ⅲ.243.
22 Srp. Ⅲ.244.

으며 자아를 영속시킨다. 무상을 물리학적 사물의 변화원리로만 이해하면 욕망을 줄여나가는 평화로운 삶에 이르지 못한다. 붓다는 자신의 늙음이라는 사건을 통해 심금을 울리는 무상에 대하여 말한다. 무상은 그것을 깨달으면 영원성이 자기 몸속에서 구현되는 연금술이 아니다.

그러나 이미 아비달마시대에 오면 부처님은 태양광보다 영원한 불광(佛光)의 존재로 신화화되기 시작하고, 대승불교에서는 법신불(法身佛)로 형이상학화해서 영원한 존재로 인격화시켜 비로자나불과 같은 신격을 부여한다.

5. 베쌀리 경과 전지적 예언의 부정

■ 베쌀리 경[23]

이와 같이 나는 들었다. 한때 세존께서 베쌀리 시의 마하 숲에 있는 꾸따가라 강당에 계셨다. 그때 세존께서는 많은 수행승 무리와 함께 부정(不淨)에 관한 다양한 주제를 이야기하시며 부정에 관해 찬탄하시고 부정에 관한 수행을 찬탄하셨다. 그리고 나서 세존께서 수행승들에게 말씀하셨다.

[세존] "수행승들이여, 나는 보름 동안 홀로 지내고 싶다. 음식을 나르는 한 사람을 제외하고 아무도 가까이 와서는 안 된다."

[수행승들] "세존이시여, 알겠습니다."

그 수행승들은 세존께 대답했다. 그리고는 음식을 나르는 한 사람을 제외하고 아무도 가까이 접근하지 않았다. 그리고 그들은 "세존께서는 여러 가지 부정(不淨)에 관한 주제를 말씀하신 후 부정을 찬탄하시고 부정에 대한 수행을 찬탄하셨다"고 결론짓고 다양한 차별 형태를 지닌 부정에

---

23 SN. V.320 ; 雜阿含 29권 13(大正 2. 207b, 잡809) 참조 '不淨의 경(Asubhasutta)'
    이라고도 한다.

대한 수행을 실천하며 지냈다. 그들은 몸을 수치스럽고 부끄럽고 혐오스러워 하여 자결하려 했다. 하루에 열 명의 수행승이 자결하고 하루에 스무 명의 수행승이 자결하고 하루에 서른 명의 수행승이 자결했다. 마침내 세존께서는 보름이 지나 홀로 지내는 명상에서 일어나 존자 아난다에게 말씀하셨다.

[세존] "아난다여, 왜 수행승의 무리가 감소하였는가?"

[아난다] "세존이시여, 세존께서는 수행승의 무리를 위하여 여러 가지 부정에 관한 주제를 말씀하시고 부정을 찬탄하시고 부정에 대한 수행을 찬탄하셨습니다. 그 수행승들은 '세존께서 여러 가지 부정에 관한 주제를 말씀하신 후, 부정을 찬탄하시고 부정에 대한 수행을 찬탄하셨다'라고 결론짓고 다양한 차별 형태를 지닌 부정에 대한 수행을 실천하며 지냈습니다. 그들은 몸을 수치스럽고 부끄럽고 혐오스러워 하여 자결하려 했습니다. 하루에 열 명의 수행승이 자결하고 하루에 스무 명의 수행승이 자결하고 하루에 서른 명의 수행승이 자결했습니다. 세존이시여, 수행승 무리가 궁극적인 앎을 얻도록 다른 방편을 설명해 주시면 좋겠습니다."

[세존] "아난다여, 그렇다면 베쌀리 근처에 사는 모든 수행승을 강당에 모이게 하라."

[아난다] "세존이시여, 그렇게 하겠습니다."

존자 아난다는 세존께 대답하고 베쌀리 근처에 사는 모든 수행승들을 강당에 모이게 하고 세존께서 계신 곳을 찾았다. 가까이 가서 세존께 이와 같이 말씀드렸다.

[아난다] "세존이시여, 수행승 무리가 모였으니 세존께서는 지금이 적당한 때임을 아십시오."

그래서 세존께서는 강당이 있는 곳을 찾았고 가까이 가서 마련된 자리에 앉으셨다. 앉아서 세존께서는 수행승들에게 말씀하셨다.

[세존] "수행승들이여, 호흡새김에 의한 집중을 닦고 호흡새김에 의한

집중을 익히면 고요해지고 수승해지며, 오염되지 않고 지복에 머물며 악하고 건전하지 못한 현상이 생겨날 때마다 즉시 사라지게 하고 그치게 한다. 수행승들이여, 예를 들어 여름의 마지막 달에 먼지가 일어나면 갑자기 나타난 커다란 구름이 그것을 사라지게 하고 그치게 한다. 이와 같이 수행승들이여, 호흡새김에 의한 집중을 닦고 익히면 고요해지고 수승해지며, 오염되지 않고 지복에 머물며 악하고 건전하지 못한 현상이 생겨날 때마다 즉시 사라지게 하고 그치게 한다. 수행승들이여, 어떻게 호흡새김에 의한 집중을 닦고 호흡새김에 의한 집중을 익히면 고요해지고, 수승해지며, 오염되지 않고, 지복에 머물며 악하고 건전하지 못한 현상이 생겨날 때마다 즉시 사라지게 하고 그치게 하는가?

수행승들이여, 이 세상에 수행승은 숲으로 가고 나무 밑으로 가고 빈 집으로 가서 앉아 가부좌를 틀고 몸을 바로 세우고 앞으로 새김을 확립하여 새김을 확립하여 숨을 들이쉬고 새김을 확립하여 숨을 내쉰다.

1) 길게 숨을 들이쉴 때 나는 길게 숨을 들이쉰다고 분명히 알고 길게 숨을 내쉴 때 나는 길게 숨을 내쉰다고 분명히 안다.

2) 짧게 숨을 들이쉴 때 나는 짧게 숨을 들이쉰다고 분명히 알고 짧게 숨을 내쉴 때 나는 짧게 숨을 내쉰다고 분명히 안다.

3) 신체의 전신을 경험하면서 나는 숨을 들이쉰다고 전념하고 신체의 전신을 경험하면서 나는 숨을 내쉰다고 전념한다.

4) 신체의 형성을 그치면서 나는 숨을 들이쉰다고 전념하고 신체의 형성을 멈추면서 나는 숨을 내쉰다고 전념한다.

5) 회열을 경험하면서 나는 숨을 들이쉰다고 전념하고 회열을 경험하면서 나는 숨을 내쉰다고 전념한다.

6) 행복을 경험하면서 나는 숨을 들이쉰다고 전념하고 행복을 경험하면서 나는 숨을 내쉰다고 전념한다.

7) 마음의 형성을 경험하면서 나는 숨을 들이쉰다고 전념하고 마음의

형성을 경험하면서 나는 숨을 내쉰다고 전념한다.

8) 마음의 형성을 그치면서 나는 숨을 들이쉰다고 전념하고 마음의 형성을 멈추면서 나는 숨을 내쉰다고 전념한다.

9) 마음을 경험하면서 나는 숨을 들이쉰다고 전념하고 마음을 경험하면서 나는 숨을 내쉰다고 전념한다.

10) 마음을 기쁘게 하면서 나는 숨을 들이쉰다고 전념하고 마음을 기쁘게 하면서 나는 숨을 내쉰다고 전념한다.

11) 마음을 집중시키면서 나는 숨을 들이쉰다고 전념하고 마음을 집중시키면서 나는 숨을 내쉰다고 전념한다.

12) 마음을 해탈시키면서 나는 숨을 들이쉰다고 전념하고 마음을 해탈시키면서 나는 숨을 내쉰다고 전념한다.

13) 무상함을 관찰하면서 나는 숨을 들이쉰다고 전념하고 무상함을 관찰하면서 나는 숨을 내쉰다고 전념한다.

14) 사라짐을 관찰하면서 나는 숨을 들이쉰다고 전념하고 사라짐을 관찰하면서 나는 숨을 내쉰다고 전념한다.

15) 소멸함을 관찰하면서 나는 숨을 들이쉰다고 전념하고 소멸함을 관찰하면서 나는 숨을 내쉰다고 전념한다.

16) 완전히 버림을 관찰하면서 나는 숨을 들이쉰다고 전념하고 완전히 버림을 관찰하면서 나는 숨을 내쉰다고 전념한다.

수행승들이여, 이와 같이 호흡새김에 의한 집중을 닦고 호흡새김에 의한 집중을 익히면 고요해지고 수승해지며, 오염되지 않고 지복에 머물며 악하고 건전하지 못한 현상이 생겨날 때마다 즉시 사라지게 하고 그치게 한다."

부처님이 발견한 진리인 연기라는 것은 사물의 객관적 법칙이 아니다. 물리학과 수학 명제들은 선험적이고 결정론적인 것에 불과하므로 경험하는 사물의 본질에 대하여는 아무것도 설명해주지 않는다. 경험은 우리 욕망을 전제로 한다. 따라서 연기는 우리 자유의지와 관계되는 욕망과 그 욕망의 깊이를 통찰한 데서 나온다. 욕망이야말로 인과관계의 끈을 묶는 줄이기 때문이다. 그러므로 연기법에 따르면 미래를 예언하는 일은 불가능하다. 예지적 발언이 가능하려면 반드시 조건이 있어야 한다. 붓다의 가르침은 어디까지나 경험에서 나온 것일 수밖에 없다.

위의 베쌀리 경을 보면, 어느 날 붓다는 수행승들에게 부정(不淨)에 관한 다양한 주제로 이야기하시며 부정에 관한 수행을 찬탄했다. 그리고 보름 동안 홀로 명상하러 들어가시며, 음식을 나르는 한 사람을 제외하고는 아무도 가까이 접근하지 못하게 했다. 그런데 수행승들은 자신의 몸이 수치스럽고 부끄럽고 혐오스러워 하루에 열 명의 수행승이 자결하고, 하루에 스무 명의 수행승이 자결하고, 하루에 서른 명의 수행승이 자결했다. 보름 동안 명상을 마치고 밖으로 나와 보니 많은 수행승들이 사라진 것을 발견하신 붓다는 아난다에게 물었다. 아난다가 자초지종을 이야기하자 붓다는 베쌀리 근처에 사는 모든 수행승을 강당에 모이게 해서 부정관 수행을 그만두고 호흡새김이라는 수행을 하도록 수행방법을 바꾸었다. "호흡새김에 대한 집중을 닦고 익히면 고요해지고 수승해지며, 오염되지 않고 지복에 머물며 악하고 건전하지 못한 현상이 생겨날 때마다 즉시 사라지게 하고 그치게 한다"라고 부정관 수행을 호흡명상으로 바꾸었다.

붓다고사는 부처님께서 수행승들과 함께 있기를 마다하고 홀로 보름 동안 칩거한 이유와 제자들의 자결사건에 관해 다음과 같이 설명한다. "예전에 오백 명의 사냥꾼이 토끼, 몽둥이, 그물 따위를 숲에 던져서 기뻐하고 만족하며 오로지 죽을 때까지 금수학살로 생계를 유지했는데 그 후에 지옥에 태어났다. 거기서 괴로움을 겪고 예전에 행한 어떤 선업을 받아 인간으로 태어났는데 그 공덕의 힘으로 모두 세존 앞에 출가하여 구족계를 받았다. 그러나 그들의 근본적 불선한 업이 이 보름 동안 익어 자의나 타의로 목숨을 끊는 경우가 발생했다. 부처님은 그것을 예견했다. 그러나 아무도 업이 익은 것을 막을 수 없다. 이 수행승 가운데는 범부도 있고, 흐름에 든 님, 한 번 돌아오는 님, 돌아오지 않는 님, 번뇌를 여읜 거룩한 님도 있었다. 번뇌를 여읜 님은 다시 태어나지 않지만 다른 성스러운 제자들은 궁극적으로 좋은 곳에 태어난다. 그러나 범부들이 갈 곳은 정해져 있지 않다"[24]고 해석하면서 부처님의 전지성을 옹호한다. 그러나 이 신화화는 초기경전을 제대로 이해하지 못했기 때문에 발생하는 것이다.

부처님이 설한 연기법으로 예언하는 것은 불가능하다. 예언이 가능하다면, 우리는 결정된 세계에서 기계부품으로 사는 셈이기 때문이다. 연기법은 우연론과 결정론 사이에서 우리 자유의지를 반영하는 준인과적 스펙트럼을 갖는다. 부처님이 제자들의 자결을 미처 예측하지 못했다는 것이 오히려 당연한 일이다. 중요한 것은 부작용이 드러날 때 열린 인과관계 속에서 그것을 고쳐나가는 것이다. 이것은 특히 율장에서 계율제정과 관련해서 무수하게 드러난다.

6. 나꿀라삐따 경과 질병치유의 한계인식

■ 나꿀라삐따 경[Nakulapitusutta][25]

이와 같이 나는 들었다. 한때 세존께서 박가 국의 쑹쑤마라기리에 있는 베싸깔라 숲의 미가다야에 계셨다. 그때 장자 나꿀라삐따가 세존이 계신

---

24 Srp. III. 266.
25 SN. III. 1 ; 雜阿含 5권 5(大正 2. 33b, 잡107) 참조.

곳에 찾아왔다. 가까이 다가가서 세존께 인사드리고 한쪽으로 물러앉았다. 한쪽으로 물러앉아 장자 나꿀라삐따는 세존께 이와 같이 말씀드렸다.

[장자] "세존이시여, 저는 늙고 노쇠하고 고령인데다가 만년에 이르러서는 몸에 병이 들어 끊임없이 병고에 시달립니다. 세존이시여, 저는 세존과 존경스러운 수행승들의 모습을 결코 친견할 수도 없습니다. 제가 오랜 세월 안녕과 행복을 누릴 수 있도록 세존이시여, 세존께서는 제게 용기를 불어넣어 주십시오. 세존이시여, 세존께서는 제게 가르침을 베풀어 주십시오."

[세존] "장자여, 참으로 그러하구려. 장자여, 참으로 그러하구려. 장자여, 그대의 몸은 허약하고 낡아버렸습니다. 장자여, 그와 같은 몸을 이끌고 다니면서 잠시라도 건강하다고 자칭한다면 어리석은 자에 지나지 않을 것입니다. 그러므로 장자여, 그대는 '나의 몸은 괴로워하여도 나의 마음은 괴로워하여서는 안 된다'라고 배워야 합니다. 장자여, 그대는 이와 같이 배워야 합니다."

부처님은 육체의 질병을 고치는 의사였는가? 대승불교에는 약사여래경이 있어서 붓다에게 빌면 육체의 질병까지 치유된다는 의사 붓다를 묘사한다. 그러나 역사의 붓다는 결코 타인 육체의 질병을 직접 치유한 적이 없다. 몸을 다스리지 않으면 정신이 몸에 속박되고 정신을 다스리지 않으면 몸이 정신에 속박된다고 말씀하셨다. 그래서 몸과 마음을 잘 새기고 그것에서 욕망이나 탐욕이 일어나는가를 잘 관찰하라고 가르쳤을 뿐이다. 위의 나꿀라삐따 경을 보면, 하루는 늙고 병든 장자 나꿀라삐따가 세존께 찾아와서 하소연했다. "세존이시여, 저는 늙고 노쇠하고 고령인데다가 만년에 이르러서는 몸에 병이 들어 끊임없이 병고에 시달립니다. 세존이시여, 저는 세존과 바른 마음을 깨우쳐주는 수행승들의 모습을 결코 친견할 수도 없습니다. 제가 오랜 세월 안녕과 행복을 누릴 수 있도록 세존이시여, 세존께서는 제게 용기를 불어넣어 주십시오. 세존이시여, 세존께서는 제게 가르침을 베풀어주십시오." 그러자 붓다는 "장자여, 참으로 그러하구나. 장자여, 참으로 그러하구나. 장자여, 그대의 몸은 허약하고 낡아버렸다. 장자여, 그와 같은 몸을 이끌고 다니면서 잠시라도 건강하다고 자칭한다면 어리석은 자에 지나지 않을 것이다. 그러므로 장자여, 그대는 '나의 몸은 병들어도 나의 마음은 병들어서는 안 된다'라고 배워야 한다. 장자여, 그대는 이와 같이 배워야한다"고 말하자 장자는 매우 기뻐하며 붓다의 수제자인 싸리뿟따에게 그 방법을 묻는다. 그리하여 마음이 병든다는 것은 몸이나 마음을 내 것이라고 생각하고 거기 속박되어 변화하는 것에서 고통을 느끼는 것임을 깨닫고, 마음을 건강하게 유지하려면 몸이나 마음이 내 것이 아니라고 자각해야 한다는 가르침을 깨닫고 크게 기뻐했다. 지극히 상식적인 이야기 같지만 우리는 병문안 가서 "빨리 쾌차하길 바란다"라는가 "신의 가호가 있기를" 정도의 욕망을 불러일으키는 인사치레를 할 뿐, 역사의 붓다처럼 명쾌한 병문안을 할 수가 없다. 욕망의 희론에 빠지지 않고 사태를 있는 그대로 인식하고 처방을 내리는 것에서 역사의 붓다가 견지한 진지한 삶의 태도를 볼 수 있다. 가장 신뢰할 만한 경전인 초기경전에 부처님이 타인의 질병을 치유했다는 기록은 어디에도 없다. 부처님의 많은 제자들은 불치의 중병에 걸렸을 때에 대부분 박깔리 경[Vakkalisutta][26]의 법문을 위안으로 삼았다. 박깔리 존자가 중병에 들어 부처님 뵙기를 간청하자, 부처님은 그를 방문하여 "박깔리여, 내 부서져 가는 몸을 보아서 무엇 하느냐? 박깔리여, 진리를 보는 자는 나를 보고 나를 보는 자는 진리를 본다. 박깔리여, 참으로 진리를 보면 나를 보고 나를 보면 진리를 본다"고 충고하며, 그 자리에서 정

---

26 SN. Ⅲ. 119 ; 雜阿含 47권 25(大正 2. 34b, 잡1265) 참조.

신 · 신체적 과정을 의미하는 존재의 다발[五蘊]이 무상하다는 사실을 가르쳤다. 가르침을 듣고 존자 박깔리는 동료수행자에게 산중턱의 검은 바위에 자기 침상을 옮겨달라고 요청한다. 그곳으로 옮겨지자 세존께 "존재의 다발이 무상하다는 것을 저는 의심하지 않습니다. 무상한 것은 괴로운 것이라는 것도 의심하지 않습니다. 무상하고 괴롭고 변화하는 것에 제가 욕망이나 탐욕이나 애착이 없다는 것을 추호도 의심하지 않습니다"라는 유언을 전해달라고 요청한 후 칼로 자결하였다. 앗싸지 경[Assajisutta][27]을 보면 존자 앗싸지도 중병이 들었다. 그는 호흡하는 데 곤란을 느끼고 있었고 잠깐씩만 삼매에 들뿐 삼매를 성취할 수 없다고 고백하자 부처님은 존재의 다발의 무상 · 고 · 무아를 설하고 그것을 여읜 해탈을 설한다. 그리고 마지막으로 "기름과 심지를 조건으로 등불이 켜지면 그 기름과 심지가 다할 때에 자양분이 떨어져 불이 꺼지는 것과 같이, 수행승은 육체가 한계에 왔다고 느끼면 그 느낌을 분명히 안다. 그가 만약 목숨이 한계에 달했다고 느끼면 그 느낌을 분명히 안다. 그는 몸이 파괴되고 목숨이 다한 뒤에는 이 세상에서 느낀 모든 것이 떠오르지 않고 차가워지리라는 것을 분명히 안다"고 설법했다. 앗싸지는 자결하진 않은 듯하나 중병으로 죽은 것은 분명하다. 케마까 경[Khemakasutta][28]은 케마까가 중병에 들었으나 동료 수행승과 법담을 통해 오히려 대승불교의 유마거사처럼 꽃향기 같은 자아라는 설법을 하여 많은 동료 수행자를 해탈의 길로 인도하는 모습을 보여준다. 간병의 경[Gilānadassanasutta][29]에서 찟따 장자는 중병으로 임종할 때, 많은 친지와 신들이 '그대가 서원하면 전륜성왕이 될 것이다'라고 한 유혹을 물리친다. 그리고 '그것 역시 무상한 것이고 그것 역시 불안

---

27 SN. Ⅲ. 124 ; 雜阿含 27권 3(大正 2. 267c, 잡1025) 참조.
28 SN. Ⅲ.128 ; 雜阿含 5권 1(大正 2. 29c, 잡103) 참조.
29 SN. Ⅳ.302 ; 雜阿含 21권(大正 2,. 153a, 잡575) 참조.

한 것이고 그것 역시 버려야 할 것이다'라고 친지들에게 불법승삼보에 대한 믿음과 보시의 공덕을 찬양하고 죽는다. 쭌다 경 [Cundasutta] [30]을 보면 존자 싸리뿟따도 중병으로 죽자 아난다가 당황하는 모습을 살펴볼 수 있다. 부처님은 그에게 "아난다여, 내가 이미 설하지 않았는가? 모든 사랑스럽고 마음에 드는 자와는 헤어지게 되고 떨어지게 되고 이별하게 된다. 아난다여, 왜 그렇게 될 수밖에 없는가? 생겨나고 생성되고 조건지어져 있고 분해되고야 마는 것은 사멸하기 마련이다. 아난다여, 그것은 마치 견실한 커다란 나무에서 큰 가지가 잘려나간 것과 같다. 그와 같이 아난다여, 견실한 위대한 수행승의 승가에서 싸리뿟따는 완전한 열반에 들었다. 아난다여, 왜 그렇게 될 수밖에 없는가? 생겨나고, 생성되고, 조건지어져 있고, 분해되고야 마는 것은 사멸하지 않을 수 없기 때문이다. 아난다여, 그러므로 자신을 섬으로 삼고 자신을 피난처로 삼을 일이며 남을 피난처로 삼지 말라. 가르침을 섬으로 삼고 가르침을 피난처로 삼을 일이며 다른 것을 피난처로 삼지 말라"고 설했다.

그러나 명상에 깊이 들어간 위대한 제자들과 부처님 자신이 가르침을 명상하여 스스로 질병을 끊어버린 간접적이고 특수한 경우가 있기는 하다. 일련의 질병의 경 [gilānasutta] [31]에서 마하 깟싸빠, 마하 목갈라나, 마하 쭌다는 일곱 가지 깨달음의 고리 설법을 듣고 중병에서 일어나 질병을 끊어버렸다, 질병의 경 ③[Tatiyagilāna-sutta] [32]에서 부처님은 제자에게 깨달음을 설법하면서 자신이 중병을 극복하는 모습을 보여준다.

---

30 SN. V.161 ; 雜阿含 24권 34(大正 2. 176b, 잡638) 참조.

31 SN. V.78 ; 이 경과 그 다음 경은 싱할리 Maha Pirit Pota에 守護經으로 포함되어 있다. 스님들이 患者들을 위해서 讀誦하는 경들이다.

32 SN. V.81 ; 增一阿含 33권 6(大正 2. 731a1) 참조.

7. 전사 경과 전쟁합리화의 부정

■ 전사 경[Yodhājīvasutta][33]

한때 전사 마을 촌장이 세존이 계신 곳을 찾았다. 가까이 다가가서 세존과 함께 인사를 나누고 안부를 주고받은 뒤에 한쪽으로 물러앉았다. 한쪽으로 물러앉아 전사마을 촌장은 세존께 말씀드렸다.

[촌장] "세존이신 고타마여, 저는 전사들의 옛 스승의 스승한테 '전사는 전쟁터에서 전력을 다해 싸워야 하는데 전력을 다해 싸우다 적들에게 살해되어 죽임을 당하면, 그는 몸이 파괴되어 죽은 뒤에 환희의 천상에 태어난다'고 전해오는 이야기를 들었습니다. 세존이시여 이것에 대하여 어떻게 말씀하시겠습니까?"

[세존] "촌장이여, 그만두십시오. 내게 그런 질문을 하지 마십시오. 두 번째에도, 세 번째에도…."

[세존] "촌장이여, 분명히 나는 '그만두십시오. 내게 그런 질문을 하지 마십시오'라고 그대의 질문을 허락하지 않았습니다. 그러나 내가 그대에게 설명하겠습니다. 촌장이여, 전사가 전쟁터에서 전력을 다해 싸우면 그 마음은 '이 사람들을 구타하거나 결박하거나 절단하거나 박멸하거나 없애버려야 한다'는 생각 때문에 이미 저열하고 불우하고 사악해졌습니다. 전력을 다해서 싸우는 그 자를 적들이 살해하여 죽인다면, 그는 몸이 파괴되어 죽은 뒤에 환희의 지옥이 있는 곳에 태어납니다. 그런데 만약 '전사는 전쟁터에서 전력을 다해 싸워야 하는데 전력을 다해 싸우다가 적들에게 살해되어 죽임을 당하면, 그는 몸이 파괴되어 죽은 뒤에 환희의 천상에 태어난다'는 견해를 지녔다면, 그것은 잘못된 견해입니다. 촌장이여, 잘못된 견해를 지닌 사람에게는 지옥이나 축생이나 두 가지 길 가운데 하나의

---

33 SN. Ⅳ.308 : 雜阿含 32권(大正 2. 227b, 잡908) 참조.

길이 있다고 나는 말합니다."

이렇게 말씀하시자 전사마을 촌장은 통곡하며 눈물을 흘렸다.

[세존] "그래서 촌장이여, 나는 '그만두십시오. 내게 그런 질문을 하지 마십시오'라고 그대의 질문을 허락하지 않았습니다."

[촌장] "세존이시여, 저는 세존께서 그와 같이 말씀하신 것에 슬퍼하여 통곡한 것이 아닙니다. 세존이시여, 저는 전사들의 옛 스승의 스승한테 '전사는 전쟁터에서 전력을 다해 싸워야 하는데 전력을 다해 싸우다가 적들에게 살해되어 죽임을 당하면, 그는 몸이 파괴되어 죽은 뒤에 환희라는 천상에 태어난다'고 오랜 세월 동안 속아 살고 기만당하고 현혹되었기 때문입니다."

부처님 당시의 인도사회에서는 전사계급과 사제계급인 바라문이 결탁했다. 사제들은 제사를 통해 전사들이 전쟁에서 보호받고 죽은 후 하늘나라에 태어나서 영원한 생명을 누린다고 보장해주었고, 그 대가로 왕족들은 새로운 영토를 정복하면 그 영토 일부를 바라문에게 주었다. 그러면서 제사는 점점 복잡하고 거대해졌다. 제사는 천계, 공계, 지계가 동원되어 우주적 규모로 발전하였고, 각각 500마리 소, 말, 염소 등의 희생제물을 학살하는 대규모 희생제로 발전하였다.[34] 이 상황에서 전사마을 촌장은 오늘로 치면 기갑부대 장군이랄 수 있다. 그런데 그에게 전쟁을 수행하는 장군으로서 갖는 신화적 신념이 잘못되었다고 지적하는 것은 매우 어려운 일이다. 따라서 부처님은 주저하며 즉각 가르침을 설하지 않는다. 세 번이나 신중하게 그가 청한 답변을 거절한다.

그러나 거듭된 장군의 간청이 가르침을 받아들일 준비가 되었음을 시사하자 마침내 "전사는 전쟁터에서 전력을 다해 싸워야 하는데 전력

---

34 SN. I. 75 ; 雜阿含 46권 13(大正 2. 338a, 잡1234) 참조.

을 다해 싸우다가 적들에게 살해되어 죽임을 당하면, 그는 몸이 파괴되어 죽은 뒤에 환희라는 천상에 태어난다"고 철석같이 믿는 장군에게 "촌장이여, 전사가 전쟁터에서 전력을 다해 싸우면 그의 마음은 '이 사람들을 구타하거나 결박하거나 절단하거나 박멸하거나 없애버려야 한다'는 생각 때문에 저열하고 나쁘고 사악한 곳으로 향합니다. 전력을 다해 싸우는 그 자를 적들이 살해하여 죽인다면, 그는 몸이 파괴되어 죽은 뒤에 환희라는 지옥이 있는 곳에 태어납니다"라고 진실을 전한다. 신화에 대해 탈신화적 대답, 즉 구타, 결박, 절단, 박멸이라는 저열한 생각이 그의 운명을 저열한 곳으로 향하게 한다고 설한 것이다. 부처님의 이 신중하면서도 용감한 태도는 오늘날 성직자들에게 거의 기대할 수 없는 것이다. 역사의 부처님한테서 전쟁을 합리화하는 태도는 찾아볼 수 없다. 그러나 후대에 와서 특히 대승불교는 살생유택이나 호국사상이나 화엄사상으로 기존제도를 합리화하고 전쟁의 불가피성을 인정하는데, 이것은 전사의 신념에 두 번이나 침묵을 한 부처님의 태도에서 기원했을 수 있다. 그러나 그것은 복잡하고 불가사의한 연기관계에 대한 심오한 통찰이 주는 침묵의 한계를 벗어나 있다.

8. 역사의 붓다와 있는 그대로의 앎과 봄

붓다의 관점에서 보면 신화화의 언저리에는 미세한 물질계에 대한 욕망이 자리를 잡고 있다. 앞에서 살펴보았듯이 할머니의 경에서 빠세나디 왕은 거대한 제사를 통해서 할머니가 천상계에서 영원히 살기를 바랐다. 전사의 경에서도 전사들이 전쟁에서 용감히 싸우는 이유는 죽어서 환희의 천상계에 태어나기 위해서였다. 그러나 천상계에 태어난다고 하더라도 미세한 물질계에 대한 욕망에 매인 상태이기 때문에 윤회의 고통에서 벗어나는 것은 불가능하다. 역사의 붓다는 단호하게 '뭇삶은 죽어야 하는 것이고 죽음을 끝으로 하는 것이고 죽음을 뛰어넘지 못한다'라고 선언한다. 그리고 신중하게 '전장에서 전력을 다해 싸우다가 적에게 살해되어 죽으면, 지옥에 태어난다'라고 선언한다. 역사의 붓다는 있는 그대로의 앎과 봄만이 욕망의 희론을 벗어나고 윤회의 고통을 벗어나는 바른 길임을 인식하고 있었다. 그것이 천상계에 태어나는 것의 한계를 극복하고 불사(不死)의 열반에 이르는 길이었던 것이다.

늙음의 경에서 역사의 붓다는 자신을 영원한 불광(佛光)을 우주에 비추는 존재로 기술하는 신화화를 거부한다. 자신을 영원할 것 같은 천상계의 존재로 결코 묘사하지 않았다. 후대의 붓다 제자들이 신격화한 것이다. 붓다가 신이 되었다면, 천상계에 있는 존재로서 역시 미세한 물질계에 대한 욕망에 매인 상태이기 때문에 그도 윤회의 고통에서 벗어나는 것은 불가능하다. 그는 늙어가는 자신을 대신 이와 같이 "부끄러워할지어다. 가련한 늙음이여, 추악한 모습을 드러내는 늙음이여! 잠시 즐겁게 해주는 사람의 영상, 늙어감에 따라 산산히 부서지네. 백세를 살더라도 죽음을 궁극으로 할 뿐, 아무도 죽음을 피하지 못하니, 그것은 모든 것을 부수어버리네"라고 분석적으로 묘사하였다. 그의 제자 아난다도 붓다를 이와 같이 "세존의 안색은 청정하거나 고결하지 못하고 사지가 이완되고 주름지고 몸은 앞으로 기울고 시각능력, 청각능력, 후각능력, 미각능력, 감촉능력의 모든 능력의 변화의 조짐을 보입니다"라고 분석적으로 묘사하고 있다. 이것이 늙음에 대한 '있는 그대로의 앎과 봄'이다.

있는 그대로의 사실은 심오한 연기(緣起)의 법칙에 따라 움직인다. 베쌀리 경에서 붓다의 전지적 예언의 불가능성을 노정한 것은 전지성 자체가 연기라고 하는 인과법칙에 맞지 않기 때문이다. 연기의 법칙은 결정론과 우연론을 잘못된 견해로 배격하는 중도적인 원리이다. 전지적 예언이 가능하려면 모든 것은 태초부터 결정되어 있어야만 한다. 나꿀라삐따 경에서 붓다가 질병치유의 한계를 긍정한 것도 이러한 전지적 결정론의 불가능에 입각해 있는 것이다. 역사의 붓다의 한계의 긍정은 인간적인 무지의 긍정이 아니라 심오한 연기의 법칙에 대한 있는 그대로의 앎과 봄에 근거하고 있다.

초기불교의 자비사상

곽상훈

(전 가톨릭대학교 조교수)

1. 들어가는 글

대승불교권에 속한 우리나라 불교계에서는 '대자대비하신 부처님'이란 말을 흔히 사용한다. 만약 붓다[1]를 형용하는 말로 '지혜로우신'이 아니라 '자비하신'을 사용한다면, 그것은 불교가 자비의 종교임을 시사하는 것이다. 보살사상을 토대로 나타난 대승불교는 자비심을 표방하기 때문에 '대자대비하신 부처님'이라는 말이 전혀 어색하지 않다. 그러나 초기불교의 경우는 다르다. 초기불교는 자비의 종교라기보다는 지혜의 종교라고 해야 한다. 고(苦)의 극복이 고타마 싯다르타의 출가·수행의 목표였고, 수행 끝에 연기의 이법을 깨달아 그 목표를 성취했기 때문이

---

1 불교는 Buddha, 즉 正覺者로부터 시작되었다. 正覺者라는 명칭은 불교의 목표가 무엇인가를 보여준다. 깨달은 자인 正覺者는 佛陀, 붓다, 부처, 佛 등 여러 가지로 불린다. 여기서는 붓다라고 부를 것이다.

다. 초기불교의 최고 목표인 열반에 이르는 문을 여는 열쇠는 자비에 있지 않고 지혜에 맡겨져 있다. 그렇다고 해서 자비가 지혜보다 열등하다는 말은 아니다. 지혜와 자비는 우열을 가릴 수 있는 개념이 아니다. 다만 선후를 말할 수 있다. 지혜가 앞서고 자비는 그 뒤를 따른다. 그러나 자비가 앞서는 법은 없다. 늘 지혜가 앞서며, 자비는 지혜의 인도 속에서 자비가 된다. 그러므로 초기불교의 자비를 '지혜의 자비'라고 불러도 무방하리라 본다.

이 글에서는 초기불교 경전에 나타나는 자비사상을 고찰하고자 한다. 우선 초기불교에서 사용한 자비 개념을 개관한 후 고타마 붓다의 생애와 교설에 나타나는 자비를 살피고자 한다.

2. 자비 개념

일반적으로 자비는 자기 자신과 남과의 관계를 나타내는 말이다. 그 남이란 인간이기도 하며 넓게는 살아 있는 모든 것이기도 하다. 통상 이 같은 관계에는 '사랑'이라는 말이 더 많이 쓰인다. 부모의 자식에 대한 애정, 남녀 간 사랑, 친구 간 우정, 이웃 간 정, 살아 있는 모든 것에 대한 사랑 등인데, 초기불교에서는 이런 경우라도 사랑이라는 말을 쓰기 꺼린다. 십이연기설(十二緣起說)에서 보듯이 사랑은 근원적 욕망인 渴愛이고 애착이어서 고통의 뿌리인 번뇌의 뜻으로 사용되는 경우가 많다.

초기불교에서 사랑이라는 말은 쓰임새가 매우 다양하지만 대부분 부정적 의미로 사용되고 있다는 것을 주목할 필요가 있다. 『담마파다(Dhammapāda)』의 「愛好品(Piyavagga)」에서는 초기불교에서 사랑의 의미를 갖는 말들을 열거하는데, piya, pema, rati, kāma, taṇhā 등이다.[2]

여기서 piya(愛好)는 자기와 친척·혈족에 대한 애정이고, pema(親愛)는 우정이며, rati(欲樂)는 특정인에 국한되는 사랑으로 연애감정을 말하고, kāma(淫慾)는 성적 사랑을, taṇhā(愛欲)란 맹목적 사랑인 집착을 뜻한다. 초기불교는 세 가지 근본번뇌인 탐(貪)·진(瞋)·치(癡)의 삼독(三毒)을 말한다. 여기서 치(癡)가 뿌리라면 탐(貪)은 그 소산인 줄기나 가지라 부를 수 있다. 어리석음에서 탐욕이 솟아나기 때문이다. 그리고 이 탐욕이 사람을 대상으로 할 때 애욕으로 나타나는 법이다. 누구에게나 잠재되어 있을 애욕은 각자 인생에 활력을 불어넣는 힘으로 작용할 수 있겠지만, 곧잘 수렁에 빠뜨리는 요소로도 작용한다. 이렇듯이 초기불교에서 사랑은 부정적이고 좋지 않은 이미지를 갖는다. 사랑이라는 감정 밑바닥에 맹목적 집착이 숨어 있다고 보기 때문이다.

초기불교에서는 애욕으로 변질될 수 있는 사랑을 경계한다. 애정을 가진 당사자들은 그것을 진실한 사랑으로 여기겠지만, 그것은 쉽게 갈애로 변질된다. 소유하고자 하는 집착이 작용하기 때문이다. 그러다가 배반이나 냉대의 느낌이 들 경우는 격렬한 증오와 미움으로 바뀌어 복수하고자 하는 마음을 낳기 일쑤다. 이것은 인간관계에서 쉽게 볼 수 있는 현상이다. '나'와 가깝다고 생각되는 이들에게는 극도로 집착하고, '나'에게서 멀어진 사람에게는 미움의 감정을 품는 관계의 뿌리에는 맹목적 집착이 있기 마련이다.

그러나 이러한 사랑의 감정이란 자연적이고 본능적인 것이며, 어떻게 보면 생명의 본원적 힘이라 해도 좋을 것이다.[3] 따라서 그 작용도 분방하고 거칠기 마련이다. 이 본원적 사랑의 힘은 사람이 사람답게 되고 인격의 완성을 위해서 조정하고 지양시키고 확대할 필요가 있

---

2 *Dhammapāda*(이하 Dh.) vs.212~216.

3 Fumio Masutani, *A Comparative Study of Buddhism and Christianity*(Tokyo: CIIB Press, 1962), p.168.

다. 먼 옛날부터 오늘에 이르기까지 종교나 도덕으로 일컬어지는 것들은 항상 그런 노력을 해왔다.[4] 초기불교는 이런 본능적 사랑을 지양하여 모든 사람과 일체 생명을 향한 자비로 순화시키고 확대하라고 가르쳤다.

자비라는 말은 '어여삐 여김', '불쌍히 여김'이라는 뜻으로 쓰이곤 한다. 지금은 한 단어로 사용하지만 본래 자(慈)와 비(悲)라는 서로 다른 의미를 지닌 두 말의 합성어다. 우선 자(慈)는 팔리어 mettā의 번역어다. 이 말은 어원상 '벗', '친한 것'을 뜻하는 mitra라고 하는 말에서 나왔고 진실한 우정, 순수한 친애의 마음을 뜻한다. 비(悲)는 karuṇā의 역어로, 인도 일반에서는 애민(哀愍)·동정·친절·가엾게 여김·인정을 의미한다. 신음(呻吟)을 뜻하기도 한다. 남이 괴로워서 신음하는 모양을 보면 누구나 가엾은 생각을 하게 되는데, 이 공감이 바로 비(悲)의 내용이다.

자(慈)와 비(悲)의 이 개념은 후대에 "즐거움을 주고 고통은 뿌리 뽑는다"(與樂拔苦)로 정리되었다. 이는 남에게 좋게 해주려고 하는 원의를 두 가지 면에서 분석한 것이지만, 실제 사용할 때는 명확하게 구별하지 않는다.

3. 고타마 붓다의 생애에 나타나는 자비

고타마 붓다의 생애, 특히 정각 후 45년에 걸친 삶은 자비의 생애라 부를 수 있다. 그의 정각체험(正覺體驗)은 자비의 샘이며 원천이었다. 자비스런 대중교화를 가능하게 했던 근원이 바로 정각(正覺)이었기 때

---

4 *Ibid.*, p.170.

문이다. 정각은 청년 고타마 싯다르타의 고민을 일소해주었고, 중생들을 고뇌와 비애로부터 구제하기 위해 길을 나설 수 있게 해주었다. 따라서 붓다의 출가(出家)가 정각의 계기가 되는 셈이기 때문에 출가 자체를 '중생을 위한 자비의 출가'로 해석할 수도 있을 것이며, 불교사 안에는 실제 그런 해석이 존재해왔다.[5]

그러나 엄밀히 말한다면 고타마 싯다르타의 출가는 자기 자신의 문제를 해결하기 위한 출가였지, 중생 구제를 위한 출가가 아니었다. 그는 자애 넘친 아버지와 새어머니의 간곡한 만류와 뜨거운 사랑, 아리따운 아내와 새로 태어난 아들에게로 쏠리는 말할 수 없는 연민의 마음, 뼈와 살을 저미는 듯 쓰리고 아픈 그 모든 것에 등을 돌리고 가정이라는 테두리에서 훌쩍 뛰쳐나와 버렸다. 떨치기 어려운 가정을 포기한데에는 다른 사람들이 쉽게 이해할 수 없는 절실한 이유가 있었음에 틀림없다. 성불한 뒤에 고타마 붓다는 그 이유를 제자들에게 이렇게 담담하게 들려주었다.

나는 병듦이 없고, 가장 안온한 열반을 추구했다. … 늙음이 없고 죽음이 없으며 근심·걱정·번뇌가 없고, 지저분함이 없는 가장 안온한 열반을 추구했다.[6]

---

5 예를 들면 인도의 馬鳴菩薩(Aśvaghoṣa)의 『佛所行讚』 권15 〔『大正新修大藏經』 (이하 大正藏) 4, 10中〕에는 싯다르타의 出家 동기를 '吾今欲出遊 爲度苦衆生' 라고 전해준다. "고통에 빠진 중생을 구제하기 위해 出家한다"는 것이다. 저명한 불교학자인 David J. Kalupahana & Indrani Kalupahana의 『싯다르타의 길』(재연 역, 숨, 2000년, 114쪽)에 의하면 싯다르타는 出家가 지극히 이기적이라면서 이를 만류하는 아버지에게 "아닙니다. 아버지! 저의 出家가 제 자신만을 위한 것이라고 생각지 않습니다. 제가 고심하는 문제는 바로 아버지의 고뇌며, 이 세상 모든 사람의 고뇌가 아닙니까? 제가 해탈의 길을 발견한다면 그것은 제 자신뿐만 아니라 고뇌하는 모든 사람을 위한 것이 될 것입니다"라고 반박하였다.

여기서 잘 볼 수 있듯이 붓다가 출가를 감행한 것은 노병사와 근심걱정과 번뇌로 가득하며 모순에 찬 인생의 고통을 벗어나기 위함이었고, 수행의 길로 나선 것은 늙음과 병듦과 죽음이 없고 근심·걱정·번뇌와 지저분하고 더러움이 없는 더없이 안온한 최상의 행복을 얻기 위함이었다.

이상에서 보았듯이 그의 출가가 처음부터 자비의 실천이었던 것은 아니다.[7] 그것은 이타행(利他行)이라기보다는 자리행(自利行)이었다. 그렇다면 고타마 붓다의 이타행은 언제부터 나타나는 것일까? 정각 후일까? 정각 후 45년에 걸친 생애가 대중교화에 바쳐졌기 때문에 정각이 그 계기였다고 볼 수도 있다. 정각으로 이전의 모든 고민을 일소한 고타마 붓다가 중생들을 고뇌와 비애로부터 구제하기 위해 길을 나섰기 때문이다. 그러나 정각을 이룬 붓다가 곧장 중생 구제의 길을 떠나지 않았다는 사실은 우리를 고민하게 만든다. 고타마 붓다는 기이하게도 정각 후 곧바로 대중교화에 나서지 않고 한동안 정각의 자리에 머물러 대중교화 여부를 놓고 고민하였다. 그 전후사정을 알아보자.

붓다는 정각 후 우루벨라의 네란자라강 기슭의 핍팔라(pippala) 나무 아래 결가부좌한 채로 이레 동안 법열을 맛보았고, 몇 주 동안 연기법을 관하고 여러 가지를 사유했다고 한다. 사유 내용 중에는 공경할 대상에 대한 것도 있었다. 그는 불안(佛眼)으로 공경할 만한 사람을 찾아보았으나 자신보다 뛰어난 지혜를 가진 사람이 없음을 알고 포기했다. 그리고는 붓다를 자각(自覺)하게 하여 등정각(等正覺)을 이루게 했던 법, 곧 진리에 의지하며 살기로 결심했다.[8]

세상에서 사람에게 의지하지 않고 법에 의지하며 산다는 것은 자내

---

6 『中阿含經』권 제56(『대정장』 1, 777상).

7 해주, 『불교교리강좌』(불광출판사, 1996), 27쪽.

8 『雜阿含經』권44(『대정장』 2, 321하~322상).

증(自內證)으로 머물고 있는 법을 객관적으로 표현하여 누군가에게 공명을 일으키고 전수하는 전도(傳導)의 문제, 설법의 문제를 암시하는 것이다. 그런데도 경전에 의하면 기이하게 붓다는 설법하고자 하는 의지가 약했다. 그는 주저했다.

> 고생 끝에 겨우겨우 얻은 이것을
> 어이 또 남들에게 설해야 되랴.
> 오, 탐욕과 노여움으로 불타는 사람과 어리석은 이가
> 이 법을 알기란 쉽지 않아라.
> 생사를 뒤엎은 그것
> 심심 미묘하니 이해하기 매우 어려워라.
> 욕탐에 매이고 소견이 없으며
> 어리석음과 어둠으로 몸이 뒤덮인 자에게는.[9]

붓다가 설법 문제를 놓고 몹시 주저했음이 명백히 드러난다. 붓다가 설법을 주저했던 이유는 "사람들이 과연 심오한 연기법을 이해할 수 있을까?"하는 우려 때문이라고 되어 있다. 알아듣지도 못할 사람들에게 설법하길 주저하는 것은 어찌 보면 당연한 일이다. 무지몽매한 이들에게 진리를 전하는 과정에서 자신의 에너지만 탕진하는 결과를 가져올 수도 있다. 붓다의 주저는 한편으로 공감을 가져올 수 있는 것이기는 하지만 다른 편으로는 일종의 위기인 것이 분명하다. 그의 깨달음이 아무리 훌륭한 것이라 하더라도 그 내용이 사람들에게 전수되지 않는다면, 그것은 붓다의 입멸과 더불어 세상에서 사라져버릴 것이기 때문이다.

---

9 『四分律』 권32(『대정장』 22, 787상).

물론 애초에 그가 출가·수행에 나선 것은 열반을 얻기 위한 것이었다. 그 목표를 달성했기 때문에 그가 설법을 하지 않고 벽지불(辟支佛)로 머문다 하더라도 그 누구도 그에게 뭐라 말할 수는 없을 것이다. 그런데 그때 붓다의 내면에서 중생을 제도해야 한다는 자비의 음성이 울리기 시작했다고 경전은 전해준다. 그 내용이 범천권청(梵天勸請)의 설화에 담겨 있다.[10] 범천은 중생이 법을 듣지 못한다면 영원히 법안(法眼)을 잃고 법의 유자(遺子)가 될 것이라고 하면서 설법을 청했다.[11] 붓다는 불안(佛眼)으로 세상을 둘러보았다. 그리고 그 안에 근기가 뛰어난 중생이 있음을 발견하고 그들을 불쌍히 여겨 범천의 권청을 받아들여 설법할 것을 결심한 후 다음 게송으로 범천에게 답했다고 한다.

범천이 지금 와서 권하니 여래는 법문을 열겠노라.
듣는 자는 돈독한 신심을 얻어 깊은 법요(法要)를 분별하라.[12]

설화문학 형식을 빌어 붓다와 범천의 대화를 전해주는 이 경문에 의하면, 붓다는 보리수 아래서 열반의 법열을 혼자 누린 것이 아니었다. 그는 중생을 위해 깊이 사색했던 것이다. 무명의 어두움에 휩싸여 인생의 진실을 모르는 중생들에게 자신이 깨달은 진리를 어떻게 일러줄 것이며, 어떻게 그들을 고통의 삶에서 밝은 삶으로 이끌어낼 것인가, 어떠한 방법으로 그들을 일깨울 것인가 하는 등의 문제들을 보리수 아래 정각(正覺)의 자리에서 깊이 사색했다. 그리고 확신이 서자 결연히 중생제도를 위해 자리를 떨치고 일어났다.

---

10 梵天은 만유의 근원이라는 梵, 즉 브라만(Brahman)을 인격화한 인도의 신이다. 그가 불교에 섞여 들어와서 敎法守護의 신으로서 경전에 나타난다.
11 『增壹阿含經』 권10(『대정장』 1, 593중).
12 Ibid., 593중.

중생 구제에 나선 붓다는 초전법륜(初轉法輪)을 통해 다섯 고행자를 제자로 받아들인 후 머지않아 61명에 이르는 제자들을 거느리게 되었다. 붓다는 전도 사명을 부여하여 그들을 떠나보냄으로써 자신이 깨달은 진리를 세상에 펴고자 결심했다. 그는 그들을 모아놓고 다음과 같이 선언했다.

나는 이미 인천(人天)의 모든 속박에서 벗어났다. 그대들 또한 인천의 속박에서 자유롭게 되었다. 그러므로 많은 사람의 이익을 위하고 많은 사람들의 안락을 위하여, 그리고 세상에서 구하는 미래의 이익과 안락을 위하여 가도록 하라. 다른 마을로 갈 때 혼자 가고, 두 사람이 한 곳으로 가는 일이 없도록 하라. 그대들은 많은 사람을 애민(哀愍)하고 섭수(攝受)하여 이치에 맞게 잘 알아들을 수 있도록 설법(說法)하라. 나도 우루벨라의 병장촌으로 가서 설법·교화하겠다.[13]

여기서 특히 주목할 점은 자비로운 붓다의 생애에서 자비와 관련된 표현이 이곳 전도 선언에 이르러 처음 나타난다는 사실이다. 경전은 출가나 수행, 그리고 정각이나 초전법륜에 대해서까지도 중생제도(衆生濟度)와 결부시키는 표현을 전혀 쓰지 않았다. 그러다가 전도 선언에 이르러서야 '많은 사람들의 구제(救濟)와 이익(利益), 인천(人天)의 안락(安樂)을 위하여'라는 말을 처음으로 사용한다. 생각해보면 붓다 입에서 이런 선언이 나오기까지 실로 적지 않은 시간이 걸렸다. 이것은 붓다 개인의 생애에서나, 불교적으로도 무척 중요하다. 중생을 향한 자비행, 이타행이 붓다 입을 통해 처음으로 아주 구체적인 표현으로 드러나기 때문이다.

---

13 『佛本行集經』 권39(『대정장』 3, 835하~836상).

그런데 더욱 흥미로운 것은 전도 선언 직후 악마의 출현이다. 붓다가 61명의 제자들을 여러 지방으로 보내어 법을 전하도록 한 뒤에 바로 악마 파순이 출현하여 붓다에게 도전했다.

그때 악마 파순이 게송으로 세존에게 말을 걸었다. "그대는 하늘의 세간, 일체의 모든 사슬에 크게 속박되어 있다. 사문이여, 그대는 이를 면할 수 없으리라." 이에 세존도 역시 게송으로 답하였다. "나는 하늘과 세간의 일체 모든 사슬에서 벗어났다. 나는 지금 이미 너에게 승리를 거두었다."[14]

이 대목에서 중생을 구제하려는 붓다의 자비와 이를 막으려는 악마의 도전이 충돌한다. 붓다가 깨달은 진리는 뭇 유정의 이익과 행복을 위해 널리 전해져야 하는데, 악마는 이것이 이루어지지 못하도록 방해하고자 했다. 초기경전에서 악마 파순은 인간 외부의 객체적 존재가 아니라, 오온(五蘊)이 작용해서 생겨나는 내재적 방해물이다. 그것은 고래의 악마 개념을 빌어 인간 안에 도사린 갈등과 마음의 성향을 표현한 것이다.[15] 대중설법은 전도 선언이 이루어진 뒤에도 붓다가 한동안 주저해야 할 만큼 중대 문제였던 듯하다. 모든 굴레와 구속을 떨쳐버리고 대자유를 성취한 마당에서 그것이 새로운 굴레며 구속일 수 있다는 생각이 불현듯 스쳐지나갔던 것일지도 모른다. 또는 붓다가 지닌 마음의 소극적인 면이 잠시 고개를 쳐든 것일 수도 있다. 어떻든 간에 붓다는 한동안의 주저와 망설임을 털어내고 단호한 확신으로 응대했다. 중생에 대한 애민, 즉 자비심으로 이런 주저를 떨치고 일어섰다. 자비심은 깨달은 이로 하여금 자리(自利)를 넘어서 이타(利他)로 나아가게 했다.

---

14 『四分律』권32(『대장경』 22, 792하~793상).

15 Rogers J. Carless, *The Vision of Buddhism*(New York: Paragon House, 1989), p.166.

그대, 야차는 마땅히 알아야 하느니라.

지혜를 지닌 자는 중생을 불쌍히 여기지 않을 수 없도다.

불쌍히 여기기 때문에 교화하지 않을 수 없는 것.

모든 중생을 불쌍히 여김이 진리의 본질인 것이다.[16]

지혜를 지닌 자가 중생을 위해 가르침을 설해 미혹을 제거하고 정각을 얻어 열반에 이르게 하는 것은 자비에 토대를 둔 중요 활동이다. 붓다 생애에서 드러나는 것은 출가 수행자란 세간에 등을 돌린 것이 아니라 세상을 진실로 사랑하기 위해 출가한 사람이라는 사실이다. 중생의 고뇌와 비애에 대한 연민과 공감이 마음에 가득할 때 자비심은 자연스럽게 자비행으로 나타난다. 이렇게 시작된 중생 구제는 장장 45년에 걸친 위대한 자비행으로 이어졌는데, 붓다의 삶은 충분히 발전된 사회의식을 보여준다고 해도 과언이 아니다.

붓다는 권력자들과 어울렸고 비천한 사람들 곁을 떠나지 않았다. 그는 빔비사라와 코살라의 파세나디 같은 국왕들과 함께 활동하였다. 그는 아나타핀디카와 같은 부유한 자본가와도 교제하였다. 그의 문하에는 비사카, 케마, 웁팔라반나와 같은 귀부인들도 있었다. 그렇다고 그에게 이러한 교제가 앙굴리말라와 같은 강도, 수니타와 같은 청소부, 암바팔리·파타차라·순다리와 같은 매춘부 등과 친분을 맺는 데 방해가 되는 것은 아니었다. 그는 병자를 보살피고 버림받은 자를 구제하였으며, 약자를 위로하고 불행한 자에게 행복을 가져다주었다. 그는 사회를 회피하지 않고 끊임없이 변화하는 사람들의 모임 속에서 마지막 순간까지 그들과 더불어 살았다.[17]

---

16 『雜阿含經』 권 제39(『대정장』 2, 288하).

17 W. S. Karunatatne, *Wesak Number 1965*(Colombo: Department of Cultural

4. 고타마 붓다의 가르침에 나타난 자비

붓다 생애에서 알 수 있는 것은 붓다의 동선(動線)이 자리행(自利行)에서 이타행(利他行)으로 옮아갔다는 사실이다. 붓다는 자신의 문제를 해결하기 위해 출가했지만, 문제를 해결한 후에는 중생을 구제하기 위해 중생 안으로 움직여 들어갔다. 붓다의 가르침은 정각 체험에서 나온 것이기에 당연히 붓다 생애에서 확인한 동선과 맥을 같이한다. 자비와 관련한 붓다의 교설은 자기 추구에서 시작하여 자아를 넘어 이타에로 나아간다. 그러나 사실 그것은 자리(自利)와 이타(利他)를 굳이 구별할 필요가 없는 자비다. 자리이타(自利利他)의 자비이기 때문이다.

1) 자기 추구

붓다의 자비사상은 지극히 평범한 사실에서 출발한다. 자기자신이 무엇보다 소중하다는 것이다. 그래서 자기 추구가 그 첫걸음이 된다. 자기 추구에는 자기를 사랑스럽게 여기는 것, 즉 자기애(自己愛)가 전제된다. 쌍윳타니카야(Saṃyuttanikāya: 집아함경에 상응하는 남불교 상좌부 경전)에는 파세나디왕 일화가 전해진다.

어느 날 왕과 왕비가 함께 사위성의 높은 다락에 올랐다. 눈앞에 펼쳐진 일대 장관을 보면서 왕이 갑자기 왕비에게 물었다. "말리카여, 이 넓은 세상 속에서 그대는 그대 자신보다 사랑스럽다고 생각하는 것이 있소?" 왕비는 골똘히 생각에 잠긴 모습으로 말하였다. "왕이시여, 저에게는 이 세상에서 자기 자신보다 사랑스럽다고 생각되는 것은 없습니다. 왕께서는

Affairs, 1965), p.4 ; 재인용 Piyasena Dissanayake, *Political Thought of the Buddha* (Sri Lanka, 1977), pp.37~38.

어떠하십니까?" "말리카여, 나도 그런 생각이 드오."[18]

인간은 누구라도 무엇보다 자기 자신을 사랑한다. 비록 '나는 나 자신을 사랑한다'고 명백히 말하지 않을망정 인간이 자기 자신을 사랑하는 것은 틀림없는 사실이다. 여기에 에고의 진상이 잘 나타나 있다. 그런데 왕은 이러한 결론에 확신이 서지 않았다. 평소 붓다가 가르친 것과 차이가 있는 듯이 생각되었기 때문이다. 그래서 왕은 급히 기원정사의 붓다를 찾아가 가르침을 청했다. 붓다는 왕과 왕비의 대화를 듣고 그들이 도달한 결론을 수긍하였다. 붓다는 '더 없이 사랑스러운 자기'라는 그들 견해에 공감을 표했다.

자기를 사랑하는 데는 여러 가지 방식이 있기 마련이다. 초기불교는 그 모든 방법을 긍정하지는 않는다. 범부는 욕심에 이끌려 감각적 쾌락에 빠져 살면서도 그것이 자기를 사랑하는 것이라고 생각하기 때문이다. 그것은 자기를 사랑하는 것이 아니다. 오히려 자기를 망치는 것이다.

어리석어 지혜가 없는 사람은 자기를 적과 같이 대한다.[19]

어리석은 중생이라도 자기를 사랑할 것이다. 그러나 그의 자기 사랑은 자기를 지키는 방식이 아니라 자기를 해치는 방식으로 나타난다. 그것은 엄밀히 말하면 자기를 사랑하는 것이 아니라 자기를 적대시하고 해치는 것이다. 모름지기 진실한 자기 사랑이란 자기를 지키는 것이어야 한다. 초기불교에서는 진실로 자기를 사랑하려면 자기를 잘 지켜야 한다고 가르친다. '자기를 지킴'과 관련하여 역시 파세나디왕의 일화가 전해지고 있다.

---

18 *Saṃyuttanikāya*. I, p.75.
19 *Dhammapāda*. vs.66.

코살라 왕 파세나디는 붓다에게 귀의한 뒤 종종 자기 생각을 붓다에게 피력하고 붓다의 판단을 경청하곤 했다. 어느 날 그는 붓다를 방문하여 자기 생각을 밝혔다. "세존이시여, 나는 홀로 앉아 고요히 생각하다가 이런 생각을 했습니다. 도대체 진실로 자기를 지킨다는 것은 무엇일까? 또 자기를 지키지 않는다는 것은 무엇일까? 그리하여 저는 이렇게 결론지었습니다. 어떤 사람이 몸으로 악한 짓을 하며, 말로 악한 짓을 하고, 또 마음에서 악한 짓을 하면, 그것은 자기를 지키는 것이 아닙니다. 그러나 만약 몸으로 착한 행위를 하고, 말에 있어서 착한 행위를 하며, 또 마음에서 착한 행위를 한다면, 그것은 자기를 지키는 것입니다." 붓다는 왕의 견해를 듣고 깊이 수긍하면서 말했다. "대왕이여, 정말로 그러합니다. 누구라도 신(身)·구(口)·의(意)에 의해 악행을 짓는 사람은 진실로 자기를 지키는 것이 아닙니다. 그가 코끼리·말·수레·보병으로 자신을 지킨다고 말해도 그것은 자신을 지키는 것이 아닙니다. 비록 밖은 지켜도 안쪽은 지키지 못하기 때문입니다. 대왕이여, 신·구·의에서 선행을 짓는 사람이야말로 진실로 자기를 지키는 사람입니다. 그가 비록 코끼리·말·수레·보병으로 자신을 지키지 않아도 자신을 잘 지키는 것입니다. 자기 내면을 지키는 것이 자신을 잘 지키는 것이기 때문입니다." 그리고 붓다는 그 뜻을 다음 게송으로 나타내 보였다. "신·구·의에서 모든 업(業)을 잘 지키고 부끄러워하며 자신을 방어하는 것이 진정으로 자신을 수호하는 것이로다."[20]

이 경문의 가르침을 보면, 자기를 잘 지키는 것은 바로 자기를 사랑하는 것이다. 악행을 하지 않고 보배창고를 지키듯이 자신을 잘 보호하는 것이야말로 자신을 사랑하는 길이다. 감각의 유혹으로부터 자신을

---

20 『雜阿含經』 권 제46(『대정장』 2, 336상~중).

지키면서 자신을 잘 제어하여 성숙한 인격을 완성해 가는 것보다 더 큰 자기 사랑은 없을 것이다. 이것이야말로 진실한 자기 사랑이다.

2) 불해(不害)의 정신

붓다는 파세나디 왕과 말리카 왕후가 내렸던 결론인 '더없이 사랑스러운 자기'를 긍정했다. 인간이 지닌 현상적 이기성을 인정하고 난 뒤, 붓다는 그와 꼭 같이 다른 사람들에게도 자기가 더없이 소중하다고 가르쳤다.

> 사람은 어디라도 갈 수가 있다.
> 하지만 어디를 향하더라도,
> 사람은 자기 자신보다 더 사랑스러운 것을 발견할 수는 없다.
> 그와 마찬가지로
> 다른 사람들에게도 자기 자신은 더없이 사랑스럽다.
> 그러므로 자기 자신의 사랑스러움을 아는 사람은
> 다른 사람을 해쳐서는 안 된다.

여기서 붓다가 가르치는 것은 명백하다. 자신을 진실로 사랑하고 지키는 사람이라면, 자기 자신보다 더 사랑스러운 것이 세상에 없음을 아는 사람이라면, 마땅히 다른 사람들도 자기 자신을 사랑하고 자신을 지키고 싶어함을 알아서 그들을 해치지 말고 지켜주어야 한다는 것이다. 바로 여기에 아힘사(ahiṃsā), 즉 불해의 덕목이 나타난다.

이제 자기애에서 시작한 자비의 걸음은 '남을 해치지 않음'이라는 소박한 형태의 자비에 이르렀다. 사람은 자기를 더없이 사랑하기 때문에, 자기에 비추어보아 남도 자기 자신을 더없이 사랑함을 알고 그의 자기를 보호해주고 사랑해야 한다. 나에게 견주어 남을 생각하고 행동한다는 것은 서로 입장을 바꾸어놓고 보는 것이다.

불해(不害)의 정신은 자타(自他)의 입장을 이성으로 전환시켜 볼 때 생겨난다. 내가 나에게 소중하듯이 남에게도 각기 자기가 소중할 것이라는 생각에서 이 덕목이 생겨난다. 인간에게는 명예, 생활의 풍요, 가족의 건강 같이 소중한 것들이 있다. 그러나 그 어떤 것도 자신의 생명보다는 소중하지 않다. 살고 싶다고 하는 것이 인간의 기본적이고 강렬한 소망이며, 죽고 싶지 않다는 것이 인간 최대의 비원(悲願)일 것이다. 이런 자신의 비원을 남에게까지 확장시킨 것, 그것이 바로 불해(不害) 또는 불살생(不殺生)의 정신인 것이다. 생명을 살해하지 않는다는 것은 인간 자신의 존엄성을 모든 중생에게까지 확대 적용한 결과 나타나는 덕이다.[21] 생명은 사실 인간, 동물, 곤충을 망라하여 식물까지 포함한다.[22]

생명 있는 것을 (손수) 해쳐서는 안 된다. 또 (남을 시켜) 죽여서도 안 된다.
그리고 남들이 살해하는 것을 묵인해도 안 된다. 세상에서 난폭한 것을
겁내는 모든 생물한테서 폭력을 거두라.[23]

이런 정신에 따라서 불제자(佛弟子)는 살생 원인이 되는 행위, 특히 폭력을 거부해야 한다. 그리고 생명체 살생을 인정하는 행위를 해서도 안 된다. 불해(不害)라는 표현은 본래 소극적 느낌을 주는 말이다. '해하다', '죽인다'는 의미의 hiṃsā에 a라는 부정사를 붙여서 '해치지 않는다'라는 뜻으로 만들었기 때문이다. 그러나 불해는 적극적 의미도 갖는

---

21 전재성 편역, 『붓다의 가르침과 八正道』(서울: 한국빠알리성전협회, 2002),
    p.99.
22 식물은 제 몫을 다할 수 있는 의식이 결여되어 있으므로 제외할 수 있다.
23 *Suttanipāta*, vs.394.

다. 그것은 가해 행위의 금지만이 아니라 모두에게 자비를 베풀어야 한다는 의미도 들어있다.[24] Dīghanikāya의 『사문과경』에는 붓다가 마가다 국왕 아자타삿투에게 비구에 대하여 다음과 같이 설하였다고 기술되어 있다.

대왕이여, 여기에 비구는 살생을 버리고 살생을 떠났으며, 막대기를 버리고 칼을 버리고, 부끄러워하는 마음을 지니고 자애의 마음을 지녀 목숨을 갖고 살아가는 일체를 유익하게 하며 연민의 마음을 지니고 머뭅니다. 이것이 비구가 지켜야 할 계(戒)의 일부입니다.[25]

여기서 주의해야 할 것은 불살생계(不殺生戒)를 설하고는 있지만 '죽이지 말라'는 금지 표현을 사용하지 않는다는 점이다. 비구는 살생을 금지당하는 것이 아니라 스스로 결의하여 "살생을 버리고 살생을 떠나는 것이다." 살생하는 것에 부끄러운 마음을 지니고, 나아가 생명을 갖고 살아가는 일체의 것에 자비의 마음을 지닐 때, 생명을 갖고 살아가는 것을 죽여서는 안 된다는 결의가 생겨난다.

3) 자아 극복

자기 자신과 남의 입장을 바꿔놓고 생각하며 남을 나에 견주어 생각하고 행동하는 것은 자신과 남을 평등하게 보는 데서 비롯하며, 자비는 바로 여기서 출발한다. 그런데 자기를 사랑하고 소중히 여긴다면 남도 소중하게 여기라는 말에서 자신과 남이 '자기'를 매개로 연결되고 있음에 주목할 필요가 있다.

---

24 사다티사, 조용길 역, 『根本佛教倫理』(서울: 불광출판사, 1994), p.117.
25 *Dīghanikāya* I, p.63.

자기를 지키는 자는 남의 자기도 지킨다. 그러므로 자기를 지켜라. 그러한 사람은 언제나 해를 받지 않고 현자다.[26]

자기를 지키는 것은 결코 자신의 자아만을 만족시키는 데 그치지 않는다. 그것은 남의 자기를 지키는 것과 연결된다. 그러나 실천면에서 그것은 용이한 일이 아니다. 자신을 사랑스럽게 생각한다는 것은 결국 자아를 표현하는 한 가지 방법이다. 자기에게 불리하지 않다면 어느 정도 남에게 자비를 베풀 수 있다. 그러나 어떤 이유로든지 자신에게 불이익이 생길 경우라면 남에게 자비를 무한히 베풀 수 없을 것이다. 그렇다면 자기를 사랑하기 때문에 남을 사랑하라는 말에는 이미 한계가 포함되어 있다. 자아란 아무리 억제시킨다고 해도 자아일 뿐이다. 그렇다면 이런 자아가 있는 한 참된 자비의 작용은 가능하지 않다고 해야 할 것이다.

여기서 분명히 드러나는 것은 넘어서야 할 자기가 있다는 사실이다. 그 자기는 범부(凡夫)의 일상적 자기로서 항상 타락할 가능성을 지닌 자기다. 무지와 사견(邪見)에 사로잡혀 올바르지 못하고 진실하지 못한 자기며 악덕과 번뇌에 휩싸인 자기다. 제어되어 이상적인 자아로 실현되어가야 하는 자기다.

초기불교에 의하면 인간에게 고통이 끝없이 반복되는 가장 큰 원인은 '나'라고 하는 관념에 집착하기 때문이다. 이 근본적 집착이 다른 여러 가지 집착과 편견을 낳는다. 범부는 '나'와 가깝다고 생각되는 사람에게는 지나칠 만큼 친근감과 애착을 보이고, '나'의 행복에 위협이 될 만한 사람은 멀리하고 피하려 한다. 그 사람이 누구인가에 따라서 대하는 자세가 극단으로 달라진다. 매우 심한 편견이다. 이런 심적 자

---

26 Aṅguttaranikāya III, p.373.

세는 다른 사람들은 물론 자신에게도 괴로움을 가져온다. 이러한 편견을 넘어서지 못한다면 진정한 자비심이 생겨날 수 없다. 어느 정도 자비심을 느낀다 하더라도, 그 자비심이 철저한 평등심에 바탕을 둔 것이 아니라면 여전히 편견이 남아 있다.

문제 해결은 자아 집착을 벗어버리는 데 있다. 모든 존재는 서로 의지하고 서로 관계하기 때문에 존립이 가능하다. 어느 것 하나도 다른 것과 관계없이는 독립(獨立)·독존(獨存)할 수 없다. 내가 있기 위해서는 남이 있어야 하며, 이것이 있으려면 저것이 있어야 한다. 이것이 바로 연기(緣起)의 의미다. 연기의 이법은 동시에 자비의 이치이기도 하다. 서로의 존재가 서로의 생존에 관여하기 때문이다. 그러므로 나를 사랑하는 것은 결국 남을 사랑하는 일이 된다. 여기에서 나와 남 사이의 차별 없는 평등한 마음이 나온다. 이것은 사람과 사람만의 관계가 아니라 모든 생명으로 확대될 수 있다.

붓다가 유훈으로 남긴 '자등명 법등명(自燈明法燈明)'이란 가르침이 시사하듯이 이상적 자기는 등불과 같고 바다의 섬 같다. 초기불교의 실천·수행이란 현실적이고 일상적인 자기가 이상적 자기로 바뀌어가는 인간형성의 길로서, 이상을 향한 인간 자신의 주체적이고 적극적인 노력을 전제로 한다.

4) 自利와 利他

붓다의 생애와 가르침에서 우리는 초기불교 특유의 사실을 한 가지 발견할 수 있다. 그것은 자비행 앞에 자리행이 놓인다는 사실이다. 붓다는 정각 후에도 즉시 설법·전도에 나서지 않았다. 아니 나설 수가 없었다. 깨달음의 내용이 연기법이고, 연기란 다른 이들과의 관련성을 핵심으로 하는 만큼, 정각자(正覺者) 붓다는 응당 다른 이들에게 자신이 깨친 진리를 전해야 한다. 그런데 설법 문제가 의식 안에 떠올랐을 때 조차도 붓다는 주저했다. 자신이 깨달은 진리가 너무나 어려운 것이어서 지혜로운 자 아니면 알아들을 수 없다고 생각했기 때문이다. 이런 주저를 밀어낸 것이 바로 자비심이다. 자신의 깨달음을 바탕으로 중생들을 위해 적절한 교설을 마련한 붓다는 초전법륜(初轉法輪)에 나섰다. 그리고 제자들에게도 섣불리 전도에 나서지 못하게 하고 자신의 가르침에 따라 해탈했는지 확인한 뒤에야 파견하여 본격적인 전도에 나서게 했다. 붓다의 이런 태도는 전체적으로 보아 설법·전도라는 자비행에 앞서 반드시 자기 해결·자기 확립이 이루어져야 한다는 초기불교 특유의 입장을 보여주는 것이라 하겠다.

자비에 관한 붓다의 가르침 역시 그러하다. 불교의 자비는 남에게서 출발하지 않는다. 자기한테서 출발한다. 사람은 누구나 자기를 사랑한다. 이것을 무시할 수 없다. 그러나 사람은 자기의 사랑스러움에만 머물러서는 안 된다. 자기가 사랑스럽듯이 모든 생명이 자기를 소중하게 여김을 알고 해치지 말아야 하며 더 나아가 남의 자기를 적극 보호해주고 사랑해주어야 한다. 아울러 그들 역시 나처럼 고통 속에서 괴로워하는 존재임을 알고 그 괴로움을 해결하기 위해 노력해야 한다. 그렇지만 진정한 자비에 이르기 위해서는 '나'라는 자아의식에서 벗어나야 한다. 자아에 대한 집착이 해소되어 나와 남의 대립이 사라질 때, 그때 자비심이 솟아날 것은 당연하다. 이렇게 자기가 극복될 때에야 자기는 자기 자신에게 섬이 되고 귀의처가 된다. 붓다의 자비스런 가르침은 모든 중생에게 참다운 귀의처를 찾도록 이끌어주는 것이다.

붓다의 길에서는 자기 문제 해결, 자기 확립, 지혜를 통한 눈뜸이 앞선다는 사실을 이 고찰에서 명백하게 볼 수 있다. 하지만 이것이 지혜의 우월함을 의미하는 것은 아니다. 아무 사심 없이 자비행으로 남을 구하기 위해서는 자기 확립이 반드시 선행해야 함을 말해줄 뿐이다.

전도자의 개안(開眼)은 중대한 문제다. 만약 진리에 눈뜨지 못한 사람이 남의 손을 잡아 길을 인도하려 한다면 소경이 소경을 인도하듯이 둘 다 함정에 빠질 것은 뻔하다.

자기 문제 해결을 먼저 추구하는 수행은 철저히 자리적(自利的)으로 보인다. 붓다가 그러하였듯이 사람은 자기 자신의 문제에 당면해서는 문제해결을 위해 자신에게만 힘쓰고 자신의 깊은 곳에 침잠하게 된다. 그러나 자기 침잠의 심층에서는 당연히 모든 사람과 연결될 수밖에 없다. 인간은 외적으로 사회적 존재이며 삶의 방식은 천차만별이다. 그러나 일단 인간 심층에 들어가 바라보면, 인간은 너나할 것 없이 생로병사의 굴레 속에서 괴로워하며 죽음의 공포 앞에서 벌벌 떠는 가련한 존재일 뿐이다. 이것에 눈뜰 때 외적 차별은 의미가 없다. 사람은 그런 면에서 다 같은 운명에 놓여 있고 자타가 다르지 않다. 자기만이 아니라 인간 모두를 관통하는 고통을 자각하는 데서 이타적 자비심이 솟구치게 된다.

자리와 이타, 지혜와 자비는 붓다라는 한 인물 속에 나타나는 서로 다른 두 모습이다. 자신의 고뇌를 해결하기 위해 출가한 붓다가 최고 지혜를 성취하여 본래 목적에 이른 것과 최고 지혜를 얻은 붓다가 중생을 위하여 자신의 지혜를 설한 것은 붓다의 두 얼굴이다.[27] 여기서도 분명 자리(自利)를 앞세우지만, 자리가 이타(利他)보다 우월하다는 말은 아니다. 자리와 이타는 경중이나 우열을 따질 성질의 것이 아니며 선후, 표리관계에서 서로 결합된다. 주지하듯이 붓다의 출가가 처음부터 자비 실천이었던 것은 아니다. 붓다는 자기 자신의 문제해결을 위해 출가했다. 그러나 정각을 이룬 뒤, 붓다는 깨달은 진리를 섬기고 그 진리에 봉사하면서 살 수밖에 없음을 느끼고 전도하기로 결단했던 것이

---

27 해주, 앞의 책. p.27.

다. 자신이 깨달은 진리를 중생에게 전하여 일체 중생도 같은 깨달음을 얻어 해탈케 하고자 했다. 일단 확신을 가지고 전도를 위해 떠나라고 제자들에게 말했을 때, 거기에 나타난 전도 정신은 일체 제한을 넘어서 모든 생류(生類)에게 미치는 것이었다. 붓다는 모든 생명의 이익과 행복을 위하여 중생 속에 몸을 던져 열반에 들 때까지 45년간 지속해서 사람들을 교화했다.

5) 자비 함양

붓다의 삶과 가르침에서도 드러나듯이 초기불교에서는 자기 문제 해결, 자기 확립이라는 자리행이 대중교화라는 이타행 앞에 놓인다. 즉, 지혜가 자비에 선행한다. 그렇다면 불교는 '지혜 종교'라고 보아야 할 것이다. 초기불교의 목표인 열반의 문을 여는 것은 자비가 아닌 지혜다. 그리고 자비란 열반의 절정이라는 특성을 지닌다.[28]

그러나 붓다의 뒤를 잇는 불제자들에게는 사정이 좀 다르다. 붓다는 그들에게 자비심을 닦는 수행법을 제시했다. 물론 그들이 도달하고자 하는 목표는 해탈이며 열반이기 때문에 자비심을 닦는 수행법인 자비관(慈悲觀)은 열반에 도달하는 수단이 된다. 그리고 여기서 말하는 자비관이란 관법(觀法)의 하나로서 어떤 구체적 행위가 아니라 정신적 행위, 태도, 지향을 의미한다.[29] 자(慈)·비(悲)·희(喜)·사(捨)를 닦는 사무량심(四無量心)이 바로 그것이다. 이것은 중생을 대하는 마음과 그 존재방식을 명상 가운데서 닦는 것이다.

최초기 불교에서는 주로 자(慈)를 강조했고, 이어서 자(慈)와 비(悲)가

---

28 E. A. Burtt, *The Teachings of the Compassionate Buddha*(New York: A Mentor Religious Classic, 1960), p.46.

29 Michael Carrithers, *The Buddha*(Oxford: Oxford University Press, 1983), p.89.

병칭되었으며, 그 다음 단계에서 희사(喜捨)가 첨가되어 자비희사(慈悲喜捨)라는 사무량심이 확립되었기 때문에, 여기서는 그 순서에 따라 자비 함양을 고찰하겠다.

(1) 자(慈)의 수습
초기불교의 자비사상을 알기 위해 Suttanipāta 내의 Mettā-sutta(『慈經』)를 살피지 않으면 안 된다. 이는 최초기 불교에서 가르친 자(慈)를 여러 측면에서 말하며, 자(慈)의 사상을 파악하는 데 근간이 되는 경전이라 하겠다.

가르침을 잘 이해한 사람이
적정구(寂靜句)를 현관(現觀)해서 할 일은 다음과 같다.
유능·솔직하고 단정하라.
좋은 말을 하고 유화(柔和)하고 과만(過慢)하지 말라.

족한 것을 알고 과욕(寡慾)하고
잡스러운 일에 매이지 않고 간소하게 살아가며,
제근(諸根)이 적정(寂靜)하여 총명하고 오만하지 말 것이며,
단월(檀越)의 집에 가서 탐심을 따라가지 말라.

또 식자(識者)의 비난을 살만한 잡스런 짓을 하지 말라.
(오직 이런 자비심을 닦을지니)
일체의 유정(有情)에게
행복과 안온과 복지 있으라고.

다만 어떤 생물·생류라도,

두려움에 떠는 자거나, 깨달아 안정된 자거나
키가 크거나, 또는 그 몸이 비대하거나
중간쯤 되거나 작거나 미세하거나 거대하거나

눈에 보이거나, 보이지 않거나
멀리 있거나, 가까이 있거나
이미 태어났거나, 또는 앞으로 태어날 것이거나
일체 유정에게 행복 있으라고.

서로 남을 기만하지 말며
어디 누구라도 천시하지 말라.
괴롭힘을 당했다고 해서, 분한 생각으로
남을 고통에 빠뜨리려고 하지 말라.

마치 어머니가 그 외아들을
자기 목숨을 걸고 지켜 가는 것처럼
일체 생류에 대해서도
무량한 뜻을 수습(修習)하라.

또한 참으로 일체 세간에 대해서
무량한 자(慈)의 뜻을 마땅히 수습해야 한다.
위아래로, 또 사방에 걸쳐
장애와 원한이 없고 적의가 없는 자비를 닦아라.

서 있을 때나 길을 갈 때나 앉을 때나 누울 때나
깊은 잠에 빠져 있지 않는 한

이 생각에 머물러 있으라.

이는 범주(梵住)라 이름하느니라.

모든 삿된 견해를 따르지 말고,

계(戒)를 갖추고 사리에 밝은 자는

모든 탐욕을 조복(調伏)해서

결코 다시는 모태에 들어가지 않을 것이다.[30]

이 경에서 먼저 주목해야 할 것은 경의 전체 구성이다. 이 경의 주제는 자비다. 그럼에도 불구하고 이 경은 자비로부터 설하지 않고 자기 수행에서 시작한다.

"적정구(寂靜句)를 현관해서 할 일은 다음과 같다"라고 말한다. 적정구는 해탈의 경지, 평안의 경지, 자유의 경지로서 말할 것도 없이 열반을 일컫는다.[31] 열반, 즉 자유의 경지에 이르기 위해서는 할 일이 있다는 것이다. 그가 해야 할 것은 유능함 · 솔직함 · 단정함 · 좋은 말을 할 것 · 유화할 것 · 거만하지 말 것 · 적은 욕망 등이다. 이는 결국 자기 제어, 자기 확립과 다른 것이 아니다. 아무 사심 없이 자비행으로 남을 구제하기 위해서는 자기 확립이 반드시 선행되어야 한다. 붓다의 길을 따라가고자 하는 사람은 먼저 자기를 향하여 나아가지 않으면 안 된다. 자기를 향하고 자기를 체관(諦觀)하고 자신을 교정하지 않으면 안 된다.[32]

---

30 *Suttanipāta*. vs.143~152.

31 『經集』, 南傳大藏經 24, 55쪽.

32 운하 만드는 기술자들은 물을 인도하고, 화살 만드는 기술자들은 화살을 곧게 하고, 목수들은 나무를 조정한다. 그렇게 현자는 자기를 조정한다(Dhammapāda. vs.145).

자경(慈經)은 자기 수행에 대해 언급한 뒤에 모든 생명에 대한 자(慈)의 수습(修習)을 말한다. 자(慈)는 단적으로 말하면 순화된 사랑으로서 자식에 대한 부모의 사랑 속에서 가장 현저하게 드러난다. 이 세상에서 어떤 극진한 사랑도 어머니가 자식에게 베푸는 사랑에 비할 것이 없다. 그 사랑은 어떤 조건이나 이해타산이 없는 순수하고 무조건적이며 몰아적인 사랑이다. 자경에서도 어머니가 자기 신명을 잊고 외아들을 사랑하는 것과 같은 심정으로, 일체 생명에 대해 무량한 뜻을 수습하라고 가르친다. 자비는 일체 모든 생명을 향하는 것이어야 한다. 일체 유정(有情)에 대해서 자(慈)의 마음을 갖는 것에는 아무리 미물일지라도 괴롭히거나 폭력을 행하지 않는 것이 당연히 포함된다.

　자경(慈經)은 이 자념(慈念)을 방일함 없이 행주좌와(行住坐臥)할 때 행하라고 권고한다. 일거수일투족을 그냥 행하는 것이 아니라 자(慈)의 마음을 가지고 각성된 상태에서 행하니, 이는 곧 내면이 탐욕을 떠나고 진에(瞋恚)를 억눌러 밖으로는 일체 생류(生類)에게 자념(慈念)을 갖는 것이다. 그러기에 이 경지를 범주(梵住)라 부른다.

　자심(慈心)을 갖는 것은 손쉬운 일이라고 생각할 수 있다. 불쌍한 사람을 불쌍히 여기고, 측은히 여길 만한 사람을 측은히 여기는 것은 그다지 어려움이 없어 보인다. 그리고 자기를 잘 지키고 사랑하는 것이 남을 사랑하는 것이라 했으니, 그대로 하면 될 것이다. 사실 자비로운 마음은 우리 본성 속에 존재한다. 자식을 사랑하고 부모를 봉양하며, 남에게 슬픈 일이 생길 때 같이 눈물 흘리고, 그런 자애롭고 슬퍼하는 마음을 널리 인간과 모든 생명체에게 넓혀 나갈 때, 그것이 자비인 것이다.

　그러나 그 자심(慈心)을 확대해 나아가려고 하면 온갖 번뇌가 방해한다. 붓다에게 줄곧 나타났던 악마 파순이 그것을 보여준다. 이기심, 탐욕, 분노와 악의, 무지, 당파심 같은 편협한 사랑도 그것을 방해한다.

이같이 방해하는 요소들을 하나하나 제어하고 수련해나갈 때, 자비 본연의 순수한 사랑으로 되어간다. 자비 수행을 가르치면서 붓다가 기발한 비유를 든 것이 있다. '칠수검(七手劍)의 비유'다.

> 어떤 사람에게 칼날이 무척 예리한 칠수검이 있다고 하자. 어떤 건강한 사람이 찾아와서 "내가 능히 손과 주먹으로 당신 검을 부러뜨리겠다"고 말한다면, 비구들이여, 그런 일이 가능하겠는가?" 세존이시여, 가능하지 않습니다. 만약 그가 그렇게 하려고 하면 자기만 힘들 것입니다." "비구들이여, 그것과 마찬가지로 그대들이 일체중생을 향해 자심을 닦는다면, 악귀들이 와서 단점을 찾아내려 해도 마음대로 하지 못할 것이고 그들만 다치게 될 것이다.[33]

이 비유의 핵심은 자심(慈心)의 강인함이다. 아무리 강한 사람도 칼날이 예리한 칠수검을 부러뜨릴 수 없듯이, 일체중생을 향한 자심을 닦는다면 악귀들도 그 사람을 어쩌지 못한다. 붓다 자신이 성도 시에 겪었던 마군(魔軍)과의 일대격돌을 회상하면서 이 비유를 들었을 것 같다. 모든 중생을 향한 자심을 부지런히 키워가라는 붓다의 권고라 하겠다.
　붓다 자신은 자심(慈心)을 풍부하게 지녔고, 그것을 모든 생명에게로 향하게 했다. 그는 동물의 희생을 싫어했고, 초목에게까지 자비를 느꼈다. 자심(慈心)은 물론 붓다의 본질적 특성이지만, 어느 선을 넘지는 않았다. 붓다 스스로 이것을 조절하여 자기 연민에 빠지지 않게 했다. 정신적 균형과 정서적 안정은 그에게 가장 중요한 일이었고, 수행을 통해 자기 본성의 일부로 삼았다.[34]
　깨달은 자기에게서 나오는 삶의 원리인 자심(慈心)이야말로 붓다가

---

33 『雜阿含經』 권 제47, 『대정장』2, 344하.
34 H. W. Schumann, *The Historical Buddha*(Arkana Penguin, 1989), p.203.

인류에게 보여준 길이다. 붓다에게 자심(慈心)은 정각(正覺)을 향한 수행이기보다는 붓다의 정각 체험에서 나오는 것으로 보인다. 그리고 이것이 자경(慈經)에서 해탈·열반을 위한 관법으로 제자들에게 제시되었다고 본다.

(2) 비(悲)를 갖춤

비(悲)라는 표현은 경전에서 찾아보기 쉽지 않다. Suttanipāta vs.73에 단 한 번 나오는데, 그것도 단독으로 쓰이지 않고 자비희사(慈悲喜捨) 형태로 보인다.

> 자와 비와 희와 사와 해탈을 때때로 익히고 세상을 등지는 일 없이 무소의 뿔처럼 오직 혼자서 걸어가라.

붓다 생애에서 드러났듯이 처음 붓다의 길은 자기 자신에게 전념하고 자기의 심오(深奧)를 향해 침잠해 가는 방식이므로 냉정해 보이고 다른 인간에게 등을 돌리고 있는 듯이 보인다. 그러나 역설적이지만 사람은 자기의 내적 심층에 침잠했을 때에야 비로소 다른 사람을 이해할 수 있게 된다. 정각 후 붓다 자신은 이미 고통에서 벗어나 대자유를 누리지만, 다른 많은 사람들은 예전의 자기가 그랬듯이 고통의 짐을 지면서도 그것을 스스로 느끼지 못하고 하루하루 살아간다. 그들 처지가 예전의 자기와 크게 다르지 않다는 것을 알게 된 다음 붓다는 그들에게 큰 연민을 느꼈다. 동고동비(同苦同悲)라는 말은 바로 이런 것을 말하는데, 붓다의 설법 곳곳에는 중생들의 삶의 방식을 안타깝게 여기는 마음이 배어 있다.

외적 조건이나 상황에서 볼 때 인간은 무척 다양하다. 그러나 일단 인간 내면에 들어가 보면, 인간이란 누구나 할 것 없이 생로병사의 고뇌를 겪고, 특히 죽음의 공포 앞에서 벌벌 떠는 불쌍한 존재일 따름이다. 이런 점에서 외적 차별은 별 의미가 없다. 사람은 고뇌와 비애라는 면에서 다 같은 운명에 놓여있다고 보아야 하며 자타(自他)가 다름이 없다. 인간은 자기와 다름없는 괴로움을 겪는 다른 사람들을 의식하게 될 때, 자기 안에서 비심(悲心)이 솟아남을 느낀다. 특히 깨달은 자의 경우 중생이 겪고 있는 괴로움을 보고도 못 본 체 하는 것은 본분에 맞지 않는다. 지혜의 성자는 중생을 불쌍히 여기지 않을 수 없기에 괴로움을 벗어나는 길을 그들에게 제시해준다. 이것이 붓다가 전도에 나설 때의 근본적 마음이었다.

이것은 또한 모든 유정(有情)에게 이익과 안락을 주는 것이므로, 비는 자와 자연스럽게 결합되어 그 적극적인 면과 소극적인 면을 구비하게 되었다. 후대에 자(慈)는 '사람들에게 이익과 안락을 가져다주겠다고 바라는 것'(與樂)으로, 비(悲)는 '사람들한테서 불이익과 고통을 제거하고자 바라는 것'(拔苦)으로 해석되었다.

(3) 사무량심(四無量心) 갖기

사무량심은 수행자가 지니는 네 가지 마음 상태에 대해 말한 것이다. 이는 다른 사람에 대한 태도를 규정한 것으로서 자(慈)·비(悲)·희(喜)·사(捨) 등의 마음을 발전시키는 것이 그 목표다.

근본경전은 사무량심의 내용을 설명하지는 않으나 그 명칭과 수행법을 소개한다. 우선 명칭을 보자. 사무량심은 사범당(四梵堂)으로 불린다.[35] 사무량심 수행을 사범당으로 부르는 이유는 출가 수행자가 사무량심을 닦아 범천(梵天)에 태어난다고 믿기 때문이다.[36] 수행자로서 욕계천(欲界天)을 지나 무욕의 땅에 머물고 싶은 자는 방편을 구해 이 사

---

35 『長阿含經』권 제8(『대정장』1, 50하).
36 같은 책, p.100중.

범당을 수행해야 한다.[37] 그 수행법은 다음과 같다.

아난아, 나는 이전에 너를 위해 사무량심을 설명하였다. 비구는 마음이
자(慈)와 함께 하여 일방(一方)에 두루 차서 성취하여 노닐고, 이와 같이
이(二)・삼(三)・사방(四方)・사유(四維)・상하(上下) 일체에 두루 미쳐서
마음은 자(慈)와 함께 하여 맺힘도 없고 원한도 없으며 성냄도 없고 다툼
도 없어, 지극히 광대하고 무량하게 잘 닦아 일체 세간에 두루 차서 노닌
다. 이와 같이 비・희도 그러하며 마음이 사와 함께 하여 맺힘도 없고 원
한도 없으며 성냄도 없고 다툼도 없어, 지극히 광대하고 무량하게 잘 닦아
일체세간에 두루 차서 노닌다.[38]

이 내용에서 알 수 있듯이 사무량심이란 어떤 구체적 행위가 아니라
선정 수행이다. 『장아함경』에서는 사무량심을 붓다가 설한 다양한 수
행법들 중 하나로 열거하고 있다. 열반・해탈에 이르는 수행법 중 하나
인 사무량심은, 네 가지 무량한 마음으로 일체 세간을 두루 채우는 수
행이다. 앞에서 자의 수습에서는 자심이 정각체험에서 비롯한다고 보
았는데, 사무량심은 후대에 열반・해탈에 이르는 한 가지 수행법으로
정착된 듯하다. 아마도 이것은 제자들의 열반・해탈을 위해 붓다가 설
했던 여러 가지 수행법을 정리하는 과정에서 수행법의 하나로 후대에
체계화된 것 같다.

여기서 문제될 수 있는 것은 초기불교 수행도 안에서 사무량심이
갖는 위상이다. 단적으로 말하면 사무량심은 그 자체로 열반・해탈에
이를 수 있는 것이 아니라 다른 수행의 보조수행으로 행해졌던 듯하
다.[39] 경문은 "사무량심 수행을 통해 범천(梵天)에 태어난다"[40]고만 할

---

37 『增壹阿含經』 권 제21(『대정장』 2, 658하).
38 『中阿含經』 권 제21(『대정장』 1, 563중).

뿐이다. 이 수행을 통해 열반·해탈에 이를 수 있다고 말하는 곳은 없다. 이렇게 본다면 초기불교에서 사무량심의 위상은 매우 낮다고 할 수 있다.[41]

그런데 곰브리치 리처드 프란시스(Gombrich Richard Francis)는 梵堂이라는 말을 새롭게 해석하여 사무량심이 열반·해탈로 가는 수행이라고 주장한다.

> 붓다는 브라만의 표현방법을 사용해서 그가 최고 목표로 여기는 것, 즉 윤회에서 벗어난 최종 해탈 성취를 비유로 표현했다. 붓다는 자신의 최고 선을 유비적 비유방식으로 기술하기 위해 브라만의 최고선이라는 표현법 을 이용한 것이다. 그렇게 붓다는 자기 메시지 유형을 듣는 이가 이해하도 록 적용했다. 방편을 사용한 것이다.[42]

후대 대승불교가 붓다의 본회(本懷)를 밝히면서 붓다의 자비를 특별히 강조한 것은 초기불교의 자비사상을 깊이 성찰해 왔음을 시사해준

---

39 사무량심은 특별히 불교적인 것이 아니며, 파탄잘리의 『요가수트라』에도 나타나고 인도의 여타 종교체계에서 빌어왔을 수도 있다. 여러 세기 동안 그것은 불교수행의 중심을 벗어나 있었고, 보수적 엘리트들은 그것을 부차적 수행으로 간주했으며, 사람이나 존재의 비실재성을 강조하는 수행결과와 다소 모순된다고 생각했다(Edward Conze, *Buddhist Thought in India*, The University of Michigan Press, 1987, p.80). "慈悲喜捨의 禪觀은 불교 밖에 기원을 두었으며, 불교가 이것을 채용했다면 教化의 方便으로 가볍게 취급했음이 틀림없다"고 말한다(增永靈鳳, 『根本佛教の研究』, 東京, 風間書房, 1948, p.69). 金東華는 사무량심을 "禪觀이나 다른 실천수행을 하기 위하여 기본적인 用心之道를 教示한 것"이라고 보고 있다(金東華, 『原始佛教思想』, 서울: 보련각, 1992, p.324).
40 『增壹阿含經』 권 제23(『대정장』 2, 669상).
41 Gombrich Richard Francis, *Kindness and Compassion as Means to Nirvana*(Amsterdam, Royal Netherlands Academy of arts and science, 1998). p.23.
42 *Ibid*. p.19.

다. 사무량심 수행은 이미 경전에서도 사성제·사선·사무색정과 동등한 위상으로 소개되었으며, 이 수행을 어린 비구에게 가르치는 사람은 안온함을 얻으며 종신토록 범행을 행한다고 되어 있다.[43] 이것은 이미 자아 소멸을 위한 중요한 수단이었고[44] 후대에는 해방이라는 우선적 가치조차도 옆으로 밀쳐놓게 했다.[45]

5. 나가는 글

불교를 일컬어 '인간의 자기형성의 길'이라고 한다.[46] 지극히 이기적이고 번뇌로 가득한 자기를 벗어나 연기적 자아를 깨달아 나와 남의 구별이 해소될 때, 그 자기는 자신에게 섬이 되고 귀의처가 된다. 일상적이고 범부적인 자기에서 이상적인 자기로 나아가는 길이 바로 불교의 수행도다.

붓다의 생애와 교설에서 공통으로 나타나는 것은 자비행 앞에 지혜를 통한 눈뜸이 있다는 사실이다. 자비는 무턱대고 그냥 행할 수 있는 것이 아니다. 수행으로 번뇌를 극복하고 제어한 자기, 깨달음에 이른 자기한테서 자연스럽게 흘러나오는 것이 자비다. 달리 표현하면 깨달음의 절정이 바로 자비다. 우리는 붓다의 깨달음이 자비행으로 이어졌다는 사실을 기억해야 할 것이다.

정각 체험을 통해 자비의 삶을 살았던 붓다는 제자들에게 자비관을 가르쳤다. 이것은 자비 실천이라기보다는 내면에 자비의 마음을 키워

---

43 『中阿含經』 권 제21(『대정장』 1, p.563중).

44 Edward Conze, *op. cit.*, p.80.

45 Michael Carrithers, *The Buddha*, p.89.

46 増谷文雄, 홍사성 역, 『근본불교의 이해』(불교시대사, 1992), 259쪽.

가는 일종의 관법이다. 이 관법에서 제기할 수 있는 중요 질문은 "자비란 도대체 왜 필요한가?"와 "사람은 어떻게 자비로워질 수 있는가?"다. 뭇 생명의 자기는 소중하고 사랑스러운 존재이기 때문에 '고통을 없애주고 기쁨을 주려는' 자비가 필요하다. 그리고 자기 성찰을 통해 다른 생명의 입장을 고려할 때 자비가 함양될 수 있다. 처음에 자비는 자신한테서 시작되며 단계적으로 모든 생명에게 확대 또는 확충되어간다. 이 자비는 구체적 자비 실천이기보다는 자비의 성품 또는 심성임에 주목해야 한다. 그것은 미움이나 원망을 버리고 모든 사람과 생명체를 향해 자애심을 키워가는 것이다.

자기애로부터 시작되는 고타마 붓다의 자비사상은 너무나 소박하다. 그런 점에서 매력적이기도 하다. 붓다는 정각 이후 장구한 세월에 걸쳐 대중교화에 헌신했다. 붓다 일생은 한마디로 자비의 일생이었다. 후대의 대승불교가 자리(自利) 수행을 중시했던 부파불교를 비판하고 고타마 붓다의 근본정신을 회복하고자 보살사상을 내세운 것이 사실이라면, 초기불교의 자비사상 연구야말로 대승불교의 보살정신을 이해하는 첫걸음이라 하지 않을 수 없다. 이 점을 강조하면서 글을 마무리하고자 한다.

3
성서주석학

요셉이야기(창세기 37~50*) 소묘

성서의 설화적 세계로의 접근

배은주

(툿찡 포교 베네딕도 수녀회 대구수녀원)

1. 들어가는 말

어려서부터 이야기 듣기를 좋아했던 때문인지 로마에서 공부하면서 성서의 이야기들이 갖는 힘에 감동을 받았다. 그래서 논문주제로 택한 것이 '요셉이야기'였다. 하지만 막상 창세기 37~50장을 대하면서 아름다운 이야기의 맥은 느끼겠는데 그 흐름이 자꾸 방해를 받아 편치 않게 여겨졌다. 의심할 바 없이 전승층의 중첩 때문이다. 어떻게 하면 이야기를 보다 편안하고 온전하게 읽을 수 있을까? 원래 이야기에 덧붙여졌을 전승층을 고려해 '합리적으로 조정된' 독서가 필요하다는 사실이 분명했으므로 먼저 '요셉과 그 가족이야기'를 다루는 부분과 그렇지 않은 부분을 구분해내는 작업부터 시작해보았다. 역사비평학자들과 대

---

* 성서 장, 절 위에 있는 별표(*)는 역사비평적 연구를 통해 '원래 요셉이야기'에 속하지 않는 것으로 간주되는 일부 절들을 뺀 본문이라는 것을 의미한다.

화하면서, 이야기 흐름에서 돌출되어 삽입이 확실시되는 부분(예를 들어, 38장)을 1차적으로 걸러냈다. 그리고 나서 설화학 방법으로 면밀한 독서를 하며 새삼스럽게 놀랐다. 경이로움이라고 표현하는 것이 맞을 것이다. 이야기 안의 어느 작은 요소 하나도 뜻 없이, 또 엉뚱하게 쓰인 것이 없으며 모든 것이 너무나 치밀하게 서로 맞물려 있었기 때문이다. 예를 들어 41,1에 "그로부터 2년이 지나" 파라오가 꿈을 꾸었다는 말이 나온다. "그로부터 2년이 지나" — 이제껏 아무도 주의를 기울이지 않던, 사족 취급을 당하던 문구가 아닌가? 그러나 이 2년은 요셉이 극도로 내적·외적 고통을 당했던 기간이다. 뿐만 아니라 후에 요셉의 가족도, 이집트인들도 각각 2년씩 그런 고통을 당한다. 이 2년이라는 기간은 이야기 속의 각 인물들이 느꼈던 고통의 심도가 같았다는 뜻 말고도 하느님께서 죄지은 인간들을 정화시키시는 도구 역할을 하는 것이다. 2라는 숫자는 3(완전수)을 향하는 숫자, 곧 무엇이 완성되는 데 이바지하는 숫자다. 요셉이야기에는 각종 반복을 비롯해 참 많은 숫자 상징들이 등장하는데 우연이라고 지나치기에는 마치 일종의 공식처럼 너무나 빈번히 나타난다. 그렇다면 이렇게 많은 것들을 밝혀낼 수 있다는 사실로 이상적 독서라는 원래 목적을 달성한 것인가? 성서 본문을 세밀히 읽을수록 거시적 차원에서부터 미시적 차원까지 두루 잇는 정교한 문학적 그물망이 드러나고 그것을 음미할 수 있게 되는 것은 사실이지만, 마치 '개밥에 도토리' 마냥 그 가운데서 전혀 조화되지 않은 채 따로 노는 설화적 요소들도 여전히 발견된다.

이들 중에는 37,14의 '헤브론' 골짜기나 47,11의 '람세스' 지방처럼, 미소해서 쉽게 삽입이라고 잡아내기조차 힘들뿐 아니라 실제로 본문비판 상 전혀 문제가 되지 않는 것들도 있다. 그러나 집중적으로 연구해 보면 이들이 과연 2차적으로 삽입된 요소란 사실이 충분한 근거와 함께 밝혀지곤 하였다. 설화학이 역사비평을 돕는 것이다. 이런 식으로 창세기 37~50장의 본문을 두 차례 거른 결과 마침내 원활한 독서가 가능한, 곧 '원래 요셉이야기'로 추정할 만한 본문이 남는다. 역사비평과 설화적 방법론을 함께 사용해 진행된 이 연구과정은 여러 유익한 결과를 산출하였다. 곧, 역사비평학자들의 관심의 초점이던 '원래 요셉이야기 형태'가 더 설득력 있는 이유와 함께 새롭게 제시되고 그밖에 갈피가 시원히 잡히지 않던 여러 중요 문제들의 답을 찾는 계기가 됨은 물론, 무엇보다도 요셉이야기의 설화적 측면을 더 깊이 들여다볼 수 있게 되었기 때문이다.[1]

이 글의 목적은 위에 상술한 작업을 모두 펼쳐보이는 데 있지는 않다. 여기서는 요셉전승에 관한 최근까지 학계의 연구동향을 간략히 제시한 후, 우리나라의 신학계에 아직 설화학을 통한 성서연구가 별로 이루어지지 않았음을 고려하여 무엇보다 '요셉이야기'의 문학적 면모와 문학기법을 통해 드러나는 의미들, 특히 신학적 의미를 소개할 것이다.[2] 그러나 이것마저도 지면의 한계 상 내용을 압축할 수밖에 없어 글이 어렵고 딱딱해져서 독자가 몇 줄 읽다 책장을 덮어버리지는 않을까 걱정이 앞선다. 하지만 일단 끝까지 읽다 보면 독자 스스로 놀라 다음과 같은 질문을 하게 되리라는 기대도 있다. 히브리인들의 문학기법은 어느 수준까지 이르는 것일까? 성서저자에게 주어진 성령의 감도는 과연 어떤 깊이까지 미칠 수 있는 것일까?

이 글이 히브리어로 쓰인 설화의 섬세한 아름다움과 깊이를 조금이

---

1 이 모든 과정은 다음 논문에 실려 있다. E. J. Bae, *A Multiple Approach to the Joseph Story: with a Detailed Reading of Genesis 46,31~47,31 ; 50,1~11.14*, Dissertation (Rome, 1995).

2 따라서 위의 논문에 포함된 수많은 역사비평적 논쟁은 물론, 설화분석 방법론에서 빼놓을 수 없는 본문분할 문제(본문의 한계 설정), 면밀한 독서(close reading) 등은 이 글에서 다루지 않았다. 아울러 사용된 성서 본문 인용은 필자의 직역임을 밝혀둔다.

라도 전달할 수 있기를 바란다. 설화분석은 본문 자체로부터 메시지가 자연스레 표출되는 장점을 가진 동시에 이성만의 영역을 넘어 이야기를 이야기로서 읽고 감동하고 공감할 수 있는 여지를 마련해주므로 독자의 자발적 참여 가능성을 더욱 기대하게 만든다. 마지막으로 이 설화분석 결과를 토대로 역사비평학에서 제기한 문제들에 답해볼 것이다.

2. 요셉전승에 관한 최근까지의 연구

요셉이야기 연구에서 오랫동안 주된 도구역할을 한 것은 두 말할 필요도 없이 역사비평적 방법론이었다. 역사비평은 '현재의 창세기 37~50장이 형성되기 전에 어떤 모양새의 요셉이야기가 있었는지'에 가장 큰 관심을 두고 다른 질문들은 이에 준해 제기하였다. 요셉이야기 형성에 관해 크게 세 가지 종류의 제안을 찾아볼 수 있겠다.

첫째, 사료가설에 입각한, 가장 전통적이며 주도적인 입장으로서 원래 야훼계(J), 엘로힘계(E)의 두 가지 요셉이야기가 있었다는 주장이다. 가끔 사제계(P) 이야기의 존재가 거론되기도 하였다. 계속 수정되며 이어져온 사료분석 작업에도 불구하고 오늘날 학자들 대다수는 이 방법론이 적합하지 않다고 판단한다. 줄거리가 통일성을 보일 뿐 아니라 이야기의 빼어난 예술성이 문학적으로 더 질이 낮은 둘 이상의 작품을 병합한 결과라고 믿기 어렵다는 이유다. 본문을 분할하는 데 가장 좋은 빌미를 제공해주던 르우벤과 유다의 이중역할이나 다른 종류의 반복법이 작품에 깊이를 더하고 긴장을 고조시키는 한편 심미적 효과를 자아내는 수준 높은 문학기법임이 점차 드러나면서 이 주장은 더욱 강해졌다.

둘째, 보충가설에 의한 주장이다. 성서 본문을 '르우벤-야곱-미디안 상인들'과 '유다-이스라엘-이스마엘 상인들'로 구성된 층으로 구분하고 그중 하나를 독립적 이야기로, 다른 하나는 거기에 보충된 전승층으로 간주하는 것이다. 이 주장은 세부적으로 들어가면 의견들이 너무 다양해 거의 지지를 받지 못하는 실정이다.

셋째, 창세기 37~50장에서 이차적으로 삽입된 부분을 빼고 나머지를 '원래 하나의 요셉이야기'로 보는 견해다. 곧, 창세기 37~50장 사이에는 요셉과 관계없는 고유전승과 그 외 사제계전승을 비롯한 후대 삽입전승들이 있으며 이들이 요셉이야기를 감싸고 전체 37~50장을 '확장된 야곱이야기' 혹은 '족장사(族長史)'로 만든다는 주장이다. 이 가설을 지지하는 사람들이 늘어났지만 원래 이야기 범주를 정하는 데 의견의 일치를 보지 못하고 있다.

근래 들어 설화학에 의한 접근법이 두각을 나타내고 있다. 역사비평학은 요셉이야기의 문학성을 인정하긴 하였지만 그 면을 소홀히 다룬 것은 사실이고, 설화적 방법론은 이에 더 적극 관심을 갖고 본문에 접근하는데, 그 연구양상을 크게 세 가지로 나눌 수 있겠다.

첫째, 창세기 37~50장 가운데 일부만을 발췌하여 면밀한 독서를 하는 경우로서 주로 37 ; 39(~41) ; 42~45장이 그 대상이 되었다. 46장 이후 부분에 대한 면밀한 독서는 거의 찾아볼 수 없다. 한편으로 이 부분에 전승층들이 가장 복잡하게 섞여있고 또 한편으로는 에피소드들이 37 ; 39~45장에서처럼 조밀하게 연결되어 있지 않기 때문이다.

둘째, 요셉이야기를 '온전한 하나'로 읽으려는 시도다. 그러나 '온전한 하나'에 대한 정의가 명확하지 않을 뿐 아니라 너무 자주 역사비평학자들이 내놓은 가설에 의존한다. 다시 말해, 본문을 하나로 읽는 동시에 그 본문이 합성된 것임을 전제한다는 뜻이니, 이론상으로 여러 전승층의 존재를 인정하면서 실제로는 그것을 슬며시 외면하는 것이다. 편집상의 단일성을 인정하는 셈인데 종종 어떤 한 면, 예를 들어 플롯, 특정한 설화 모티프들이나 행위의 연속성들만 고찰함으로써 선택적 독서를 한다.

셋째, 창세기 37~50장 전체를 공시적(共時的)으로 읽는 법인데 이 독서는 요셉이 중심인물이 되는 37~41장 혹은 42~45장을 읽는 것과는 의미에 큰 차이를 가져올 수밖에 없다.

한마디로, 요셉전승에 대한 연구방법 및 그 해설은 전반적 합의점에 도달하지 못하였다.[3] 실제로 성서 본문의 성격상 어느 한 방법론에만 의존하는 것이 아닌 다각적 접근이 필요하다. 새로운 연구과정을 거쳐 '원래 요셉이야기'로 추정된 본문의 범주는 다음과 같다. 창세기 37,2ㄱb~35(28ㄱa 제외) ; 39,1~45,28 ; 46,5ㄴ.28~47,27ㄴa(47,11에서 '람세스 지방에' 대신 '고센 지방에'로 대치 ; 47,27ㄴa에서 וַיֵּאָחֲזוּ [복수] 대신 וַיֵּאָחֵז [단수]로 대치) ; 47,28~50,11.14~23.26(50,26에서 וַיָּשִׂים [능동태] 대신 וַיּוּשַׂם [수동태. 사마리아 오경] 으로 대치)이다.[4]

3. 플롯의 구조와 주요 주제들

요셉이야기를 비롯해 성서의 많은 부분이 이야기, 곧 설화(narrative) 형태로 쓰였다. 설화는 설화자(narrator)와 플롯(plot)이라는 두 가지 본질적 요소로 이루어진다. 설화자란 독자에게 말을 건네고 사건들을 묘사하거나 설명하는 작품 안의 목소리이고, 플롯은 작가가 설화의 다양한 요소를 일관성 있게 끌어가기 위해 마련한 기획 내지 설계라 할 수 있

---

3 이 때문에 근래에 들어 학자들은 요셉이야기 연구가 딜레마에 빠졌다는 말을 자주 한다. 예를 들어, H. C. White, "Reuben and Judah: Duplicates or Compliments?," *Understanding the Word*, J. T. Buttler and others(ed.) *JSOTS* 37 (Sheffield 1985), p.83 ; A. Ben Yoseph, "Joseph and His Brothers," *JBQ* 21, 1993, p.153.

4 이에 대한 논증은 앞서 언급한 논문, *A Multiple Approach*을 참조하라.

다. 요셉이야기는 제일 앞과 끝에 놓인 도입부(37,2)와 종결부(50,22~
23.26)를 빼면 크게 다섯 부분으로 설계되어 있다. 서막과 세 단계의
전개부, 그리고 대단원의 막이 그것이다. 편의상 이를 다음과 같이 부르
기로 한다. ① 제1부: 서막(37,3~35), ② 제2부: 전개부Ⅰ(39,1~41,57),
③ 제3부: 전개부Ⅱ(42,1~45,28 ; 46,5.28~30), ④ 제4부: 전개부Ⅲ(46,
31~47,31 ; 50,1~11.14), ⑤ 제5부: 대단원의 막(50,15~21)이다. 작가
는 이 구조를 통해 과연 무엇을 전하려 했을까? 이야기의 플롯에 대해
좀 더 자세히 관찰할 필요가 있다.[5]

1) 제1부 (37, [2]. 3~35)

이야기는 주인공 요셉을 소개하는 도입부(37,2)로 시작된다. 독자는 그
를 이야기 끝까지 동반하게 되리라는 것을 즉시 알아차리며 이야기를
다 읽은 후에 이 도입부의 특수한 기능을 확인하게 될 것이다. 3절부터
'사랑하다(אהב)'와 '보다, 알다(ראה)'라는 동사를 통해 사건이 발생할
징후가 보이고 곧 이어 주된 갈등이 시작된다. 37,3~35는 전체 이야기
의 서막에 해당하며 앞으로의 전개를 위한 온갖 씨앗이 뿌려지는 곳이
라 할 수 있다.

---

5 우리 선조들은 자신들이 대하던 자연을 대우주라 하고 우리 몸을 소우주라 하
며 이 둘이 상통한다고 여겼다. 현대에 이르러 첨단의학은 방사선촬영(X-ray),
컴퓨터단층촬영(CT), 자기공명영상술(MRI)을 통해 몸 안의 보이지 않는 조직
과 체계를 들여다보고 이렇게 하여 인간에 대한 이해를 더 깊이 한다. 고대
히브리인은 자신들이 생각하고 느낀 하느님과 인간과 세상을, 마치 대우주를
반영하는 소우주처럼, 설화라는 양식 안에 담았다. 이제 히브리 설화의 내밀한
구조와 체제를 플롯을 통해 밝히는 것은 첨단의학이 인체를 연구하는 바와 다
름이 없다. CT나 MRI의 결과물을 분석하는 것이 전문가에게 맡겨진 딱딱하고
어려운 작업이듯 플롯의 분석 또한 어려운 작업이긴 마찬가지지만, 엄청나게
경이로운 일임에도 틀림없다.

(1) 플롯의 구조

플롯을 깊이 들여다보면 하위구조들이 발견된다. 여기서는 이야기가 표층차원에서 어떻게 발전되는지(소재의 변화 혹은 내용의 전개양식 등) 그 내용의 마디마디를 구분한 후, 심층모형(narrative patterns)에 대해서도 살펴보기로 한다.

① 이야기의 분절(narrative articulations)

　　가. 37,3~11(요셉의 특별함)

　　　　㉠ 야곱의 편애(3~4) ; ㉡ 요셉의 두 꿈(5~11)

　　나. 37,12~17(요셉의 여행)

　　　　㉠ 헤브론 → 스켐(12~14) ; ㉡ 스켐 → 도탄(15~17)

　　다. 37,18~35(형들의 죄와 그 결과)

　　　　㉠ 요셉을 팜 + 르우벤의 비탄(21~30)

　　　　㉡ 옷에 피를 묻힘 + 야곱의 비탄(31~35)

② 이야기의 심층모형(narrative patterns)

　　가. 37,3~11(특별한 행위 / 그에 대한 반응)

　　　　㉠ 이스라엘의 행위 / 형들의 반응(3~4)

　　　　㉡ 요셉의 행위 / 가족들의 반응(5~11)

　　나. 37,12~17(파견/실행)

　　　　㉠ 파견 / 부분적 실행(12~14) ; ㉡ 파견 / 실행(15~17)

　　다. 37,18~35(계획 / 계획의 성취와 반응)

　　　　18~20: 계획(㉠ 살인 + ㉡ 거짓증언)

　　　　21~35: 계획의 성취와 반응

　　　　　　　㉠ (살인계획) / 부분적 성취와 반응(21~30)

　　　　　　　㉡ (거짓증언) / 성취와 반응(31~35)

(2) 주요 주제들(main issues)

위의 관찰은 제1부가 세 단락으로 나뉨을 보여주며 각 단락이 야곱의 가정문제를 서로 다른 각도에서 발전시켰다는 점에서 의미심장하다.

첫째 단락(3~11절)은 가족 안에서 요셉의 특수한 신분에 초점을 두었으며, 이것은 곧 가족 내 분열을 일으킬 징후를 보인다. 이 문제는 요셉의 두 번째 꿈 이야기와 야곱의 반응에서 정점을 이루며 아무도 요셉이 최상위에 놓이는 것을 수용하려 하지 않는다.

둘째 단락(12~17절)은 요셉의 파견을 다룬다. 야곱과 요셉 사이의 특별한 관계가 나타남에도 불구하고 이야기 범위는 가족관계의 울타리를 벗어난다. 마치 '기계장치의 신(deus ex machina)'[6]인 듯 15~17절에 나타난 '한 남자(אִישׁ)'의 역할을 간과할 수 없기 때문이다. 같은 종류의 인상이 물 없는 빈 구덩이와 이스마엘 상인의 출현에서도 주어진다. 꿈의 기원의 모호성과 함께 독자 마음에 어떤 종류의 의문을 일으킨다. 이 모든 사건은 다 우연일까 아니면 그 배후에 무엇이 있는 것일까?

셋째 단락(18~35절)은 요셉의 신분 문제가 동기가 되지만 이 단락의 초점은 형들의 죄와 그 결과, 곧 가족의 와해다. 요셉은 없어지고 그동안 서로 간 똘똘 뭉쳐 있던 형제들 사이는 금이 갔으며(르우벤은 동생들을 속여 배반하려 했고 동생들은 맏형 르우벤의 조언 대신 유다의 조언을 따르고 말았다) 야곱은 자식들을 마다한 채 혼자 울기만 하니 이 집안은 결국 외적으로도 내적으로도 파탄이 난 것이다.

37장은 전체 이야기를 위한 플롯의 선포이다. 그러므로 플롯의 구조에 도움을 받아 세 가지 주제가 발전해 나가야만 한다: ① 야곱 가정 안에서 요셉의 신분 문제 ; ② 하느님에 관한 의문: 과연 그분께서는 무대 뒤에서 활동하시는가? ; ③ 가족관계, 특히 요셉과 죄지은 형들

---

6 고대 그리스극에서 자주 사용하던 극작술(劇作術)로서 극의 긴박한 국면을 예측치 못한 초자연적 존재의 힘에 의해 타개하는 기법이다.

그리고 야곱과 요셉 사이의 특수 관계. 이 세 주제는 서로 얽혀서 숱한 긴장과 절정의 순간을 가져다줄 것이다.[7] 그러므로 이야기를 일관된 시각으로 보고 문제를 좀 더 간결히 다루기 위하여 이들이 각 부분에서 얼마나 크고 작은 비중을 차지하는지에 상관없이 이들을 '주요 주제'라고 일컬을 것이다.

2) 제2부(39,1~41,57)

(1) 플롯의 구조
① 이야기의 분절
제2부는 등장인물과 공간의 변화를 따라 3개의 에피소드로 구분할 수 있다.[8]

---

7 더 구체적으로 독자는 다음과 같은 질문을 가질 수 있게 된다. ① 가족 안에서 요셉의 신분 문제의 절정은 요셉의 두 꿈이다. 이 꿈들은 과연 실현될 것인가? 만일 실현된다면, 어떤 식으로? 그렇다면 가족은 요셉의 최상위치를 받아들일 것인가? ② 어떻게 절박한 순간마다 이상한 우연의 일치가 일어나는 것일까? ③ 두 비탄은 독자로 하여금 형들의 죄의 막중함과 함께 이 가정에 닥친 커다란 재앙을 느낄 수 있게 한다. 그렇다면 형들은 죄의 대가를 치룰 것인가? 요셉이 살아 있다는 사실을 아는 독자들은 아버지와 그 사랑받는 아들의 해후를 기대하게 되는데 만일 그런 일이 생긴다면, 어떻게 생길 것인가? 야곱의 편애는 그때에 다른 아들들에게 받아들여질 것인가 아니면 가족에게 지속적인 문제를 가져다줄 것인가? 이 외에도 독자는 사건이 진행되는 과정 안에서 확연한 답을 얻기 원하는 어떤 의혹이나 미심쩍음을 갖게 된다. 예를 들어, 왜 요셉은 몹시도 이상한 그런 꿈을 꾸었을까? 야곱은 요셉의 형들이 요셉을 미워하는 것을 알면서도 왜 그를 심부름꾼으로 보냈을까? 혹은 15~17절의 '어떤 남자'가 만일 '기계장치의 신'이라면 왜 하느님은 요셉을 그런 재앙 가운데로 던져 넣으셨을까?

8 표 안의 분절들은 아리스토텔레스가 제시한 설화의 다양한 순간들(제기, 발단, 전개, 절정, 결말)을 따른 것이다.

에피소드1 (39,1~20ㄱa) [a]	에피소드2 (39,20ㄱb~40,23) [a']	에피소드3 (41,1~57) [A]
[도입] 39,1~6 • 39,1: 요셉이 머물게 된 장소 요셉의 처지=종 • 39,2~6a: 하느님께서 요셉과 함께 계신다(=상승) • 39,6b: 전개를 위한 준비	[도입] 39,20ㄱb~40,4 • 39,20: 요셉이 머물게 된 장소 요셉의 처지=죄수 • 39,21~23: 하느님께서 요셉과 함께 계신다(=상승) • 40,1~4: 새로운 전개를 위한 준비	41,1~13: 새로운 전개를 위한 준비 • 41,1~7: 파라오의 꿈 • 41,8~13: [발단]=요셉이 기억됨
[전개] 39,7~19 • 39,7~12: 요셉과 여자 • 39,13~15: 첫 번째 고발 • 39,16~19: 두 번째 고발 * 침묵하는 요셉	[전개] 40,5~22 • 40,5~8: 요셉과 두 시종장 • 40,9~13: 첫 번째 꿈과 해몽 • 40,16~19: 두 번째 꿈과 해몽 * 40,14~15: 요셉의 요청	[전개] 41,14~36 • 41,14~16: 요셉과 파라오 • 41,17~24: 두 가지 꿈 • 41,25~32: 두 꿈의 해몽 * 41,33~36: 요셉의 조언
[결과] 39,20ㄱa • 요셉이 감옥에 들어감 (=긴장이 남아있음)	[결과] 40,23 • 요셉이 잊혀짐 (=긴장이 남아있음)	[절정] 41,37~44 • 요셉이 크게 상승됨 (=에피소드 1과 2에 남아있던 긴장이 해소됨: 감옥으로 돌아갈 필요가 없어짐) [결말] 41,45~57 • 요셉의 두 아들, 풍년과 흉년 (=다음 장을 위한 준비)

설화적 차원에서 볼 때 세 에피소드가 서로 밀접하게 연결되어 있을 뿐 아니라 플롯의 구성이 매우 유사한 형식(aa'A)을 보인다. 각 에피소드는 불완전하여 둘째와 셋째는 항상 앞 사건들을 전제하므로 세

번째 에피소드의 절정과 결말이 전체 2부를 위한 것이 된다. 이야기가 진전함에 따라 독자의 긴장 또한 점점 높아지며 이집트에서 요셉의 운명에 관한 한 그가 완전히 상승하고서야 독자는 마침내 긴장을 풀 수 있다. 그러므로 비록 전체 이야기의 한 부분이기는 하지만, 제2부는 나름대로 고유한 결말을 갖고 있는 작은 설화의 단위를 이룬다고 하겠다.

② 이야기의 심층모형

　가. 39,1~20a

　　㉠ 39,1~6a: 주님의 활동 / 인간의 인지와 반응

　　　(→ 결과: 요셉의 상승)

　　㉡ 39,6b~20a: (여인의) 욕구 / 욕구의 불충족

　　　(→ 결과: 요셉의 하강)

　나. 39,20b~40,23

　　㉠ 39,20b~23: 주님의 활동 / 인간의 인지와 반응

　　　(→ 결과: 요셉의 상승)

　　㉡ 40,1~23: (두 관리의) 욕구 / 욕구의 충족

　　　(→ 결과: 요셉의 하강)

　다. 41,1~44:

　　㉡' 41,1~32: (파라오의) 욕구 / 욕구의 충족

　　㉠' 41.33~44: 요셉의 조언(=하느님의 활동) /

　　　인간의 인지와 반응(→ 결과: 요셉의 상승)

　처음 두 에피소드는 같은 구조를 가지며, 셋째도 이 둘과 별로 다르지 않고 다만 역순으로 일어날 뿐이다. 주목할 만한 점은 요셉의 조언이, 앞의 두 에피소드에서 나타나는 주님의 활동에 대입되어 똑같은

역할을 한다는 것이다. 포티파르와 간수장이 주님께서 요셉 안에서 요셉을 통하여 활동하심을 깨닫고 그를 기용했듯이, 파라오도 요셉의 조언으로 요셉 안에서 요셉을 통하여 하느님께서 활동하심을 알아채고 그를 등용한다. 설화자는 이를 자신이 설명하는(telling) 대신, 파라오의 입으로 말하게 함으로써(showing) 요셉이 어떻게 그렇게 높이 들어올려질 수 있었는지 독자 스스로 느끼고 판단할 수 있도록 한다. 에피소드들에 나타나는 두 가지 주 행위, 곧 주님의 활동과 인간의 활동을 이어보면 전체는 요셉의 신분을 두고 물결모양의 내적 움직임을 보여준다: 요셉의 상승 → 하강 → 상승 → 하강 → 상승.

(2) 주요 주제들
① 신분
제2부는 요셉의 운명, 특별히 그의 상승과 하강을 다룬다. 앞의 두 에피소드에서 요셉의 하강이 증폭되며 일어났기 때문에[9] 요셉의 마지막 상승은 굉장히 눈부신 것으로 부각된다.

② 하느님
1부와 달리 2부는 하느님에 관해 가장 명백하게 언급한다. 요셉을 두 번씩이나 상승케 한 바로 그 주님께서 그를 마침내 이집트의 재상으로 만드셨다. 따라서 하느님은 제2부의 가장 원초적인 그러나 숨어 계신 행위자시다.

---

9 요셉은 이집트로 내려가 종의 신세를 톡톡히 맛보게 되고, 나아가 감옥에 갇힌 죄수가 되더니(39,20) 마침내는 인간세상에서 까맣게 잊혀진 자가 되었다(40,23). 구약 시대 사람들에게 가장 무서운 것은 미움도 병도 고통도 아닌 '잊혀짐'이었다. 잊혀진다는 것은 '존재가 없는 것[無]'으로 여겨져 죽음과 똑같은 의미를 지녔던 것이다). 상승세가 번번이 하강을 초래하였고 그것은 갈수록 더 열악해졌다.

③ 가족관계

카메라가 요셉을 집중하여 좇으므로 이 주제는 별로 발전되지 않는다. 그렇지만 놀랍게도 각 에피소드는 가나안의 과거역사를 희미하게 비추는 것을 빼놓지 않는다(39,1.17 ; 40,15 ; 41,12). 한 가지는 언급되어야 할 것이다. 거의 맨 끝 부분에 이르면 독자는 요셉의 감성세계를 드러내는 독백을 듣는다(41,51~52). 요셉이 자기 가족을 실제로 잊기 시작했건 아니면 '아버지의 집'을 잊지 못하는 심경을 역설적으로 표현했건 간에 그 독백은 한숨과 그리움으로 가득 차 있으며 "이 땅에서 겪는 그의 고난"은 다름 아닌 형들의 죄의 결과인 것이다(40,15 참조). 따라서 2부는 가족관계에 대한 언급이 적음에도 불구하고 2부가 진행되는 내내 그 문제가 요셉의 마음속에, 그리고 독자의 마음속에 계속 존재해 있었음을 드러낸다. 그리고 요셉이 가족을 잊겠다고 하자마자 그의 형들이 나타나 그를 다시 과거 기억 안으로 데려가는 것이다. 사실 온 땅의 기근에 관한 보도(41,54.56.57)는 벌써 종을 울리고 있다. 그러므로 아주 약하게나마 2부는 1부의 주요 주제를 결코 배제시키지 않는다.

3) 제3부 (42,1~45,28 ; 46,5.28~30)

(1) 플롯의 구조
① 이야기의 분절
세 개의 여행으로 구성된 제3부 또한 본문의 짜임새가 한 눈에 볼 수 있을 만큼 조직적이다.

여행1 (42,1~38) [a]	여행2 (43,1~44,17) [a']	여행3 (44,18~46,30*) [A]
42,1~5: 기근과 야곱의 명령	43,1~2: 기근과 야곱의 명령 ∘ 43,3~14: 유다의 맹세	

42,6~23ㄱ: [두 만남]
• 42,6~16:
  첫 번째 만남
• 42,17~23ㄱ:
  간격 + 두 번째 만남
	43,15~34: [두 만남]
	• 43,15~17:
	  세 번째 만남
	• 43,18~34:
	  간격 + 네 번째 만남
		44,18~45,15:
		[결정적인 만남]
		• 44,18~34:
		  유다의 발언
		• 45,1~13:
		  요셉의 발언
		• 45,14~15:
		  두 발언의 결실

42,23ㄴ~36: 결과
• 곡식을 줌
• 돈을 되돌려 줌
• 돈을 찾음
  (형제들과 야곱의 비탄)
∘ 42,37~38:
  르우벤의 맹세
  (=긴장이 남아있음)
	44,1~13: 결과
	• 곡식을 풍성히 줌
	• 돈을 되돌려 줌
	• 은잔을 찾음
	  (형제들의 비탄)
	44,14~17: 실패한 여행
	• 형제들의 결정
	• 요셉의 결정
	  (=긴장이 남아 있음)
		45,16~24: 결과
		• 식량문제=해결됨
		• 선물들을 줌
		  (더 이상 비탄할 필요가
		  없는 형제들)
		45,25~46,30*: 새로운 여행
		• 해후(야곱의 기쁨)
		  (=모든 긴장이 해소됨)
		  (=다음 장을 위한 준비)

처음 두 여행과 달리 세 번째 여행은 몹시 다른 성격을 지닌다. 요셉의 정체를 알고서 하는 여행일 뿐만 아니라 구성원도 바뀌고(야곱과 온 가족) 방향도 반대이다(이집트 → 가나안 → 이집트). 2부에서처럼 첫 두 에피소드가 같은 식으로 시작되므로(39,1~6//39,20~23 ; 42,1// 43,1) 독자는 새로운 전개가 일어날 것을 즉시 감지할 수 있다. 또한 식량문제가 해결되고 가족들이 서로 알아볼 때까지 독자는 긴장을 풀수 없다. 그러므로 설화 구성에 관한 한 3부는 많은 면에서 2부와 같은 원칙으로 이루어졌음을 발견하게 된다.

② 이야기의 심층모형

　㉠ 42,1~38:

　　가족의 욕구(양식. 42,1~3) / 장애(형들의 투옥. 6~12) / 장애의
　　제거(13~23ㄱ) / 욕구의 한시적 충족(23ㄴ~38)

　㉡ 43,1~44,17:

　　가족의 욕구(양식. 43,1~2) / 장애(요셉의 명령. 3~7) / 장애의 제
　　거(8~15) + (정보 / 반응. 16~34) / 욕구의 가상적 충족(43,1~
　　17: 요셉의 명령 [ⓐ 양식을 줌 ; ⓑ 은컵을 감춤=요셉의 욕구] +
　　인지 / 반응)

　㉢ 45,8ㄴ~46,30*:

　　(유다의) 정보 / (요셉의) 반응=(요셉의) 정보 / (형제들의) 반응 ;
　　정보 / (파라오의) 반응(=명령 / 명령실행)=가족의 욕구(양식)의
　　완전한 충족 + 가족의 결합

　플롯의 가장 큰 틀은 가족의 욕구와 그 충족, 곧 양식문제 해결로
구성되는데, 첫 두 에피소드는 '욕구/욕구의 일시적 혹은 가상적 충족'
이라는 형식으로 되어 세 번째 에피소드에서야 완전한 충족을 보여준
다. 인물들 중 누구도 양식에 대한 이 가족의 욕구를 충족시키는 데
반대하지 않지만(심지어 요셉까지도 형들을 거칠게 다루는 가운데서도
가족에게 양곡을 대주기 위하여 조건을 가볍게 만든다) 그것이 인물들
의 심리적 요소로 말미암아 즉시 실현되지 못한다. 처음에 요셉이 가졌
던 형들에 대한 복수심도 장애요인이지만 결정적 장애는 요셉의 욕구
(벤야민을 붙들어 놓으려 함)와 야곱의 욕구(벤야민을 떼어놓지 않으려
함)가 부딪치는 데서 생긴다. 이 두 욕구는 시초에는 거의 눈치 채지
못할 정도로 나타나지만 이야기가 진행됨에 따라 점점 두드러져 마침
내 극적으로 충돌하게 된다. 이 시점에서 유다의 청원(44,18~34)이 '욕

구/욕구실현 시도'라는 형식을 '정보/정보에 대한 반응'으로 바꾼다. 곧, 야곱의 욕구를 채워주려는 유다의 노력이 요셉에게 정보를 제공하는 일이 되었고 이때부터 이것이 플롯의 주 모형이 된다. 다시 말해, 유다의 청원은 전환고리의 성격을 띠고 이중역할을 한다. 이어지는 이야기는 요셉이 이 정보에 어떻게 반응했는가다. 그러므로 세 가지 욕구(가족의 양식 문제, 요셉의 욕구, 야곱의 욕구)를 모두 충족시키는 요셉의 초대는 결국 정보 교환이 낳은 결과다.[10]

(2) 문맥과 더불어 보는 플롯[11]
① 행위의 플롯(plot of action)
42,1은 가족에게 양식이 필요하다는 것을 기술함으로써 이것이 행위의 플롯임을 명백히 보여준다. 그러나 넓은 문맥 때문에 독자는 이미 요셉과 그 가족들의 만남이라는 한 가지 기대를 더 갖게 된다. 그러므로 가족의 '이별/결합' 혹은 '죄/죄의 결과'라는 또 다른 플롯이 포함된다. 본문을 읽다 보면 식량문제는 실제로 비교적 적게 나타나고, 가족관계를 다루는 데 더 많은 공간이 할애되고 있다. 그러므로 비록 한 줄기 이야기처럼 보이지만 사실상 여러 플롯이 함께 흘러가고 있고, 양식 문제는 가족관계 문제가 해결되면서 자동으로 해결된다. 행위의 플롯 구조는 다음과 같다.

---

10 첫 두 에피소드에서도 '정보/반응' 및 그와 한 계열인 '인지/반응'이 역시 중요 형태로 나타나지만 그것은 '욕구/욕구충족'에 종속되어 있다. 세 번째 에피소드에 '욕구/욕구충족'이 나타나지만 역시 종속적이다. 야곱이 여행하고자 하는 욕구는 그가 들은 정보에 대한 반응 때문이다. 그러므로 플롯의 구조가 제3부의 복합성을 보여준다.

11 플롯의 종류에 대하여, 시미안 요프레, 『구약성서 연구방법론』, 246~247쪽 참조.

	[제1부] 결과 = 가족의 이별		[제2부] 끝 장면 = 가뭄, 사람들의 이집트 행
기대되는 설화 모형	**이별 / 결합** **죄 / 죄의 결과**		**(양식에 대한)** **욕구 / 욕구 충족**
[제3부]		⇩	
발단	(만남?) ⇐	42,1: 야곱의 명령 ⇒	(양식의 필요성)
		⇩	
전개	만남 만남	42,2 이하 ⇩	(42,24: 한시적 충족) (44,1~3 가상적 충족)
전환점	(가족의 결합을 위해) ⇐	45,9~11: 요셉의 계획 (=고센 정착) ⇒	(양식 공급을 위해)
해결(?)	결합 45,14~15: 요셉과 형제들 46,28~30: 요셉과 야곱	⇩	
[제4부]	**가족이 함께 삶** ⇐	요셉의 계획이 실현됨 ⇒	**양식이 공급됨**
[제5부]	**용서와 화해** ⇒		**양식의 계속적 공급이 약속됨**

  흥미로운 것은 '(이별/)결합'의 플롯이 인물들의 행동과 잘 합치되지
않는다는 점이다. 요셉과 그 형들이 여러 차례 만나긴 했어도 그들은
가족 결합을 목적으로 한 것이 아니라 단지 서로 다른 욕구들을 두고
만났을 뿐이다. 물론 야곱 가족은 '그 땅의 어른'(43,30.33)의 참 정체를
알지 못하므로 가족 결합을 꿈꾼다는 것은 불가능한 일이다. 반면에
요셉은 벤야민을 잡아두려는 데만 급급하다. 따라서 가족의 재결합은
요셉이 자기정체를 폭로한 후 얻게 된 기대치 않던 열매이고, 결합원인
은 다른 데서 찾아보아야 할 것이다. 형제들이 만나는 동안 무슨 일이
일어난 것일까?

② 계시의 플롯(plot of revelation)

제3부는 계시의 플롯 또한 포함한다. 인지의 관점에서 볼 때 42,6~8은 확실히 발단의 순간이다. 요셉과 형들 사이에 앎의 정도가 달라 사건이 전개될 수 있었기 때문이다. 독자는 요셉 형제들이 '그 땅의 어른'의 정체를 알게 될 때까지 긴장을 풀 수 없다. 그러나 큰 문맥 안에서 볼 때 요셉 또한 자기 가족 상황에 대해 거의 알지 못한다. 시간과 공간의 간격이 있었던 만큼 앎에 간격이 생겼기 때문이다. 그러므로 세 개의 결정적 인지(anagnorisis)가 이 본문의 범주 안에서 발견되고 각각은 큰 감성적 효과를 동반한다.[12] 첫째로, 요셉의 결정적 인지는 유다의 연설에서 비롯한다. 자신에 대한 아버지의 사랑을 알게 된 순간 요셉의 감성은 엄청난 영향을 받아 자기정체를 드러낼 정도가 된다.(45,3) 둘째로, '그 땅의 어른'의 정체가 형제들에게 알려진다는 것(45,3~5)은 42,8의 역(逆)이며, 따라서 이는 이 범주의 절정에 해당한다. 45,3ㄴ에 나타나는 형제들의 반응은 극히 정상적이랄 수 있다. 그들이 어떻게 자기 귀를 믿겠는가? 오랫동안 극심한 공포로 얼어붙었던 마음이 한 조각 정보로 다 녹을 수는 없는 일이다. 마지막으로, 야곱은 아들들의 인지를 공유한다. 야곱의 반응은, 요셉을 잃고 죽음의 지대로 내려가려던 37,35의 반대이니, 생기를 찾고 요셉을 만나러 이집트로 내려갈 채비를

---

12 3부에서 계시의 플롯의 다양한 순간은 다음과 같다. [1부: 가족 안의 사건. 결과=분리] → [2부: 앎의 간격] → 3부: 발단(42,6~8) → 전개(42,9~44,17) → 전환점(44,18~34. 요셉의 인지) → 절정(45,3~5. 형제들의 인지) → 결말(45,6 이하*. 야곱의 인지=두 번째 절정). 계시플롯에 무관하지 않게 이 범주에서 '알아봄'의 역할은 간과될 수 없다. 인물들은 '봄' 혹은 '들음'에 의해 무언가를 인지할 때마다 감성의 충격을 받고 이는 마침내 그들의 행동에 영향을 미치는 내적 힘으로 바뀐다. 다시 말해 이 인지들은 인물들의 내적 변화에 깊이 관여하며 인물의 플롯(plot of character)을 형성한다. 지면관계상 이를 다 다룰 수는 없고 본고 각주 14, 15와 본고 4.2.3. '요셉, 입체적 인물'을 참조할 수 있을 것이다.

한다.(45,28) 그러므로 가족의 결합을 성립시킨 가장 커다란 힘은 야곱과 요셉의 특별한 관계에서 나왔다고 하겠다.

(3) 주요 주제들
① 가족관계
제3부에서 가장 밀도 있게 다루는 주제는 의심할 바 없이 37장에서 남겨진 가족문제다. 가뭄이라는 모티프가 가족 성원을 시공 차원에서 묶어주고 이 틀 안에서 혈연에 대한 인식과 사랑, 그리고 형들의 죄에 대한 통회가 점차로 강하게 부각되며 가족 결합을 촉진시킨다.

② 신분
제2부의 결과로 요셉의 신분은 아주 높이 고정된 듯하며, 형제들은 저자세로 그를 만난다. 그래서 3부는 신분에 관한 한 종종 1부를, 특히 요셉의 꿈을 되돌아보게 한다. 요셉은 자신의 정체를 폭로한 후 형들을 지배하기 포기한 듯하지만(45,3) 이집트와 가족 안에서 그의 탁월한 지위는 아직 전체에 그늘을 드리운다.

③ 하느님
제2부와 대조적으로 설화자는 단 한 번도 자기편에서 하느님에 대해 언급하지 않는다. 그렇지만 인물들은 여전히 하느님을 자주 언급한다. 형들에 대한 요셉의 태도가 결정적으로 변화된 것은 첫 만남이 있고 사흘 후, 곧 그가 자신을 '하느님 두려워하는 사람'으로 선포하고 난 다음이다. 파라오 이름으로 맹세하는 복수심에 가득 찬 인물, 벤야민을 데려오기 위해 오직 한 형만 파견하려 했던 요셉이 이제 아홉 명을 보내 그 가족을 살리려고 한다. 다시 말해 요셉은 형들을 다루는 일에 하느님을 의식하는 듯하며, 가족의 기아에 책임감을 느끼는 듯하다. 사

흘이라는 이 간격은 형들에게도 변화를 가져왔으니 그들은 자신들의 죄를 돌아보기 시작한 것이다. 이 사흘은 하느님께서 양측에 보다 뚜렷이 인식되기 시작하는 특별한 기간이었을까? 이때부터 독자는, 형들이 일어나는 사건들을 하느님과 관계시켜 이해하는 것을 본다. 곧, 그들의 불행은 죄 값이요(42,21~23), 자루에서 발견된 돈은 하느님께서 그들을 벌하고자 하신 일이며(42,28), 마침내 자루에서 발견된 은컵은 하느님께서 그들의 죄를 고발하시는 가장 확실한 증거라고 해석한다(44,16).[13] 한편 야곱은 요셉을 잃은 이후(37,33~35) 가장 극악한 처지에서 눈길을 하느님께로 돌린다. 하느님께로부터 좋은 일을 기대하며 마침내 모든 것을 그분 손안에 맡기는 것이다(43,14).[14] 이렇게 3부에서 하느님은 각 인물의 마음 안에서 활발히 활동하신다.

---

13 요셉의 형들은 '그 땅의 어른'의 정체를 몰랐으므로 요셉과의 첫 만남에서 엄청나게 당황할 수밖에 없었다. 하지만 옛날 요셉이 겪었던 고통을 몸소 겪어봄으로써 그들은 동생의 아픔을 알게 되며 자신들이 저지른 죄를 생각하게 된다.(45,21) 이 죄의식은 만남이 거듭됨에 따라 계속 자라난다. 이와 더불어 그들은 아버지 야곱이 사랑하는 아들을 잃지 않게 하려고 차례차례 자신들을 희생물로 내놓는데(42,37~38 ; 43,3~14) 유다의 청원(44,18~34)에서 절정에 달한다. 옛날, 자신들의 불편함과 이익 때문에(37,27) 동생을 희생시키고 연로한 아버지를 잔인한 방식으로 속이기 마다하지 않던 그들이 3부가 진행되면서 죄에 대해 통회하고 아무 미움 없이 아버지의 편애를 받아들이며 연민을 느끼는 것이다. 야곱의 아들들은 확실히 변해간다. 이집트로의 여행은 다름 아닌 그들 내면의 정화라는 긴 여정이기도 하였던 것이다.

14 야곱의 편애는 변하지 않는다. 요셉을 잃은 후 오히려 더 강해진 것으로 보인다. 그러나 야곱은 아들들의 여행 중에 일어난 사건들을 간접경험하면서 자기가 잘 사랑해주지도 않았던 아들들이 얼마나 자기를 사랑하는지 느꼈을 것이며, 아울러 자신 또한 가족 전체를 위해 희생해야 함도 배웠다. 이런 일치의 경험이 그로 하여금 후에 아들들의 죄를 용서하고 그들을 위한 중개자가 되게 하였으리라(50,17).

4) 제4부(46,31~47,31; 50,1~11.14)[15]

세 개의 에피소드가 모여 또 하나의 중간 크기 설화단위를 이루는데 앞부분처럼 탄탄한 연결은 보이지 않는다. 그러나 플롯의 구성과 기본 논제가 하나의 통일성을 갖추고 있음을 증명해준다.

(1) 플롯의 구조
① 이야기의 분절
제4부도 세 개의 에피소드로 이루어지는데, 각각 다른 사건을 기술하고 있음에도 어떤 공통점을 찾을 수 있다.

에피소드1 (46,31~47,12) [a]	에피소드2 (47,13~27) [a']	에피소드3 (47,28~31; 50,1~11.14) [A]
46,31~34: 전 단계 (요셉이 만남을 대비함) 47,1~6: 첫째 단계 (만남1) 47,7~10: 둘째 단계 (만남2) 47,11~12: 결미	47,13~15ㄱa: 전 단계 (요셉이 만남을 대비함) 47,15ㄱb~18ㄱa: 첫째 단계 (만남1) 47,18ㄱb~25: 둘째 단계 (만남2) 47,26~27: 결미	47,28~31: 전 단계 (야곱이 죽음을 대비함) 50,1~3: 첫째 단계 (장례준비1+애도) 50,4~10: 둘째 단계 (장례준비2+장례) 50,11.14: 결미

첫째, 세 에피소드 모두 비슷한 구조를 보인다. 각 에피소드는 두 개의 비슷한 장면으로 이어지며 그 후 두 문장으로 된 결어가 뒤따른다. 첫 번째 문장은 본문 내용을 좁은 문맥에서, 그리고 두 번째 문장은 넓은 문맥과 상관시키며 더 통괄적 차원에서 요약한다.

둘째, 한 에피소드를 다음 에피소드와 연결시키기 위하여 말고리가

---

15 4부에 대해 좀 더 구체적으로 이해하려면 다음을 참조할 수 있다. 배은주, 「요셉과 에집트의 가문」, 『신앙과 삶』 8(부산가톨릭대학교 출판부, 2003), 5~51쪽.

사용되고 이는 독자가 연속성을 느끼도록 도와준다(빵[47,12 → 47,13]; 야곱의 이집트 거주[47,27 → 47,28]).

셋째, 각 에피소드에서 야곱 가족은 직간접으로 두 번 신분이 상승되고, 두 번째 상승은 첫 번째보다 훨씬 크게 이루어진다. 또 세 에피소드를 다 묶으면 상승이 점점 증폭되면서 전체로서 하나의 일관성을 보여준다. 곧, 첫 상승은 재상의 가족 차원에서 이루어지고, 다음은 이집트의 가장 높은 계급인 사제들에 비교되며, 마침내 이스라엘 족장의 죽음에서 드러나는 신분의 고귀함이 파라오를 능가하는 정도로 묘사된다.

넷째, 기본 논제에 어떤 공통점이 있다. 처음 두 에피소드는 생존 문제를 다루는데 거기서 빵과 땅이 중요한 역할을 한다. 요셉은 일찍이 두 백성을 먹여 살리기 위한 양식 마련 대책을 세웠으며(41,33~49; 45,10~11) 그 구체적 실현이 4부에서 이루어진다. 먼저 그의 가족을 위해, 그 후 이집트인을 위해. 그리고 세 번째 에피소드는 죽음을 다루는데 이 죽음은 생명이 충만한 죽음이다. 야곱의 죽음은 그의 생명 주제와 밀접히 결합되어 앞선 에피소드들과 불가분의 관계를 맺는다(세 에피소드 모두 חיה하야[생명] 어근을 공통으로 내포한다). 그러므로 제 4부는 플롯 구조상 같은 원칙 아래 쓰였음을 알 수 있다.

② 이야기의 심층모형

첫째, 세 에피소드가 다 같은 기본구조로 플롯의 틀을 형성한다. 곧, '욕구/욕구의 실현(혹은 문제/문제해결)'인데 이것은 매번 '(요셉의) 계획/계획의 실현'과 불가분의 관계에 놓여 있다.

둘째, 세 에피소드 플롯의 부구조는 '청원/청원이 받아들여짐' 혹은 그 변형인 '명령/명령의 실행'이 주종을 이룬다.

셋째, 매 에피소드에서 파라오는 중심에 놓인다. 인물들의 욕구(혹은 요셉의 계획)는 매번 파라오의 중간 기능을 통해서만 완전히 실현된다.

그러므로 어떤 면에서 세 에피소드는 모두 요셉과 파라오의 협력을 다룬다. 또한 이 플롯구조는 매번 독자가 첫 시작에 기대했던 것 훨씬 이상의 결과를 낸다.

(2) 주요 주제들

① 신분

세 에피소드가 다 사건들을 두 차원에서 다룬다. 곧, 표층에서 어떤 구체적 사건들을 묘사하지만 그 밑에서는 이집트인에 대한 이스라엘인의 우월성을 암암리에 강조한다. 그런데 그 우월성이 항상 종족의 정체성과 함께 나타나는 것이 주목할 만하다. 4부에서 설화자의 카메라는 한 번도 가족 내 문제에 렌즈를 맞추지 않으며 그들을 밖에서부터 비춘다. 독자는, 이야기 안의 파라오나 이집트 백성과 함께, 많은 면에서 그들을 이집트인과 구분된 한 집단으로 인식한다. 그 최종이 야곱의 장례이니 장지와 장례행렬 그리고 이스라엘 식 장례예절을 통해 뚜렷이 구분된다. 이것들과 함께 야곱의 이미지도 달리 비추인다. 비통함을 자아내던 격정적인 아버지의 이미지를 떠나 4부에서 그는 한 종족의 족장으로 나타나며 자신의 삶을 절제된 위엄을 가지고 담담히 이야기하고 (47,9) 이집트 지배를 받지 않은 채 자기 고유의 터전을 잡고 살아간다 (47,21~22.26~27 참조). 그는 이스라엘 가문 대표로서 마치 왕족처럼 영예를 입고, 마침내 가나안 땅에 묻힘으로써 그의 선조들, 곧 종족의 뿌리에 합쳐진다(47,30 ; 50,1~11). 그러므로 위의 모든 점을 합쳐 이와 같이 말할 수 있다. 4부에 결정적이고 독특하게 통일성을 부여하는 것은 탁월한 종족이라는 이스라엘인의 정체이며, 이것은 종종 그 대표인 이스라엘/야곱이 받는 영예에 의해 부각된다.[16]

---

16 4부는 2부와 뚜렷한 연계성을 보인다. 2부에서 에피소드들의 통일성은 외적 사건들 차원보다는 요셉의 신분이라는 주제를 다루는 깊은 차원에서 이루어

② 가족관계

가족문제는 거의 나타나지 않지만 한 가지 점이 독자의 눈길을 끈다. 50,8에서 장례행렬을 따르는 이들이 나타나는데 '요셉과 그 형제들의 온 집안과 그 아버지 집안'이라고 한다. 여기서 요셉과 그 형제들은 집안의 다른 구성원에서 구분되어 가계를 대표하는 듯하며 마침내 50,14에서 다시 한 번 같은 식으로 언급된다. 다시 말해, 야곱의 열두 아들은 분리될 수 없는 '한 집단'으로 보인다. 그럼에도 야곱과 요셉이 아직 특별한 관계에 놓여 있음(47,29~31)도 주목할 만하니 요셉은 여전히 야곱의 아들들 중 빼어난 역할을 하고 있는 것이다.

③ 하느님

하느님은 4부에서 결코 언급되지 않으며, 가족의 신분상승을 가져오는 것은 매번 요셉과 파라오의 공동협력 결과다. 그러나 '그 협력 관계'가 전적으로 41장에 뿌리를 두었음을 망각해서는 안 된다. 2부 없는 4부는 상상할 수 없다. 그런데 2부는 야훼의 활동결과다. 하느님께서는 꼭 하셔야 할 일을 한 후 사람들 뒤로 숨으셨다. 그러므로 이런 의미에서 4부에 하느님이 부재하신다고 쉽사리 말할 수는 없다.

지며, 각 에피소드가 4부에서처럼 이중의 내적 움직임을 갖는다. 차이점은 2부가 요셉 개인의 상승과 하강을 다룬다면, 4부는 이스라엘 종족의 집단적 상승을 다루며 여기에는 하강이 없다는 것이다. 이 가족은 이미 지난해 동안 고통을 받았기 때문인가 혹은 이집트 최고위 인물들인 파라오와 요셉의 보호로 아무도 그들을 해칠 수 없기 때문인가? 아마도 둘 다 맞으리라. 설화자는 2부에서도 종족을 대립시킨다. 2부에서 요셉은 하강될 때마다 히브리인으로 언급되어, 마침내 요셉이 가장 고양되었을 때 그 점을 역설적으로 보다 강하게 부각할 수 있었다. 그러므로 2부와 4부 모두에서 중심주제는 '신분 상승'이며 이것은 항상 히브리인이라는 민족적 정체성과 연결되어 있다.

5) 제5부 (50,15~21[22~23.26])

(1) 플롯의 구조
① 이야기의 분절
발단: 50,15

전개: 50,16~18

해결: 50,19~21 (=이야기 전체의 결론)

종결부: 50,22~23.26: (요셉의 복된 죽음)

② 이야기의 심층모형
50,16~21: (형들의) 청원 / (요셉의) 거절

(2) 주요 주제들
이 마지막 에피소드는 전체 이야기 해결부로서 세 주요주제는 서로 간에 아주 밀접하게 연결되어 한 장면을 이룬다.

① 가족관계
제3부는 의심할 바 없이 가족문제에 대단한 발전을 보였다. 야곱과 요셉이 다시 만났고 요셉은 말과 행동으로 화해를 표현했으며 형제들도 그와 이야기하기 시작하였다. 또 독자는 형제들이 정화되었음도 알고 있다. 그러나 이런 것들이 형들의 마음 안에서 그 문제를 완전 해결했다는 의미는 아니다. 45장에서 가족의 결합은 무엇보다 야곱과 요셉의 특별관계, 그리고 하느님의 섭리에 대한 요셉의 개념에 의거하였다. 그러므로 야곱이 없어진 지금 이제껏 감추어졌던 문제가 불거지는 것은 놀라운 일이 아니다. 아주 중요한 사실은 구약의 전형적 화해양식이 여기에서야 발견된다는 점이다. 그리고 이에 대한 요셉의 반응을 보면

죄에 대한 응징이 없음은 물론 용서 차원까지도 넘어서고 있음을 알 수 있다.[17] 한마디로, 형들과 요셉의 관계는 5부에서야 완전한 해결에 이르렀다.[18]

② 신분

신분에 대한 새로운 정의가 나타난다. 야곱은 자신의 가족을 '하느님의 종들'로, 요셉은 '큰 백성'으로 정의한다.

③ 하느님

요셉은 이제까지 모든 역사가 하느님의 주관하심 아래 이루어졌다고 고백한다.

5부는 이야기의 해결부인만큼, 거기 담긴 모든 요소는 이야기의 전체 전망 안에서 그 진정한 의미를 드러낸다. 따라서 보다 넓은 안목으로 이를 살펴보아야 할 것이다.

---

17 본고 4.2.3. 요셉, 입체적 인물 ; 4.3.4. 역할중첩 참조.

18 구약성서에 나타나는 화해의 전형적 양식연구에서 보바티(Bovati)는 화해를 가능하게 하는 가장 중요한 요소는 잘못한 측의 죄 고백이라고 한다. 이 고백은 언어화되어야 하며 양측이 이 내용에 동의할 때 정의가 이루어진다. 한편 용서해 달라는 청원 없이 용서하는 것은 양편의 원의에서 나온 것이 아니므로 불완전한 통교에 불과하다. 또한 용서를 위한 중개자의 역할과 통회하는 자의 행위(נפל 과 חוה 혹은 다른 어근을 사용한 '절')도 상당히 중요하다. 그렇다면 창세 50,15~18은 고전적 화해양식과 대단한 공통점을 보인다. 독자는 형들이 요셉에게 참회의 절을 하며 야곱을 중개로 그와 화해하는 것을 본다. P. Bovati, *Ristabilire la Giustizia*: *Procedure, vocabolario, orientamenti*, AnBib 110 (Rome 1986), 107~125. 대다수 학자들은 45,1~15를 해결부로 간주하며 전체 이야기 차원에서 볼 때 50,15~21을 45,3~15의 반복, 불필요하거나 중요하지 않은 것 혹은 독립적인 장면으로 여긴다.

4. 총체적 독서[19]

1) 요셉의 꿈[20]

37,5~11에 나오는 요셉의 꿈은 매우 중요하다. 그 꿈이야말로 형들의 살인 음모 동기가 되기 때문이다. 천부적 꿈풀이꾼인 요셉에 의하면 꿈의 원천은 하느님이시다. 꿈은 미래에 일어날 일을 알리며, 꿈의 해석은 각 표상이 제시하는 '의미를 따라서' 해야 할 뿐 아니라(40,5 ; 41,11.12) 하느님 혹은 하느님께서 알려준 사람만이 할 수 있다(41,16. 40,8 ; 41,28.38~39 참조). 이는 2부에서 과연 그대로 증명되었다. 그런데 애초에 요셉의 꿈을 해몽한 사람은 그의 가족들이었다. 그들은 꿈을 의미에 따라 해석하지도 않았을 뿐더러 오직 자신들이 엎드려 절하는 장면에만 마음을 빼앗겨 절하는 이유를 알려고 들지조차 않았다. 그러므로 그들 해몽의 진가는 의심스럽다고 볼 수밖에 없다.[21]

(1) 첫 번째 꿈

기근이 시작되어 요셉 형들이 요셉에게 절할 때(42,6), 독자는 쉽게 이 장면을 요셉의 꿈과 연결한다. 무엇보다 요셉 자신이 그 순간에 옛 꿈을 기억할 뿐만 아니라(42,9), 그들이 만난 장소인 곡식을 사고파는 마당은

---

19 바람직한 독서는 이야기 흐름을 따라 본문을 읽는 것과 그 과정이 끝난 후 본문을 전체적 전망에서 바라보는 두 차원으로 이루어지며 이 둘은 끊임없이 서로 영향을 주고받는다.

20 요셉의 꿈을 보다 구체적으로 이해하려면 다음을 참조할 수 있다. 배은주, 「요셉의 꿈: 과연 중요한가?」, 『신앙과 삶』 10(부산가톨릭대학교 출판부, 2004), 5~31쪽.

21 이제껏 거의 모든 학자가 가족들의 해몽(37,8.10)을 그대로 받아들임으로써 이야기의 바른 이해에 큰 어려움을 가져왔다.

'곡식단이 쌓였던 밭'(37,7)을 연상시키기 때문이다. 2부에 나타나는 다른 꿈의 표상들(빵 / 새의 먹이 ⇒ 빵을 굽는 시종장의 운명 ; 포도 / 잔을 바침 ⇒ 술잔을 드리는 시종장의 운명 ; 소[밭일꿈과 경작=씨뿌림] + 이삭[=추수] ⇒ 농경 문제)을 참고할 때 '곡식단'은 가뭄 중에 요셉이 공급할 양식을 의미했다고 볼 수 있다. 그러나 무엇보다 강렬한 접합점은 형제들의 '절'이다. 그들은 요셉의 곡창에서 곡식을 공급받고자 절한 것이다. 사실 형제들의 2차 여행에서는 벤야민까지 합쳐 열한 형제가 다 그에게 절했다. 그렇다면 요셉의 첫째 꿈은 그 의미에 따라 그대로 이루어졌다고 볼 수 있겠다.

그런데 요셉이 형들에게 자기 정체를 밝힌 후 하는 짧은 이야기 (45,5~8)에 주목할 필요가 있다. 이 이야기는 이제껏 무슨 일이 일어났고 또 일어나고 있는지에 대한 요셉의 첫 언급인데, 요셉이 파라오의 꿈을 해설할 때와 상당히 비슷한 형식을 따른다. 하느님께서 가뭄을 미리 내다보시고 형제들의 종족을 살리기로 계획하셨으며, 그 계획의 실현방법으로 요셉을 이집트의 통치자로 만드시어 양곡을 공급하게 하셨다는 것이다. 그렇다면 요셉의 이 말은, 천부적 꿈풀이꾼인 요셉이 자신의 첫 번째 꿈을 풀이하는 것이라고 볼 수 있다. 꿈의 원천이신 하느님께서 당신 계획을 일찍이 요셉의 꿈을 통해 알려주신 것이다. 섬세한 감성을 지닌 요셉은 형들에게 고통스런 과거를 떠올리게 해주고 싶지 않아 꿈에 대한 명확한 언급을 피하고 이를 설명했다 할 수 있다.[22]

그러면 첫째 꿈은 언제부터 실현되기 시작하였는가? 이집트에서 열두 형제의 만남은 그 이전 사건 없이는 불가능하고, 그 이전 사건은 그 전 사건 없이는 불가능하다. 사건들의 이 연속 고리는 마침내 야곱

---

22 요셉의 감정에 대해서는 본고 4.2.3. '요셉, 입체적 인물'을 참고하라.

이 요셉을 형들에게 파견할 때까지 이어지며 그 직전 사건이 바로 요셉의 이중 꿈인 것이다. 그러므로 제2부의 다른 꿈들처럼(41,32 참조) 요셉의 꿈도 꿈꾼 후 즉시 실현을 향했다는 것을 알 수 있다.

(2) 두 번째 꿈

학자들은 흔히 해와 달과 별의 표상을 황도대(12宮 星座)나 월신(月神) 마르둑(목성)에 연결시켜 해석함으로써 요셉을 신화적 인물에 비교하려 하였다. 그러나 그들이 제시하는 근동신화들을 요셉의 꿈과 자세히 비교해보면 전혀 다르다는 것이 드러난다. 해와 달과 별들이 별 하나에게 절하는 경우란 찾아볼 수도 없고, 정황들도 너무나 다르다. 또한 요셉이야기에는 신화적 요소란 아예 나타나지도 않는다. 오히려 성서 밖 자료보다는 해, 달, 별들에 대한 구약성서의 안목이 참조가 될 것이다. 구약성서에 해와 달과 별이 같이 나타나는 곳은 13군데로서 여러 가지 의미를 지니지만, 공통점이라면 이 천체들이 하느님의 창조물 중 보다 뛰어나고 하느님 가까이 존재한다는 것이다. 따라서 탁월한 사람을 이에 비유하기도 한다(다니 12,3). 사실 이스라엘 종족의 탁월함은 이야기 4부에서 충분히 드러났으며, 야곱은 마침내 자기 가족을 '하느님의 종(신하)들'로 표현한다(50,17). 이는 어느 민족보다 하느님 가까이에서 하느님을 섬기는, 인간으로서 가장 영예로운 신분이라 하겠다(실제로 신명기 4,6~7은 이와 똑같은 내용을 선포하고 있다).

아울러 성서 본문은 형들은 물론(50,18) 확실히 야곱도 요셉에게 절했다고 일러주니(47,31) 요셉의 두 번째 꿈도 그대로 실현된 것이다. 야곱이 요셉의 꿈을 해석할 때, 천체를 자기 가족에 비겼는데(37,10), 비록 요셉을 꾸짖기는 하였지만 그의 해몽은 옳았던 것이다. 야곱이 임종 직전 침대에서 절하는 장면의 유일한 병행문이 1열왕 1,47에 나타난다. 다윗은 솔로몬에게 왕위를 이양한 후 침대에서 절하는데, 그는 자신의 삶이 충만함에 다다른 것을 인식하며 지난 세월 동안 입은 은혜를 '하느님께' 감사드린다. 성서본문은 '역할중첩'이라는 문학형식을 통해 여러 모양으로 야곱이 요셉을 '하느님의 대리자'로 알아들었음을 암시해 준다. 야곱은 요셉의 꿈 이야기를 마음에 품어 간직했었기에 (37,11) 자신이 보고들은 모든 사건을(45,9~13.26~27 참조) 그 꿈에 연결시킬 수 있었고 마침내 지상에서 온갖 소원을 다 채운 후 일생 동안 입은 은혜에 감사하며 '자기 곁에 있는 대리자를 통해 하느님께' 절한 것이다. 더불어 "제가 하느님 대신이기라도 합니까?"(50,19)라는 응대로 미루어 볼 때 형제들의 마지막 절(50,18)의 의미도 같은 맥락에 속한다고 볼 수 있다. 다시 말해, 천체들이 하느님을 섬겨 절하듯 야곱도 형제들도 요셉을 마치 하느님 대하듯 하며 절한 것이다.[23]

이야기 말미에, 곧 형제들이 마지막으로 절한 후에 요셉이 형제들에게 하는 두 번째 신학적 대담이 나온다(50,19~20). 이 말은 요셉의 두 번째 꿈에 대한 풀이라고 할 수 있으며 이야기 전체, 특별히 요셉의 두 꿈과 함께 볼 때 의미가 더욱 잘 드러난다. 요셉은 자신의 첫 번째 꿈을 해설할 때 가뭄을 (죄지은) 형들의 종족과 관련시켜 '생명보존' 문제로 다루었고(45,7~8), 지금도 '생존'에 대해 이야기한다. 특별히 '큰 백성(עַם־רָב)'이라고 말하며 자기 종족 전체의 특수신분과 연결시켜 설명한다. 여기서 '큰'이란 양적, 질적 두 차원을 다 포용한다고 보아야 할 것이니, 번성하는 위대한 한 민족을 만들기 위해 하느님께서는 두 단계 작업을 거치셔야 했던 것이다. 구약성서에서 가뭄은 죄지은 당신 백성을 벌하고 정화시키는 하느님의 도구로 자주 쓰이는데, 사실 그 가뭄이 형제들을 필연적으로 만나게 하였고 그 과정에서 온 가족성원은 각각 같은 종류의 고통을 체험하며 내면이 정화된다. 또한 하느님

---

23 본고 4.3.4. '역할중첩' 참조.

을 두려워하고 그분께 맡기는 것을 배우며 성숙하게 되어 마침내 영광스러운 '하느님의 종들'이 되기에 합당해진다.[24] 그러므로 하느님께서 요셉의 양식수급을 통해 그들 종족의 생명을 보존하신 첫째 꿈의 실현은 둘째 꿈의 실현을 위한 준비이며 전제조건이었고, 요셉의 꿈은 둘이지만 하나로 이어지는 것이다. 둘째 꿈은 첫째 꿈의 실현(45,5~7) 후 즉시 실현되기 시작했으니, "하느님께서는 저를 파라오의 아버지로, 그 온 집안의 주인으로 삼으시고 이집트 전국을 다스리는 자로 세워주셨습니다"(45,8)를 고리로 두 꿈이 연결된다. 야곱 가족의 이집트 이주는 곧 그들의 신분상승으로 이어졌고 마침내 야곱이 죽을 무렵 절정에 달하기 때문이다.

한 가지 더 짚고 넘어가야 할 점이 있다면, 이교세상을 대표하는 파라오의 꿈과 이스라엘 종족을 대표하는 요셉의 꿈이 모두 중요하다는 것이다. 그러나 요셉의 꿈에 파라오의 꿈이 포함된다. 기근에 대한 하느님의 계획은 파라오의 꿈에 구체적으로 제시되었지만 사실 이는 요셉의 첫 번째 꿈 안에 이미 암시되었다. 하느님께서는 '이집트인'과 '이스라엘인' 두 무리 모두에게 생명을 주려 하셨다. 그래서 이스라엘을 위해서 이집트인의 넓은 땅을 이용하셨으며, 이집트는 물론 온 세상 사람을(41,57 참조) 이스라엘인이 지닌 신적 지혜의 도움으로 살아나게 하셨다.[25]

그렇다면 요셉이야기 전체는 '구원사'라는 신적 지혜의 플롯으로 이루어졌으며, 하느님이야말로 진짜 계획하시는 분이요 숨은 주인공이시

---

24 근친을 유괴하여 파는 것은 이스라엘 법에 따르면 사형이다(탈출 21,16 ; 신명 24,7). 그러나 하느님께서는 요셉의 죄지은 형들을 죽이는 대신 벌하고 정화시키심으로써 야곱 가족 전체를 수적으로나 질적으로 빼어난 백성으로 만드셨다. '내면의 정화'에 대해서는 본고 4.3.2. '다기능 모티프들'과 4.3.3. '경험의 공유' 참조.
25 각주 28 참조.

다. 요셉의 이중 꿈은 바로 이 플롯의 선포였다. 이야기의 처음(37,5∼
7.9)부터 끝(50,19∼21)까지 뻗어 있으면서, 이것은 부차적 플롯들인
2,3,4부를 결합시킨다. 이들이 거의 같은 플롯구조(aa'A)와 같은 길이
(量)를 가진 것은, 그 모두가 하느님께 똑같이 중요했고, 그것들이 하느
님 고유의 계획을 따라 하나씩 이루어져야 했음을 의미한다 하겠다.

2) 요셉의 인물묘사

사람은 누구나 변치 않는 점도 있지만 아울러 시간과 환경에 따라 변하
는 면도 가지고 있다. 그리고 이 둘이 합쳐 고유한 '한 사람'을 형성한
다. 요셉도 이런 점에서 예외가 아니다. 우리는 요셉의 인물상을 통해
플롯구조가 다시 한 번 그 윤곽을 더욱 뚜렷이 드러냄을 볼 수 있다.[26]

---

26 요셉의 인물상에 대한 학자들의 의견은 크게 다섯 가지로 나눌 수 있다. ①
요셉은 변화하는 극중인물(dramatis persona)이 아니며, 창세기 37∼50은 그런
데에 관심을 두지 않는다. ② 요셉은, 다른 전승층 때문이건 아니면 작품의
성격 때문이건 간에, 단절과 모순을 보이는 두 가지 이미지를 지니고 나타난
다(예를 들어, 보통사람과 이상적인 인물 또는 실수를 모르는 성인[聖人]과
둔감하고 잔인한 사람). ③ 요셉의 한 면만 강조되는 경우이다(예를 들어, 늘
선하며 신심이 깊은 사람[그가 보여주는 잔인성은 형들을 변화시키기 위한
'시험'때문일 뿐이다] 혹은 성질이 급하고 비정한 폭군). ④ 복수심, 사랑, 미
움 등 다양한 성품을 가지고 상황 안에서 변화하는 사람. 하지만 대부분 경우
요셉이 형들에게 하는 '시험'에 초점을 둠으로 변화라면 (항구히 내재하는 그
의 선함이) 점점 더 내면의 사랑을 감추거나 형들을 상대로 한 작전을 감당
해가는 것을 말한다. 따라서 이는 진정한 의미의 내적 변화는 아니다. ⑤ 요
셉의 내적 변화를 전반적으로 고려하는 경우다. 종합하면, 거개가 요셉의 한
'특정한 면'을 보는 데 치우치고 있으며, '시간의 흐름에 따라 지성과 감성
상태가 달라질 수 있는 사람'으로서 요셉을 생각하는 경우란 극히 드물다. 실
상 요셉은 이야기 각 부분에서 각각 다른 정도의 삶의 경험을 지닌 채 다른
상황 아래서 비추어지고 있으므로 요셉에 대한 이해는 이에 따라 신축성을
지녀야 할 것이다. 2부와 4부에서는 해몽가요 행정가라는 면이 부각되는 반

(1) 요셉, 파견된 자

다양한 삶의 면모를 보이는 가운데 요셉의 이미지에 무언가 변치 않는
요소가 있다. 이는 요셉이야기를 가장 특별하게 만드는 동시에 이야기
전체에 결정적으로 일관성을 부여하기도 한다. 요셉은 처음부터 끝까
지 '누군가를 대리하는 사람'으로 묘사된다. 그는 아버지의 대리인이었
고(37,13~14), 포티파르, 간수장, 파라오, 마침내 하느님의 대리인이었
다. 요셉은 그의 높은 위치 때문에 중요한 것이 아니라 아무도 겨룰
수 없는 특별한 역할 때문에 중요하였다. 이집트인들은 요셉이 재상이
었기 때문이 아니라 그가 파라오의 대리인으로서 위대한 과업을 수행
했기에 그에게 감사하였다.(47,25) 또한 파라오는 그를 자기 백성을 위
한 하느님의 특사로 인식하였다.(41,38~40) 요셉이 자신을 자기 동족
을 위한 하느님의 특사로 알아들은 것은 오랜 세월이 지난 후였으며
이는 형들에게 건넨 두 번의 담화에서 명백하게 드러난다(45,5 ; 50,21).
그렇다면 하느님이야말로 그의 가족을 위해 실제로 활동한 분이시다
(50,20). 그러므로 가족이 절해야 한다면, 이 감사의 절을 받을 분은 하
느님이시다.

요셉이 하는 말과 행동은 많은 면에서 그가 하느님의 특사였음을 드
러낸다.[27] 옛날 가나안 땅에서 "제가 여기 있습니다"(37,13)라고 대답한
후 요셉은, 자신이 의식했든 못했든 온 삶을 '파견된 자'로 살았다. 그
리고 하느님으로부터 파견된 것이 다른 모든 파견의 원천이 되었다.
요셉은 야곱이 준 사명에 실패함으로써 하느님께서 주신 사명을 완수

면 1,3,5부에서는 그의 행동이 정서에 의해 크게 좌우된다. 이것은 이야기 내
용을 생각할 때 쉽게 이해할 만하니, 2,4부에서는 플롯의 전개상 그가 재질을
발휘하는 것이 필요하고, 1,3,5부에서는 요셉이 분노와 비통과 사랑을 어떻게
다루는지가 중요하기 때문이다. 요셉상을 이해하기 어려운 것은 바로 이 두
다른 측면 때문이다.
27 본고 4.3.4. '역할중첩' 참조.

하였고, 그것은 실제로 야곱이 준 사명을 더 온전한 차원에서 이루는 것이 되었다. 곧, 요셉은 형들의 안녕(שלום)을 보고 오는(37,14) 대신 형들에게 하느님으로부터 오는 안녕을 찾아주었다(50,17.21 참조). 그 안녕, 곧 평화는 미움과 질시, 죄와 죄의식 때문에 결코 얻을 수 없던 것이었다. 독자는 이제 37,15~17이 왜 그렇게 길게 묘사되었는지 이해할 수 있다. 정체불명의 '한 남자'의 파견은 바로 하느님으로부터 온 것이었으며(deus ex machina), 이 하느님의 파견이야말로 야곱의 파견보다 훨씬 더 크고 중대했기 때문이다. 그런데 요셉이 사명을 위해 받은 카리스마는 그가 거룩하다든가 전지하고 전능하다는 것을 의미하지는 않는다. 오히려 요셉은 그가 받은 사명을 수행하는 가운데 점차 지혜와 인생의 깊이를 더하며 성장했다고 하는 편이 옳을 것이다.

(2) 요셉, 이스라엘인

요셉에게 또 하나의 변치 않는 이미지가 있다면 이는 그가 이스라엘인으로서 묘사된 것이다. 이스라엘인이 전체적으로 유목민(רעה צאן)으로 묘사되었듯(특히 제4부에서 두드러진다. 46,32~47,10을 그 예로 들 수 있겠다. 설화자는 이야기 도입부에서 요셉을 목자(רעה צאן)로 소개한다(37,2). 요셉이 히브리인이라는 사실은, 그가 아주 비천해질 때든 재상으로 영예를 누릴 때든, 이집트 안에서 결코 감추어지지 않았다. 그리고 설화자는 요셉 형들이 파라오의 가축떼를 돌보는 동안(47,6.17~18 참조) 요셉은 이집트 백성을 목자처럼 돌보았다고(נהל) 한다.[28] 다시 말해, 비록 이집트 재상이었을지언정 요셉은 분명 유목민

---

28 47,13~27에 의하면 요셉은 이집트인의 자생수단이 되던 사유재산을 극심한 가뭄이라는 기회를 통해 없애고, 이집트 고유의 원칙대로 토지를 파라오 것으로 만드는 동시에 파라오와 백성 모두의 욕심을 제한시키는 '오분의 일'조세제(稅制)를 만들어 어떤 난시에도 전 이집트가 살 수 있는 영원한 해결책을

인 자기 종족들 가운데 하나였다.

더욱 흥미로운 것 한 가지가 있다. 이스라엘인의 자기 이해를 뚜렷이 보여주는 것 중 하나는 종을 다루는 법인데, 이스라엘인은 두 가지 중요한 이유로 말미암아 주변 다른 민족들과 달리 자기 동족을 종으로 삼을 수 없었다. 첫째는 신학적 이유로서 이스라엘인은 하느님께서 이집트의 종살이에서 해방시키시어 당신 소유로 만드신 사람들이므로 오직 하느님께만 속한다는 것이다. 쉽게 말해, 그들은 '하느님의 종'이기에 그 본질상 어느 인간의 종도 될 수 없다. 그러므로 어떤 히브리인이 외국인의 종으로 팔렸을 경우 그는 자기 친족에 의해 속량될 기대를 할 수 있게 된다. 또 한 이유는 전자와 밀접히 연결되어 있는데, 히브리인 모두가 '형제들'이기 때문에 다른 히브리인에게 종으로 취급될 수 없다는 점이다.[29] 요셉과 그 형들 사이에 '다스림과 지배당함'의 문제는 이야기 전체에 걸쳐 매우 중요한 쟁점이 되는데 요셉 형들이 가장 무서워했던 것은 종이 되는 것이었고(37,8 ; 43,18) 실상 그들은 여러 번 요셉의 종이 될 위험에 처했다(44,9.16.33 ; 50,18 참조). 하지만 요셉은 결코 그들을 종으로 삼지 않았을 뿐더러 마침내 자신과 그들을 합쳐

마련해준다. 가뭄 중 요셉의 대민(對民)활동을 요약한다고도 할 수 있는 47,17 의 동사(נהל나할, 성서에서는 '양식을 공급해주었다'로 의역함)가 의미하는 바에 따르면, 현대 독자의 섣부른 판단으로는 잔인해 보이는 요셉의 정책이 실상 그 백성에게는 생명의 샘으로 인도하는 목자의 보살핌과 같았다(시편 23,2 는 נהל나할 동사의 의미를 가장 잘 드러내준다 할 수 있다). 사실 이집트인은 요셉의 강요에 의해서가 아니라 자진하여 그들의 자유와 땅을 파라오에게 팔았으며, 7년 가뭄 속에서도 기적적으로 종자를 보존해준 요셉을 생명의 은인으로 고백한다. 배은주, 「요셉과 에집트의 가뭄」, 5∼51쪽.

29 이스라엘인은, 그들이 주변민족들의 습속에 얼마나 영향을 받았든 간에, 자유와 형제애에 가장 무게를 두었으며 이를 기본원칙으로 존중하였다. H. W. Wolff, "Masters and Slaves. On Overcoming Class-Struggle in the Old Testament," *Interpretation* 27, 1973, pp.259∼272.

온전히 '하느님의 종들'(50,17)로, '한 조상의 후예'(50,20)인 형제로 규명한다.[30] 한마디로, 요셉은 전형적인 히브리인으로서 생각하고 행하였다. 이렇게 하여 그는 이스라엘 민족의 전형이자 이상적 조상으로서 독자에게 친밀하게 다가선다.

(3) 요셉, 입체적 인물

요셉이야기에는 '성장하고 발전하고 때로 마음을 바꿈으로써 독자와 다른 작중인물을 놀라게 하는' 입체적 인물들이 나타난다.[31] 요셉도 그중 하나다. 이야기 시작과 중간과 끝, 곧 1, 3, 5부의 요셉을 살펴보는 것은 그의 변화를 알아볼 수 있는 좋은 길이 될 것이다.

이야기는 어린 소년 요셉으로 시작된다.(37,2) 그는 아버지 야곱의 편애를 받을 뿐 아니라 자신의 행위 때문에 형제들 가운데 특별해 보인다. 이 점은 점점 증폭되며 묘사되다가 마침내 그가 아버지의 특사로 파견되는 데까지 이른다(37,12~14). 그러므로 꿈 내용을 떠나서라도 형들은 그를 따돌리고 미워할 만한 충분한 이유를 지녔으며 꿈이 요셉의 무의식 안에 있는 교만에서 비롯된 것이라고 추측할 만도 했다. 사실 형들 눈에 요셉은 아버지 소실들의 아들을 섬겨야 할 만큼 자기들 가운데 가장 작은 자로 보였던 듯하다(37,2).

3부가 시작되자마자 독자는 그 형들을 잔인하게 다루는 요셉을 보게

---

30 '아브라함의 후예'로서 이스라엘 민족은 세상 모든 종족의 복의 근원이 될 사람들이다(창세 12,3 참조). 이들은 요셉을 통해 드러난 것과 같은 지혜, 곧 하느님께 받은 거룩한 지혜(후일 토라로 일컬어질 것이다)로써 세상을 생명에로 이끄는 목자(רעה צון) 역할을 할 소명(נהל)을 받았다. 그리고 이 소명이야말로 바로 '하느님의 종들'이라는 고귀한 신분을 특징짓는다.

31 극중인물은 이야기 흐름에 따라 성품이 변하는 입체적 인물(round character)과 대표적인 어떤 한 가지 성격만 드러낸 채 고정된 역할을 하는 평면적 인물(flat character)로 구분할 수 있다.

된다. 그런데 요셉의 이 잔인성은 차츰 줄어들며 화해하고 싶은 마음으로 대치된다. 하지만 "이제 형님들께서는 아우 벤야민과 함께 내 입이 말하는 것을 눈으로 똑똑히 보고 계십니다. 내가 이집트에서 누리고 있는 이 영화와 그밖에 무엇이든지 본대로 다 아버지께 말씀드려 주십시오"(45,12~13ㄴ)하는 말의 음조는 옛날 가나안 땅에서 자기 형들에게 꿈 내용을 들으라고 하던 자랑스런 목소리와 다를 바 없지 않은가? 심리적 차원에서 볼 때 요셉이 화해를 청한 후에도 형들이 왜 평화로이 그와 대화하지 못했는지 쉽게 이해가 간다. 그래서 3부는 화해를 원하고 선함을 드러내고자 하지만 대단한 자의식 때문에 형제적 신뢰를 받는 데 실패한 요셉으로 끝난다.

이야기의 말미인 5부에 이르면 머리를 조아리며 용서를 청하는 형들에게 요셉이 "두려워하지 마십시오. 제가 하느님 대신이라도 됩니까?"라고 대답하는 것을 듣게 된다. 어린 요셉은 두 번째 꿈을 이야기할 때 자신이 그 별들 중의 하나인지 아닌지에 대해 결코 언급하지 않았다. 단지 자기가 해와 달과 별 열하나에게 마치 하느님처럼 절을 받았다고만 이야기했다. 3부가 시작되면서 요셉은 자신의 권력을 최대한으로 드러내 보여 자신을 초인간적 힘을 지닌 자처럼 설명하기도 하고 (44,15) 정체를 드러낸 후에도 굉장한 영화와 권력을 지닌 자로서의 자세를 그대로 견지했다(45,12~13). 하지만 지금 그는 과거에 지녔던 자기 고양의 자세는 물론 형들과 사이를 갈라놓던 그 잘난 어조를 다 버렸다. 대신에 그는 자신이 하느님이 아니라고 부인하며 용서할 권리조차 가지지 못했다는 정도로 자신을 낮추었다. 그리고는 마치 사랑하던 아버지께 했던 것처럼 형들과 그 가족 모두를 도와줄 것을, 그들 생명을 돌볼 것을 부드럽게 확인할 뿐이다. 이는 실로 자신을 전적으로 비우는 겸손이며, 이제 이 겸손과 함께 요셉은 '종족'(עַם)의 한 사람으로서 형제들 가운데로 끼어 들어온다. 그들을 갈라놓던 높은 담이 무너졌고, 이 가족에게 참된 내적 결합이 이루어질 희망이 움텄다. 이어지는 문장(50,21ㄴ)이 이를 확인시키는 듯하다. 사실 이야기의 이 끝 장면(5부)은 이야기의 첫 장면(1부)과 첨예한 대조를 보이며 요셉의 변화를 선명하게 드러낸다. "마음에 대고 말하다"(50,21)는 "그들에 대한 험담을 일러바치다"(37,2)와 "평화로이 말할 수 없었다"(37,4)의 정반대 상황이기 때문이다. "그의 형들은 그와 말하기 시작하였다"(45,15)라는 중간단계(3부)를 거쳐 처음 문제가 마지막 해결에 다다른 것이다. '말(רבר)' 어근이 이야기를 꿰뚫고 흐르며 '험담(רבה)'은 그 동의어지만 통교 불가능한 상태를, '마음에 대고 말하다'는 확실히 평화로 가득한 통교를 의미한다. 무엇이 요셉을 이렇게 바꾸었을까? 본문은 그 변화 요인이 그가 '가족을 두고 느끼는 정서'(감성)와 '역사에 대한 이해'(지성)에 있음을 암시해준다.

① 정서

요셉의 '혈연에 대한 사랑'이 가족의 재결합을 불러일으키게 되었다는 것을 이미 보았지만 이것은 특히 요셉의 '울음' 모티프를 통해 잘 드러난다. 요셉은 이야기 안에서 여러 차례 울음을 터뜨리는데 거시적 안목에서 볼 때 그 울음과 연관된 대상이 교차대구적 구조를 이루고 있음이 흥미롭다.

  A. 42,24: 형들의 참회를 들으며
    B. 43,40: 벤야민을 보고
      C. 45~46장*: 결합의 순간에
        – 사랑을 드러냄 (45,2~3: 형제들을 향한 / 야곱을 향한)
        – 결합 (45,14: 벤야민과 ; 45,15: 형들과 ; 46,29: 야곱과)
    B'. 50,1: 야곱의 죽음 앞에서
  A'. 50,18: 형들이 용서 청하는 것을 들으며

한가운데 놓여있는 45~46장*(C)은 요셉과 그 가족의 결합이 극적으로 일어나는 곳이며 여기서 울음 모티프가 가장 자주 나타난다. 아버지가 자기를 얼마나 사랑하는지 알고서(44,19~34) 요셉은 처음으로 공공연히 우는데(45,2[~3]) 이때가 결합을 향한 충동이 결정적으로 형성된 때다. 이 울음 후 독자는 실제 결합 장면을 계속 대한다. 무의식 차원에서겠지만 결합을 향한 요셉의 첫 번째 충동은 부모에 대한 그리움과 아주 직결되어 있는, 배가 같은 동생인 벤야민을 보았을 때였음에 틀림없다(B).[32] 그래서 그 소원이 채워졌을 때 요셉은 운다. 그러나 요셉의 사랑이 가장 극렬하게 드러난 것은 아버지 야곱의 죽음 앞에서였다(B'). 그는 아버지를 행복하게 할 만한 것이라면 어떠한 수고도 마다하지 않았고, 아버지와 아들은 마지막 순간까지 그들의 특별한 사랑을 온전히 꽃피웠다(4부).

요셉이 죄지은 형들에 대해 갖는 형제적 연대감 또한 그를 울게 하였다. 분노에 차서 형들을 거칠게 대하던 가운데서 터진 요셉의 첫 번째 울음(A)은 실상 훗날 화해로 향하는 상서로운 표지였다.[33] 45,5~8에서 이는 실제로 열매 맺었으며 이것은 형들을 향한 두 울음(45,2~3 ; 45,15)에 둘러싸여 있다. 하지만 이는 요셉 편에서 성취한 화해였고, 온전한 화해는 50,15~21에서 형들이 용서를 청할 때에야 비로소 가능하였다. 이제 요셉은 물론 형들도 운다. 따라서 이 마지막 장면은 결정적이고

---

32 벤야민은 요셉에게는 야곱을, 그리고 야곱에게는 요셉을 대치하는 인물이다. 그를 매개로 야곱과 요셉 사이의 사랑이 이야기를 타고 계속될 수 있도록 기능적 역할을 하는 것이다. 따라서 가족이 결합한 후 그는 자연히 무대에서 종적을 감춘다.

33 "사실이지, 이것은 우리가 동생에게 한 짓에 대한 벌이야. 우리에게 애원할 때 그 영혼의 쓰라린 고통을 보면서도 못 들은 체 했잖아! 그 때문에 우리에게 이 쓰라린 고통이 온 거야." "그 아이에게 죄를 짓지 말라고 내가 너희에게 말하지 않더냐?"(42,21~22) 이런 말을 들으며 아마도 요셉은 생전 처음으로 형들에게 한 핏줄로서 이해받았다는 느낌을 받았으리라.

온전한 재결합을 강하게 시사한다. 실제로 42,21~22와 50,17~18에 나타나는 형들의 통회는 훌륭한 병행을 보인다. 이 순간(A')이 42,24에서 움트기 시작하여(A) 자라난 화해에 대한 요셉의 의지가(C) 결실을 보는 순간이다. 또한 이 순간이야말로 요셉이 참되이 형제 관계 안으로 들어가는 순간이요 아버지의 소원(50,17)을 성취시키는 순간이기도 하다. 요셉은 점점 더 커지는 혈연의식과 함께 변화를 보이는데 이것이 매번 울음으로 표현되었다고 볼 수 있다. '종족, 민족(עם)'이라는 단어가 그의 내적 여정의 말미에 나타나는 것은 결코 우연이 아니다.

② 역사이해

요셉에게 변화를 가져다 준 또 하나의 요인은 역사에 대한 이해다. 요셉이 형들과 크게 다른 점이 있다면 그는 인생이 꺾어지는 모퉁이마다 역사를 항상 하느님의 활동이라는 시각으로 되돌아보았다는 점이다 (41,51~52 ; 45,5~8 ; 50,19~21). 요셉은 자신이 겪은 온갖 행복과 불행, 성공과 실패뿐 아니라 자기 종족이 살아남아서 입은 모든 영예가 다 선하신 하느님의 섭리였음을 깨닫고 마침내는 역사 안에서 '하느님의 종들, 위대한 백성'이라는 놀라운 비전을 발견하였다(50,19~21). 요셉은 인생행로의 의미를 잘 알아듣는 만큼 죄의 사슬과 복수로부터 탈피하였고 자신에 대한 이해도 깊어져 마침내 자신의 참 정체를 보게 되는 데까지 이르렀다. 문제가 생겨났던 핵심은 가족 모두가 신분(높낮이)과 역할(사명)을 혼동했던 데 있었다. 요셉도 혼동하였다. 그래서 그는 가족들 앞에서 마냥 뽐내었다. 그 후 자기 역할을 처음 알아보았던 때마저도(45,5) 그 역할을 위해 주어진 특별한 지위로 말미암아 아직 혼돈상태에 머물렀다. 그러나 가족과 함께 17년을 살면서 자신의 종족이 받는 모든 영광을 보고 요셉은 역할과 신분 사이를 명확히 구별할 줄 알게 되었다. 높은 분은 하느님 한 분뿐이시며 자기들은 모두 한 조상의 후예로서 '다같이' 하느님의 종들(고귀한 신분)이다. 자신은 그들 중 하나로서 특별한 역할을 할 임무, 곧 무엇보다 생명을 돌볼 사명을 하느님께로부터 부여받은 자다.

3) 문학기법

문체는 설화세계를 좀 더 깊은 차원에서 보여주는 기술이다. 여기서는 요셉이야기의 특징이랄 수 있는 것 중 몇 가지만 다루겠다.

(1) 반복과 그 변형[34]
반복법은 (구약)성서의 설화기법 가운데 가장 잘 알려진 특징 중 하나다. 그런데 요셉이야기에서는 이 기법이 성서의 다른 어느 곳에도 비교할 수 없을 만큼 높은 빈도와 다양성으로 이야기 전 영역에 걸쳐 나타난다. 열쇠말, 어구나 절, 설화 주제, 역할, 플롯구조 등 미시적이고 거시적 차원에서 단순반복 혹은 변형된 형식으로 사용되는데 이를 자세히 살펴보면 놀랍게도 어떤 일정한 원칙이 적용되고 있음을 발견하게 된다.

① 이중반복
이야기 거의 전 영역에 걸쳐 바로 가까이 혹은 멀리서 사용되는데, 설화자의 탁월한 기술은 이를 지루하거나 어설프게 느끼지 않도록 한다. 오히려 이들은 특정주제를 강조하거나 더 고조된 긴장이나 서스펜스를 통해 극적 효과를 산출하므로 독자는 의식적으로든 무의식적으로든 더더욱 설화 세계 안으로 깊이 몰입해 들어가게 된다.

---

34 여기서 반복이라고 일컫는 것은 단순한 표현상의 반복을 넘어 외견상 다른 행위나 담화가 내적으로는 같은 주제를 다루는 경우까지 포함한다.

② 삼중 혹은 그 이상의 반복

이중반복보다 물론 그 효과가 강하다. 연속으로 일어나는 경우 두 가지로 구분할 수 있다. 우선 첫 둘이 거의 같고 세 번째에 변형을 보이는 것(aa'A)으로서, 세 번째 요소가 항상 가장 중요하다.[35] 인간의 자생적 세계를 뚫고 역사의 방향을 돌려놓아야 할 때, 곧 하느님 섭리의 손길이 크게 작용할 때 종종 이런 형식이 쓰인 것을 발견할 수 있다. 반면에 첫 번째 것이 길을 마련하고 그 이후에 따라오는 둘이 거의 같은 무게를 가지는 삼중반복이 있는데(aAA') 설화자는 이 형식을 통하여 기본 이야기 흐름을 강하게 부각시킨다.[36] 먼 곳에서 이루어지는 삼중반복은 인물들의 심리적 변화를 드러내는 데 주로 쓰이며, 이야기가 전개되는 가운데 특히 야곱 가족 중 네 인물이 각각 세 번씩 하는 발언은 그들의 내적 변화를 유발시키는 원인을 가늠할 수 있게 한다.[37] 아울러 가족구

---

35 요셉이 파견됨(37,13.14.15~17) ; 르우벤과 유다의 끼어듦(37,21ㄴ.22ㄱ.26~27ㄱ) ; 여인의 유혹(39,7.10.11~12ㄱ) ; 고발(39,14~15.17~18.19~20ㄱ) ; 요셉이 파라오에게 한 연설(41,25~26.28~31.32~36) ; 요셉이 형제들을 고발함(42,9ㄴ.12.14~16) ; 가족과의 재결합(45,14.15 ; 46,29~30) ; 가족들의 마지막 대담(50,17.18ㄴ.19~21) ; 2,3,4부의 세 에피소드의 구성방법.

36 요셉의 상승(37,3~4.5~8.9~11) ; 비탄(37,29.34.35) ; 파라오와 그 신하들의 결정(41,37~40.41~43.44~45) ; 야곱 가족을 초대함(45,9~13.17~18.19~20).

37 네 인물의 삼중발언은 다음과 같다. 요셉은 그의 삶과 가족 역사를 하느님의 섭리라는 관점에서 이해하는데 그것은 언제나 가족에 대한 사랑으로 뒷받침된다(41,51~52 ; 45,5~8 ; 50,19~21) ; 유다(37,26~27 ; 43,3~5.8~10 ; 44,16.18~34)와 르우벤(37,21~22.30 ; 42,22 ; 42,37)은 가족에 대한 책임감과 연대성을 자신들의 삶 안에 점점 더 깊이 받아들인다. 야곱의 삶의 의미는 온통 요셉에게 달려 있으며(37,35 ; 45,28 ; 46,30) 이는 결국 야곱이 요셉을 하느님의 대리자로 알아보는 것으로 귀결된다. 이밖에도 멀리서 일어나는 삼중반복은 다음과 같다. '은(돈, 컵)'을 발견함(42,28 ; 42,35 ; 44,12) ; 형제들이 집단으로 종이 될 것을 청함(44,9 ; 44,16 ; 50,18) ; 형제들이 요셉과의 첫 만남을 돌아봄(42,30~34 ; 43,3~7 ; 44,19~23) ; 요셉이 가족을 위해 선물을 보냄(42,25 ; 44,1 ; 45,21~23) ; 특별한 물건들이 운반됨(37,25 ; 43,11 ; 45,23). 이상의 모

성원의 극렬한 감정상태가 각각 사중반복형식으로 나타남으로써 이 감
정들이 사건의 진원역할을 하고 있음을 짐작하게 한다.[38] 이런 다중반
복이 오직 야곱 가족에 관한 일들에서만 이루어지는 것을 주목할 만하
니, 결국 이 이야기는 무엇보다 우선 그 가상 독자인 이스라엘 백성을
향한다.

(2) 다기능 모티프들(multi-function motifs)

요셉이야기에는 적지 않은 단어들이 높은 빈도로 나타나며 열쇠말(key
word) 역할을 하는데 그중에서도 둘이나 셋 이상의 의미 혹은 뉘앙스를
지니는 단어들이 있다. 이들은 때로는 긍정적 색채를 때로는 부정적
색채를 띠는가 하면 때로는 그 두 극단을 넘어 제 삼의 차원을 드러내
기도 한다. 한 단어가 여러 방식으로 기능한다는 말인데 아래 두 가지
예로 설명이 가능하다.[39]

① 은(כסף)

'은(돈)'이라는 단어는 요셉이 팔릴 때 처음 나타난다. 그러므로 이는
형들의 죄에 대한 물질적 증거가 된다. 그 후 '은(돈, 잔)'은 형들에게
죄를 상기시켜 그들을 거듭거듭 겁먹게 만드는 요소가 된다(3부). 또
한편 이집트인은 가진 '은(돈)'이 다 떨어짐으로 말미암아 고통을 겪는

든 것을 합치며 설화자는 이야기를 마지막 목표점을 향해 이끌어 가는데, 그
것은 하느님께서 계획하신 위대한(그리고 정화된) 백성의 탄생이다.

38 야곱의 상승에 대한 형제들의 반응(37,4.5.8.11) = 점증되는 미움이 질투로 변
해 친족 살해의 원동력이 된다. 요셉이 형제들을 염탐꾼으로 고발함(42,9.12.
14.16) = 형들에 대한 원망의 정이 옛날 형들의 그에 대한 마음과 감성적으로
거의 비슷한 강도임을 알 수 있다. 야곱의 백발이 저승으로 내려가다(37,35 ;
42,38 ; 44,29.31) = 요셉에 대한 집착 혹은 사랑이 야곱의 생명을 좌우한다.

39 '은'과 '종' 외에도 양식/양곡(שבר/בר)의 동의어들, 옷, 구덩이/감옥(בור/משמר),
내려가다(ירד) 등 다기능 모티프들을 찾을 수 있다.

데(47,13 이하), 이것은 마침내 그들의 사고방식과 운명을 바꾸는 도구가 된다. 그러므로 요셉 형들과 이집트인에게 '은'은 죄(잘못)의 증거, 정화와 변모의 수단으로 작용한다.

반면에 '은(돈)'은 요셉이 자기 가족과 이집트인을 배려하는 마음을 대변하기도 한다(42,25 ; 44,1ㄴ ; 45,22 ; 47,25 참조). 특기할 것은 요셉도 형들도 '은(돈, 잔)'을 하느님과 관련시킨다는 사실이다. 형들은 되돌아온 돈을 '하느님의 징벌'로 해석하는 반면, 요셉의 종은 '하느님의 선물'로 해석한다. 그가 단순히 진실을 감추기 위해 이 말을 했다기보다 (신앙과 결코 무관하지 않은[42,18.24 참조]) 요셉의 선한 마음이 그 돈을 돌려주었다는 것을 알았기 때문이라고 보겠다(43,23). 또한 요셉은 자신을 마치 신적 존재인양 가장하기 원했을 때 '은(잔)'을 사용한다(44,5.15).[40] 한마디로, 인물들 모두가 '은' 뒤에서 마치 하느님께서 활동하시는 것처럼 느끼거나 행한다.

따라서 이야기 전체로 볼 때 '은'은 각자가 처한 상황에 따라 긍정적으로 혹은 부정적으로 작용하다가 마침내 부정적인 면은 사라지고 긍정만 남게 된다. 곧 '은(돈)'은 요셉의 배려와 사랑으로 남으며, 죄에 대한 형들의 고백(44,16)은 하느님의 섭리에 대한 요셉의 설명(45,4~5)으로 결론지어지고 이집트인은 자기들을 구해준 요셉의 은혜에 대해 고백한다(47,25). 결국 '은'은 다양한 뉘앙스로써 이야기 안에 끼어들어 두려움과 사랑, 죄와 화해, 죽음과 생명 사이에서 큰 역할을 하며 모두를 최종 인식에 이르도록 기여한다. 또한 하느님은 이 부정과 긍정의 양극단을 뛰어넘어 역사를 당신이 원하신 목표를 향해 이끌어가신다.

---

40 일종의 아이러니를 발견할 수 있다. 요셉 형들은 요셉의 꿈(왕처럼, 하느님처럼 됨)을 은으로 없애려 하였고(37장), 요셉은 은으로(신처럼 행세하여) 형들 위에 군림하려 하였다.

② 종(עבד)

어근 עבד는 41번이나 나타나며 이야기 전체를 관통한다. '다스리다, 지배하다(משל, מלך)' 혹은 '주인(אדון)'의 반대개념으로 불행과 비하의 의미를 띠고 자주 부정적으로 쓰인다. 요셉은 포티파르의 종이 되었고, 형제들은 요셉의 종이 될까봐 늘 두려워 떨었다. 그러나 파라오의 대신들이 '파라오의 종들'로 불리듯 이스라엘인은 '하느님의 종들'로 불리게 된다.[41] 야곱 가족에게 몹시도 혐오스럽기만 하던 단어가 가장 영예로운 단어로 바뀌는데, 이것이야말로 하느님께서 종살이의 고통과 그에 대한 겁으로 가득 찼던 그들 인생의 긴 여정 끝에 그들을 위해 마련하신 몫이었다.

다중기능 모티프들은 서로 간에 혹은 설화의 다른 모티프들과 연결되어 작용하면서 이야기에 풍요로움을 주는데, 독자가 이들의 내적 관계를 발견하면 할수록 이야기를 더 깊이 이해하고 그 정교함을 즐길 수 있게 된다.

(3) 경험의 공유

요셉이야기에서는 다른 인물들이 같은 종류의 경험을 하는 경우가 종종 발견된다. 예를 들어 요셉, 파라오의 두 시종장들 그리고 파라오는 모두 한 쌍씩 신비로운 꿈을 꾸는데 나중 꿈들은 요셉의 꿈의 의미를 해석하는 데 빛을 던져 준다. 경험을 공유하는 경우로 가장 주목할 만한 것은 야곱 가족들의 인생체험이다.

요셉과 형제들은 참 많이도 비슷한 고통을 겪는다. '쓰라린 고통(צרה)'을 당함(42,21), '거짓증언' 때문에 고통당함(39,14이하 ; 42,9이

---

41 이집트의 재상 요셉은 결코 '파라오의 종'으로 불리지 않는다. 오히려 '파라오의 아버지(אב)'요 '그 나라의 주인(אדון)'이라는 명칭으로써(45,8) 파라오보다 더 상위의 인물임이 은근히 시사된다.

하), '구덩이/감옥(בור)'에 던져짐('구덩이'와 '감옥' 두 용어는 서로 혼용되어 쓰인다), '종'이 되거나 종이 될 위험, '은(돈, 잔)' 때문에 고통당함, '옷'을 벗김/찢김/찢음(37,23.29 ; 39,12 ; 44,13). 그런데 야곱 또한 이 체험에서 제외되지 않는다. 요셉을 잃음으로써(42,36 ; 43,14[2X]) 그는 영혼의 '쓰라린 고통'을 겪고, 아들들의 '거짓증언' 때문에 고통을 당하며(37,32), '옷'을 찢고(37,34) 마치 저승(שאל 셰올)으로 내려가는 듯한, 곧 '구덩이'에 던져진 듯한 느낌으로 사는 것이다(셰올은 구약성서에서 종종 구덩이와 병행어로 쓰인다). 또 그는 돌아온 '은'돈 때문에 고통을 겪고(42,35) 아들들이 여행 과정에서 만날지도 모를 불행 때문에 두려움에 사로잡힌다(42,4 ; 43,14 참조).

나아가 요셉이 가나안에서 아버지에게 장'옷'을 선물 받고 파라오에게 등용되며 세모시'옷'을 받는 한편, 그의 가족들 모두는 요셉에게서 새 '옷'을 선물로 받는다. 또 요셉이 '구덩이(감옥)'에서 끌어올려지듯 형들도 '감옥'으로부터 석방된다. 요셉이 이집트에서 세 번 그 신분이 상승되듯(2부), 야곱 가족들도 이집트에서 세 번 그 신분이 영예롭게 들어올려진다(4부). 따라서 가족 모두가 지극한 고통과 낮추어짐을 체험하고 또한 지극한 들어올림과 영광도 체험하는데, 설화자는 많은 어근(혹은 같은 종류의 말)들을 공통으로 씀으로써 외적으로는 각자에게 독특하게 일어나는 일들을 마치 모두에게 같은 상황이 재현되는 것처럼 느껴지게 한다. 설화적 측면에서 이는 매우 중요한 효과를 낳는다. 이 가족은 이렇게 하여 서로에게 연민(sympathia)을 갖고 서로 이해하고 수용할 수 있게 되며 심리적으로 동화되는 것이다. 그리고 이 동화는 각자 개인의 욕구를 벗어나 훗날 한 가족으로서 삶을 공유할 수 있도록 그들을 준비시킨다.

한 가지를 더 언급하자면, 작가는 이집트인이 가뭄으로 극심한 고통을 겪은 햇수가 요셉과 그 가족이 겪은 것과 똑같은 2년(41,1 ; 45,6 ; 47,18)

이라고 한다. 다시 말해, 이 상징적 숫자는 그들이 느낀 고통의 심도가 같았다는 점 말고도, 마치 야곱의 온 가족이 그 기간을 통해 정화되었듯 이집트인 또한 스스로만 살겠다고 애쓰던 자생의 태도를 뛰어넘어 공존 공영으로 나아가는 정화시기를 겪었음을 암시한다.

(4) 역할중첩

요셉은 단순히 하느님께서 위탁하신 일을 하는 심부름꾼 이상으로 묘사된다. 하느님과 요셉 사이에 구분이 안 갈 때가 종종 있다. 요셉은 한편으로 해몽은 하느님께 속한 것이라 하면서(40,8ㄴa) 다른 한편으로는 즉시 "내게 꿈을 말하시오"라며 자신이 해몽한다(40,8ㄴb 이하). 같은 식으로 "제가 아닌, 하느님께서 파라오에게 말씀하실 것입니다"라 해놓고(41,16) 자신이 파라오에게 말한다(41,25~36). 또 형들을 '시험한다(נסה)'고 하는데(42,15.16) 이는 구약성서에서 주로 전지하신 하느님께서 인간을 시험하실 때(종종 정화의 목적이 포함된다) 사용하는 용어다. "엘-샤다이께서 측은히 여겨주시기를(רחמ)! 너의 다른 형제와 벤야민을 돌려보내시기를!"(43,14) 하는 야곱의 원을 실제로 채워준 인물은 요셉이다. 요셉이 제 동생을 보자 측은히 여겨(43,30 רחמ) 울며 머지않아 두 아들을 다 야곱에게 돌려주는 것이다. 또한 야곱이 마중 나온 요셉을 만나는 장면에서 '야곱은 요셉을 보았다'라고 하는 대신 히브리어 본문은 수동태형으로, 곧 '야곱에게 요셉이 보여졌다'라고 기술하는데 이는 하느님의 현현을 나타낼 때 쓰는 표현이다. 이야기 전체에 걸쳐 요셉과 하느님의 행동이나 느낌 사이에 이런 애매한 중첩을 12번 정도 찾을 수 있다. 그렇다면 이런 중첩이 주는 의미는 무엇인가?

이 설화에서 전지(全知)한 존재는 하느님과 설화자다. 전지한 설화자는 요셉이 형들을 감옥에 가둔 것이 형들의 정화의 시작이라는 것을 알았다. 또 그는 아들들을 돌려받고 싶어 하는 야곱의 원이 성취될 것도 알았다. 요셉이 야곱 앞에 출현한 것은 아들을 '하느님의 대리자'로 알아들은 야곱에게 '하느님의 현현'과 마찬가지였다. 따라서 설화자는 자신의 이러한 시각을 설화에 투사하여 이중 의미를 띤 표현으로써 하느님과 요셉의 행위를 중첩시킨 것이다. 설화자는 작중 인물인 요셉이 신적 지혜의 드라마가 지닌 신비를 점차 깨달았음을 알려준다. 그런데 요셉은 이에 발맞추어 내적으로도 점차 하느님께 가까이 다가간 듯하니, 45장의 화해 부분이 이를 잘 드러내준다. 47,13~27의 에피소드에서 요셉은 이집트인을 위해 최선을 다해 일하는데 이는 그가 신적 지혜를 받았기 때문만이 아니라 마음으로부터 그 백성을 돌보았기 때문이기도 하다(נהל 동사 참조). 이집트인의 감사에 찬 고백은 확실히 '이런' 요셉을 향한 것이다. 요셉이 가족을 극진히 돌본 것도 마찬가지 아니겠는가? 마침내 이야기 끝에 다다라 자신이 하느님이 아니라고 명백히 말했음에도 겁에 질려 있는 야곱의 아들들을 지극히 배려하는 요셉의 마음과 용서하고 위로하시는 하느님의 마음 사이에 괴리를 느끼지 않게 된다.[42] 실상 50,19~21의 이 장면은 요셉이 그의 능력뿐 아니라 사랑이 가득 담긴 마음으로 참된 '하느님의 사람, 대리자'의 모습을 보여준다고 하겠다. 하느님과 요셉 사이의 역할중첩은 설화자의 이데올로기에서 나온다. 그는 모호하게 글을 쓴다. 그렇게 함으로써 원동자이신 하느님과 그분한테서 파견된 인물인 요셉을 더욱 강조할 수 있기 때문이다.

---

42 이런 문학기법은 특히 룻기에서 잘 찾아볼 수 있다. 설화자는 주님과 보아즈에게 같은 어휘를 사용함으로써(예를 들어, חסד[신실한 사랑. 1,8::2,20]; כנף[날개. 2,12::3,9]) 보아즈를 통해 이루시는 주님의 구원(גאל)을 암시한다. 더구나 룻 2,13의 표현 "위로하다"와 "마음에 대고 말하다"는 창세 50,21의 것과 완전 동일하다. 또한 이 표현은 예언자들 입을 통하여 죄지은 당신 백성을 용서하고 품으시는 하느님에게 종종 쓰인다(호세 2,16 ; 이사 40,1).

4) 인간관과 신관

독자가 작중인물들의 세계를 들여다보면 그들은 자기식대로 느끼고 생각하고 결정한다. 곧, 각각 다른 상황에서 자신의 자유를 행사하는 것이다. 그러나 한편 전지한 설화자의 세계를 들여다보면 플롯 구조, 꿈, 연이은 삼중반복의 전형적 사용법 등은 모두 역사가 계획되었다는 점을 부각시킨다. 설화자는 이런 식으로 역사란 하느님이 당신 계획을 따라 이끌어 가시는 것이라는 자신의 신앙을 고백한다. 그렇다면 서로 모순되는 듯한 이 두 세계가 어떻게 한 이야기 안에 공존할 수 있는가? 신적 계획의 역사 안에 과연 인간의 자유가 설 자리가 있는가?[43] 설화자는 네 가지 방식으로 하느님이 인간역사 안에 작용하심을 설명한다. 첫째, 꿈을 통해서다. 인간은 꿈에 반응하지만 꿈이 인간의 자유를 빼앗지는 않는다. 둘째, 설화자는 하느님께서 기획하고 마련하시는 어떤 일들이 인간 눈에는 우연으로 여겨진다고 한다. 물 없는 빈 구덩이, 이스마엘 상인의 출현, 요셉이 파라오 신하이며 이집트 감옥 책임자인 포티파르에게 팔리는 사건 등이다. 그런데 이 모든 것은 인간의

---

43 요셉이야기의 신학이 거론될 때마다 이 질문은 핵심문제가 되었다. 많은 학자들이 하느님의 절대주권이 행사되는 섭리의 빛 가운데서 인간의 자유란 상대적으로 너무나 미소하며, 이 둘 사이에는 불연속성 혹은 피할 수 없는 긴장이 있다고 본다. 학계에서 두 개의 극단적 입장을 찾아볼 수 있다. 레드포드(Redford)는 하느님께서 모든 것을 기획하셨다는 요셉의 지식을 통해서 보면 결국 인물들이 취한 모든 행동은 하찮은 것이 되고 따라서 인간은 하느님께서 조종하시는 꼭두각시에 불과하다고 말한다. 반면에 터너(Turner)는 하느님의 섭리는 특별히 상호(相互)적 성격을 지닌 것으로서 인간이 그것을 자신의 이슈로 삼아 밀어붙이지 않는 한 성취될 수 없다. 요셉의 꿈은 주님께서 초기에 그렇게 되기를 바랐던 계획을 선포하신 것일 뿐 결코 그 이상은 아니라는 것이다. D. B. Redford, *A Study of the Biblical Story of Joseph*(Genesis 35~50), VTSup 20(Leiden, 1970), p.74 ; L. A. Turner, *Announcements of Plot in Genesis*, JSOTS 96(Sheffield, 1990), pp.169, 182.

자유와 무관하게 일어나는 일들이다. 셋째, 하느님께서 하시는 어떤 일들이 인간내면을 움직이는 수가 있는데 이 경우 개인의 자발적 행동으로도 이해할 수 있다. 예를 들어, 포티파르는 분노로 말미암아 요셉을 감옥에 집어넣는데 이는 하느님의 구원계획과 잘 맞아떨어진다 (39,20ㄱ 참조). 포티파르는 왜 요셉을 죽이지 않고 감옥에 넣었을까? 혹시 하느님께서 그의 내면을 부추기셨는가? 여기에는 어떤 모호함이 있다. 하지만 중요한 점은 투옥이 포티파르의 처벌의지와 모순되지 않는 동시에 역사를 하느님의 최종목적을 향해 흘러가게 한다는 점이다. 마지막으로, 하느님께서는 특정인에게 이 이야기에서는 요셉에게 어떤 카리스마를 주어 그를 통해 세상 안에서 당신의 활동을 원활하게 만드신다.

그분은 전지하며 전능하시기 때문에 이 모든 일이 가능하다. 한마디로, 이 이야기를 들여다보면 '인간의 자유로운 결정과 행동'과 '하느님의 개입', 이 둘이 합쳐 '하나의' 역사를 만든다. 하느님께서 숨어 계신 방식으로 활동하신다는 것은 그분의 행동방식이 모호하다거나 모순적이라는 뜻은 아니다. 당신의 명확한 목표에도 불구하고 하느님께서는 갑작스런 계시나 역전으로 인간활동을 무산시키지 않으실 뿐 아니라 오히려 구원사를 인물들 자신의 자유 및 그들의 끊임없는 내적 변화와 함께 엮어가는 것이다. 다시 말해, 우리는 인간과 하느님 둘이 엮어내는 역사를 꼭 긴장관계 속의 역사라고 정의할 수만 없다. 만일 이 역사(이야기)에 불연속성과 긴장이 있다면 그것은 인간의 자유와 하느님의 의지 사이가 아니라 악과 선 사이의 긴장 때문이다. 이야기 끝에 요셉은 형들의 악의와 하느님의 선의를 대비시킨다(50,20). 만일 하느님께서 '모든 것'을 기획하셨다면 이런 대비란 불가능하지 않겠는가? 요셉의 말은 이렇게 해석될 수 있다. "인간의 악의가 역사를 접철시켜도 하느님께서는 '지속적으로' 그 역사에 관여하심으로써 선을 이루어내신다." 하느님은 인간의 자유가 가져오는 것들을 어떻게 다루실지 아시기에 인간역사는 안전하게 구원을 향해 움직여갈 수 있다는 뜻이겠다. 이는 특히 다중기능 모티프들을 통해 잘 드러난다. 이 모티프들은 인간 삶에는 이러저러한 것들이 섞여있고 그것들이 어떻게 마침내 긍정적으로 끝나는지 보여주며, 이는 곧 하느님의 승리를 드러낸다.[44]

5. 이야기의 문학적 면모에 관한 종합

이제까지 서술한 것을 요약해보면 요셉이야기의 문학적 면모와 메시지가 종합적으로 드러난다.

1) 플롯의 구성

제1부의 결과가 제2부를 가능하게 하며 제5부에 이르기까지 앞의 결과가 전제되는 가운데서만 이해할 수 있도록 이야기가 전체적 조망 아래 짜여 있다. 외적으로 선명하게 드러나지 않아도 사건들은 시간의 흐름

---

44 '생각해내다, 의도하다, (일을) 꾸미다'의 뜻을 지닌 동사 חשב하샵을 두 다른 주어에 똑같이 사용한 것이 이 점을 강하게 부각시킨다. "형님들은 나를 거슬러 악을 꾸미셨지만, 하느님께서는 … 그것을 선을 향하도록 꾸미셨습니다." 50,20은 의심할 바 없이 이야기의 결론이다. 이를 이야기 시작과 비교하면 대단한 아이러니가 발견된다. 곧, 50,20은 37,33과 특별한 언어유희를 통해 전체 이야기에 아취를 만들고 있는데, 37,33을 미드라쉬식으로 해설하면 형들은 악한 의도로써 마치 야생짐승(חיה)처럼 요셉(의 생명)을 잡아먹고 요셉의 죽음(37,20 ; 50,15.20)을 원했던 반면, 하느님께서는 선하신 의도로 요셉뿐 아니라 죄지은 형들을 살려내시어(חיה) 그들을 큰 백성으로까지 만드셨다. 생명이 죽음을 잡아먹은 것이다. 결코 그 반대가 아니다. 우리는 바로 이것을 '구원사'라 일컫는다.

에 따라 기술되며, 공간과 인물들도 차례차례 모여 합쳐진다.[45] 같은 플롯구조가 반복되는 것은 무엇보다 이야기의 통일성을 드러낸다. 작은 이야기단위(에피소드)들이 모여 중간 크기의 설화단위(즉 2, 3, 4부)를 이루고 이들은 각각 나름의 주제를 펼친다. 그리고 이 세 부분이 1부와 5부 그리고 도입문 및 맺음말과 합쳐, 전체가 각 부분 주요주제들의 배열을 따라 하나의 대칭구조를 이룬다. 이를 아래와 같은 도식으로 표현할 수 있다.

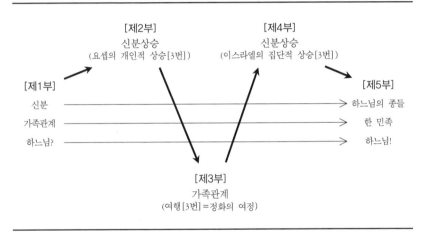

위 도식에 나타난 주요 주제를 종합해보면 다음과 같다.

---

45 먼저 공간적 측면에서, 1부=가나안 땅 ; 2부=이집트 ; 3부=가나안과 이집트 사이 ; 4부=이집트 ; 5부=이집트(그러나 요셉 집안에 집중되어 있다)로 대칭을 보인다. 등장인물에 관한 한, 1부=야곱 가족 ; 2부=요셉과 파라오와 이집트인들 ; 3부=요셉과 야곱 가족들(+1부와 2부를 잇기 위한 몇몇 이집트인[예를 들어, 청지기] 그리고 4부를 준비하기 위한 파라오) ; 4부=요셉, 파라오, 야곱 가족들, 이집트인들 ; 5부=야곱 가족(1부로 되돌아간다. 이리하여 전체는 이스라엘 이야기로 끝을 맺는다). 강들이 모여 바다로 흘러들 듯, 공간과 인물들이 점차로 모여 커다란 하나의 이야기를 만드는 것이다.

(1) 신분 문제

조직적인 내적 움직임을 보인다. 제1부는 요셉의 신분상승으로 시작되지만 형제들에 의해 평형이 이루어진다. 그들이 한 행위는 다름 아닌 요셉의 하강을 의미하기 때문이다. 제2부는 세 번에 걸친 요셉의 상승을 다루며, 제3부에서는 형제들이 세 번 하강하는데(3번의 절) 요셉이 자기정체를 밝힘으로써("제가 당신들의 동기 요셉입니다" 45,4) 다시 평형에 이르고 만다. 제4부에서는 가족이 집단적으로 세 번 상승하고 제5부에서는 요셉과 형들이 모두 자기를 낮춤으로써 마지막 평형에 도달한다. 그러므로 이야기의 어느 부분도 가족 누구든 간에 더 높거나 더 낮은 것을 허용하지 않는다고 보아야 한다. 1부에서 가족 각자는 다른 이보다 높아지길 원했고 그 결과는 비극이었다. 2부와 4부에서는 가족성원이 각각 높여지지만 가족 안에서가 아니라 다른 이들에 의해서다. 그리고 마지막 5부에서 가족 모두가 하느님만을 가장 높은 자리에 모신 채 서로를 낮추는데 이 순간이 바로 진정한 화해와 일치가 이루어지는 순간이다. 다른 말로, 이스라엘인은 집단으로는 다른 백성보다 고귀하지만, 그 집단 안에서는 모두가 '하느님의 종'으로서 동등한 신분을 지닌다.

(2) 가족관계

이야기는 가족 차원에서 시작하지만 3부를 지나며 점차적으로 이집트인에 대비되는 히브리 종족 차원으로 옮겨가(4부) 마침내 '백성(עם)'이라는 표현으로 마감된다. 가족의 내적 일치를 이루는 가장 중요한 요소 중 하나는 그들이 같은 조상의 자손이라는 사실이다.

(3) 하느님

의문스런 형태로 시작된다. 곧, 제1부에 일어나는 여러 사건이 우연인지 아니면 누군가 그 뒤에 존재하는지 애매모호한 느낌을 준다. 제2 부에서는 하느님의 행위를 극명하게 알려주지만 제3부부터는 점차 약화되어 제4부에서는 마침내 언급조차 되지 않는다. 하지만 제5부는 하느님께서 이제껏 모든 상황에 항상 현존하고 계셨음을 고백한다. 50,19~20에 의하면 하느님은 죄로 점철된 가족에서(1부) 당신께 속하는 특수 민족을 만드시고자(5부) 정화와 구원(3부) 그리고 고양(2부와 4부)의 행위를 통해 그들을 재창조하셨다. 그러므로 이 이야기의 에피소드들은 구조(플롯)에 의해 형성되고, 구조는 주요주제들로 전환되며, 이 주제들은 거시적 차원에서 이데올로기/신학을 제시한다.

2) 꿈 모티프

요셉의 꿈이 지닌 신비를 풀어내는 것은 이 이야기 밑바닥에 깔려 거의 전체를 포괄하는 플롯을 들여다보게 한다. 이야기는 요셉이 꿈을 꾸는 데서 전적으로 시작되어 그 꿈들이 완전 실현되었을 때 끝나게 된다. 그리고 독자는 왜 이야기 플롯이 위에서 본 바와 같은 특별한 구조를 갖고 있는지 이유를 알 수 있게 된다. 곧, 하느님께는 야곱 가족 성원 각각뿐 아니라 이집트인(세상)까지 모두 다 중요하다. 한마디로 꿈 모티프에 의해 이야기는 통일성을 견지한다.

3) 인물묘사의 방법

에피소드들에서 드러난 요셉의 상을 다 합치면 요셉은 파견된 자요 이스라엘인이라는 불변하는 이미지를 보이며 설화에 일관성을 준다. 하지만 변화요소, 곧 체험에 따라 달라지는 요셉의 내적 감정 또한 일관성을 보인다. 다시 말해서, 요셉이야기는 철없이 잘난 척하던 어린 소년이 어떻게 자기 소명을 찾아 발견하며 노년의 성숙함으로 익어 가는지, 한 인간의 점진적 성장을 그린 아름다운 이야기다.

4) 문학기법

가장 독특한 것은 이야기 전체에 퍼져 있는 반복 혹은 변형된 반복이다. 여러 가지 형태로 나타나지만 어떤 기본원칙 아래서 이루어짐을 볼 수 있다. 다중기능 모티프들을 비롯해 경험의 공유나 역할중첩에서 볼 수 있는 어휘의 사용법은 예술적 언어조형의 네트워크를 드러낸다. 그러므로 문체상으로도 이야기는 하나의 통일성을 지닌 전체임을 알 수 있다.

5) 인간학적, 신학적 조명

바르-에프랏(Bar-Ephrat)은 '설화자의 시각은 여러 인물의 다양한 시각을 모으기 때문에 통일성을 이루는 네 번째 요소'라고 한다.[46] 요셉 이야기에서 설화자는 최소한의 설명으로 독자들이 일상의 삶 안에 숨어 있는 주 하느님의 활동을 찾아내어 마침내 새로운 삶을 건설하도록 도전한다.

6) 요셉이야기에 대한 결론

이상에서 살펴본 요셉이야기의 문학적 면모는 결국 이 설화가 한 사람

---

46 S. Bar-Efrat, *Narrative Art in the Bible*, JSOTS 70, BiLit 17(Sheffield, 1989), p.15. 아리스토텔레스는 이야기에 통일성을 주는 세 요소로 '시간', '공간', '플롯의 통일성'을 든다.

의 구상에서 비롯했다는 결론을 내리게 한다. 그렇지 않고는 다른 부분 사이의 긴밀한 내적 연관성, 조직적인 구성, 균일한 문체, 일관된 신학적 언명을 설명할 길이 없다. 이야기는 전개를 위한 씨앗들을 제시함으로써 시작되고 그것이 마지막 해결을 볼 때까지 일관성 있게 진행되며 형식과 내용, 문체와 이데올로기, 미시적 구조와 거시적 구조가 함께 가고 있다. 요셉이야기는 서곡(37장)과 세 개의 악장(2, 3, 4부) 그리고 장엄한 코다(50,15~26*)로 이루어진 하나의 교향곡에 비길 수 있다. 세 개의 주선율(세 주요 주제들)이 서로 다른 악기들에 의해 음색에 변화를 주며 거듭거듭 메아리친다. 실로 이 이야기는 매우 잘 조성된 심포니로서 균형과 다채로움과 조화를 통해 아름다움을 드러낸다 하겠다.

6. 연구결과

창세기 37~50장을 여러 방법론을 동원해 살펴본 결과, 특히 설화학을 통해 얻어낸 결과로 말미암아 이제껏 역사비평학이 제기했던 문제들에 더 확신을 갖고 답할 수 있게 되었다. 곧, 요셉이야기에 야훼계(J)와 엘로힘계(E) 혹은 르우벤과 유다로 된 두 전승층이 존재한다는, 최근까지 가장 두각을 나타냈던 가설은 부정할 수밖에 없다.[47]

---

47 37장에 나오는 이스마엘 상인과 미디안 상인의 문제는 둘 이상의 요셉이야기 층이 있다는 주장에 무엇보다 큰 밑받침이 되어주었다. 두 그룹의 상인이 다 요셉을 포티파르에게 팔 수는 없기 때문이다(37,36 ; 39,1). 보충가설과 비슷하게 자료가설도 '르우벤-구덩이-미디안 상인'과 '유다-이스마엘 상인'에 관한 구절들로 본문을 나누어 이 문제를 해결한다. 그러나 이렇게 하여 분리한 야훼계 혹은 엘로힘계 요셉이야기를 각각 전체로 읽어보면 결국 다른 모순들이 생기고 때로는 히브리어 본문을 고쳐 읽어야 하는 작위성 또한 불가피하게 된다. 오히려 설득력 있는 설명은 후대 편집자가 유다에 관한 전승(38장)을 기존 요셉이야기에 삽입할 때 유다와 그 형제들의 중죄에 대한 직접적 책

사제계(P)의 요셉이야기가 존재했다는 가설도 부정할 수밖에 없다. 창세 37~50장에 제2의 전승층(예: 족장이야기, 성조들에게 주어진 약속)이 존재하는 것은 사실이지만 이들은 원-요셉이야기, 곧 '요셉과 그 가족이야기'와는 시각이 다르다. 이 전승층들은 오히려 '족장사' 혹은 '확대된 야곱이야기'로 부를 수 있는 것으로서 오경 전체 문맥을 염두에 두는데 바로 이 부분에서 사제계 사료들이 발견된다.

또한 이제껏 창세기 37~50장에 원래 하나의 요셉 이야기가 있다고 한 경우, 내용해석이 한 부분에 쏠리거나 원-이야기 범주라고 하는 것이 모호했을 뿐 아니라 요셉이야기의 중심메시지에 관해서도 여러 가지 제안들(예를 들어, 파괴된 통교, 진짜와 거짓 지식, 가족의 구원[섭리], 화해, 변형, 권력 등)이 있었다. 그러나 편파성 없이 내용을 전체적으로 본다면 중심메시지는 '하느님의 섭리'와 그 섭리 안에서 이해된 '이스라엘인의 정체성'이라 할 수 있겠고 이 둘이 서로 긴밀하게 연결된 다른 모든 논제들을 수용한다 하겠다. 이들은 성서 전체에 면면히 흐르는 기본사상으로서 요셉이야기 설화자는 이것을 아브라함이나 야곱이야기 혹은 탈출기에서 묘사하는 방식과 다르게 그려냈을 뿐이다. 나아가 학계의 일반적 의견과 달리 신적 계획의 실현이 이야기 흐름에 어떠한 단절도 주지 않는다고 확신할 수 있다.[48]

임을 덜려고 미디안 상인에 관한 28ㄴ.36절을 삽입시켰다고 보는 것이다. 비슷한 종류의 삽입이 유다 지지 본문인 49장의 시작과 끝, 또 다른 데서도 발견된다. 모두 같은 편집자의 솜씨로 여겨지는데, 그 삽입기법은 좁은 범주에서는 모순을 느끼지 못하고 독자의 시선이 빗겨가지만 넓은 범주에서는 모순을 피하지 못하는 특징이 있다.

48 요셉이야기의 문학적 면모와 그 메시지는 요셉이야기에 대한 역사비평적 질문, 곧 이야기의 '삶의 자리'를 찾는 데 도움을 준다. 이에 관해, 배은주, 「요셉」, 『한국가톨릭대사전』 제9권(한국교회사연구소, 2002),

첫째가는 계명

마르 12,28~34 풀이

박태식

(성공회 사제, 신학박사)

■ 마르 12,28~34

28 그런데 율사 하나가 그들이 토론하는 것을 듣고 있다가 예수께서 그들에게 훌륭히 대답하시는 것을 보고는 다가와서 그분께 "모든 (계명) 중에 첫째가는 계명은 어떤 것입니까?"하고 물었다. 29 예수께서 대답하셨다. "첫째는 이렇습니다. '들어라, 이스라엘아, 우리 하느님이신 주님은 오직 한 분인 주님이시다. 30 그러므로 네 온 마음으로, 네 온 혼으로, 네 온 정신으로, 네 온 힘으로 너의 하느님이신 주님을 사랑하라.' 31 둘째는 이렇습니다. '네 이웃을 네 자신처럼 사랑하라.' 이 계명들보다 더 큰 계명은 달리 없습니다." 32 그러자 율사는 예수께 이렇게 말씀드렸다. "훌륭하십니다, 선생님! 옳게 말씀하셨으니, 과연 주님은 한 분이시고 그밖에 다른 주님은 없습니다. 33 그리고 온 마음으로, 온 슬기로, 온 힘으로 그분을 사랑하는 것, 그리고 이웃을 자신처럼 사랑하는 것이 모든 번제나 친교제사보다 더 낫습니다." 34 예수께서는 그가 현명하게 대답하는 것을 보시고 그에게 "당신은 하느님의 나라에서 멀리 떨어져 있지 않습니다" 하고 말

씀하셨다. 그리하여 어느 누구도 감히 그분께 더 이상 질문하지 못했다.

- 200주년 기념성서

1. 본문 풀이 : 본문 각 절 분석

예수가 군중의 환호를 받으며 예루살렘에 입성한 후(11,1~11) 종교지
도자들은 다각도에서 예수에게 까다로운 질문을 던진다(11,27~12,27).
그 대미를 장식하는 것이 바로 '첫째가는 계명'에 관한 토론이다
(12,28~34).[1] 28a절은 이전의 내용과 연결시키기 위해, 그리고 34b절은
토론을 마무리짓기 위해 마르코가 만들어 집어넣은 편집구이다.[2] 28b~
34a절은 마르코가 전승으로 물려받았다.

　마르 12,28~34은, 한 가지 주제를 놓고 율사와 예수가 사이좋게
토론을 벌이는 내용을 담은 전형적인 '대담'양식의 사화다. 그런데 병
행문인 마태 22,34~40과 루가 10,25~28을 자세히 읽어보면 마르
12,28~34과 무척 다르다는 사실을 알 수 있다. 우선, 예수의 대답에
율사가 맞장구를 치는 후반부(32~34a절)가 마태오와 루가에는 나와
있지 않고, 율사의 호칭이 마르 12,28에는 '그람마튜스'인 데 비해 마
태 22,35와 루가 10,25에는 '노미코스'이다. 그리고 율사의 질문(28b
절)에서 "모든 (계명) 중에"(판톤) 대신 마태오와 루가는 공통적으로
"율법 중에"(엔 토 노모: 마태 22,36 ; 루가 10,26)[3]라는 표현을 사용한

1　"그리하여 어느 누구도 감히 그분께 더 이상 질문하지 못했다."(34b절)

2　P. J. Achtemeier, *Mark, Proclamation Commentaries*, Philadelphia, 1975, p.19 ; J.
　Ernst, *Das Evangelium nach Markus*, pp.353~334 ; E. Schweizer, *Das Evangelium
　nach Markus*, p.137.

3　여기서 개념 구분이 필요하다. 율법의 개별적 규정을 거론할 때는 '계명(엔톨
　레)'이라는 표현이 옳다. 그러나 하느님으로부터 모세에게 주어졌다는 역사적

다. 마치 사전 협의가 있었던 듯이 말이다. 다음으로 사랑의 이중계명을 말하는 당사자가 마르 12,29~30에는 예수인 반면, 루가 10,27에는 율사로 바뀌었다. 그런저런 앞뒤 정황을 미루어볼 때, 마태오와 루가는 마르 12,28~34 외에 예수 어록(Q)에서도 유사한 전승을 발견했던 것으로 보인다. 그래서 자신들의 편집사상에 맞추어 두 전승을 적절하게 가감승제하여 복음서를 써내려갔다.[4]

율사가 응답하는 후반부(32~34a절)가 마태오와 루가에 나와 있지 않다는 사실을 십분 고려할 때, 원래 율사의 질문과 대답으로 이루어진 전승(28a~31절)에 마르코 이전의 어느 전승전달자가 후반부(32~34a절)를 첨가해 넣었고, 마르코는 28a~31절과 32~34a절이 이미 하나로 묶인 상태로 물려받았을 가능성이 높다.[5]

본문을 분석할 때 또 한 가지 주의해서 살펴야 할 문제는 복음서작가 마르코가 28~34절을 이곳에 배치한 이유다. 예루살렘에 입성한 예수는 성전을 중심으로 활동하는 유대교 최고회의 지도자들과 만나는데, 대사제들과 율사들과 원로들은 '예수의 권한'에 대해(11,27~33), 바리사이와 헤로데 파는 '황제에게 바치는 세금'에 대해(12,13~17), 사두가이들은 '부활'에 대해(12,18~27) 질문한다. 한결같이 예수를 곤경에 빠트리기 위한 질문들이다. 그런데 전체를 마무리를 짓는 '첫째가는 계명'에 대한 질문(12,28~34)에서만 유독 예수에게 호의를 가진 인물인

사실에 근거를 둘 때는 총체적 느낌을 가진 표현인 '율법(노모스)'을 사용해야 한다. 표현의 정확성에서 마르코보다 마태오와 루가가 앞선다.

4 G. Strecker, *Der Weg der Gerechtigkeit*, pp.25~26, 135~136 ; D. Lührmann, *Das Markusevangelium*, pp.205~206 ; W. Grundmann, *Das Evangelium nach Markus*, p.336 ; V. Taylor, *The Gospel according to St. Mark*, p.485.

5 H. Merklein, *Die Gottesherrschaft als Handlungsprinzip*, pp.102~103 ; J. Gnilka, *Das Evangelium nach Markus 2*, pp.163~164 ; J. Ernst, *Das Evangelium nach Markus*, pp.353~334 ; K. Berger, *Die Gesetzauslegung Jesu*, p.184.

율사가 등장한다(32절). 어딘지 어색해 보인다. 이제 한 절씩 자세하게
설명해 보겠다.

a그런데 율사 하나가 그들이 토론하는 것을 듣고 있다가 예수께서 그들에
게 훌륭히 대답하시는 것을 보고는 다가와서 b그분께 "모든 (계명) 중에
첫째가는 계명은 어떤 것입니까?"하고 물었다.   (28절)

28절은 두 부분으로 나뉘어진다. 28a절은 바로 앞에 나온 부활에 관
한 논쟁사화(12,18~27)와 연결시키기 위해 마르코가 삽입한 구절이다.
분사구문[6]은 마르코가 즐겨 사용하는 문장형태이며 그중에서도 특히
'토론하다' 동사(쉬제테오)는 마르코의 상용어이다(1,27 ; 8,11 ; 9,10.
14.16). 11,27~12,27에서 예수는 상대를 바꾸어가며 열심히 논쟁을 벌
였고 매번 뛰어난 대답 솜씨로 상대를 제압했다. 그 논쟁과정을 지켜본
어느 율사가 예수에게 질문을 던진 것이다. 여기에 등장하는 율사는
예수에게 호의적일 뿐 아니라(32~33절) 예수가 벌인 논쟁의 증인 역할
도 담당한다.
　　"모든 (계명) 중에[7] 첫째가는 계명은 어떤 것입니까?" 율사가 던진
질문은 보는 각도에 따라 다양하게 해석될 소지가 있다. ① 만일 율사
가 '절대계명'을 물어본 것이라면 율법의 다른 계명들과 비교해 우선적
으로 지켜야 할 계명이라는 뜻을 가지게 된다. 즉, 배타적 의미에서 첫
째가는 계명이라는 말이다.[8] ② 다음으로 만일 율사가 '근본계명'을 물

6　J. R. Donahue S. J. · D. J Harrington S. J., *The Gospel of Mark*, p.354. 마르코
　　는 여기서 세 개의 연속분사를 사용한다. "토론하는 것(슈테툰톤)을 듣고 있
　　다가(아쿠사스) 다가와(프로스엘튼)."
7　'모든(판톤: pavntwn)'을 '모든 계명'이 아니라 '모든 하느님의 뜻'으로 보아
　　야 한다고 해석하는 이도 있다(K. Berger, *Die Gesetzauslegung Jesu*, p.189). 그리
　　설득력이 없어 보인다.

어본 것이라면 그 계명을 통해 다른 계명들을 풀이할 수 있는 계명, 즉 율법 해석의 도구로 쓰일 수 있는 계명이 된다.[9] ③ 그리고 만일 모든 계명을 가장 무거운 것으로부터 가장 가벼운 것까지 순서를 매긴 상태에서 첫째가는 계명을 물어본 것이라면 율사는 '최고계명'을 질문한 셈이다.[10] 이는 특히 당시 율사들의 학문적 풍토를 보여주는 것이기도 하다.[11]

예수가 활동하던 때의 유대 땅에서는 모두 613가지의 계명이 통용되었다. 이는 복잡하고 방대한 율법 가르침을 간추린 것으로, 248개는 단순명령이고 365개는 금지명령이다. 그 613가지 계명을 놓고 율사들 사이에서 종종 어떤 계명이 가장 중요한지 따지는 토론이 오갔다. 예수 시대의 대학자였던 율사 힐렐(대략 B.C.30~A.D.10)의 됨됨이와 관련하여 다음 이야기가 전해온다. 어느 이방인이 힐렐과 쌍벽을 이루던 율사인 샴마이에게 가서 물었다. "제가 한 발로 서 있는 동안에 율법을 가르쳐주신다면 저를 개종자(改宗者)로 삼으셔도 좋습니다." 그러자 샴마이는 그를 괘씸하게 여긴 나머지 막대기를 들고 쫓아냈다. 그 이방인이 이번에는 힐렐 율사에게 가서 같은 질문을 했더니 "당신이 당하기 싫은 일을 당신 이웃에게 하지 마시오 이것이 율법의 전부요 나머지는 모두 풀이입니다. 가서 이것을 익히시오" 라고 답변했다(『바빌론 탈무드』, 샵바트 31a).[12]

---

8 R. Pesch, *Das Markusevangelium*, p.238.

9 정양모 역주, 『마르코복음서』, p.140.

10 K. Kertelge, *Markusevangelium*, pp.121~122 ; W. L. Lane, *The Gospel according to Mark*, p.431.

11 P. Billerbeck, *Kommentar zum Neuen Testament aus Talmud und Midrasch* I, pp.900~905.

12 힐렐의 대답이 바로 '황금률'이며, 예수가 활동하던 때는 비록 힐렐이 죽은 후이기는 했지만, 그의 사상만은 유대 사회 전체에 막강한 영향을 끼치고 있

율법을 대하는 자세는 원칙적으로 샴마이 율사가 옳아 보인다. 비록 이방인이 '율법을 간단히 정리해달라'는 요구를 했지만 모든 계명이 실은 하느님으로부터 온 것이니 계명들 사이에 경중을 따지는 일은 불가능하다. 십계명에 나오는 '안식일을 거룩하게 지켜라'(출애 20,8~11)와 '돼지를 먹지 말라'는 부정한 동물 규정(레위 11,7)을 비교해 보면 언뜻 안식일 법이 중요한 듯하지만 둘 다 하느님이 주신 계명이기에(출애 20,1/레위 11,1) 경중을 따지는 짓은 원칙적으로 하느님에게 누를 끼치는 일이 된다.[13] 그러나 힐렐 율사는 샴마이에 비해 대범한 인물이 었기에 '황금률'로 율법을 간단히 정리할 수 있었다.[14]

율사의 진의를 파악하기는 쉽지 않다. 하지만 질문은 대답을 결정하는 법. 대답을 들어보면 오히려 질문자의 의도를 정확히 알 수 있는 경우도 있다. 율사의 의도를 올바르게 파악하기 위해 본문 분석을 마칠 때까지 결정을 잠시 미루도록 하자.

29 예수께서 대답하셨다. "첫째는 이렇습니다. '들어라, 이스라엘아, 우리 하느님이신 주님은 오직 한 분인 주님이시다. **30** 그러므로 네 온 마음으로,

---

던 시절이었다. 그러므로 예수나 그분 주위에 있던 이들에게도 '황금률'은 익히 알려진 가르침이었을 것이라는 결론에 자연스럽게 도달하게 된다(마태 7,12: 그러므로 여러분은 무엇이든지 사람들이 여러분을 위해 해주기 바라는 것을 그대로 그들에게 해주시오. 이것이 율법과 예언자들의 정신입니다).

13 J, Gnilka, *Das Evangelium nach Markus*, p.164. 『미슈나』의 서론 격인 아보트편 1,1에는 다음과 같은 말이 씌어 있다. "모세는 시나이 산에서 토라를 받아 여호수아에게 물려주었으며, 여호수아는 장로들에게, 장로들은 예언자들에게, 그리고 예언자들은 그 율법을 대회당의 남자들에게 물려주었다." 이는 모든 계명이 시나이 산에서 주어진 토라의 맥을 굳건히 이어간다는 표현으로, 기록된 율법이나 구전 법 해석이나 동등한 권위를 가진다는 뜻을 담는다.

14 힐렐 율사가 황금률을 가장 중요하게 본 데 반해, 아키바 율사는 레위 19, 18을 꼽았고(31절 분석 참조), 『미슈나』에서는 정결례를 으뜸으로 친다(Chag 1,8).

네 온 혼으로, 네 온 정신으로, 네 온 힘으로 너의 하느님이신 주님을 사랑
하라. (29~30절)

율사의 질문에 예수는 신명 6,4~5을 인용하여 대답한다. 이는 유대
인 성인 남성이 아침·저녁으로 바치던 신앙고백문(신명 6,4~9 ;
11,13~21 ; 민수 15,37~41)의 첫 구절이며, 그 중에서도 앞의 두 단어
를 따서, 이 신앙고백문을 흔히 '셔마(שמע) 이스라엘(들어라 이스라엘)'
이라 부른다. 유일신 하느님을 찬양하고 이스라엘을 선택한 하느님의
사랑에 감사해 오직 하느님 한 분만 섬기겠다는 의지를 내용으로 한다.
그런데 정작 이 신앙고백문을 받아들여 활기차게 사용한 이들은 유대
땅에 살던 본토 유대인이 아니라 헬라 지역에 흩어져 살던 디아스포라
유대인들이었다.[15] 그들은 수많은 신들이 판을 치던 헬라지역에서 야훼
신앙의 순수성을 지키기 위해 각고의 노력을 기울였으며, 유일신 신앙고
백문(셔마 이스라엘)을 교리적으로 받아들여 아예 회당예배의 필수순서
로 배치시키기까지 하였다. 따라서 예수의 대답은 헬라-유대계 그리스
도교의 입장을 반영한 것으로 보아야 마땅하다는 주장이 성립되었다.[16]
다음으로 주의 깊게 검토해야 할 문제는 30절에 거론된 네 가지 항목
이다. 디아스포라 유대인들이 사용하던 성서는 히브리어 성서의 헬라
어 역본인 『칠십인역』(LXX)이다. 그런데 마르코복음에 나오는 신명
6,4~5의 표기가 『칠십인역』과는 사뭇 차이가 난다. 『칠십인역』에서는
"마음(카르디아)과 영혼(쉬케)과 힘(두나미스)[17]으로" 라고 쓰여 있는 반

---

15 필로, Virt. 34. 『미슈나』, 아보트 편 2,13 ; 요세푸스, 『유대고사』 3,91 참조.
16 "예수가 가르쳐준 이중계명은 헬라-유대교적, 그리고 그리스도교적 호교론과
   전도설교라는 맥락에서 이해되어야 한다"(G. Bornkamm, "Das Doppelgebot der
   Liebe," p.91).
17 בבל, שפנ, לאמ.

면, 마르코에는 "마음(카르디아)과 영혼(쉬케)과 정신(디아노이아)과 힘(이스쿠스)으로"라고 쓰여 있다. 그중에서 '두나미스'와 '이스쿠스'가 동의어라는 점을 감안할 때 마르코복음에는 『칠십인역』과 비교해 '정신'이라는 항목이 추가된 셈이다. '정신'을 뜻하는 '디아노이아'는 다분히 심리적 용어로 사물을 이해할 수 있는 인간의 능력을 가리키는 개념이다. 따라서 '이해력'이라는 뜻으로 보면 무난하겠다. 『칠십인역』과 비교할 만한 다른 헬라어 역본이 뚜렷이 없다는 사실을 감안할 때 '디아노이아'는 마르코(혹은 마르코 이전의 전승자)가 헬라문화의 영향을 받아 첨가한 항목으로 간주하는 게 무난하다. 하느님을 섬기는 데 인간에게 주어진 모든 능력을 동원해야 한다는 의미에서 이 낱말을 첨가한 것이다. 마음(감성), 혼(생명), 정신(이성), 힘(능력)은 인간의 '전존재(全存在)'를 구성하는 요소들이니, 30절을 풀이하면 '전존재로 하느님을 섬겨라'가 된다.[18]

"둘째는 이렇습니다. '네 이웃을 네 자신처럼 사랑하라.' 이 계명들보다 더 큰 계명은 달리 없습니다." (31절)

31절은 28~34절 전체에서 가장 까다로운 구절이다. 28b절에서 율사가 '첫째가는(프로테) 계명'을 질문했고 그에 대한 대답이 29~30절에 이미 나왔음에도 불구하고 예수가 구태여 '둘째가는(도이테라)' 계명을 알려주었기 때문이다. 따라서 31절은 이야기의 흐름에 불필요한 구절인 셈이다. 그리고 "이 계명들보다 더 큰 계명은 달리 없다"라는 짧은 코멘트에서 예수는 '가장 큰(메이존)'이라는 최상급을 사용하는데 정작

---

18 V. Taylor, *The Gospel according to St. Mark*, p.487 ; J. Gnilka, *Das Evangelium nach Markus*, p.165 ; J. R. Donahue S. J. · D. J. Harrington S. J., *The Gospel of Mark*, pp.354~355.

계명은 두 가지이니(하느님 사랑, 이웃 사랑) 그 또한 자체적 모순을 낳는다.

"네 이웃을 네 몸처럼 사랑하라"는 구약 레위 19,18에서 따온 구절이다. 이는 사회적 관계에서 사람이 취해야 할 자세를 종교적 차원으로 정의한 계명이다. 2세기 초엽에 활동했던 랍비 아키바는 "네 이웃을 네 자신처럼 사랑하라. 이것이 율법의 전체를 관통하는 원칙이다"(Sifra, Lev. 200. 레위 19,15~20 해설)라는 말을 남겼고 '의로운 시몬'은 세상을 지탱하는 세 기둥으로 '율법과 예배와 (이웃) 사랑'을 꼽은 바 있다. 이웃 사랑을 최고의 계명으로 간주하는 풍토가 이미 유대교 내에도 있었다는 말이다. 그렇다면 두 가지 계명을 하나로 묶은 데서 예수의 가르침이 갖는 독특성을 찾을 수 있을까? 그리스도인이 흔히 29~30절의 하느님 사랑과 31절의 이웃 사랑을 합쳐 '사랑의 이중계명'이라 부르듯이 말이다. 그러나 당시 문헌들을 살펴보면 '사랑의 이중 계명' 역시 예수의 독특한 발상이 아님을 알 수 있다. 쿰란 문헌에 보면, "주님을 나의 온 힘으로 사랑하고, 모든 인간을 나의 자식들처럼 사랑하라"(Test. XII Iss 7,6), "주님을 너의 전 삶으로 사랑하고, 서로를 진심으로 사랑하라"(Test. XII Dan 5,3)는 가르침이 등장하며 헬라 유대교의 거목인 알렉산드리아의 필로는 "하느님에 대해서는 지극한 경외심이 중요하고, 사람에 대해서는 사랑과 정의가 중요하다"(Spec. Leg Ⅱ 63)고 하였다. 예수의 의도가 여전히 구름에 가리어져 있는 셈이다. 그에 대한 몇 가지 설명을 들어보자.

① 예수는 하느님 사랑을 이웃 사랑으로 환원시켰다.[19] 즉, 예수가 한 대답의 핵심은 31절에 있다는 설명이다. 하느님에 대한 사랑은 어차피 증명되기 힘들다. 그러나 이웃 사랑은 눈에 보이는 대상이 있으니 훨씬

---

19 R. Bultmann, *Jesus*(Tübingen, 1958), pp.99, 195~196 ; W. Grundmann, *Das Evangelium nach Markus*, p.338.

구체적이다. 따라서 이웃 사랑을 하느님 사랑의 구체적 표현으로 보아, 이웃 사랑만 열심히 실천하면 자동적으로 하느님 사랑까지 하게 된다는 주장이다. ② 예수는 '사랑의 이중계명'으로 구약의 십계명을 요약했다.[20] 하느님 사랑과 이웃 사랑을 통해 십계명의 전반부(1~4계명)와 후반부(5~10계명)가 정리되었다는 뜻이다. 따라서 예수가 두 계명을 제시한 듯 보이나 실은 하나의 계명체계(십계명)안으로 통합한 셈이니 한 가지 계명으로 보아 마땅하다는 주장이다. ③ 이웃 사랑은 하느님 사랑의 보완이다.[21] 유대교의 제사와 의식은 온전히 하느님만 섬기는(=사랑하는) 예배행위다. 하지만 하느님 사랑이 보다 완벽해지려면 이웃 사랑이 절실히 필요하다(사도 2,46 ; 3,1.8 참조). ④ 이웃 사랑은 하느님 사랑과 별개의 계명이 아니라 확장된 계명이다.[22] 갈라 5,14 ; 로마 13,9에 보면 바울로가 율법의 정수를 이웃 사랑이라 했는데, '이웃 사랑'이 1세기 교회에서 큰 영향력을 가졌던 가르침이라는 증거가 된다. 이는 하느님 사랑에서 사람 사랑으로 확대되어 나가던 1세기 교회의 경향을 보여준다. ⑤ 두 계명은 '사랑'이라는 모티브로 연결된다.[23] 29~31절을 헬라어 원문으로 읽어 보면 하느님 사랑과 이웃 사랑을 시각적으로 연결시키는 고리는 '사랑하라'(아가페세이스: 2인칭 단수 명령형) 동사이다. 그러니 29~31절은 풀이할 때는 '너는 사랑하라. 하느님과 이웃을…'이라 해야 적절하다. 보기에 따라 29~31절을 한 가지 계명으로 간주할 수 있다는 설명이다.[24]

---

20 E. Lohmyer, *Das Evangelium des Markus*, pp.259~260.

20 E. Lohmyer, *Das Evangelium des Markus*, pp.259~260.

21 J. Ernst, *Das Evangelium nach Markus*, p.357.

22 V. Taylor, *The Gospel according to St. Mark*, pp.487~488 ; E. Schweizer, *Das Evangelium nach Markus*, pp.137~138.

23 W. Diezinger, "Zum Liebesgebot Mk xii, 28~34 und Parr," pp.81~83 ; D. Lührmann, *Das Markusevangelium*, p.207.

24 그래서인지는 몰라도 병행문인 루가 10,25~28에서는 '아가페세이스'가 한 번

앞에 설명한 어느 견해를 따르든, 하느님과 이웃 사랑이 마치 두 가지 계명인 듯 보이지만 실제로 하나라는 전제에서 출발했다는 전제가 들어 있다. 예수의 가르침과 쌍둥이 같은 말씀이 헬라세계(필로)에서 발견된다는 사실을 미루어, 29~31절이 전승으로 내려온 예수의 가르침을 곧이곧대로 옮긴 것이 아니라 전체적으로 헬라-유대계 그리스도 교회의 입장을 대변한다는 주장이 상당한 위력을 떨친다.[25]

> **32** 그러자 율사는 예수께 이렇게 말씀드렸다. "훌륭하십니다, 선생님! 옳게 말씀하셨으니, 과연 주님은 한 분이시고 그밖에 다른 주님은 없습니다. **33** 그리고 온 마음으로, 온 슬기로, 온 힘으로 그분을 사랑하는 것, 그리고 이웃을 자신처럼 사랑하는 것이 모든 번제나 친교제사보다 더 낫습니다."
>
> (32~33절)

예수의 대답을 들은 율사는 맞장구를 친다. 우선 예수의 대답을 반복하고 한걸음 더 나아가 종교의식(제사)에 대한 비판적 견해를 덧붙인다. 언뜻 보면 율사가 예수의 말씀을 받아 다시 한 번 되뇌인 듯하지만 "주님은 한 분이시고 그밖에 다른 주님은 없습니다"라는 표현은 신명 6,4~5가 아니라 신명 4,35과 정확히 일치한다.[26] 그와 더불어 율사는 하느님 사랑과 이웃 사랑을 한 문장에 넣음으로써 둘을 29~31절에 비

나온다(27절).

25 정양모 역주, 『마르코복음서』, p.139 ; J. Gnilka, *Das Evangelium nach Markus*, pp.163~164 ; H. Merklein, *Die Gottesherrschaft als Handlungsprinzip*, p.103 ; G. Bornkamm, "Das Doppelgebot der Liebe," p.92. 그에 비해 이를 갈릴리 공동체에서 나온 전승으로 보는 이도 있다(E. Lohmeyer, *Das Evangelium des Markus*, p.261). 로마이어는 '이웃사랑'의 대상이 유대인에 머물지 않고 이방인까지 포함된다는 데서 예수의 가르침을 유대교의 그것과 구별된다고 한다.

26 비슷한 표현으로는 출애 8,6 ; 2사무 7,22 ; 1열왕 8,60 ; 2열왕 19,19 ; 이사 37,20 등이 있다.

해 보다 분명하게 하나로 만들었다. 다만 하느님을 사랑하는 데 지녀야 할 자세를 네 가지 항목으로 정리한 30절과는 다르게 32절에서는 세 가지만 나온다(마음, 슬기, 힘).[27] 그중에서도 특히 '슬기'로 번역한 헬라어 '수네시스'에는 '이성적으로 하느님의 뜻을 이해한다'는 뜻이 담겨 있다. 세 가지 항목이라는 점에서는 32절의 표현이 30절보다 『칠십인역』에 가깝지만, 왜 율사와 예수의 표현이 다른지에 대해서는 만족할 만한 설명을 발견하기 힘들다. 말씀의 전승과정에서 원래의 '대담'(28b~31절)에 율사의 대답(32~34b절)이 덧붙여졌을 가능성을 떠올려 볼 수 있다.[28]

모든 제사의식보다 사랑이 중요하다는 사상은 구약성서에서 흔히 발견된다. 호세 6,6을 읽어보면 "내가 반기는 것은 제물이 아니라 사랑이다."라고 하여 사랑의 우위성을 강조한다(1사무 15,22 ; 시편 51, 20~21 ; 40,7 ; 잠언 21,3 ; 16,7 ; 이사 1,11). 그렇다고 해서 율사가 구약성서의 입장을 대변한다고 보는 것은 옳지 않다. 그보다는 마르코복음이 씌었던 환경인 헬라 유대계 그리스도의 교회의 입장이 십분 반영되어 있다고 봄이 옳다. 32절의 이면에서 '유대교식 제사와 그리스도교식 사랑의 가르침 중에서 과연 어느 것이 더 중요한지'에 대한 논쟁이 펼쳐졌던 당시 상황을 엿볼 수 있기 때문이다.[29] 예수가 예루살렘 성전을 정화하면서(마르 11,15~19) 성전을 "내 집은 모든 민족을 위한 기도의 집이라 불릴 것이다"라고 한 것도 그런 경향을 대표한다. 특히 기원 후 70년에 예루살렘 성전이 파괴된 후, 1세기 교회에서는 '사랑이 제사보다 낫다'는 사고방식에 더욱 무게가 실리게 되었을 것이다.[30]

---

27 카르디아, 쉬네시스, 이스쿠스.

28 R. Pesch, *Das Markusevangelium*, pp.236~237.

29 실제로 그리스도교가 엄격한 제의종교에서 윤리종교로 바뀌어가는 과정이 신약성서 전반에서 발견된다(마태 9,13 ; 12,7 ; 마르 7,6~7 ; 1고린 10,25~37).

율사는 핵심적인 것(사랑)과 주변적인 것(제사)을 나누어가며 예수의 말씀에 이상적으로 동조한다. 그리고 첫째 계명을 가리는 대화에서 한걸음 더 나아가 진정한 예배의 기준을 새롭게 정립시켰다. 마르코복음에 나오는 율사(그람마튜스)가 대체로 예수에게 적대적이라는 사실(2,6 ; 3,22 ; 7,5 등등)을 감안한다면 극히 예외적 현상이다. 진리를 찾던 율사가 예수의 대답으로 새로운 깨우침을 얻은 것이다.[31]

a예수께서는 그가 현명하게 대답하는 것을 보시고 그에게 "당신은 하느님의 나라에서 멀리 떨어져 있지 않습니다" 하고 말씀하셨다. b그리하여 어느 누구도 감히 그분께 더 이상 질문하지 못했다.   (34절)

34절은 율사의 대답(a절)과 마르코가 만들어 넣은 편집구인 주변 사람들의 반응(b절)으로 구성되어 있다. 율사의 현명한 대답에 예수는 "당신은 하느님의 나라에서 멀리 떨어져 있지 않습니다"라는 파격적인 칭찬을 한다. 예수의 가르침이 드디어 유대교의 제도권 종교지도자에게까지 먹혀들었다는 것이다. 마르코복음에 등장하는 하느님 나라에는 현재와 미래라는 두 가지 시간대가 동시에 녹아 들어가 있다.[32] 그래서

---

30 예루살렘 성전이 로마군에 의해 파괴된 후 바리사이파 율사들을 중심으로 야브네에서 유대교가 재건된다(기원 후 80년경). 이때부터 이른바 '랍비 유대교' 시대가 열리는데, 성전제사의 중요성은 급격히 후퇴하고 율법이 그 자리를 차지한다. 1세기 그리스도교회와 비슷한 과정을 밟고 있었다.

31 K. Berger, *Die Gesetzauslegung Jesu*, p.186.

32 하느님 나라는 시간성이라는 기준으로 평가할 때 현재와 미래라는 양쪽 시간대에 길게 걸쳐 있다. 하느님 나라의 시간성은 예수가 든 비유들에서 잘 드러난다. 하느님 나라는 마치 땅에 뿌려진 씨앗과 같아서 하루하루 쉬지 않고 자라난다. 그리고 이 같은 현재는 또 다른 현재로 이어져 뿌려진 씨에서 싹이 돋고 이삭이 패고 마침내 알찬 낱알이 맺히게 된다(마르 4,26~29). 그런가하면, 하느님 나라란 마치 밀가루 반죽에 넣어 놓은 누룩처럼 꾸준히 반죽을 부

만일 예수가 하느님 나라의 미래성에 중점을 두고 말한 것이라면 종말론적, 혹은 교회론적 의미를 담은 말씀이 된다.[33] 율사에게 장차 이루어질 종말, 혹은 그 종말을 준비하는 교회로 들어와 예수를 따르라는 뜻이다. 그러나 이 말씀을 하느님 나라의 현재성으로 해석하면, 율사가 바야흐로 예수를 통해 이 세상에 힘차게 뚫고 들어온 하느님의 주권을 인식하게 되었다는 뜻이 된다. 34절에서 예수가 대화의 주도권을 율사로부터 넘겨받았다는 사실을 감안하면, '하느님 나라'는 그리스도론적인 맥락에서 해석하는 게 바람직하다.[34] 하느님 나라는 율법의 문제가

풀게 하고(루가 13,20~21) 겨자씨 한 알처럼 작기는 하나 매 순간 땅 속에서 꾸준히 자라는 것이기도 하다(마르 4,30~32). 이처럼 하느님의 나라란 현재성을 가지고 있다. 그러나 이 현재라는 성격은 머무는 것이 아니라 꾸준히 움직여 나간다는 측면을 가진다. 이는 씨들이 하루하루 자란다거나, 밀가루 반죽이 조금씩 부풀어 나간다는 이미지를 통해 설명이 가능하다. 즉, 하느님 나라의 현재성이란 한 곳에 멈추어 선 시간대가 아니라 움직이는 현재, 혹은 자라나는 현재라고 정의할 수 있다. 이에 반하여 하느님 나라가 가지는 미래성은 장래에 닥쳐올 특정한 시점을 가리킨다. 그날이 되어 곡식이 익으면 밭의 주인은 추수 때가 된 줄 알고 곧 낫을 댈 것이며, 겨자씨는 어느덧 큰 가지를 뻗을 만큼 자라 공중의 새들이 그 그늘에 깃들일 정도가 된다. 물론 이때쯤에는 누룩을 섞어 밤새 아랫목에 넣어 두었던 밀가루 반죽도 알맞게 부풀어올라 끓는 물에 넣어질 준비가 끝나게 된다. 비유에 따르면 이 같은 하느님 나라의 미래성은 현재가 이어지고 이어져서 그 축적된 힘으로 실현되는 미래다. 흔히 '이미 그러나 아직'이라고 말하는 신학적인 시간 개념이다. 하느님 나라의 미래성은 그 현재성과 불가분의 관계에 놓여 있다는 뜻으로 풀이할 수 있겠다. 자세한 분석은 박태식, 「예수의 神國觀 이해」, 『종교신학 연구』 10(서강대 종교신학연구소 편, 분도출판사, 1997), 45~72쪽 참조.

33 G. Bornkamm, "Das Doppelgebot der Liebe," p.91 ; R. Pesch, *Das Markusevangelium*, p.243.

34 이제까지의 토론주제는 율법이었는데 갑자기 하느님 나라가 등장한다. 이는 예수 자신이 율법(토라)보다 뛰어난 존재라는 전제가 있었기에 가능한 일이다. 그런 생각은 35~37절로 연결된다(J. R. Edwards, *The Gospel according to Mark*, p.374).

아니라 현재 유대 땅에서 활동하는 예수의 문제라는 뜻이다. 따라서 34a절은 하느님 나라의 현재성이 부각된 말씀으로 보아야 한다.[35]

28~34절의 전체적인 성격은 보는 각도에 따라 크게 둘로 나뉜다(대담/논쟁). 불트만은 28~34절에서 친근감 넘치는 대화가 오간 것을 보고 스승과 제자 사이의 대담을 연상해, 이 구절을 '학교대화(Schulgespräch)'로 분류한 바 있다.[36] 율사의 태도에서 예수에 대한 적대감을 발견하지 못했기 때문이다. 그러나 예수가 예루살렘에 입성한 후로 예수와 종교지도자들 사이에 줄곧 적대적 논쟁(Streitgespräch)이 오갔는데(11,27~33 ; 12,13~17 ; 12,18~27) 여기서 갑자기 호의적인 대화가 오갔다고 보기 어렵다는 주장도 있다.[37] 필자의 생각에는 28~34절을 논쟁으로 보는 견해에 설득력이 있다. 그 까닭들로는 우선, 이제까지 마르코복음에 나온 보도들을 눈여겨보면 예수와 인연을 맺은 사람들의 '추종'이 언제나 중요한 주제로 부각되는데(1,16~20 ; 2,14 ; 10,17~22.28~31.46~52), 34절은 '더 이상 질문이 없었다'는 주변 사람들의 반응으로 싱겁게 끝난다는 데 주목할 필요가 있다. 그리고 28~34절을 끝으로 종교지도자들과의 논쟁이 더 이상 나오지 않는다는 사실을 미루어볼 때, 마르코가 11,27~12,34를 한 가지 주제(예수와 종교지도자들 사이의 논쟁)로 묶으려 했음을 알 수 있다. 열띤 논쟁이 계속되다가 갑자기 대담으로

---

35 V. Taylor, *The Gospel according to St. Mark*, p.485 ; J. P. Keenan, *The Gospel of Mark*, pp.293~294.

36 R. Bultmann, *Die Geschichte der synoptischen Tradition*, FRLANT 29(Göttingen, 1979), p.53. 불트만에 동조하는 이들로는 Evans(Mark 8:27~16:20, p.267), Pesch(Markusevangelim, pp.236~237) 등이 있다. Pesch는 구체적으로 제자의 등장과 상황설정(28a절)-주제질문(28b절)-스승의 대답(29~31절)-질문자의 응답(32~33절)-스승의 평가(34a절)-주변 반응(34b절)으로 나눈다.

37 J. 에레미아스, 김경희 역, 『예수의 선포』(분도출판사, 1999), 293~294쪽 ; K. Kertelge, *Markusevangelium*, p.123 ; W. Grundmann, *Das Evangelium nach Markus*, pp.338~339.

막을 내리면 그만큼 글이 밀어붙이는 탄력이 줄어든다.

마르코는 28b~34a절을 전승으로 물려받으면서 그 성격을 두고 나름 대로 고민했을 것이다. 그러다가 "그리하여 어느 누구도 감히 그분께 더 이상 질문하지 못했다"라는 말을 편집해 넣음으로써 큰 단락이 마감된다는 인상을 확실히 심어주었다.[38] 마르코는 예수와 율사가 나눈 대화를 '논쟁'으로 인식했다.

대화(논쟁)는 예수의 말씀으로 끝이 나며, 예수가 하느님 나라를 자유자재로 다룰 수 있는 존재라는 사실이 부각된다. 대화의 처음부터 율사는 합리성을 갖춘 사람으로 묘사되었다. '현명하게'를 통해 합리성이 강조되었다는 점에서 마르코복음에 나오는 다른 대화들(특히 제자들과의 대화)과 큰 차이가 난다.[39] 하느님 나라는 합리적 차원에서도 충분히 설명 가능하다는 뜻이 되겠다.

---

38 이 말씀("그리하여 어느 누구도 감히 그분께 더 이상 질문하지 못했다.": 34b 절)이 마태오복음에는 심판설교(23~24장)를 시작하기 직전인 23,46에 나와 있고, 루가복음에는 부활논쟁(20,27~40)을 마무리하는 20,40에 실려 있다. 루가는 예수와 율사의 대화를 앞쪽(10장)으로 옮겨놓았기에 부활논쟁이 예루살렘에서 벌어진 '예수와 종교지도자들의 논쟁'(20,1~40)의 마지막이 된 것이고 그에 따라 20,40을 배치한 것이다. 마태오는 예수와 종교지도자들의 논쟁이 '그리스도의 자손'에 관한 예수의 가르침(22,41~46)까지 연장되었다고 보았기에 이 말씀을 23,46으로 자리바꿈할 수 있었다. 아무튼 마태오와 루가가 34b절을 '예수와 종교지도자들의 논쟁' 단락의 마무리로 삼은 것은 마르코와 일치한다.

39 '현명하게'를 뜻하는 부사인 헬라어 '누네코스'는 신약성서에서 오직 이곳에 서만 한 번 쓰인다. Berger는 지혜를 찾던 율사는 예수의 대답을 통해 새로운 깨우침을 얻었다(*Die Gesetzauslegung Jesu*, p.186)고 하며, Gnilka는 합리성이 강조되었다는 점에서 이 구절이 인간의 이성을 중시하던 헬라세계의 영향을 받았다고 한다(*Das Evangelium nach Markus*, p.167). 그러나 Evans는 마르 1,14~15와 6,12를 참고해, 이 말 속에는 율사의 회개가 전제되었다고 주장한다(Mark 8:27~16:20, p.267).

■ 요약

1세기 그리스도 교회는 여러 가지 문제에 봉착해 있었다. 그중에서도 유대교와의 관계설정은 시급한 것이었다. 나면서부터 유대교 분위기에 익숙한 본토 유대계 그리스도인이야 별 문제 없었으나 헬라 지역에 살았던 그리스도인은 상황이 무척 달랐다. 마르 12,28~34에는 그런 고민이 잘 담겨 있다. 비록 그 뜻을 해석하는 데 차이가 있지만, '율법 중에 첫째가는 계명이 무엇인가?'라는 질문(28b절)은 당시 율사들 사이에 흔한 것이었다. 그러나 '모든 제사보다 사랑의 계명이 낫다'(33절)는 율사의 응답에서 율법 계명들이 모두 상대화되었음을 알 수 있다. 사랑만 열심히 실천하면 굳이 유대교식 제사를 바칠 필요가 없다는 뜻이다. 이 한마디로 유대교 전통을 어떻게 다루어야 할지 고민에 빠져 있던 헬라지역 그리스도인(디아스포라 그리스도인 + 이방계 그리스도인)은 해방감을 맛보았을 것이다. 28b절에서 율사는 첫째가는 계명이 무엇인지 예수에게 물어본다. 당시 학풍을 고려하면 '최고계명'(③)이 무엇인지 물어보았다고 봄이 옳다. 그러나 28~34절의 전체적인 성격을 볼 때 율사는 다른 모든 계명들을 좌우할 수 있는 '근본 계명'(②)이 무엇인지 예수에게 질문했다고 봄이 옳겠다(28절 주석부분 참조).

마르코가 만들어 넣은 34b절("그리하여 어느 누구도 감히 그분께 더 이상 질문하지 못했다")은 비단 12,28~34절의 토론뿐 아니라 11,27~12,34 전체를 염두에 둔 편집이다. 토론 형식이 비록 상대방에게 호의를 가진 '대담'이라 할지라도 마르코에게는 예수가 모든 유대교 종교지도자들의 말문을 막아버렸다는 점이 중요했다. 28~34절을 '논쟁'으로 보아야 할 충분한 이유이다.

28~34절이 씌어진 배경에는 유대교의 제사의식과 예수의 가르침인 '사랑의 이중계명' 사이에 우위를 따지는 논쟁을 있었을 것이다. 물론 외적으로는 분명히 예수가 가르쳐 준 '사랑의 이중계명'이 1세기 그리

스도 교회에서 유대교 제사를 대체하는 효과를 가져왔을 것이다. 하지만 내적으로는 하느님 사랑과 이웃 사랑의 관계 설정이라는 난제가 여전히 남아 있다. 그 문제에 대해서는 보다 입체적인 접근이 필요하다.

2. 사랑의 계명 : 마르코복음의 주제설명

사랑의 가르침은 신약성서에서 광범위하게 발견된다. 아니 사랑이라는 낱말이 등장하는 구절을 일일이 꼽아 보는 일마저 번거로울 지경이다. 사랑을 율법의 완성으로 본 바울로(로마 13,8~10), 예수의 으뜸가는 가르침으로 사랑의 계명을 꼽은 마르코복음(12,28~34), 원수 사랑을 부르짖은 마태오(5,43~48), 이웃 사랑이 무엇인지 정확하게 밝힌 루가(10,25~37), 사랑을 '새 계명'으로 본 요한(13,31~35).[40] 만일 사랑의 계명이 그 자체로 단순할 것이라고 생각했던 독자가 있다면 아마 상당히 당황했으리라. 신약성서 작가들이 사랑을 정확히 정의하느라 제각각 심혈을 기울이는 모습을 발견했을 테니 말이다. 한 가지씩 차례로 살펴보자.

바울로는 사랑에 관해 장문의 시를 쓴 바 있다. 고린도 13장의 이른바 '사랑장(章)'이다. 그러나 여기 등장하는 사랑은 종말론적인 하느님의 사랑으로 다분히 추상적인 개념이다.[41] 그에 비해 로마 13,8~10에

---

40 그 외에도 사랑은 모든 죄를 덮어 준다고 역설하는 1베드 4,7~8가 있다.

41 바울로는 1고린 13,13에서 그리스도인이 가져야 할 덕목인 믿음, 소망, 사랑을 제시하고 그중에서 가장 위대한 것을 '사랑'이라고 단정한다("그러므로 믿음, 소망, 사랑, 이 셋은 남습니다. 이들 중에 사랑이 가장 큽니다"). 그렇다면 왜 사랑이 셋 중에서 유독 뛰어날까? 사랑이 '새로움'이라는 속성을 가져서일까(2고린 5,17)? 아니면 모든 것을 통합하는 기능을 가져서일까(골로 3,14)? 사랑은 하느님에게서 나온 것이기에 가장 위대하다(A. Schlatter ; H. J. Klauck ; W.

나오는 사랑의 계명은 예수가 지상에서 활동하던 당시에 주어진 가르침으로 실생활에 적용되는 구체적 계명이다. 간음하지 말라, 살인하지 말라, 도둑질하지 말라 등등의 계명들이 '네 이웃을 네 자신처럼 사랑하라'는 단 한 가지 계명으로 완성된다는 것이다(갈라 5,14 참조). 바울로는 평소에 율법의 효용성에 대해 부정적인 입장을 취했다. 그러므로 바울로가 '율법의 완성(플레로마)'이라고 했을 때는 율법에 씌어진 계명들을 곧이곧대로 지키라는 뜻은 아니다. '율법의 완성'이란 오히려 사랑의 계명 한 가지로 율법이 주는 중압감을 훌훌 털어버리라는 뜻, 즉 율법의 종말을 뜻한다고 보아야 한다.[42]

마르코는 예수가 베풀었던 모든 가르침 중에 사랑의 계명을 으뜸으로 꼽은 공로를 인정받아야 한다. 마르코는 그리스도교 역사상 처음으로 예수의 전기를 집필하여 '복음서'라는 고유한 전기양식을 개발해낸 인물이다.[43] 마르코는 복음서를 집필하기에 앞서 구두로 전해내려 오던

Schrage). 믿음은 미래의 현재적 반영이고 소망은 미래를 현재에 인정하는 것이기는 하지만, 그 방향성은 인간으로부터 하느님에게로 잡혀 있다(인간 → 하느님). 그러나 원래 하느님의 속성인 사랑은 인간에게 베풀어지는 것으로 정반대의 방향성을 갖는다(하느님 → 인간). 사랑의 출발점이 하느님이라는 사실을 십분 감안할 때, 사랑은 당연히 다른 어느 덕목들보다 위대할 수밖에 없는 것이다. 그리고 13절의 성격을 규정하는 13,9~12절은 분명히 하느님의 완전함이 이루어질 종말을 겨냥하여 쓰여진 것이다. 따라서, 믿음, 소망, 사랑은 현재를 겨냥해 주어지는 권장 덕목이 아니라 종말론적 가치로 보아야 한다 : 박태식, 「그때가 되면 우리도 알게 될 것입니다 : 1고린 13,8~13 풀이」(『신학전망』 2000 겨울호), 2~16쪽 참조.

42 Wendland는 로마 13,8~10과 갈라 5,14에서 바울로가 사랑의 계명이 가진 탈윤리적 성격(transmoralischer Charakter)을 강조했다고 하면서 "바울로는 사랑으로 율법을 해석한 것이지 유대교에서 하는 방법에 따라 율법으로 사랑을 해석한 것이 아니다"(H. D. Wendland, *Ethik des Neuen Testaments*, p.63)라고 보았다.

43 F. W. 혼, 「마르코복음서 전체 아우르기」(『생활성서』 2002년 9월호), 56~58. 마르코가 살았던 그레코-로만 시대에는 여러 가지 전기문학 양식이 있었다. 전기(비오이), 행전(프락세이스), 연대기(크로노그라피아), 회상록(아포므네모

예수전승들을 집필자료로 사용해 복음서를 써내려갔는데, 그 과정에서 예수가 어느 율사와 나눈 대화를 12,28~34에 배치했다. 마르코는 '사랑의 이중계명'에서 예수가 베푼 가르침의 정수(精髓)를 발견했음에 틀림없다. 그래서 예수가 예루살렘에 입성해 죽음을 목전에 두고 비밀에 묻혀있던 자신의 메시아성(性)을 환히 드러내는 과정을 그리면서(11~13장) 그 중심에 이 사화를 배치할 수 있었다. 그리고 한걸음 더 나아가 '사랑의 이중계명'이 유대교에서 막 독립하는 과정에 있던 그리스도 교회의 좌우명이 되어야 한다는 사상을 담아냈다(33절). 복음서를 쓰기에 앞서 오랫동안 심사숙고했을 마르코의 모습을 행간에서 읽어낼 수 있다.

마태오는 마르코복음을 집필자료로 사용하면서 '사랑의 이중계명'을 예수가 베푼 가르침의 정수로 보는 데 이견을 달지 않았다(22,34~40). 그렇다고 해서 마태오가 마르코 본문을 그대로 옮겨 쓴 것은 아니다. "둘째도 그와 같습니다. 네 이웃을 네 자신처럼 사랑하라. **모든 율법과 예언서(의 정신)가 이 두 계명에 달려 있습니다.**"(39~40절) 마태오는 마르코의 대화 내용에서 무엇인가 부족한 점을 발견하고 보충한 것(고딕 글자)이다. 우선 첫째 계명은 하느님 사랑이고 둘째 계명은 이웃 사랑이라고 하면, 자칫 사랑을 두 종류로 놓고 그 둘 사이에 서열을 매길지도 모른다는 우려에서 둘째 계명(이웃 사랑 : 39절)과 첫째 계명(하느님 사랑 : 37절) 사이에 전혀 차이가 없다는 사실을 강조했다("둘째도 그와 같습니다"[44]). 그리고 '율법과 예언서'[45]가 이 두 계명에 달려있다고 하

<hr />

뉴마타) 등인데 마르코는 복음서(유앙겔리아)를 써서 당대의 그 어떤 양식에도 속하지 않는 독특한 지평을 개척했다.

[44] 마르 12,31의 "둘째는 이렇습니다(도이테라 하우테)"를 마태오는 "둘째는 그와 같습니다(도이테라 호모이아 아우테)"로 바꾸었다. 여기에 사용된 '그'는 여성형 인칭대명사(아우테 : $\alpha\dot{\nu}\tau\hat{\eta}$)로 37~8절의 '하느님 사랑' 계명(엔톨레 : $\dot{\epsilon}\nu\tau o\lambda\eta$, 여성명사)을 받는다. 그러나 마르코복음에는 같은 자리(12,31)에 지

여 사랑의 이중계명이 결코 이스라엘의 전통적 가르침과 어긋나지 않는다는 점에 무게를 실었다. 사실 마태오는 예수가 구약성서 전통을 이어가고 율법의 정신을 올바르게 되살린 분으로 이해했다(5,17: "내가 율법을 폐하러 온 줄로 여기지 마시오. 오히려 완성하러 왔습니다"). 율법을 바라보는 시각에서 바울로와 큰 차이가 난다.

사랑의 계명을 치밀하게 정의하려는 마태오의 편집작업은 거기서 그치지 않는다. 그는 원수 사랑을 설파한 예수의 가르침을 복음서에 실음으로써(제6대당명제 : 5,43~48) 비단 이웃뿐 아니라 원수마저도 사랑의 대상에 포함된다는 사실을 상기시킨다(특히 44절: "여러분의 원수를 사랑하고 여러분을 박해하는 사람을 위해 기도하시오"). 같은 의도가 루가복음에서도 발견된다. 루가 역시 마르 12,28~34을 집필 자료로 사용하면서 부족하다고 여긴 부분을 보완했다. 으뜸가는 계명이 '사랑의 이중계명'이라는 사실이 밝혀진 뒤에 율사가 예수에게 다시 한 번 질문을 던진다. "그렇다면 누가 저의 이웃입니까?"(10,29). 그에 주어진 예수의 대답은 저 유명한 '착한 사마리아 사람의 예화'(10,30~37)이다.[46] 진정한 이웃은 부정한 일(강도질)을 보고 피해간 사제와 레위인이 아니라 강도 만나 처참한 꼴을 당한 사람을 구해 여인숙까지 데려간

시대명사 '이(하우테 : αὕτη)'가 있어 뒤에 나오는 '이웃사랑' 계명을 가리킨다. 마태오는 마르코의 지시대명사 '이'를 '그'로 바꾸어 '하느님 사랑'과 '이웃 사랑'이 실은 한 계명이라는 사실을 분명히 했다.

45 '율법과 예언서'는 야훼 종교의 경전범위를 알려준다. 예수와 동시대에 성서(구약성서)를 가리킬 때 일반적으로 쓰였던 용어였다(마태 5,17). 참고로 사두가이파에서는 예언서를 경전으로 보지 않았다.

46 맨슨(Manson)은 루가 10,25~28이 '착한 사마리아 사람'의 예화를 끌어내기 위한 도입문 역할을 한다고 보았다. 따라서 루가복음에 등장하는 율사는 논리를 따지는 학문적 질문을 한 것이 아니라 실생활에 적용되는 구체적 질문을 한 셈이 된다. 맨슨은 사랑의 이중계명이 예수의 평소 지론이었다고 한다 (T. W. Manson, *The Sayings of Jesus*, 259~300).

사마리아 사람이다. 사마리아 사람은 당시 유대인들에게 철천지원수였으니[47] '원수마저 사랑하라'는 예수의 뜻이 효과적으로 전달된 셈이다. '원수 사랑'의 가르침을 규정 형태로 전달한 마태오와 재미있는 예화를 들어 알려준 루가의 스타일 차이가 눈에 띈다.[48]

---

47 사마리아 사람은 유대인들로부터 천대받는 부족이다. 사마리아는 그들이 살았던 지역이름에 따라 부족명이 붙여진 경우다. 그들은 이방인과 혼인관계를 맺은 바 있는, 말하자면 혼혈민족이다. 그러나 마치 우리나라처럼 피의 순수성을 중요하게 여기던 유대인에게는 용납될 수 없는 일이었기에, 유대교라는 종교영역에서 사마리아 사람을 제외시키게 된다(대략 기원전 4세기). 그 후로 사마리아 사람은 성전 뜰에 들어가지 못하고 산 제물을 바칠 수 없다는 규정이 등장했으며 과월절의 무교병을 먹어서 안 된다는 규정까지 생겼는데, 이유는 머리가 워낙 나빠 그 의미도 모르고 먹기 때문이라고 했다(『바빌론 탈무드』, 키디쉬 편 76). 사마리아 사람은 이방인 노예보다도 한 단계 낮게 취급되었다. "내가 마음으로 증오하는 민족이 둘 있는데, 세 번째 것은 민족이라고도 할 수 없다. 블레셋과 세겜과 사마리아에 사는 어리석은 자들이다." (집회 50,25~26) 유대인들이 예루살렘으로 갈 때는 사마리아 지방을 거치게 되는데, 그때마다 사마리아 강도 떼를 만나 곤욕을 치렀다고 한다. 그래서인지는 몰라도, 유대인들은 남북으로 여행을 하면서 사마리아 땅을 밟지 않기 위해 일부러 요르단강 건너편으로 돌아가는 길을 택하곤 했다(마르 10,1 참조). 한때 같은 민족이었다가 졸지에 이등국민으로 전락한 사마리아 사람은 별 수 없이 자신의 종교전통을 따로 세워나가야 했다. 그래서 모세오경만 경전으로 인정하고, 예루살렘 성전에 반대하여 가리짐산에 자신들의 성소를 지음으로써 신앙 중심지로 만들었다.

48 마태오식의 설명방식을 할라카라 부르고, 루가식의 설명방식은 학가다라 부른다. 모두 유대교의 전통적 성서해석 방식이다. 율사들의 학풍에 따르면 제자교육은 문답식 공부로 이루어졌다. 선생은 앉아서 자신의 학설을 강의하고 학생은 그의 발치에 앉아 배운다(마태 5,1 ; 사도 22,3 참고). 학생이 올바른 지식을 얻기 위해 질문을 던지면 선생은 '네가 성서에서 무엇을 찾았느냐?'고 반문한다(루가 10,26). 그리고 학생이 자신이 성서에서 발견한 바를 말하면(루가 10,27), 선생은 '네 말이 옳다'라고 맞장구친다. 이어지는 질문들을 통해 선생은 학생의 통찰력을 계속 자극시켜 결국 스스로 바른 결론에 도달하도록 이끈다. 이처럼 반복되는 문답을 통해 진리를 찾아나가 제자의 통찰력을 키우는 교육방법을 두고 흔히 산파술(産婆術)이라고 하며, 고대사상가 중에는

복음서작가 요한을 포함한 요한학파에서는 예수가 가르친 사랑의 계명을 특히 '새 (카이네) 계명'으로 보았다(요한 13,31~35 ; 1요한 2,7~11). 사랑의 계명은 구약성서 때부터 변함없이 주어졌던 옛 계명인데 요한학파에서는 왜 새 계명이라고 정의했을까? 궁금한 일이 아닐 수 없다. 학자들에 따라 다양하게 해석하는데, 사랑을 가르쳐준 주체가 예수이기에, 즉 예수식 사랑법이기에 새롭다.[49] 종말에 이루어질 사랑이 그리스도인 공동체 내에서 선취(先取)되었기에 새롭다.[50] 사랑이 그리스도인의 존재를 결정짓기에 새롭다.[51] 자신의 외아들마저 보낸(요한 3,16) 아버지 하느님의 사랑을 깨달아, 우리도 그렇게 실천하면 하느님과 하나가 될 수 있기에 새롭다[52] 등이 있다. 알 듯 모를 듯한 관념적 표현('새')을 즐겨 쓰는 요한복음 작가의 성향을 고려할 때 다양한 해석이 나오는 현상 역시 당연하다는 생각이 든다.

이제까지 우리는 사랑의 계명에 대한 다섯 가지 접근을 살펴보았다. 신약성서 작가들의 생긴 귀 모양과 사고방식에 따라, 참으로 다양하게 알아들었다는 느낌이 절로 든다. 위의 분석을 바탕으로 대략 세 가지 정도의 결론을 끌어낼 수 있다.

첫째, 1세기 교회에서는 사랑의 계명이 예수 그리스도의 핵심 가르침으로 광범위한 지지를 얻고 있었다.[53] 베드로계 교회에서 나온 공관

소크라테스가 산파술의 대가로 알려져 있다. 유대교 율사들은 문답을 근간으로 하는 산파술과, 사물의 이치를 하나하나 정확히 따지는 결의론(決疑論)을 적절하게 조화시켜 제자들을 길러냈다.

49 R. Schnackenburg, *Die Johannesbriefe*, HThKNT(Freiburg 1963) ; 정양모 역주, 「요한 1.2.3서」, 『200주년 기념성서』 13(분도출판사 1992), 33.

50 E. Käsemann, "Christian Unity," in *The Testament of Jesus*(Philadelphia 1978), pp.56~78.

51 G. Strecker, *Theologie des Neuen Testament*(Berlin · NY, 1996), pp.462~467.

52 C. H. Dadd, "Union with God," in *The Interpretation of the Fourth Gospel* (Cambridge, 1954), pp.187~200.

복음서와 바울로의 갈라티아서와 로마서, 그리고 요한계 교회의 문헌에 이르기까지 1세기 그리스도 교회의 중대한 세 가지 흐름에서 공통으로 강조했던 가르침이 바로 사랑의 계명이라는 뜻이다. 그러나 누구보다 큰 공로는 마르코에게 돌려야 하는데, 그는 처음으로 사랑의 계명을 그리스도교의 핵심 가르침으로 부각시켰기 때문이다.

둘째, 각 작가 나름대로 예수가 가르쳐준 사랑의 의미를 재해석했다. 물론 예수의 부활에 대한 논쟁만큼 활발한 토론이 이루어지지는 못했겠지만 사랑의 계명 역시 심각한 논쟁주제였다. 바울로는 사랑의 계명을 통해 그리스도교와 율법의 관계에 종지부가 찍혔다고 보았던 반면, 마태오는 사랑의 계명을 통해 율법의 정신이 밝혀져 오히려 율법에 생기가 부여됐다고 보았다. 그런가하면 사랑의 계명이 가진 외적 보편성을 강조한 루가도 있었고, 사랑의 계명을 내면화시켜 그리스도인의 정체를 설정했던 요한도 있었다. 마르코는 '사랑의 이중계명'을 통해 '하느님 사랑'과 '이웃 사랑'이 율법의 '근본계명'이라는 사실을 밝혔다.

셋째, 사랑의 계명에 대한 활발한 논의와 의미추구는 그리스도교가 유대교식 표상에서 벗어나 세계화의 길을 걷게 만드는 전기를 제공했다. 공관복음서가 씌어진 곳인 시리아, 요한계교회가 있던 에페소, 바울로의 전도지인 소아시아와 유럽대륙에 이르기까지, 사랑에 관한 논의는 지역을 불문하고 당시 지중해권 전체 교회에서 활발하게 이루어졌다. 그런 논의는 수많은 종교들의 각축장이었던 로마제국에서 그리스도교가 그 존재를 확실히 알리고 정착시키는 데 결정적 역할을 했다. '오른 뺨을 때리면 다른 뺨마저 내밀라'(마태 5,40)는 말씀은 자학행위를 연상시키는 이상하기 짝이 없는 가르침이었고, 형제·자매라는 호

---

53 비록 글자 그대로는 아니더라도 역사의 예수 역시 '사랑'을 최고의 가르침으로 선포했음에 틀림없다(정양모, Berger, Manson, Gnilka, Bornkamm).

칭은 그리스도인끼리 근친상간한다는 오해를 불러일으키기에 충분했다.[54] 그처럼 사랑의 계명에 대한 오해가 생기고, 그 오해를 풀어가는 과정이 신약성서에 생생하게 나오는데, 역으로 말하면 그만큼 사랑의 계명이 그리스도교의 세계화에 중요한 역할을 담당했다는 논리가 성립된다. 유대교 제사를 그리스도교의 사랑으로 대체(33절)한 마르코복음은 그 같은 논의의 중심에 분명하게 서 있었다.

1세기 교회에서 '사랑의 계명'은 그리스도교의 정체성을 구축하는 데 필수요소로 작용했다. 그렇다면 신약성서에 나오는 '사랑의 계명'에 관한 다양한 정의가 죄다 역사의 예수가 의도한 바였을까? 예수가 최초로 설파한 사랑의 가르침 속에 바울로, 마르코, 마태오, 루가, 요한의 정의를 얼마든지 추론해낼 수 있는 사고장치가 실제로 내장되어 있었을까? 무척 곤란한 질문이 아닐 수 없다.

3. 사람 살리는 계명 : 해석학적 반성

그리스도교는 흔히 사랑의 종교라 불린다. 사실 2천년 교회 역사에서 사랑을 부르짖지 않은 적이 단 한 번도 없으니 그렇게 불릴 만도 하다.[55] 또한 사랑의 진정한 교과서라고 하면 그 어떤 책보다도 신약성서를 꼽아야 할 것이다. 우리는 앞에서 사랑의 계명에 대한 신약성서의 다양한 해석을 살펴보았다. 특히 마르코복음을 집필자료로 사용한 마태오와 루가의 편집작업은 사랑의 계명을 보다 심도 있게 이해하려는 구체적 노력을 보여준다. 그 노력에 힘입어 우리 역시 사랑의 계명이 가진 깊이를 들여다볼 수 있게 되었다. 이제 마치 구슬을 꿰어가듯 신약성서에

---

54 A. 프란쯘, 최석우 역, 『세계교회사』(분도출판사, 2001), 64~76쪽 참조.
55 『디다케』1,2 ; 유스틴, Dia, 93,2 외 칼빈, 알트하우스, 키엘케골, 바르트 등.

나오는 가르침들을 엮어 하나로 흐르는 논리가 존재하는지 찾아보도록 하겠다.

마르코복음에 따르면 예수는 '사랑의 이중계명'을 선포했다. 하느님을 지극 정성으로 섬기고, 이웃을 자신으로 여기라는 요구이다. 물아일체(物我一體)의 경지를 요구했다고나 할까? 그런데 마태오복음에는 자칫 오해의 소지가 있을 세라 첫째 계명인 하느님 사랑과 둘째 계명인 사람 사랑 사이에 하등의 차이가 없다는 사실을 밝혀 놓았다. 말하자면 '사랑의 이중계명'은 두 가지 계명이 아니라, 마치 동전의 앞 뒤 면처럼 하느님 사랑이 사람 사랑이고, 사람 사랑이 곧 하느님 사랑이라는 뜻이다. 그렇다면 마태오의 편집작업을 뒷받침할 만한 가르침이 복음서에 나와 있을까?

어느 의인이 종말의 날에 임금 오른편에 서 있게 되었다고 한다. 임금은 그에게 나라를 상속하면서 "사실 너희는 내가 굶주렸을 때 먹을 것을 주었고, 내가 목말랐을 때 마시게 해주었다. 나그네 되었을 때 나를 맞아 주었고 헐벗었을 때에는 내게 입혀주었다. 병들었을 때는 나를 찾아왔고 감옥에 갇혔을 때도 내게로 와주었다." 그러자 의인은 자기가 언제 그런 일을 했는지 반문한다. 임금은 그때 중요한 사실을 알려준다. "진실히 너희에게 이르거니와, 너희가 이 지극히 작은 내 형제들 가운데 하나에게 해주었을 때마다 나에게 해준 것이다." 이는 잘 알려진 최후심판 비유에 등장하는 말이다(마태 25,31~40). 이 비유에 나오는 임금이 하느님이라는 점은 확실하고, 흔히 최후심판에서 의인과 악인의 구별기준이 담겨 있다고 해석된다. 물론 맞는 말이다. 그러나 도움을 받은 '작은 형제들'에 초점을 맞추면 다음과 같은 설명도 가능하다.

작은 형제들이 곧 하느님이다. 작은 형제들에게 한 일이 바로 하느님에게 한 일이라면 결국 그 형제가 하느님이 될 수밖에 없다. 따라서 이 비유는 아무리 보잘 것 없어 보여도 그 사람이 바로 하느님이니 그를 마치 하느님 대하듯 하라는 뜻으로 볼 수 있다.[56] 이 비유에 '작은 형제'가 나온다고 하여 예수가 반드시 '못난이'를 거론했다고 보아서는 곤란하다. 오히려 못난이로 대변되는 모든 인간이라고 해야 비유의 제 맛이 살아날 것이다.[57] 그렇다면 모든 인간의 범위를 어떻게 잡아야 할까?

마태 5,43~48과 루가 10,30~37에서 그에 대한 적절한 대답이 발견된다. 사랑의 대상을 원수까지 넓혀야 '사랑의 계명'의 진수를 맛볼 수 있다. 돈을 떼어먹고 달아나 어머니를 화병으로 돌아가시게 만든 자, 아들을 유괴해 죽여 암매장한 자, 애지중지 중학생 딸을 납치해 티켓다방에 팔아 몸과 마음을 회복불능 상태로 만들어 놓은 자, 그런 불구대천의 원수를 사랑해야 한다는 말이다. 그렇게 해야 하는 이유를 마태오는 놀랍게도 하느님에게서 찾고 있다. '원수 사랑'을 주제로 다룬 6대당명제의 결론으로 제시된 5,48은 "하늘 아버지가 완전하신 것처럼 여러분도 완전해야 합니다"[58]이다. 하느님이 완전하신 것처럼 너희 인간도 완전하게 되라, 어불성설도 이만저만하지 않다. 불과 100년도 못 사는 유한한 인간이 어떻게 전 우주의 창조주이신 무한한 하느님의 존재방식을 공유할 수 있겠는가 말이다. 기가 딱 질려버리는 말씀이다.

---

56 '사람이 하늘이다(人乃天)'라고 한 동학의 사상이 떠오르는 대목이다. 그 외에 떠오르는 말들로는 '사람만이 희망이다'(박노해). '사람이 꽃보다 아름다워'(안치환), '사람부터 살려놓고 보자'(유행어) 등이 있다.

57 이런 식의 논법을 두고 대비논법(a minori ad majus)이라 부른다. '~라면, 하물며~' 식의 논리이다. '가장 작은 형제를 사랑할 수 있다면, 하물며 누군들 못 사랑하랴?'

58 병행문이 루가 6,36에 실려 있는데 "여러분의 아버지가 자비로우신 것처럼 여러분도 자비롭게 되시오"로 되어 있다. 가난한 자들에 대한 자비를 줄기차게 강조한 루가의 편집사상을 고려할 때 '자비롭게 되시오'는 루가의 편집이고 마태오의 것이 예수어록(Q)에 원래 담겨 있던 말씀으로 보인다.

이쯤에서 우리는 (마태 5,48의 내용을 역으로 보아) 가장 심각한 질문을 던져야 한다. 과연 사랑만 온전히 실천하면 인간이 하느님의 완전함을 실제로 나누어 가질 수 있을까? 논리적으로 그런 일이 과연 가능할까?

요한계 문헌에서는 그런 일이 가능하다고 말한다. 사랑을 통하여 인간이 하느님과 하나가 될 수 있다는 뜻이다(1요한 4,13~16). 하느님은 외아들인 예수를 세상에 보내어 죽게 함으로써 당신 사랑을 보여주었다(요한 3,16). 따라서 예수를 통해 하느님이 우리에게 먼저 보여준 그 극진한 사랑을 우리가 알고 믿음으로써 그분 사랑이 우리 안에 자리잡게 되고, 우리는 그 사랑을 공동체 내로 실천할 수 있다(형제 사랑). 이처럼 '우리'가 하느님 사랑을 실천하면 결국 '사랑'의 원인 제공자인 하느님에게 향하는 꼴이 되어, 그분과 하나를 이룰 수 있는 것이다(相互內在).[59]

같은 요한계 문헌인 요한 15,1~17에도 사랑을 통하여 인간이 하느님의 존재방식에 참여할 수 있다는 사상이 들어가 있다. 예수는 사랑의 계명을 가르쳐주면서 제자들을 향해 다음과 같은 말씀을 한다. "나

---

59 요한1서의 작가는 하느님과 그리스도인의 내밀한 관계를 묘사하면서 "~안에 머무르다"(메네인 엔)라는 표현을 즐겨 쓴다. 이 표현은 요한1서에 14회, 요한복음에는 10회가 나오는 것으로 요한계 문헌을 만든 요한학파의 애용어이다. "우리가 그분 안에 머무르고 그분이 우리 안에 머물러 계시며"(1요한 4,13), "누구든 예수께서 하느님의 아들이심을 고백하면 하느님께서 그 사람 안에 머물러 계시며 그도 하느님 안에 머물러 있게 되고"(15절), "사랑 안에 머무르는 사람은 하느님 안에 머물러 있고 하느님도 그 사람 안에 머물러 있습니다."(16b절) '머무르다' 동사는 공간적 의미를 가지므로 전치사 엔(ejn: 안에)도 더불어 공간적 의미를 획득한다. 즉, 13절은 인간 내에 하느님이, 하느님 내에 인간이 존재한다는 뜻이다(상호내재相互內在). 자세한 분석은, 박태식, 「요한계 문헌의 구원관: 1요한 4,13~16 풀이」(『종교의 이해』 3, 서강종교연구회편 2000, 257~278쪽)를 참조하시오.

는 여러분을 더 이상 종으로 부르지 않겠습니다. 사실 종은 주인이 하는 일을 모르기 때문입니다. 나는 여러분을 벗이라 불렀습니다. 내가 내 아버지에게 들은 것은 여러분에게 모두 알려주었기 때문입니다."(15절) 예수가 알려준 사랑은 하느님의 사랑이니 그 사랑의 계명을 지키면 인간도 하느님의 존재방식에 참여할 수 있다는 말이다(17,20~26 참조). 종이 아니라 벗으로 부르겠다는 말이 그런 사고방식을 잘 내포하고 있다.

우리가 실행해야 할 사랑을 '하느님의 사랑'으로 정의한 본문이 요한계 문헌에서만 발견되는 것은 아니다. 바울로의 편지들에서 '사랑(아가페)'이라는 말이 사용될 때면 으레 '하느님의 사랑'을 가리키고, 예수의 등장은 하느님의 사랑이 결정적으로 증명된 사건으로 간주된다(로마 5,5.8 ; 8,35.39). 거기서 한걸음 더 나아가 바울로는 사랑을 종말론적 가치로 규정한다(1고린 13,8~13). 즉, 바울로에게 '사랑'은 영원하신 하느님의 존재를 알려주는 잣대 역할을 한다.

이제까지 사랑의 계명을 연결고리 삼아 공관복음서와 요한계 문헌과 바울로의 편지들을 섭렵해 보았다. 앞의 분석에서 우리는 한 가지 중요한 사실을 발견할 수 있다. '사랑의 계명'에는 언제나 하느님과 인간의 관계가 전제되었다는 점이다. 전승과정에서 가감승제되었을 법한 편집 요소들을 십분 감안하더라도 예수가 가르쳐준 '사랑의 계명' 안에 어떤 모습으로든 하느님과 인간의 관계가 내포되어 있었음은 분명하다. 그렇다면 역사의 예수는 '사랑의 계명'을 통해 과연 무슨 말을 하려고 했던 것일까?

예수는 사람을 하느님으로 보았다. 그랬기에 사람 대할 때 마치 하느님 대하듯 할 것, 곧 사람 사랑이 하느님 사랑이라는 점을 밝혀 놓았다. 예수가 하느님을 설명하는 방식은 독특하다. 당시 유대교는 성전제사와 율법을 통해 하느님을 만날 수 있다고 가르쳤다. 그러나 예수는 하느님을 알기 원하는 이들에게 오히려 그들 안에 숨어 있는 참 가치를 알려주었다. 작은 형제가 하느님이며, 원수가 하느님이며, 하느님을 알기 원하는 자 스스로가 하느님인 것이다. 신 중심 종교에서 인간 중심 종교로 바뀌는 위대한 순간이었다.[60]

인간 스스로의 놀라운 가치를 깨달아 타인의 눈 속에서 하느님을 발견하라는 가르침, 그래서 사람을 하느님으로 대하라는 가르침, 사랑은 그 모든 일을 가능하게 해준다. 예수가 역설한 사랑의 계명은 윤리적인 실천 요구를 뛰어넘는 실존적 깨우침이었다.

셰익스피어는 영국이 낳은 대문호다. 그의 위대함을 두고 어떤 영국 지성인은 '인도를 다 준대도 셰익스피어와 바꾸지 않겠다'는 말을 남겼다. 인도를 자기네 식민지라고 이만저만 얕잡아 본 게 아니다. 하지만 그 말을 통해 적어도 영국인들이 셰익스피어를 그만큼 위대한 인물로 받든다는 사실은 알 수 있다. 셰익스피어 위상을 가늠하게 해 주는 또 하나의 예는 셰익스피어를 주제로 쓴 논문이 세계적으로 20만 권이 넘는다는 사실이다. 심지어 셰익스피어 관련 학위논문들을 따로 모아 분석한 박사논문도 있다고 한다. 그렇다면 셰익스피어의 작품들 자체에 실제로 엄청난 무엇이 담겨 있을까? 모두 모아보아야 두꺼운 책 한 권 분량에 해당하는 작품들 속에 과연 20만 권의 논문이 나올만한 보석이 숨겨져 있을까?

그리스도교 역사는 2천 년이고 그 긴 세월 동안 살다가 간 그리스도인의 숫자는 실로 엄청날 것이다. 한걸음 더 나아가 지난 2천 년 동안 교회 내에서 이루어졌던 신학적 논의들까지 포함시킨다면 인간의 머리로 도저히 가늠할 수 없는 어마어마한 규모가 될 것이다. 불과 3년 남

---

60 마르 2,27. "이어서 그분은 이렇게 말씀하셨다. '안식일이 사람을 위해서 생겼지, 사람이 안식일을 위해서 생기지는 않았습니다.'"

짓 공적 활동을 한 예수의 가르침 속에 과연 그 모든 것이 포함되어 있었을까?

어느 날인가 예수는 무엇을 먹고 마실까, 무엇을 입을까 등 눈앞에 들이닥친 걱정거리를 두고, 새와 들꽃을 예로 들어 반문한 적이 있었다. "새들이 언제 농사를 지어 곡식을 곳간에 저장한다는 말을 들어본 적이 있습니까?" 혹은 "들꽃이 사람들 몰래 스스로 주변의 잡풀도 뽑고 몸치장을 하거나 옷을 지어 입는 것을 눈으로 본 적이 있습니까?" 그런 데도 온갖 부귀를 누린 솔로몬 왕의 옷도 내일 아궁이에 던져질 한낱 들꽃의 아름다움에 비길 바 못되고, 또한 새들이 굶어 죽었다는 말도 일찍이 들어본 적 없으니 괜한 걱정일랑 말라는 충고다(마태 6,25~34). 그렇다면 어떤 상황에서 예수가 이런 말씀을 했을까? 틀림없이 광야를 전전하던 예수의 일행 중 누구인가가 당장 먹고 입을 것이 없어 전전긍긍하는 모습을 보고, 미물마저 돌보시는 하느님이 어찌 만물의 영장인 사람을 박대하시겠느냐는 뜻으로 나무란 말씀일 게다. 마침 그때 새들이 공중에 날아갔다거나 주변에 들꽃이 피어 있었다면 그분의 말씀은 더욱 빛을 발했을 것이다.

하느님의 사랑이란, 그처럼 공중의 새와 들에 핀 꽃으로 열려지는 엄청난 여백(餘白)으로 설명해야 제 맛이 나는 법이다. 1세기 교회는 예수 가르침의 현실 적용 여부를 살펴본 실험무대였고, '사랑의 계명'은 역사의 예수와 향후 그리스도교회를 묶어준 연결고리였다. 우리에게 '사랑의 계명'이 무엇보다도 귀중한 까닭은 바로 거기에 있다. 서양화는 화폭 전체를 빈틈없이 채우고 동양화는 여백으로 이야기를 한다. '사랑의 계명'은 예수가 우리에게 남겨준 가슴 시원한 여백이다. 마지막으로 테레사 수녀의 말을 들어보자.

우리가 존경하는 간디는 다음과 같은 말을 남겼습니다. "누구든 가난한 이를 섬기는 자는 바로 하느님을 섬기는 자입니다." 나는 내 인생의 대부분을 병든 이와 죽어 가는 이와 버림받은 이와 사랑에 목마른 이와 문둥병 걸린 이와 정신적으로 어려움을 가진 이들을 위해 바쳤습니다. 왜냐하면 나는 하느님을 사랑하고 그분의 말씀을 믿기 때문입니다. "이 작은 이들에게 한 일이 나를 위해 한 일이다."(마태 25,40) 내 인생이 기쁠 수 있었던 유일한 까닭은, 가난한 이들과 소외된 이들과 굶주리고 목마른 이들, 그리고 헐벗고 거리로 내쫓긴 이들의 처참한 모습 안에 계신 하느님을 사랑하고 섬기는 일이었습니다. 그런 행동을 통해 나의 모든 고통받는 형제들과 자매들에 대한 그분의 사랑과 자비를 선포할 수 있었습니다.

— 데사이 대통령에게 보낸 편지 중에서

■ 관련 본문

[마태 5,43~48] " '네 이웃을 사랑하고 네 원수를 미워하라' 하고 말씀하신 것을 여러분은 들었습니다. 그러나 나는 여러분에게 말합니다. 여러분의 원수들을 사랑하고, 여러분을 박해하는 사람들을 위하여 기도하시오. 그래야만 여러분은 하늘에 계신, 여러분 아버지의 아들이 될 것입니다. 그분은 악한 사람들에게나 선한 사람들에게나 당신의 해를 떠오르게 하시고, 의로운 사람들에게나 의롭지 못한 사람들에게나 비를 내려 주시기 때문입니다. 사실 여러분을 사랑하는 사람들만 사랑한다면 여러분이 무슨 보수를 받겠습니까? 세리들도 그만큼은 하지 않습니까? 그리고 여러분의 형제들에게만 인사한다면 여러분이 무엇을 더 낫게 한단 말입니까? 이방인들도 그만큼은 하지 않습니까? 그러니 여러분의 하늘의 아버지께서 완전하신 것같이 여러분도 완전해야 합니다."

[마태 22,34~40] 예수께서 사두가이들의 말문을 막았다는 소문을 바리사이들이 듣고 함께 몰려왔다. 그들 가운데 [율법학자] 하나가 예수를 시험하여 물었다. "선생님, 율법에서 가장 큰 계명은 어떤 것입니까?" 그러자 예수께서 그에게 말씀하셨다. " '네 온 마음으로, 네 온 영혼으로, 네 온 정신으로 너의 하느님이신 주님을 사랑하라.' 이것이 가장 크고 첫째가는 계명입니다. 둘째도 그와 같습니다. '네 이웃을 네 자신처럼 사랑하라.' 모든 율법과 예언자들의 정신이 이 두 계명에 달려 있습니다."

[루가 10,25~37] 그런데 마침 어떤 율법학자가 일어서서 예수를 떠보려고 "선생님, 제가 어떻게 해야 영원한 생명을 물려받을 수 있겠습니까?"하고 물었다. 그러자 예수께서 그에게 말씀하셨다. "율법에 무엇이라고 적혀 있습니까? 당신은 그것을 어떻게 알아듣습니까?" 그가 대답하였다. "네 온 마음으로, 네 온 영혼으로, 네 온 힘으로, 네 온 정신으로 너의 하느님이신 주님을 사랑하라, 그리고 네 이웃을 네 자신처럼 사랑하라." 그러자 예수께서 그에게 "올바로 대답했습니다. 그대로 하시오. 그러면 살게 될 것입니다"하고 말씀하셨다. 그런데 율법학자는 스스로 의로운 체하려고 예수께 "그러면 누가 저의 이웃입니까?"하고 물었다. 예수께서는 그 말을 받아 말씀하셨다. "어떤 사람이 예루살렘에서 예리고로 내려가다가 강도들을 만났습니다. 그들은 그의 옷을 벗기고 매질하여 반쯤 죽여 놓고 물러갔습니다."

[요한 13,34~35] "나는 여러분에게 새 계명을 줍니다. 서로 사랑하시오 내가 여러분을 사랑한 것처럼 여러분도 서로 사랑하시오. 여러분이 서로 사랑을 나누면 모든 사람이 그것을 보고 여러분이 내 제자들이라는 것을 알게 될 것입니다."

[로마 13,8~10] 아무에게도 서로 사랑하는 것 외에는 결코 빚을 지지 마시오. 사실 남을 사랑하는 이는 율법을 완성한 것입니다. "너는 간음하지 말라, 너는 살인하지 말라, 너는 도둑질하지 말라, 너는 탐하지 말라"는 계명과 그밖에 어떤 계명도 "네 이웃을 네 자신처럼 사랑하라"는 이 한마디로 요약됩니다. 사랑은 이웃에게 악을 저지르지 않습니다. 사실 사랑은 율법의 완성입니다.

[갈라 5,13~14] 형제 여러분, 여러분은 자유를 누리기 위하여 부르심을 받았습니다. 다만 이 자유를 육을 위하는 구실로 삼지 말고 오히려 여러분은 서로 사랑으로 남을 섬기시오. 실상 모든 율법은 "네 이웃을 네 자신처럼 사랑하라"는 한마디 말씀 안에 다 들어 있습니다.

[요한 4,13~16] 우리가 그분 안에 머무르고 그분이 우리 안에 머물러 계심을 우리는 압니다. 왜냐하면 그분이 당신 영의 (한몫을) 우리에게 주셨기 때문입니다. 우리는 아버지께서 아들을 세상의 구원자로 보내셨음을 보았고 또 증언합니다. 누구든 예수께서 하느님의 아들이심을 고백하면 하느님께서 그 사람 안에 머물러 계시고 그도 하느님 안에 머물러 있습니다. 하느님께서 우리에게 주신 사랑을 우리는 알고 있고 또 믿었습니다. 하느님은 사랑이십니다. 사랑 안에 머무르는 사람은 하느님 안에 머물러 있고 하느님도 그 사람 안에 머물러 있습니다.

예언과 영언*

1코린 14장 풀이

유충희

(천주교 원주교구 사제)

1. 본문

1 힘써 사랑을 구하시오. 영의 은사, 특히 예언할 수 있는 은사를 간절히
구하시오. 2 신령한 언어를 말하는 이는 사람들에게 말하는 것이 아니라
하느님께 말씀드리는 것이니 아무도 알아듣지 못합니다. 영으로 신비를
말하기 때문입니다. 3 그러나 예언하는 이는 세우고 타이르고 격려하는
말을 합니다. 4 신령한 언어를 말하는 이는 자신을 세우지만 예언하는 이
는 교회를 세웁니다. 5 나도 여러분이 모두 신령한 언어를 말할 수 있으면
좋겠습니다. 그러나 그보다는 예언할 수 있기를 더욱 바랍니다. 누군가

---

* 이 '영언'은 개신교에서는 '방언'으로, 가톨릭 공동번역에서는 '이상한 언어'
로, 『200주년 신약성서』에서는 '신령한 언어'로 번역하였다. '신령한 언어'가
가장 올바른 번역이라 하겠다. 여기서는 예언과 짝을 맞추기 위해 '신령한 언
어'를 줄여서 '영언(靈言)'이라는 신조어를 사용하겠다. 본디 영언은 '혀'를 뜻
하는 그리스어 'γλώσσα'와 '말'을 뜻하는 'λάλια'로 이루어진 합성어로 성
령에 의해 혀로 지껄이는 소리를 뜻한다.

해석을 해주어 교회가 세워진다면 몰라도 그렇지 않다면 신령한 언어를 말하는 이보다는 예언하는 이가 더 위대합니다.

6 형제 여러분, 이제 내가 여러분에게 가서 계시나 인식이나 예언이나 가르침의 형식으로 말하지 않고 신령한 언어로만 말을 한다면 무슨 도움이 되겠습니까? 7 가령 피리나 거문고 같은 생명 없는 것들로 소리를 낼지라도 그 가락이 분명치 않다면 피리로 불거나 거문고로 뜯는 곡을 어떻게 알 수 있겠습니까? 8 가령 나팔이 분명치 않은 소리를 낸다면 누가 전투 준비를 하겠습니까? 9 이와 같이 여러분도 신령한 언어로 뜻이 분명치 않은 말을 한다면 사람들이 어떻게 알 수 있겠습니까? 허공에 대고 말하는 셈이 될 것입니다. 10 세상에 얼마나 많은 언어 종류가 있는지 모르지만 의미 없는 말은 하나도 없을 것입니다. 11 그런데 내가 그 말의 뜻을 모른다면 나는 말하는 이에게 외국인이 되고 말하는 이도 내게 외국인이 될 것입니다. 12 그러니 여러분도 영의 은사에 열성을 내는 데 아무쪼록 더 많은 은사를 입도록 애써서 교회를 세우는 데 이바지하시오. 13 신령한 언어를 말하는 이는 해석도 할 수 있도록 기도하시오. 14 내가 신령한 언어로 기도를 드린다면 나의 영은 기도하고 있겠지만 정신에는 아무 열매도 없습니다. 15 그렇다면 어떻게 해야겠습니까? 나는 영으로도 정신으로도 기도를 드리겠습니다. 영으로도 정신으로도 찬양 노래를 부르겠습니다. 16 그대가 영으로 찬양 기도를 드린다면 초심자들은 알아들을 턱이 없으니 그대의 감사기도에 이어 어떻게 "아멘"이라고 말할 수 있겠습니까? 17 그대야 물론 훌륭하게 감사를 드리지만 다른 이는 감화를 받지 못합니다. 18 하느님께 감사하게도 나는 여러분보다 더 많이 신령한 언어로 말할 수 있습니다. 19 그러나 집회에서는 신령한 언어로 만 마디 말을 하느니 다섯 마디라도 내 정신으로 알아들을 수 있는 말을 하고 싶습니다. 그것은 다른 사람들을 가르치기 위해서입니다.

20 형제 여러분, 생각하는 데는 아이들이 되지 마시오. 오히려 악에 대

해서는 어린아이같이 되고 생각하는 데는 성숙한 사람이 되시오. 21 율법에 이렇게 씌어 있습니다. "내가 다른 나라 말과 다른 나라 사람들의 입술로 이 백성에게 말할 터인데 그래도 그들은 내 말을 듣지 않으리라"고 주님께서 말씀하신다. 22 그러므로 신령한 언어는 믿는 이들을 위한 표징이 아니라 안 믿는 이들을 위한 표징입니다. 그러나 예언은 안 믿는 이들을 위한 것이 아니라 믿는 이들을 위한 것입니다. 23 가령 교회가 함께 한곳에 모여 모두들 신령한 언어로 말하고 있는데 마침 초심자들이나 안 믿는 이들이 들어온다면 그들은 여러분을 보고 미쳤다고 하지 않겠습니까? 24 그러나 모두들 예언을 할 때 어떤 안 믿는 이나 초심자가 들어온다면 그는 모든 이로부터 질책을 받고 모든 이에게 심판을 받을 것이며 25 그 마음에 숨긴 것이 드러나게 될 것입니다. 그러면 그는 얼굴을 땅에 대고 하느님께 절하며 "과연 하느님이 여러분 가운데 계십니다"하고 실토할 것입니다.

26 그러니 형제 여러분, 이제 어떻게 하겠습니까? 여러분이 함께 모일 때는 저마다 하고 싶은 찬양 노래도 있고 가르침도 있고 계시도 있고 신령한 언어도 있고 해석도 있을 것입니다. 그러나 모든 것이 교회를 세우는 데 이바지해야 합니다. 27 누군가 신령한 언어로 말할 경우에는 한 번에 둘 혹은 많아야 셋이 차례로 할 것이요 또 한 사람이 해석을 해주시오. 28 그러나 해석해 주는 이가 없다면 모임에서는 잠자코 혼자서 하느님하고만 말하시오. 29 예언자들은 둘이나 셋이 말하고 다른 이들은 식별하도록 하시오. 30 그러나 그곳에 앉아 있는 어떤 다른 이에게 계시가 내리면 먼저 말하던 사람은 아무 말도 마시오. 31 한 사람씩 예언을 해야 모두가 할 수 있을 것이며 또 그래야 모두가 배우고 격려받을 수 있을 것입니다. 32 예언자들의 영은 예언자들에게 순종합니다. 33 하느님은 무질서의 하느님이 아니라 평화의 하느님이시기 때문입니다.

성도들의 모든 교회에서 그러하듯이 34 부녀자는 집회에서 잠자코 있어야 합니다. 그들에게는 발언이 허락되지 않습니다. 율법에서도 말하듯이 그들은 순종해야 합니다. 35 무엇인가 배우고 싶은 것이 있으면 집에서 남편에게 물어 보시오. 부녀자가 집회에서 발언하는 것은 부끄러운 일입니다.

36 하느님의 말씀이 여러분한테서 나왔습니까? 아니면 여러분에게만 이르렀습니까? 37 누구든지 자기가 예언자라든가 영의 은사를 받은 사람이라고 생각한다면 내가 적어 보내는 것들이 곧 주님의 명령임을 깨닫도록 하시오. 38 누구든지 이것을 인정하지 않는다면 인정받지도 못할 것입니다. 39 그러므로 형제 여러분, 예언할 수 있기를 간절히 바라되, 그렇다고 신령한 언어로 말하는 것을 가로막지는 말고 40 모든 것이 예의바르고 질서 있게 이루어지도록 하시오.

2. 코린토교회의 현황

사도 바울로는 세 차례에 걸쳐 지중해 동부 여러 지역을 다니면서 교회를 세웠다(45~49, 50~52, 53~58년). 코린토교회는 2차 전도여행 때인 52년경에 그리스 남부지역인 아카이아에 세워진 교회다. 당시에는 주로 가정집에 모여서 교우들이 미사를 드리곤 했다. 코린토교회는 바울로가 세운 여러 교회들 중에서도 많은 문제점을 안고 있었다. 부유한 교우들도 있었지만 대다수 교우는 가난한 사람들이었으며, 이방인 출신이었다.[1] 그들은 아폴로신전, 아프로디테신전에 드나들면서 제사를 드리던 사람들이었다. 교우들 중에는 그리스도인이 된 후에도 이방인 시절의 관습에 따라 행동했던 이들이 있었다. 그러니 자연 코린토교회

---

1 G. Theißen, "Soziale Schichtung in der Korinthischen Gemeinde," ZNW 65, 1974, pp.232~272.

에는 많은 문제점이 생길 수밖에 없었다. 교우들 가운데는 서로 자신을 '바울로 편이다', '아폴로 편이다', '게파 편이다', '그리스도 편이다'하면서 파벌을 조성하여 교회분열을 꾀하는 이들이 있었다(1코린 1~4장). 아버지와 이혼하였거나 과부가 된 계모를 데리고 살면서 불륜을 저지른 이들도 있었다(5장). 결혼은 죄라고 이설을 퍼뜨리는 열광주의자들 때문에 차마 결혼은 하지 못하고 성적 욕구를 참을 수 없어서 사창가를 드나들며 음행을 일삼았던 자들도 있었다(6~7장).

바울로시대에는 짐승을 잡으면 신전에 바쳐 제사를 지낸 다음 시장에 내다 파는 게 관행이었는데, 교우들 사이에는 이런 고기를 시장에서 사다 먹어도 되느냐 하는 문제로 의견이 분분했다(8~10장). 교우들 중에는 전에 이교도였을 때 코린토와 인접한 델포이의 아폴로신전에서 행해진 신탁을 받으려고 여자 점쟁이인 피티아(Pythia)에게 몰려가곤 했다.[2] 당시 여자 점쟁이는 월계수 잎사귀를 씹고 무의식 상태에서 알아들을 수 없는 말을 하기도 하고 괴성을 지르기도 하였다. 이것을 신탁이라고 하는데 당시 그 신탁을 풀이하는 시인은 이 신탁을 육각시(Hexameter)로 적어서 점을 보러온 이들에게 주었다. 교우들 가운데는 이런 현상과 비슷한 신비스러운 영언은사에 탐닉하여 밑도 끝도 없이 알아들을 수 없는 말을 지껄이는 사람들과 이를 해석하는 사람들이 있었다. 이로 인해 교회 안에 분열이 생겨 영언을 하는 이들은 우쭐대며 마치 대단한 능력을 소유한 것처럼 처신하여 영언을 못하는 교우들을 깔보았고, 영언을 못하는 교우들은 열등감에 사로잡혔다(12~14장).

코린토교회 교우들은 몇 가지 문제점에 관하여 질문서를 작성하고

---

2 Lang, *Die Briefe an die Korinther*, NTD 7(Göttingen und Zürich, 1986), p.202 ; *The Oxford Classical Dictionary*(Oxford, 1970), p.322 ; Photios Pestas, Delphi. *Denkmäler und Wuseum, Athen*, 10~12 ; 정양모, 『바울로 친서 이야기』(성서와 함께, 1997), pp.124~126.

심부름꾼들을 시켜 에페소에서 전도하던 바울로에게 보냈다.[3] 이 질문서를 받고 사도 바울로가 54년경에 에페소에서 코린토교회로 써 보낸 편지가 지금의 코린토전서다.[4]

사도 바울로는 코린토전서 12~14장에서 코린토교회에서 행해진 영언현상에 대하여 자신의 입장을 밝히는 기회에 성령은사 문제를 포괄적으로 서술한다.[5] 12장에는 성령의 아홉 가지 은사와 직분 및 은사의 다양성과 은사가 주어지는 목적이 제시된다. 또한 어떤 은사가 성령의 작용에 의한 것인지 식별하는 기준이 제시된다. 14장에서는 영언과 예언의 은사를 비교 서술함으로써 예언이 영언보다 더 유익한 은사임을 밝힌다. 그리고 12장과 14장 사이에 그 유명한 '사랑의 찬가'(13장)가 나오는데, 이에 대해서는 편집상 문제점이 제기된다. 과연 13장이 원래부터 이곳에 있었는가? 만일 원래부터 있었다면 왜 바울로는 은사문제를 다루는 12장과 14장 사이에다 사랑의 찬가를 실었

---

3 바울로는 인편으로 서면으로 코린토교회의 여러 가지 소식들을 접하고 편지를 써 보냈는데, 질문에 대한 답변을 할 때는 언제나 "~에 관하여는"(περὶ δε)이라는 형식을 즐겨 사용했다. 이 형식이 쓰인 곳은 다음과 같다. 1코린 7,1.25 ; 8,1 ; 12,1 ; 16,1.12. 우리가 다루려는 영언과 예언의 은사문제 역시 코린토교회 교우들이 보낸 질문에 대한 답변 형식으로 이루어진 것이다.

4 코린토인들에게 보낸 편지는 현재 두 통으로 되어 있는데, 대다수 학자는 바울로가 이보다 더 많은 편지를 썼다고 주장한다. 바울로는 3차 전도여행 때 에페소에서 코린토인들에게 편지를 발송했다. 이것이 현재 신약성서에 들어 있는 코린토전서다. 그러나 바울로는 이 편지에 앞서 한 통의 편지를 써 보냈다고 한다(1코린 5,9). 불행히도 이 편지는 전해 오지 않는다. 그 후 바울로는 에페소에서 코린토 후서 10~13장을, 마케도니아에서 코린토후서 1~9장을 썼다. 바울로가 최소한 네 통의 편지를 코린토교회로 써 보냈다는 것이 학계의 통설이다.

5 1코린 12,8~10에는 '은사목록'이, 29~30절에는 '교회 직무목록'이 나온다. 하지만 코린토교회 교우들이 이 은사와 직무 전부에 관해 질문하지는 않았을 것이다. 그들은 어느 한 가지 은사를 집중 거론했을 것이다. 아마도 교회공동체의 질서를 어지럽히는 '영언의 은사'를 집중 거론했을 것이다.

는가? 사랑은 은사인가?[6]

여기서는 14장만을 다루면서 영언과 예언에 대한 바울로의 견해를 살펴보도록 하겠다. 이제 14장을 한 절씩 설명해 보겠다.

3. 본문 풀이

1) 영언보다 예언을 구하라(1~5절)

> 힘써 사랑을 구하시오 영의 은사, 특히 예언하는 은사를 간절히 구하시오
>
> (1절)

바울로는 1절에서 예언의 은사를 간절히 구하라고 말한다. 이 말씀으로 미루어 실제로 코린토교회에는 영언하는 이가 예언하는 이보다 더 많이 있었다는 것을 알 수 있다. 그뿐 아니라 영언하는 이들은 영언의 은사를 받고서 그것을 자신들만 누리는 특권으로 생각하여 다른 은사들보다 더 가치 있게 생각했던 것이다. 이 구절에는 유사한 두 가지

---

6 이에 대해서 C. K. Barrett는 누군가가 은사문제와 상관없는 13장의 사랑의 찬가를 코린토교회 상황을 고려하여 12장과 14장 사이에 삽입시켰다고 주장한다[C. K. Barrett, *A Commentary on the First Epistle to the Corinthians*, BNTC (London 1968, pp.297, 315)]. 이에 반해서 몇몇 학자들은 코린토전서 12장에서 은사들을 언급한 바 있는 바울로가 영언과 예언의 은사를 구체적으로 설명하기에 앞서 잠시 쉬어가는 의도로 사랑의 찬가를 13장에 기록했다고 주장한다(R. F. Collins, *First Corinthians*, Sacra Pagina 7, Minnesota, 1999, pp.471, 489 ; J. Kremer, *Der erste Brief an die Korinther*, RNT, Regensburg 1997, pp.279~280 ; 박태식, 「그때가 되면 우리도 알게 될 것입니다」, 『신학전망』131호, 2000, 8., 9). 그레코-로만 시대의 수사법에서는 이런 이론을 두고 '디그레시오(digressio)' 양식이라고 부른다.

동사, 즉 διώκω(구하다)와 ζηλόω(간절히 구하다)가 나온다. διώκω 동사는 바울로 친서에 열여덟 번 나오며, ζηλόω 동사는 일곱 번 나오는데, 의미상 큰 차이가 없다. '특히'라고 번역된 그리스어 'μᾶλλον'은 '보다 더'라는 비교급의 의미를 지닌다. 바울로는 이 낱말을 사용함으로써 영언의 은사에 탐닉한 교우들에게 예언의 은사가 보다 더 유익하다는 점을 강조한다. 1절의 말씀은 "영을 끄지 마시오. 예언을 업신여기지 마시오. 모든 것을 살펴보고 좋은 것을 지키시오"라는 테살로니카 전서 5장 19~21절 말씀을 연상시킨다.

> 신령한 언어를 말하는 이는 사람들에게 말하는 것이 아니라 하느님께 말씀드리는 것이므로 아무도 알아듣지 못합니다. 영으로 신비를 말하기 때문입니다.
>
> (2절)

바울로는 1절에서 예언의 은사를 간절히 구하라고 말한 다음 2~5절에서는 예언이 영언보다 유익한 이유(γάρ)를 제시한다. 영언은 정상적인 인간, 심지어 그리스도인조차도 이해하기 어려운 말로, 그것은 하느님에게 하는 말이며 동시에 영언하는 이는 신비를 말하기 때문이라는 것이다. 신비라는 낱말은 본디 종말론적 의미로 사용되지만 여기서는 모든 이에게 분명치 않은 어떤 것을 뜻한다. 또한 '영으로'라는 의미는 14절에 나타난 '정신으로'와 반대되는 개념으로 '성령'이기보다는 '인간의 영'으로 보아야 한다(14절과 32절 참조).[7]

> 그러나 예언하는 이는 세우고 타이르고 격려하는 말을 합니다.
>
> (3절)

---

7 Simon J. Kistemaker, *1 Corinthians*, NTC(Grand Rapids, 1993), pp.477~478.

바울로는 계속해서 예언이 영언보다 유익한 점을 이야기하면서 예언의 기능 문제를 언급한다. 14장에서 예언의 기능 문제는 두 번, 곧 3절과 24~25절에 나온다. 영언은 교회 내 사람들에게 적용되는 기능이고 예언은 교회 밖 사람들에게 적용되는 기능이다. 예언의 기능은 "세우고(οἰκοδομη)," "타이르고(παράκλησις)," "격려하는(παραμυθία)" 일이다. '세우다'라는 낱말은 신약성서에 모두 열여덟 번 나오는데, '집을 짓다', '건설하다'라는 뜻의 동사 'οἰκοδομέω'에서 파생되었다. 복음서에서 이 낱말은 실제 '건축'을 뜻하지만 여기서는 영적 생활의 건설을 뜻하는 상징적 의미를 갖는다. '타이르다'라는 낱말은 신약성서에 모두 스물아홉 번 나오는데, 위로와 격려와 권면이라는 복합적 의미를 가진다.

'격려하다'라는 낱말은 신약성서에서 오직 이곳에만 한 번 나온다. 다만 이와 유사한 낱말인 "παραμύθιον(위로)"이 필리피서 2장 1절에서 "παράκλησις(격려)"와 함께 사용된다. 또한 테살로니카 전서 2장 12절에서는 동사 "παραμυθούμενοι(격려)"가 "παρακαλοῦντες(훈계)"와 함께 사용된다. 따라서 이 낱말을 한 가지 고정된 의미로 정의하는 것은 쉽지 않다. H. Conzelmann은 'παραμυθία(위로)'를 'παράκλησις(격려)'와 동의어로 본다.[8] 3절에 나오는 세 낱말을 동의어로 보는 이도 있다.[9]

신령한 언어를 말하는 이는 자신을 세우지만 예언하는 이는 교회를 세웁니다.
(4절)

---

8 H. Conzelmann, *A Commentary on the First Epistle to the Corinthians*, Translated by J. W. Leitch(Hermeneia, 1975), p.235.

9 R. Robertson and A. Plummer, *First Epistle of St. Paul to the Corinthians*, ICC (Edinburgh, 1914), p.306.

4절은 3절을 강조하는 말씀으로 바울로는 여기서 코린토교회 교우들의 개인주의를 나무란다. 은사들 중에는 개인에게만 유익을 주는 은사가 있는가 하면, 교회 공동체 전체에 유익을 끼치는 은사도 있다는 것이다. 이 구절에서 '교회'로 번역된 'ἐκκλησία' 앞에 관사가 없다고 해서 이 낱말을 '교회'보다는 단순한 '모임'의 의미로 보아야 한다고 주장하는 이가 있다.[10] 하지만 관사의 유무를 너무 엄격하게 따질 필요는 없다. 실제로 14장만 보아도 '교회'라는 낱말 앞에 관사가 있는 경우도 있고(5.12.23.33~34절) 없는 경우도 있다(4.19.28.35절). 교회라는 낱말 앞에 관사가 있느냐 없느냐는 의미상 별 차이가 없다.

> 나도 여러분이 모두 신령한 언어를 말할 수 있으면 좋겠습니다. 그러나 그보다는 예언할 수 있기를 더욱 바랍니다. 누군가 해석을 해주어 교회가 세워진다면 몰라도 그렇지 않다면 신령한 언어를 말하는 이보다는 예언하는 이가 더 위대합니다. (5절)

사도 바울로는 영언의 은사를 무시하거나 무가치한 것으로 말하지 않는다. 영언은 성령의 은사로서 개인에게는 도움이 된다는 것이다. 다만 영언을 지껄이게 되면 그 말들과 소리들을 이해할 수 없기 때문에 다른 이들과 특히 교회공동체에 도움이 되지 않는다는 것이다. 이 영언이 예언과 동일한 효과를 갖기 위해서는 '해석'이 뒤따라야 한다. 여기서 문제가 되는 것은 해석자의 정체다. 영언을 해석하는 이는 영언을 말하는 이와 동일 인물인가, 아니면 다른 인물인가? 코린토전서 12장 10절과 30절에서는 영언하는 이와 해석하는 이가 분명히 다르다. 14장 26~28절에서도 이 두 사람은 분명히 다른 사람이다. 하지만 5절만 보

---

10 C. K. Barrett, 같은 책, pp.316, 317 ; H. Conzelmann, 같은 책, 235.

아서는 이 두 사람이 같은 사람인지 다른 사람인지 분명하지 않다.

이 구절에서 '바랍니다'라는 동사 'θέλω'가 '영언을 말하다'와는 부정사(λαλεῖν)로, '예언하다'와는 가정법(ἵνα προφητεύητε)으로 연결된 점이 특이하다. 이러한 변이는 예언의 유익성을 강조하는 바울로의 의도가 반영된 표현이라 하겠다. 이는 '더욱(μᾶλλον)'이라는 낱말을 사용한 점으로 미루어 알 수 있다. 5절에서도 은사들의 유익성을 결정하는 기준은 '교회의 건설', 곧 공동체의 유익임이 드러난다.

2) 영언보다 예언의 은사가 유익한 이유(6~19절)

> 형제 여러분, 이제 내가 여러분에게 가서 계시나 인식이나 예언이나 가르침의 형식으로 말하지 않고 신령한 언어로만 말을 한다면 무슨 도움이 되겠습니까?
> (6절)

사도 바울로는 예언의 은사를 간절히 구하라고 하면서, 2~5절에서는 예언의 은사가 영언의 은사보다 유익한 이유를 제시하였다. 이제 바울로는 6~12절에서 그 이유를 예로 들어서 설명한다.

먼저, 이 구절을 보면 그리스어 본문에는 "그런데"(νῦν δέ)라는 표현이 맨 앞에 나오는데, 이는 논리적 결론을 유도하는 접속사다. 또 이 구절에서 바울로는 자기 자신의 경우를 예로 제시함으로써 코린토 교우들에게 깨우침을 주려고 '1인칭'의 수사학적 질문을 던진다.[11] 이 구절에는 영언과 대조되는 네 가지 낱말, 곧 계시, 인식, 예언, 가르침이 나온다. 이 네 낱말은 각기 다른 의미를 지니지만, 여기서는 알아들을 수 없는 영언과는 달리 인간이 알아들을 수 있는 말들을 대표하는 다양

---

11 C. K. Barrett, 같은 책, p.317 ; H. Conzelmann, 같은 책, p.235.

한 표현양식으로 보면 좋을 것이다.

7 가령 피리나 거문고 같은 생명 없는 것들로 소리를 낼지라도 그 가락이 분명치 않다면 피리로 불거나 거문고로 뜯는 곡을 어떻게 알 수 있겠습니까? 8 가령 나팔이 분명치 않은 소리를 낸다면 누가 전투 준비를 하겠습니까? 9 이와 같이 여러분도 신령한 언어로 뜻이 분명치 않은 말을 한다면 사람들이 어떻게 알 수 있겠습니까? 허공에 대고 말하는 셈이 될 것입니다.

(7~9절)

이 구절들에는 생소한 낱말들이 들어 있다. 우선(ὅμως)이라는 낱말로 신약성서에 모두 세 번 나오는데(요한 12,42 ; 1코린 14,7 ; 갈라 3,15), 본래 '그럼에도 불구하고'라는 뜻이지만 비교의 의미로 쓰일 때에는 '이와 마찬가지로'라는 말로 번역할 수 있다.[12] 『200주년 신약성서』에서는 '가령'으로 번역하였다. 예증에 사용된 피리나 거문고는 관악기와 현악기를 통칭하는 낱말로, 향연, 장례식 그리고 고대 종교적인 의식에서 자주 사용되었다. 그리고 나팔은 군사용 악기로서 이 낱말은 신약성서에 열한 번 나오는데, 이 구절을 제외하면 모두 묵시문학과 관련된 단락에만 나온다.[13]

바울로가 이 구절들에서 피리나 거문고 그리고 나팔 같은 악기를 예로 드는 이유는 분명하다. 아무리 유용한 악기들이라 할지라도 소리만 요란하고 곡조와 가락이 분명치 않다면 아무 소용없듯이, 어떤 사람이 전혀 알아들을 수 없는 말을 하면 그것은 듣는 이에게 도움이 되지 못할 뿐만 아니라 단지 시끄러운 잡음에 불과하다. 소리는 듣는 이가 알

---

12 J. Jeremias, "ὅμως"'(1Cor 14,7 ; Gal 3,15), ZNW 52, 1961, pp.127~128.
13 마태 24,31 ; 1테살 4,16 ; 1코린 14,8 ; 15,52 ; 히브 12,19 ; 묵시 1,10 ; 4,1 ; 8,2.6.13 ; 9,14.

아듣고 이해할 때 비로소 의미가 있다.

9절에 나오는 'εὔσημος(분명한)'라는 낱말은 8절에 나오는 'ἄδηλος (불분명한)'와 대비된다. 그리고 '허공에 대고 말하다'라는 구절은 바울로가 코린토전서 9장 26절에서 '권투'를 예로 들어 자신의 삶을 밝힌 것을 연상시키는 표현으로, 영언을 말하는 것은 마치 권투선수가 상대방을 정확히 맞추지 못하고 허공을 치는 것과 같다는 것이다.

> 10 세상에 얼마나 많은 언어 종류가 있는지 모르지만 의미 없는 말은 하나도 없을 것입니다. 11 그런데 내가 그 말의 뜻을 모른다면 나는 말하는 이에게 외국인이 되고 말하는 이도 내게 외국인이 될 것입니다.
>
> (10~11절)

10~11절에서 바울로는 다시 한 번 언어매체를 예로 들어 영언의 무익성을 강조한다. 해석 없이 행해지는 영언이 바로 이와 같은 경우다. 언어는 말하는 이와 듣는 이 사이에 상호이해가 이루어져야만 의미가 있다. 따라서 개인적 황홀경에만 도취하여 영언을 한다면, 하는 이와 듣는 이 모두가 서로에게 외국인 같게 되는 것이다. 10절에서 '언어'로 번역된 'φωνή'는 '소리·음성'이라는 뜻인데, 여기서는 '언어'로 번역하였다. 그리고 11절의 '뜻'이라고 번역된 그리스어 단어는 'δύναμις'로 '힘·능력'을 의미하는데, 여기서는 '뜻'으로 번역하였다.[14] 그리고 '외국인'으로 번역된 'βαρβαρος'는 본래 "그리스어를 할 줄 모르고 짐승마냥 '바르바르' 지껄거리는 야만인"을 의미하는데, 여기서는 '외국인'으로 번역하였다.[15] 이는 이해할 수 없는 말을 지껄이면서 횡설수설하는 이를 가리키는 표현이다.

---

14 J. Kremer, 같은 책, 302.

15 이에 대한 상세한 내용은 H. Windisch, "βαρβαρος," TDNT Ⅱ, 551~553 참조.

그러니 여러분도 영의 은사에 열성을 내는 데 아무쪼록 더 많은 은사를
입도록 애써서 교회를 세우는 데 이바지하시오.   (12절)

여기서 우리는 코린토교회 교우들이 영의 은사를 추구하는 데 열정
적이었음을 알 수 있다. 이 구절은 13~14절에 대한 서론으로서 두 가
지 의미로 풀이할 수 있다. 하나는 교회가 영의 은사들에 의해 건설되
도록 그 은사들을 간절히 구하라는 뜻이며, 다른 하나는 개인의 건설보
다는 공동체 건설을 간절히 구하라는 의미이다.[16] 이 두 가지 의미는
결과적으로는 같지만, 바울로가 교회건설이라는 측면에서 은사문제를
다루는 점으로 미루어 후자의 의미로 보아야 한다.

신령한 언어를 말하는 이는 해석도 할 수 있도록 기도하시오.   (13절)

그리스어 본문에 '그러므로'로 시작하는 이 구절은 영언의 문제에
대한 잠정적 결론을 유도한다. 이 구절을 보면 영언하는 이는 해석의
은사를 동시에 소유하지 못했으며, 또한 자기가 지껄인 말을 타인에게
이해시킬 수도 없었다. 이것이 곧 영언의 특징이다. 12장 10절과 14장
27~28절을 보면 영언을 해석하는 이가 따로 있었던 것 같지만, 이 구
절에서 바울로는 영언하는 이가 동시에 해석할 수 있는 은사를 받도록
기도하라고 권면한다. 그것은 영언이 해석되는 경우에만 예언이나 가
르침으로 바뀔 수 있기 때문이다.

내가 신령한 언어로 기도를 드린다면 나의 영은 기도하고 있겠지만 정신
에는 아무 열매도 없습니다.   (14절)

---

16 H. Conzelmann, 같은 책, 237.

이 구절에서 '나의 영'이 구체적으로 무엇을 가리키는지를 밝히기란 쉽지 않다.[17] 다만 '나의 영'을 성령으로 풀이해서는 안 된다. 그것은 성서 어디에도 '성령'을 '나의 것'으로 표현한 곳이 없고, 이는 바울로의 표현방식과도 어긋나기 때문이다. 여기서는 단지 바울로가 알아들을 수 없는 기도를 바치는 경우를 두고, '나의 영'으로 기도한다는 표현을 사용했을 것이다. 이렇게 기도할 경우 나의 정신은 그 기도를 이해할 수도 깨달을 수도 없기 때문에 아무런 도움이 되지 못한다는 것이다.

> 그렇다면 어떻게 해야겠습니까? 나는 영으로도 정신으로도 기도를 드리겠습니다. 영으로도 정신으로도 찬양 노래를 부르겠습니다.　　　(15절)

15절에서 바울로는 수사학적 질문을 제기한 후, 자신의 경우를 예로 들어 영과 정신의 문제를 다시 한 번 구체화한다. 여기서 영과 정신은 상대적 개념으로 교회건설이라는 측면에서 볼 때 '정신'이 '영'보다 우월하다는 것이다. 바울로는 이 구절에서 기도와 더불어 찬양을 언급한다. '찬양하다(ψάλλω)'라는 낱말은 신약성서에서 모두 네 번 나오는데, 통상 어떤 악기를 연주하거나 그 악기에 맞추어서 노래한다는 뜻으로 쓰인다(1코린 14,15 ; 로마 15,9 ; 에페 5,19 ; 야고 5,13). 은사문제는 오늘날도 그렇거니와 그 당시에도 역시 찬양과 밀접한 관계를 가졌던 것 같다. 특히 '기도하다'와 '찬양하다' 동사가 미래형으로 쓰였는데, 이는 기도와 찬양의 중요성을 말하려는 바울로의 의도가 담겨 있는 표현이라 하겠다.

---

17 이 문제에 대해서는 C. K. Barrett, 같은 책, 320 참조.

16 그대가 영으로 찬양 기도를 드린다면 초심자들은 알아들을 턱이 없으니 그대의 감사기도에 이어 어떻게 "아멘"이라고 말할 수 있겠습니까? 17 그대야 물론 훌륭하게 감사를 드리지만 다른 이는 감화를 받지 못합니다. (16~17절)

14~15절에서 강조하기 위해 사용한 '1인칭'인 '내가'가 16절에서는 '2인칭'인 '그대가'로 바뀐다. 그리고 '초심자들'은 직역하면 '초심자의 자리에 앉은 이'다. 여기서 '초심자의 자리'는 두 가지 의미, 곧 실제로 초심자를 위해 따로 마련한 장소를 뜻하는 자의적 의미와 영언이나 해석의 은사를 갖지 못한 초심자와 같은 역할을 한다는 비유적 의미로 해석할 수 있는데, 후자의 설이 옳다 하겠다.[18] 그리고 '초심자(ἰδιώτης)'가 누구인지는 분명하지 않다. 이 낱말은 본디 어떤 분야에서 전문인이 되지 못한 사람을 지칭하는 표현으로 '평민', '배우지 못한 사람'들을 뜻한다. 신약성서에서 이 낱말은 다섯 번 나온다(사도 4,13 ; 1코린 14,16.23~24 ; 2코린 11,6). 사도행전에서는 교육받지 못한 이를, 코린토후서에서는 웅변에 능숙하지 못한 이를 뜻한다. 코린토전서 14장 16절과 23절에 나오는 '초심자'는 사도행전의 의미와 더 가까운데, 예수를 믿지 않은 불신자일 수도 있고, 신자이기는 하지만 아직 영언의 은사나 해석의 은사를 받지 못한 사람일 수도 있다.[19] 여기서는 두 부류의 사람을 다 가리킨다고 하겠다. 그것은 이 낱말이 들어 있는 14장 23~24절에서는 '초심자'가 '안 믿는 이'와 함께 쓰이고 있고, 16절에서는 영언으로 말하는 이의 감사기도에 '아멘'으로 응답할 수 없다는 표현이 나오기 때문이다. 초심자는 비록 공동체 모임에

18 Gordon D. Fee, *The First Epistle to the Corinthians*(Grand Rapids, 1991), pp.672~673.
19 H. Schlier, "ἰδιώτης," TDNT Ⅲ, 217.

참석하기는 하지만 아직 그 공동체에 완전히 소속된 이는 아니다. 특히 23절에서 "여러분이 미쳤다"라고 말하는 초심자의 반응으로 미루어볼 때, 이 초심자를 교회의 정식일원으로 보기는 어렵다.[20]

"아멘"은 유대교회당에서 기도에 대한 응답 표시로 사용되었는데, 이것이 그리스도교에 들어와서 두드러진 특징이 되었다.[21] 이 "아멘"은 듣는 이가 설교나 기도를 온전히 이해하고 신뢰한 경우에만 행해지는 응답 표시다. 하지만 영언으로 하는 기도에서는 이와 같은 응답을 기대하기가 어렵다. 그것은 영언으로 기도하는 이야 훌륭하게 감사를 드린다 하겠지만, 듣는 다른 이에게는 전달되지 않아 아무 도움이 되지 못하기 때문이다. 17절은 영언을 말하는 것 자체는 나쁘지 않지만, 다른 사람들, 특히 공동체를 세우는 데 도움이 되지 못한다는 2~5절의 말씀을 상기시킨다. 여기서 "감화를 받지 못하다"는 직역하면 '건설되지 못합니다'인데, 이는 다른 사람들의 성장에 도움을 주지 못한다는 의미다.

18 하느님께 감사하게도 나는 여러분보다 더 많이 신령한 언어로 말할 수 있습니다. 19 그러나 집회에서는 신령한 언어로 만 마디 말을 하느니 다섯 마디라도 내 정신으로 알아들을 수 있는 말을 하고 싶습니다. 그것은 다른 사람들을 가르치기 위해서입니다.　　　　　　　　(18~19절)

바울로는 자신이 다른 이들보다 더 많이 영언을 행할 수 있다는 점을 강조함으로써, 영언을 예언보다 못한 것으로 비판한 이유가 영언의 은사를 갖지 못한 열등감이나 질투심에서 나온 것이 아님을 분명히 밝힌다. 자신이 지금까지 영언의 가치를 극소화시킨 것은 결코 영언을 말할 수 없어서가 아니라 영언이 교회 공동체에 유익하지 못하기 때문

---

20 C. K. Barrett, 같은 책, 324 ; H. Conzelmann, 같은 책, 243.
21 신명 27,14~16 ; 1역대 16,36 ; 느헤 5,13 ; 8,6 ; 시편 105,48.

이라는 것이다.

바울로의 주된 관심사는 개인의 은사체험보다 어떻게 하면 그 은사를 통하여 교회공동체가 바로 세워지느냐에 있었다. 그래서 바울로는 집회에서 만 마디 영언보다 다섯 마디 정신으로 하는 기도가 더 유익하다고 말한 것이다. 여기 '만 마디 영언'은 셀 수 없이 많은 영언이라는 상징적인 표현으로, 영언은 아무리 많이 행사된다 해도 그 효과는 미미하다는 의미가 들어 있다.[22] 이처럼 예언과 영언의 효과는 교회 안에서 다른 사람에게 교훈을 줄 수 있느냐 없느냐에 달려 있다. 이 점에서 바울로의 은사관은 철저하게 교회론과 연결되어 있다.

19절에 나오는 '가르치다' 동사는 코린토전서에서 12장 8.28~29절과 14장 3.6절에는 나오지 않고 오직 이곳에만 한 번 나오는 낱말이다. 신약성서에는 모두 일곱 번 나오는데(루카 1,4 ; 사도 18,25 ; 21,21.24 ; 1코린 14,19 ; 갈라 6,6 ; 로마 2,18), 코린토전서 14장 19절에서만 은사 문제와 함께 사용되고 갈라티아서와 로마서에서는 교리적인 가르침의 의미로 쓰인다. 여기서는 문맥상 '건설(οἰκοδομη)'의 뜻으로 보면 무난할 것이다.

3) 성숙한 판단력(20~25절)

형제 여러분, 생각하는 데는 아이들이 되지 마시오. 오히려 악에 대해서는 어린아이같이 되고 생각하는 데는 성숙한 사람이 되시오.   (20절)

---

22 J. C. Hurd, *The Origin of 1 Corinthians*(London, 1965), p.188. 실제로 Arndt와 Gingrich는 "μυρίος"를 '만'으로 번역하지 않고, '무수한 · 셀 수 없는'으로 번역하였다(A. F. Arndt and F. W. Gingrich, *A Greek-English Lexicon of the New Testament*, Cambridge 1957, 531).

사도 바울로는 교회론적 원칙에서 영언의 무익성과 예언의 유익성을 논한 후, "형제 여러분"으로 시작하는 새로운 단락을 통하여 교우들에게 자신들이 가졌던 은사사용에 대한 가치기준을 버리고, 그리스도인으로서 성숙한 판단으로 은사를 사용하라고 권면하다. 코린토교회 교우들은 생각하는 데 있어서는 여전히 어린아이와 같이 미숙한 상태에 머물러 있었던 것이다. 그래서 그들은 영언으로 말하기를 좋아했고 그것을 열심히 구하였다. 반면에 교우들은 하느님 말씀을 듣고 지키는 일에는 소홀히 하여 온갖 부정을 저질렀던 것이다. 이에 바울로는 교우들에게 악에 대해서는 어린아이와 같이 되어 죄를 짓지 말 것이며, 오히려 생각하는 데는 성숙한 사람이 되어 무엇이 교회 공동체건설에 유익한가를 올바로 판단하라고 권면한다.

"생각하는 데"라는 뜻의 "φρεσίν"은 신약성서에서 오직 이곳에만 나오지만, 70인역본 중 잠언에서는 "ἐνδεής φρονῶν"의 형태로 자주 쓰인다.[23] 또한 '악'이라는 뜻의 'κακία'는 신약성서에 모두 열한 번 나오는데 도덕적 의미로 쓰인다.[24] 20절에서 '생각'과 '악'은 반대 개념으로 쓰인다. 이 두 낱말 사이의 관계는 로마서 16장 19절에 함축적으로 드러난다. 로마서 16장 19절을 옮기면 다음과 같다. "사실 여러분의 순종은 모든 이에게 잘 알려져 있습니다. 그래서 나는 기쁩니다. 그러나 선에는 지혜롭고 악에는 물들지 않기를 바랍니다." 즉, 선한 일을 생각하는 데는 성숙한 사람이 되고 악한 것에 대해서는 어린아이같이 되라는 것이다. 어린아이는 성숙하지 않기 때문에 제대로 판단을 내릴 수 없는 반면에, 아직 어리기 때문에 악을 저지르지 못한다는 뜻이다.

---

23 잠언 11,12('미련한 사람'), 12,11('지각없는 사람'), 15,21('속없는 사람'), 18,2 ('미련한 사람').

24 마태 6,34 ; 사도 8,22 ; 1코린 5,8 ; 14,20 ; 로마 1,29 ; 에페 4,31 ; 콜로 3,8 ; 티토 3,3 ; 1베드 2,10.16 ; 야고 1,21.

율법에 이렇게 씌어 있습니다. "내가 다른 나라 말과 다른 나라 사람들의
입술로 이 백성에게 말할 터인데 그래도 그들은 내 말을 듣지 않으리라"
고 주님께서 말씀하신다.   (21절)

바울로는 21절에서 이사 28장 11~12절을 인용하여 자신의 견해를
더욱 구체화시킨다. 여기서 바울로는 이사 28,11~12을 인용하면서
"율법에 이렇게 씌어 있습니다"라고 한다. 이는 구약성서 전체를 율법
(Torah)이라고 부른 랍비들의 관행을 따른 것이다.[25]
　바울로가 영언과 예언의 은사 문제를 논하면서 심판 내용을 담고 있
는 이사야서를 인용한 의도를 파악하는 것은 쉽지 않다. 따라서 우리는
바울로의 인용 의도와 이사 28,11~12의 상호관계를 세 가지 측면에서
다루어 보려고 한다. 첫째로, 바울로는 어느 역본에서 이 구절을 인용
했는가? 둘째로, 이사 28,11~12의 원래 의미는 무엇인가? 셋째로, 바울
로가 이사 28,11~12을 인용한 의도는 무엇인가?
　바울로의 인용문은 '마소라성서'이나 70인역본과 차이가 난다. 바울
로는 둘 중 어느 한 곳에서 막연하게 자신의 생각을 가미하여 인용했
거나, 아니면 현존하지 않는 그리스 역본 중에서 인용했을 것이다.[26] 이
제 간략하게 마소라성서와 70인역본에 나타난 이사 28,11~12과 바울

25　P. Billerbeck, *Kommentar zum Neuen Testament aus Talmud und Midrash* Ⅲ
　　(München, 1926), pp.462~463. 바빌론 탈뭇, 산헤드린 91에서는 여호수아기
　　를, 바빌론 탈뭇, 에루빈 58에서는 즈카르야서를, 바빌론 탈뭇, 여바못 4에서
　　는 시편을 토라(Torah)라 하였다.
26　3세기의 오리게네스는 이 인용구절이 아퀼라 역본에서 발견된다고 주장했다.
　　J. Armitage Robinson, *The Philocalia of Origen*(Cambridge, 1893), p.55 ; Gordon
　　D. Fee, 같은 책, 679 ; J. Kremer, 같은 책, 305. 아퀼라는 2세기에 유대교에
　　서 개종한 그리스도인으로 히브리어 구약성서를 그리스어로 옮겼는데, 이 역
　　본은 7세기까지 유대인들의 공식 그리스어 성서로 인정받았다. 이 역본은 오
　　리게네스의 육공관 구약성서에 나와 있다.

로의 인용구절을 비교해보기로 하겠다.

왜냐하면 더듬거리는 입술들과 다른 나라 말로 그가 이 백성에게 말할 것이기 때문이다. 그가 말했던 이에게, 이것이 휴식이다. 피곤한 이에게 휴식을 주어라. 그리고 이것이 위안이다. 그러나 그들은 들으려 하지 않았다.

(마소라성서)

사악한 입술들을 통하여, 다른 나라 말을 통하여, 그들이 이 백성에게 말할 것이기 때문에, 그에게 이것은 배고픈 이에게 내리는 휴식이며 이것을 재난이라고 말하면서, 그런데 그들은 들으려 하지 않았다.

(70인역본)

'내가 다른 나라 말과 다른 나라 사람들의 입술로 이 백성에게 말할 터인데 그래도 그들은 내 말을 듣지 않으리라'고 주님께서 말씀하신다.

(바울로의 인용구절)

여기서 우리는 몇 가지 차이점을 발견할 수 있다. 첫째로, 마소라성서와 70인역본에 나타난 구체적 말씀이 바울로의 인용문에는 생략되어 있다. 둘째로, 말하는 주체가 마소라성서에서는 "그", 70인역본에서는 "그들"인 데 비해, 바울로의 인용문에서는 "내가"이다. 셋째로, '알아듣지 못하다'의 시제가 마소라성서와 70인역본에서는 과거인 데 비해 바울로의 인용문에서는 미래이다. 넷째로, 마소라성서와 70인역본에는 없는 "주님께서 말씀하신다"는 구절이 바울로의 인용문에는 들어 있다. 이런 점으로 미루어 바울로는 어느 역본 한 가지를 그대로 인용하지 않고, 다만 어느 역본이든지 간에 영언의 무익성을 논증하기에 합당한 구절만을 의도하고서 인용했다고 볼 수 있다.

바울로가 인용한 이사 28,11~12의 의미를 파악하는 일도 쉽지 않다. 그것은 이 인용문이 어느 역본과도 일치하지 않기 때문이다. 우리는 마소라성서에 나타난 이사 28,11~12의 내용을 근거로 그 의미를 이해할 수밖에 없다. 11~12절의 내용을 올바로 이해하기 위해서 13절을 살펴보아야 한다. 이사야서 28장 13절을 옮기면 다음과 같다. "그래서 야훼께서는 그들에게 이렇게 말씀하시는 것이다. '사울라사우, 사울라사우! 카울라카우, 카울라카우! 즈에르삼, 즈에르삼!' 이런 말을 들으며 걸어 가다가 뒤로 자빠지거라. 뒤통수가 깨지고 그물에 걸려 잡히거라."

하느님께서는 이스라엘 백성에게 특이한 언어, 곧 아시리아 침략가들의 소리를 통하여 경고하셨으나 그들은 순종하지 않았다. 침략자의 이방 언어가 유대에 대한 심판의 표현이었는데도 그들은 그것을 알아듣지 못했던 것이다. 그런데 "이런 말을 들으며 걸어가다가 뒤로 자빠지거라. 뒤통수가 깨지고 그물에 걸려 잡히거라"는 구절이 히브리어 본문에서는 '목적'으로 사용되었다. 즉, 백성들이 걸어가다가 뒤로 자빠지어 뒤통수가 깨지고 그물에 걸려 잡히도록 하기 위해서 야훼께서 이상한 형태의 말씀으로 경고하셨다는 것이다.

이사 28,11~12의 내용도 이와 같은 맥락에서 풀이할 수 있다. 야훼께서 예언자들을 통하여 유대 백성들에게 위로와 회개의 말씀을 하셨지만 그들은 끝내 듣지 않았다. 그래서 야훼께서는 장차 '다른 나라 말과 다른 나라 사람들의 입술'로 말씀하시겠다는 것이다. 따라서 '다른 나라 말과 다른 나라 사람들의 입술'은 이스라엘 백성을 심판하기 위해서 사용한 '사울라사우, 카울라카우, 즈에르삼'과 같은 뜻이라 하겠다. 그러므로 이사 28,11~12의 내용은 유대 백성들에게 예언자를 통하여 내리는 하느님의 심판이다.

이제 바울로가 이사 28,11~12을 인용한 의도를 살피도록 하겠다. 바울로의 인용의도를 두고 두 가지 설이 전해 온다. 우선, 하느님의 심판이라는 이사야서의 역사적 배경을 의도하고 바울로가 인용했다는 것이다.[27] 이와는 달리 역사적 배경보다는 단지 '다른 나라 말'이라는 구절이 영언의 무익성에 대한 논증을 뒷받침하는 데 도움이 되기 때문에 바울로가 인용했다는 설이다.[28]

우리는 여기서 후자의 설을 따를 것이다. 바울로는 이사야서 28장 11~12절에 들어 있는 역사적 배경보다는 '다른 나라 말과 다른 나라 사람들의 입술'로 말을 할 경우 백성이 알아듣지 못한다는 말씀만을 의도하고서 인용했을 것이다. 마소라성서와 70인역본 그리고 바울로의 인용문에서 공통적으로 발견되는 낱말은 '다른 나라 말'과 '알아듣지 못하다'이다. 즉, 다른 나라 말을 할 경우 백성이 알아듣지 못하듯이 영언으로 말을 할 경우에도 다른 사람들이 알아듣지 못한다는 것이다.

22 그러므로 신령한 언어는 믿는 이들을 위한 표징이 아니라 안 믿는 이들을 위한 표징입니다. 그러나 예언은 안 믿는 이들을 위한 것이 아니라 믿는 이들을 위한 것입니다. 23 가령 교회가 함께 한곳에 모여 모두들 신령한 언어로 말하고 있는데 마침 초심자들이나 안 믿는 이들이 들어온다면 그들은 여러분을 보고 미쳤다고 하지 않겠습니까? 24 그러나 모두들 예언을 할 때 어떤 안 믿는 이나 초심자가 들어온다면 그는 모든 이로부터 질책을 받고 모든 이에게 심판을 받을 것이며 25 그 마음에 숨긴 것이 드러나게 될 것입니다. 그러면 그는 얼굴을 땅에 대고 하느님께 절하며 "과연 하느님이 여러분 가운데 계십니다" 하고 실토할 것입니다.

(22~25절)

---

27 Wayne A. Grudem, *The Gift of Prophecy in 1 Corinthians*(Washington, 1982), pp.191~192.
28 C. K. Barrett, 같은 책, pp.322~323.

바울로는 22절의 단정문에서 영언은 안 믿는 이들을 위한 표징이고, 예언은 믿는 이들을 위한 표징이라고 했는데, 이 단정문을 구체화하는 23~25절 적용문에서는 안 믿는 이들에 대한 영언의 부정적 효과와 안 믿는 이들에 대한 예언의 긍정적 효과를 이야기한다. 요컨대 단정문(22절)과 적용문(23~25절)의 내용은 서로 대립된다. 단정문과 적용문을 따로 놓고 보면 이해하기 쉽지만, 이 둘을 함께 보면 논리적 모순이 따르게 된다.[29] 많은 학자들이 이 불일치를 극복하려고 노력했지만 어느 해석도 설득력이 있어 보이지 않는다. 그래서 알로(Allo)라는 학자는 22절의 단정문을 23~25절의 적용문으로 설명하려는 시도는 무의미하다고 말했다.[30] 필립스(Phillips)는 단정문에서 믿는 이들과 안 믿는 이들의 순서를 바꿈으로써 이 문제를 극복하려고 했다.[31]

대다수 학자들은 '표징'이라는 낱말을 양가적 의미로 해석하여 이 불일치를 극복하려고 했다. 여러 학자들 가운데 상당히 수긍이 가는 견해는 그루뎀(Grudem)의 설로, 이 학자는 70인역본과 신약성서에 나타난 '표징(σημεîον)'이라는 낱말연구를 통하여 이 문제를 해결하려고 했다.[32] 70인역본에서 '표징'은 '하느님의 태도'를 나타내는 표시이다. 이 표징은 긍정적일 수도 있고, 부정적일 수도 있다. 하느님을 믿고 그에게 복종하는 이들에게는 긍정적이고, 하느님을 믿지 않고 그에게 복종하지 않은 이들에게는 부정적이다. 하지만 더러는 이 낱말이 한 사건 내에서 양가적 의미를 가지는 경우가 있다. 즉, 부정적이면서 동시에 긍정적인 경우가 종종 나타난다. 그 대표적 보기가 출애굽사건이다. 탈출기 8장 20~21절에서는 하느님이 '등에' 등의 재앙을 이집트에 내리

---

29 J. Ruef, *Paul's First Epistle to Corinth*(Harmondsworth, 1971), p.151.

30 E. -B. Allo, *Saint Paul: Première Épître aux Corinthiens*(Paris, 1956), p.366.

31 J. B. Phillips, *The New Testament in Modern English*(London, 1960), pp.367. 550.

32 W. A. Grudem, 같은 책, pp.196~197.

셨지만, 고센 땅에서는 이 '등에'들이 날아들지 못하게 하셨다. 따라서 이 표징은 이스라엘에게는 은총의 표징이나, 이집트인에게는 심판의 표징이 된다. 그루뎀에 의하면 신약에서도 이 '표징'은 하느님의 은총을 뜻하는 긍정적 표시일 수도 있고, 하느님의 심판을 뜻하는 부정적 표시일 수도 있다는 것이다. 바울로는 단정문에서 이 '표징'을 양가적 의미로 사용했을 것이라고 이 학자는 말한다.

즉, 안 믿는 이들에 대한 표징은 구약에서 언제나 부정적이며 하느님의 심판을 뜻한다. 이것이 곧 이사야서 28장 11절에서 이사야가 언급한 '다른 나라 말'의 의미였으며, 바울로 역시 이와 같은 의미로 단정문 전반부(22ㄱ절)에서 표징이라는 낱말을 '영언'에 자연스럽게 적용시켰다는 것이다. 이와는 대조적으로 구약에서 하느님을 믿는 이들에게 내리는 표징은 언제나 긍정적이며 하느님의 임재와 은총을 뜻한다. 단정문 후반부(22ㄴ절)에서 바울로는 표징을 이와 같은 의미로 '예언'에 적용시켰던 것이다. 이런 고찰을 통해 그루뎀은 다음과 같이 '영언'과 '예언'의 관계를 설명한다.

하느님께서 백성들에게 예언자들이나 이방인들을 통하여 이해할 수 없는 언어로 말씀하실 때, 이는 하느님의 심판을 뜻하며 이로 인해서 백성들은 하느님과 멀어지게 된다. 마찬가지로 교회에 초심자나 안 믿는 이들이 있을 때 어떤 사람이 이해할 수 없는 영언을 말한다면 그들은 영언하는 사람을 향하여 미쳤다고 하면서 교회를 떠나게 될 것이고, 이는 결과적으로 안 믿는 이들에게 심판의 표징을 전하는 셈이 된다. 하지만 교회에서 어느 누가 예언을 하게 되면 거기에 있던 초심자들이나 안 믿는 이들은 마음의 숨은 비밀들을 토로해내고 엎드려 하느님께 경배하고 '하느님이 참으로 여러분 가운데 계시다'라고 고백하게 된다. 이렇게 예언은 하느님이 진실로 믿는 이들 가운데 계시다는 확실한 표징이 된다.

한마디로 그루뎀의 설은 영언은 안 믿는 이들에게 내리는 심판의 표 징으로서 이를 행할 경우 안 믿는 이들을 하느님과 더 멀어지게 만들며, 반대로 예언은 믿는 이들에게 내리는 은혜의 표징으로 이를 행할 경우 심지어 안 믿는 이조차도 하느님과 더 가까워지게 만든다. 이 그루뎀의 설을 따르기에는 몇 가지 문제점이 있다. 첫째로, 그루뎀은 단정문에 나타난 표징을 심판의 표징과 은총의 표징이라는 양가적 의미로 보았 는데, 과연 바울로가 이 구절에서 표징을 두 가지 의미로 사용했을까? 바울로친서에 '표징'이라는 낱말이 모두 다섯 번 나오는데, 어디에서도 양가적 의미는 찾을 수 없다(1코린 1,22 ; 14,22 ; 2코린 12,12 ; 로마 4,11 ; 15,19).

둘째로, 영언이 심판의 표징이라는 데에 문제가 있다. 이사야서 28장 11~12절은 분명히 심판 말씀이다. 이는 하느님께서 예언자를 통하여 누차 말씀하셨음에도 불구하고 백성들이 거역했기 때문에 심판하신다 는 뜻이다. 하지만 적용문(23~25절)에서 안 믿는 이들은 전에 하느님 의 말씀을 들었던 사람일 수도 있고 듣지 못했던 사람일 수도 있다. 어느 경우든 하느님이 이들을 심판하시기 위하여 어떤 이로 하여금 못 알아듣는 영언을 하게 했다고는 볼 수 없다. 더욱이 영언은 성령의 은 사로서 혼자서 하는 경우와 해석을 동반한 경우에는 유익한 것으로 예 언과 똑같은 가치를 지닌다. 따라서 영언을 심판의 표징으로 보는 것은 옳지 않다. 바울로가 14장에서 강조하는 사상은 공동체 내에서 영언이 초래하는 무익한 결과이지 결코 심판이 아니다. 그리고 설령 '표징'을 양가적 의미로 받아들인다 해도 단정문과 적용문 사이의 불일치는 여 전히 남게 된다.

여기서 이 모순을 해결하기 위해서는 두 가지 사항을 먼저 살펴보아 야 한다. 첫째로, 바울로의 이사야서 인용의도다. 바울로는 심판이라는 역사적 배경을 의도하고서 이사야서를 인용한 것이 아니라, 다만 '다른 나라 말'을 할 경우 백성이 '알아들을 수 없다'는 사실만을 주목하여 이 점을 단정문에 적용시켰을 것이다. 둘째로, 단정문에 나타난 '표징'에 대한 해석 문제다. 단정문에서 '표징'을 심판의 표징이나 은총의 표징으로 해석해서는 안 된다. 오히려 단정문의 표징은 '알아듣지 못하는 현상'으로 이해해야 한다. 즉, 이사야서 인용문의 '알아듣지 못하다'라는 표현과 단정문의 '표징'은 서로 같은 뜻으로 보아야 한다. 이를 근거로 해서 22절을 다음과 같이 옮길 수 있다. "따라서 영언들은 믿는 이들에게 내리는 알아듣지 못하는 현상이 아니라 안 믿는 이들에게 내리는 알아듣지 못하는 현상이다. 그러나 예언은 안 믿는 이들에게 내리는 알아듣지 못하는 현상이 아니라 믿는 이들에게 내리는 알아듣지 못하는 현상이다."

그러면 어째서 영언은 안 믿는 이들에게 내리는 알아듣지 못하는 현상이고, 예언은 믿는 이들에게 내리는 알아듣지 못하는 현상인가? 그 까닭은 다음과 같다.

영언이 안 믿는 이들에게 이해되지 않는 현상인 것은, 이들이 영언을 이해할 수 없었기 때문이다. 코린토교회에서 믿는 이들은 영언 내용을 정확히 이해할 수 없었다 해도 이 영언이 성령의 작용으로 인하여 생기는 현상이라는 사실만은 알고 있었다. 그러나 안 믿는 이들은 이 사실조차 모르고 있었다. 그렇기 때문에 영언은 안 믿는 이들에게는 이해되지 않는 현상인 것이다. 반면에 예언이 믿는 이들에게 이해되지 않는 현상인 것은, 이들이 예언을 받아들이려는 의지가 없었기 때문이다. 코린토교회 일부 교우들은 분명히 예언 내용을 알고 있었음에도 불구하고 영언에 심취하여 예언에는 귀를 막는 경향이 있었다. 왜냐하면 이들은 자기 결점을 들추어내고 합리적인 말로 자신의 의무를 깨우쳐주는 예언보다는 열광적 상태에서 행해지는 영언을 듣는 데서 만족을 얻었기 때문이다.[33]

이러한 해석을 내릴 경우 '표징'을 양가적 의미로 보지 않고 통일된 하나의 의미로 해석할 수 있으며, 단정문과 적용문 사이의 불일치를 어느 정도 극복할 수 있다. 따라서 단정문과 적용문 사이의 관계를 다음과 같이 정리할 수 있겠다.

영언은 안 믿는 이들에게 내리는 알아듣지 못하는 현상이다. 그러므로 교회가 다 함께 모여 영언을 할 때, 안 믿는 이들이 들어온다면 이들은 영언을 하는 이들을 보고 미쳤다고 하면서 교회를 떠나갈 것이다. 이와는 달리 예언은 믿는 이들에게 내리는 알아듣지 못하는 현상으로 교회가 다 함께 모여 예언을 할 때, 믿는 이들은 예언 듣기를 꺼려할지라도 안 믿는 이들은 예언을 하는 이들로부터 질책과 훈계를 받고서 하느님을 찬양할 것이다.

14장에서 예언의 효과는 두 가지로 나타나는데, 하나는 3절에서 언급된 교회 내 사람들에게 끼치는 효과이고 다른 하나는 24~25절에 언급된 교회 밖 사람들에게 내리는 선교효과다. 그리고 '초심자'와 '안 믿는 이가' 영언을 언급하는 23절에서는 복수로 되어 있는 데 비해, 예언을 말하는 24절에서는 단수로 되어 있다. 이는 영언은 아무리 많은 사람이 있다 해도 별로 영향을 끼치지 못하는 반면에, 예언은 단 한 사람이 있다 해도 영향을 끼칠 수 있다는 사실을 짐작케 한다. 이로써 예언의 은사가 영언의 은사보다 더 유익하다는 것이 다시 한 번 입증된 셈이다.

---

33 C. K. Barrett, 같은 책, p.324 ; Gorden D. Fee, 같은 책, p.683.

4) 영언과 예언 사용의 원칙(26~40절)

그러니 형제 여러분, 이제 어떻게 하겠습니까? 여러분이 함께 모일 때에는 저마다 하고 싶은 찬양 노래도 있고 가르침도 있고 계시도 있고 신령한 언어도 있고 해석도 있을 것입니다. 그러나 모든 것이 교회를 세우는 데 이바지해야 합니다.   (26절)

바울로는 이 구절에서 은사의 다양성을 언급하고 나서, 다시 한 번 교우들에게 은사를 공동체의 유익에 사용하라고 권면한다. 여기서 "저마다 있고(ἕκαστος … ἔχει)"는 모두가 다 최소한 한 가지 은사를 가지고 있다는 뜻이 아니다. 다만 이런 은사를 가진 이도 있고 저런 은사를 가진 이도 있다는 뜻이다.

27 누군가 신령한 언어로 말할 경우에는 한 번에 둘 혹은 많아야 셋이 차례로 할 것이요 또 한 사람이 해석을 해주시오. 28 그러나 해석해 주는 이가 없다면 모임에서는 잠자코 혼자서 하느님하고만 말하시오.

(27~28절)

27~28절에서는 영언사용에 대한 구체적 원칙이 제시된다. 영언사용에 대한 원칙은 세 가지다. 첫째로, 영언을 할 경우에, 둘 혹은 많아야 셋이 차례로 해야 한다. 둘째로, 한 사람은 반드시 해석해야 한다. 셋째로, 해석하는 이가 없다면 모임에서는 하지 말고 혼자서 하느님하고만 해야 한다. 여기서 중요한 원칙은 영언을 할 경우 반드시 한 사람씩 차례대로 해야 한다는 것이다. 그것도 세 사람을 넘어서지 말라는 것이다. 그리고 반드시 누군가가 이 영언을 해석해야 한다는 것이다. 바울로는 여기에서 모든 은사, 특히 영언의 은사는 듣는 이들이 이해

할 수 있도록 예의바르고 질서 있게 행사되어야 한다는 원칙을 제시한 것이다.

> 29 예언자들은 둘이나 셋이 말하고 다른 이들은 식별하도록 하시오. 30 그러나 그곳에 앉아 있는 어떤 다른 이에게 계시가 내리면 먼저 말하던 사람이든 아무 말도 마시오. 31 한 사람씩 예언을 해야 모두가 할 수 있을 것이며 또 그래야 모두가 배우고 격려받을 수 있을 것입니다. 32 예언자들의 영은 예언자들에게 순종합니다. 33ㄱ 하느님은 무질서의 하느님이 아니라 평화의 하느님이시기 때문입니다.　　　　　(29~33ㄱ절)

바울로는 계속 예언의 은사사용 원칙을 세 가지로 제시한다. 첫째로, 예언자들은 둘이나 셋이 말해야 한다. 둘째로, 다른 이들은 식별해야 한다. 셋째로, 그곳에 앉아 있는 다른 이에게 계시가 내리면 먼저 말하던 사람은 잠잠해야 한다. 이제 이 세 가지 원칙을 좀 더 자세하게 살펴보기로 하자. 바울로는 한 모임에서 둘이나 혹은 셋만이 예언을 하라고 말한다. 여기서 둘이나 셋은 꼭 필요한 수가 아니다. 다만 바울로는 상한수를 제한하고 있을 뿐이다. 그리고 29절의 '다른 이들(οἱ ἄλλοι)'을 두고는 여러 가지 설이 있다.

우선, 코린토전서 12장 10절에 근거해서 '다른 이들'을 영들을 식별할 수 있는 은사를 가진 이들로 보는 설이다.[34] 그것은 '다른 이들'의 임무가 식별이기 때문이다. 그리고 여기서 사용된 동사 '식별하다'가 12장 10절에서 사용된 명사 '식별'과 유사하다는 것이다. 또 다른 설은 '다른 이들'을 '다른 예언자들'로 보는 설이다.[35] 이 설을 따르는 이들은

34　E. -B. Allo, 같은 책, p.370 ; Heinrich August Wilhelm Meyer, *Critical and Exegetical Handbook to the Epistles to the Corinthians*, trans, D. Douglas Bammerman and William P. Dickson(New York, 1884), p.131.

그 논거로 30절을 들고 있다. 30절에서 바울로는 다른 이에게 계시가 내려지면 먼저 사람은 잠잠하라고 말한다. 여기서 다른 이는 분명 다른 예언자다. 따라서 29절의 다른 이들 역시 다른 예언자들로 보아야 한다는 것이다. 마지막으로 '다른 이들'을 '교회 전체 회중'으로 보는 설이 있다.[36] 이들이 논거로 제시하는 성서는 1테살 5,21 ; 1코린 12,3 ; 1요한 4,1~3 ; 디다케 11,2~7이다. 특히 요한 1서 작가는 모든 이로 하여금 영을 식별하라고 권면한다. "사랑하는 여러분, 어느 영이든지 다 믿지 말고 하느님에게서 온 영들인지 시험해 보십시오."(1요한 4,1) 이 세 가지 설 중에서 어느 한 가지를 택하기란 어렵다. 다만 이 세 가지 설을 모두 종합해서 '모든 이'는 교회 모임에는 참석했지만 예언을 하지 않는 다른 이들 모두를 가리킨다고 보면 좋을 것이다.

다음으로 "식별하도록 하시오(διακρινέτωσαν)"는 구체적으로 무엇을 식별하라는 뜻인가? 이에 대해서는 크게 두 가지 설이 있다.

첫째로, 예언자가 참 예언자인지 혹은 거짓 예언자인지를 식별하라는 뜻으로 보는 설이다. 이 설을 따르는 이들은 그 근거로 마태오복음서 7,15~20 ; 24,11.24과 요한 1서 4,1~6 ; 디다케 11,7~12을 들고 있다. 둘째로, 예언자가 말한 내용이 교우들에게 유익한 것인지 아닌지를 식별하라는 뜻으로 보는 설이다. 이에 대한 논거는 다음과 같다.

14장 29절의 말씀은 첫 번째 설을 뒷받침하는 근거로 내세운 마태오

---

35 H. Greeven, "Propheten, Lehrer, Vorsteher bei Paulus," ZNW 44, 1952~53, 6; Charles J. Ellicott, *St. Paul's First Epistle to the Corinthians*(London, 1887), p.279 ; F. W. Grosheide, *Commentary on the First Epistle to the Corinthians*(Grand Rapids, 1968), p.286.

36 C. K. Barrett, 같은 책, p.324 ; F. F. Bruce, *I & II Corinthians*(Grand Rapids, 1971), p.134 ; F. Godet, *Commentary on St. Paul's Firtst Epistle to the Corinthians* (Edinburgh, 1898), pp.303~304 ; H. Lietzmann, *An die Korinther I, II*, HNT 9(Tübingen, 1969), p.74 ; W. A. Grudem, 같은 책, p.62.

복음, 요한 1서, 디다케보다는 1테살 5,19~21과 가깝다. 테살로니카전
서 5장 19~21절에서 바울로는 "영을 끄지 마시오. 예언을 업신여기지
마시오. 모든 것을 살펴보고 좋은 것을 지키시오"라고 권면한다. 이 말
씀을 보면 식별해야 하는 것은 예언자들이 아니라 예언 내용이다. 그리
고 코린토전서 14장 29절 이하에는 거짓 예언자들에 대한 경고보다는
오히려 이미 회중이 인정한 예언자들의 말들에 대한 평가가 언급되어
있다는 것이다.[37] 하지만 두 가지 설은 엄밀한 의미에서 같은 것이다.
예언자가 한 말의 진위를 가리는 것은, 곧 참 예언자와 거짓 예언자를
가리는 것과 같다. 왜냐하면 참 예언자가 한 말은 유익하고 거짓 예언
자가 한 말은 무익하기 때문이다.

바울로는 30절에서 새로운 계시가 어떤 사람에게 내려질 경우 먼저
사람은 침묵을 지키라고 말하면서 세 가지 이유를 제시한다.

첫째로, 이와 같은 방식으로 예언을 해야만, 모두가 다 예언을 할 수
있고 그래야 모두가 다 배우고 격려받을 수 있기 때문이다(31절). 둘째로,
예언자들의 영은 예언자들에게 순종하기 때문이다(32절). 이 구절에는
해석하기 어려운 내용이 나오는데, 이 구절을 그리스어 원문으로 표기하
면 다음과 같다. "καὶ πνεύματα προφητῶν προφήταις ὑποτάσσεται."
뒤에 나오는 '예언자들'은 앞에 나온 '예언자들'과 같은 예언자들인가
혹은 다른 예언자들인가? 그리고 '영들'은 구체적으로 누구의 영들을
가리키는가?

우선 이 구절에 나오는 '예언자들'은 서로 같은 예언자들이다. 만일
두 예언자가 다른 예언자들이라면 이는 예언자의 영들이 서로 서로 다
른 예언자들에게 복종한다는 의미가 된다. 그리고 28절을 보면 영언하
는 이는 다른 이의 간섭을 받지 않고 스스로 자신을 조절할 수 있다.

---

37 W. A. Grudem, 같은 책, 42.63.

이는 예언자들에게 있어서도 똑같이 적용된다. 따라서 두 예언자는 같은 예언자이다. 만일 바울로가 예언자들이 침묵하는 것을 다른 이의 의지에 의한 발로로 생각했다면 "먼저 말하던 사람은 아무 말도 마시오"라고 말하지 않았을 것이다. 오히려 바울로는 침묵하는 것이 말하는 이 자신의 의지에 의한 것이라고 생각했을 것이다.[38]

다음으로 해석하기 힘든 낱말은 '영들(πνεύματα)'이다. 단수로 번역된 '영'은 원문에서는 복수다. 이 영들은 예언자들 자신의 영들 내지는 은사들을 가리키는가 아니면 성령을 가리키는가? 문맥을 통하여 그 의미를 찾아내기란 쉽지 않다. 일반적으로 이에 대해 전해지고 있는 설은 세 가지다.

첫째로, 가장 독특하지만 신빙성이 거의 없는 설은 엘리스(Ellis)의 설이다.[39] 이 학자는 히브리서 1장 7절과 14절을 논거로 하여 '영들'을 '천사의 영들'로 보고 있다. 히브리서 1장 7절과 14절을 옮기면 다음과 같다. "그리고 천사들에 관해서는 '당신 천사들을 바람(πνεύματα)으로 삼으시고 당신 시종들을 불꽃으로 삼으셨다.' 천사는 모든 구원을 상속받을 이들에게 봉사하도록 보냄받아 시중드는 영들(πνεύματα)이 아닙니까?" 이 문맥으로 볼 때 천사들은 영적 존재들을 뜻하지만, 실제로 신약성서에서 이렇게 사용되는 경우는 드물다. 게다가 바울로 친서에서는 이러한 예가 전혀 나타나지 않는다.

둘째로, '영들'을 예언자들 자신의 개인적 영들로 보는 설이다.[40] 이에 대한 논거는 다음과 같다.

'영들'은 복수형이다. 따라서 이 '영들'을 성령으로 볼 수 없다. 오직

---

38 H. A. W. Meyer, 같은 책, p.333.
39 E. E. Ellis, *Christ and Spirit in 1 Corinthians*, CSNT, 1973, pp.275~276.
40 F. F. Bruce, *The Spirit in the Apocalypse*, CSNT, 1973, p.339 ; C. K. Barrett, 같은 책, p.329 ; H. A. W. Meyer, 같은 책, p.332.

한 분 성령이 계시기 때문이다(1코린 12,4.9.11.13). 또한 코린토전서 14장 14절에서 바울로는 "내가 신령한 언어로 기도를 드린다면 나의 영은 기도하고 있겠지만 정신에는 아무 열매도 없습니다"라고 했는데, 여기서 '나의 영'은 분명 바울로 자신의 영이다.

셋째로, '영들'을 예언자들에게 내려지는 성령의 작용이나 은사로 보는 설이다.[41]

위의 세 가지 설 중에서 타당성이 있어 보이는 설은 두 번째와 세 번째다. 우리는 두 번째, 세 번째 설 중에서 어느 한쪽을 전적으로 부정할 수 없지만 좀 더 개연성이 있어 보이는 세 번째 설을 따르도록 하겠다. 다른 이에게 계시가 내릴 경우 먼저 말하던 이가 침묵을 지켜야 하는 세 번째 이유는, 예언의 은사를 주시는 하느님은 무질서의 하느님이 아니라 평화의 하느님이시기 때문이다(33ㄱ절).

33ㄴ 성도들의 모든 교회에서 그러하듯이 34 부녀자는 집회에서 잠자코 있어야 합니다. 그들에게는 발언이 허락되지 않습니다. 율법에서도 말하듯이 그들은 순종해야 합니다. 35 무엇인가 배우고 싶은 것이 있으면 집에서 남편에게 물어 보시오. 부녀자가 집회에서 발언하는 것은 부끄러운 일입니다. 36 하느님의 말씀이 여러분한테서 나왔습니까? 아니면 여러분에게만 이르렀습니까?

(33ㄴ~36절)

33ㄴ~36절에는 부녀자는 집회에서 침묵을 지키고 궁금한 것이 있으면 집에 가서 남편에게 물어 보라는 이른바 여성 침묵명령이 나온다. 이 말씀은 코린토전서 11장 5절과 상치된다. 바울로는 11장 5절에서 다음과 같이 말한다. "그러나 누구든지 머리를 가리지 않고 기도하거나

---

41 W. A. Grudem, 같은 책, pp.126~128 ; R. Robertson and A. Plumer, 같은 책, p.323 ; Charles J. Ellicott, 같은 책, p.281 ; F. Godet, 같은 책, p.307.

예언하는 여자는 자기 머리를 부끄럽게 하는 사람입니다. 그런 여자는 머리를 싹뚝 깎여 버린 여자와 마찬가지입니다." 여기서 바울로는 유대인들의 관례를 따라 여자 교우들에게 공식모임에서 머리를 가리라고는 했지만, 예언하거나 기도하는 것을 금지시키지는 않았다. 그리고 갈라티아서 3장 26~29절에서 바울로는 세례를 받음으로써 그리스도와 하나가 된 그리스도인들 사이에서는 인종·신분·남녀 차별이 있을 수 없다고 말한다. 28절을 옮기면 다음과 같다. "이제는 유대인도 그리스인도 없고 종도 자유인도 없으며 남자도 여자도 없습니다. 여러분 모두가 그리스도 예수 안에 하나이기 때문입니다." 바울로는 남녀평등사상을 주장하면서 어째서 코린토전서 14장 33ㄴ~34절에서는 부녀자들로 하여금 교회 모임 때 침묵을 강요하고 남편에게 순종하라고 했을까?

이제 코린토전서 11장 5절과 14장 33ㄴ~34절 사이의 불일치를 극복하기 위해 내세운 학자들의 다양한 설을 간략하게 살펴보도록 하겠다.

이 문제에 대해서는 크게 두 가지 주장이 제기된다. 하나는 이 침묵명령을 바울로 자신이 했다는 것이고, 다른 하나는 이 침묵명령은 바울로가 쓴 것이 아니고 후대에 바울로 서간들을 수집할 때 누군가 이곳에 삽입했다는 것이다. 우선 이 단락을 바울로가 썼다고 주장하는 이들이 내세우는 논거들을 소개하겠다.

첫째, 그루뎀의 설로 이 학자는 34절에서 "잠자코 있으라"는 명령은 무제한적인 영구적 침묵이 아니라 일시적 침묵이라고 주장하면서,[42] '잠자코 있으라(σιγάω)'는 그리스어 낱말분석을 통하여 자신의 입장을 밝힌다. 이 낱말은 신약성서에 모두 열 번 나오는데, 루카와 바울로만이 사용하였다.[43] 그런데 이 낱말은 '일시적 제한'과 '주제상의 제한'이

---

42 W. A. Grudem, 같은 책, pp.242~244.
43 루카 9,36 ; 18,39 ; 20,26 ; 사도 12,17 ; 15,12~13 ; 1코린 14,28.30.34 ; 로마 16,25.

라는 두 가지 의미를 갖는다. 우선 코린토전서 14장 30절을 옮기면 다음과 같다. "그러나 그곳에 앉아 있는 어떤 다른 이에게 계시가 내리면 먼저 말하던 사람은 아무 말도 마시오." 여기서 침묵은 분명히 영구적 침묵이기보다 일시적 침묵을 뜻한다. 즉, 다른 예언자가 말하는 동안만 일시적으로 침묵하라는 것이다. 또한 코린토전서 14장 28절을 옮기면 다음과 같다. "그러나 해석해주는 이가 없다면 모임에서는 잠자코 혼자서 하느님하고만 말하시오." 여기서의 침묵도 모든 예배순서에 적용되는 것이 아니고 해석 없이 행해지는 영언의 경우에만 해당된다. 헐리(Hurley)는 그루뎀의 설을 발전시켜 교회에서 부녀자에게 일시적으로 금지시킨 것은 예언을 평가하는 일임을 주장했다. 즉, 부녀자들은 교회에서 공식으로 예언의 가치와 진위에 대해 평가해선 안 된다는 것이다.[44]

둘째, 11장 2~6절은 가정이나 소규모 기도모임을 말하고, 14장 33ㄴ~36절은 공식적 교회집회를 가리키는 것으로, 부녀자들은 가정이나 기도모임에서는 발언할 수 있지만 교회 공식모임에서는 침묵해야 한다는 것이다.[45]

셋째, 11장 2~11절에서 바울로가 관심을 가진 것은 부녀자의 예언이나 기도가 아니라 공식모임에서 머리를 가리는 문제라는 것이다. 바울로는 11장에서 머리를 가리는 문제에만 신경을 쓰다가 미처 부녀자

---

44 James B. Hurley, "Did Paul require Veils or the Silence of Women?: A Consideration of 1 Cor. 11,2~16 and 1 Cor. 14,33b~36," WTJ 35, 1973, pp.216~218 ; D. A. Carson, *Showing the Spirit. A. Theological Exposition of 1 Corinthians 12~14*(Baker Books, 1987), pp.121~131.

45 Ph. Bachmann, *Der erste Brief des Paulus an die Korinther*, KNT Ⅶ, 1936, pp.346~347 ; H. D. Wendland, *Die Briefe an die Korinther*, NTD 7, 1980, pp.80~81 ; K. Maly, *Mündige Gemeinde. Unterschungen zur pastoralen Führung des Apostels Paulus im 1. Korintherbrief*, SBM 2, 1962, pp.223~224.

들이 교회에서 발언하는 것을 금지시키지 못했다는 것이다. 그래서 14
장에 와서 즉시 부녀자들의 발언을 금지시켰다는 것이다. 이는 바울로
가 처음에 모르고 허락했다가 나중에 자신의 진심을 밝혀 부녀자들의
발언을 금지시켰다는 이른바 '변경설'이라 하겠다.[46]

넷째, 바울로가 11장에서 부녀자들에게 허용한 것은 은사적 발언이
고, 14장에서 금지시킨 것은 갑작스럽게 끼어드는 발언이라는 것이다.[47]

다섯째, 바울로는 14장에서 부녀자들의 예언이나 기도 자체를 금지
시킨 것이 아니고, 남편이나 다른 남자들의 예언을 판단하거나 모임
도중에 불쑥 예언을 하여 질서를 어지럽히는 부녀자들의 행위를 금지
시켰다는 것이다.[48]

여섯째, 11장 2~11절에 나오는 부녀자들은 교회로부터 공식적으로
인정받은 예언자들이기 때문에 모임에서 기도나 예언을 할 수 있지만,
14장 33ㄴ~34절에 나오는 부녀자들은 공동체의 인정을 받지 못했기
때문에 예언이나 기도가 금지되었다는 것이다.[49]

일곱째, 최근 일부 학자들이 설득력 있게 제시하는 설은 '반박설'이
다.[50] 이 설에 따르면 코린토교회의 남성 예언자들은 여성 예언자들을

46 H. Lietzmann and W. G. Kümmel, *An die Korinther* I. II. HNT 9(Tübingen,
    1969), p.75 ; Carl F. Georg Heinrici, *Der erste Brief an die Korinther*, KEK
    5(Göttingen, 1896), pp.325~326.

47 A. Schlatter, *Paulus der Bote Jesu. Eine Deutung seiner Briefe an die Korinther*
    (Stuttgart, 1934), pp.386~391 ; Ch. Wolff, *Der erste Brief des Paulus an die
    Korinther*, THNT 7/II(Berlin, 1982), pp.140~146.

48 Ben Witherington III, *Women in the Earliest Churches*(Cambridge, 1988), pp.90~
    104 ; *Conflict and in Community Corinth*(Grand Rapids, 1995), pp.287~288 ;
    Women and the Genesis of Christianity(Cambridge, 1990), pp.172~179.

49 H. Greeven, "Propheten, Lehrer, Vorsteher bei Paulus," ZNW 44, 1952/53, p.7 ;
    Elisabeth Schüssler Fiorenza, *In Memory of Her*, Crossroad(New York, 1989),
    pp.226~236.

50 C. H. Talbert, *Reading Corinthians, A Literary and Theological Commentary on 1*

깔보고 공식모임에서 발언하는 것을 금지시켰다는 것이다. 바울로는 남성들의 잘못된 생각을 고쳐주려고 그들이 말한 부녀자 침묵명령을 33ㄴ~35절에 소개한 후, 36~37절에 와서 그들의 주장을 반박했다는 것이다. "하느님의 말씀이 여러분한테서 나왔습니까? 아니면 여러분에게만 이르렀습니까? 누구든지 자기가 예언자라든가 영의 은사를 받은 사람이라고 생각한다면 내가 적어 보내는 것들이 곧 주님의 명령임을 깨닫도록 하시오"(36~37절). 반박설을 내세우는 학자들은 36절에 나오는 '여러분(ὑμῶν ; ὑμᾶς)'을 '남성 복수'로 풀이하여, 하느님의 말씀이 남성들에게서만 나온 것이 아니고 그들에게만 주어진 것도 아니기 때문에 공식모임에서 부녀자들의 발언을 금지시킨 것은 옳지 않다고 말한다.

지금까지 우리는 14장 33ㄴ~35절을 바울로가 직접 썼다고 주장하는 이들이 내세우는 설을 살펴보았다. 이제 이 단락을 바울로가 쓰지 않았다고 주장하는 설을 살펴보겠다. 이들이 내세우는 설은 이른바 '후대 삽입설'로, 이 단락은 원래 없었는데 후학들이 후대에 바울로서간을 수집하면서 티모테오전서 2장 11~12절에 나타난 생각을 참작하여 이곳에 삽입했다는 것이다.[51] 삽입설을 주장하는 이유는 무엇보다 부녀자

and 2 Corinthians(New York, 1989), pp.92~93 ; David W. Odell-Scott, "Let the Women Speak in Church: An Egalitarian Interpretaion of 1 Cor 14:33b~36," BTB 13, 1983, pp.90~93 ; D. T. Arichea, Jr., "The silence of women in the church: theology of translation in 1 Corinthians 14,33b~36," BT 46, 1995, pp.101~113 ; Raymond F. Collins, 같은 책, pp.516~517 ; 서중석, 『바울로 서신 해석』(대한기독교서회, 1998), pp.229~234.

51 G. Dautzenberg, "Urchristliche Prophetie. Ihre Erforschung, ihre Voraussetzungen und ihre Struktur im 1. Kor," BWANT 104, 1975, pp.257~273 ; G. Fitzer, "Das Weib schweige in der Gemeinde," TEH 110, 1963, pp.4~40 ; F. Lang, *Die Briefe an die Korinther*, NTD 7(Göttingen und Zürich 1986), pp.199~201 ; R. Hays, 같은 책, pp.245~248 ; C. K. Barrett, 같은 책, pp.330~333 ; H. -J.

들의 침묵명령이 남녀평등을 주장하는 바울로사상과 일치하지 않기 때문이다. 특히 코린토전서 11장 5절의 말씀과 어울리지 않는다는 것이다. 그리고 사본상의 이유를 들어 삽입설을 주장한다. 서방사본, 특히 2세기경의 사본인 D · E · F · G 사본과 8세기의 레기넨시스(Reginensis) 사본 그리고 12세기의 이른바 '88'사본이라는 헬라어 소문자 사본에서는 '34~35절'이 '40절' 뒤에 나온다. 따라서 37절은 33ㄴ~36절보다 33ㄱ절과 자연스럽게 연결된다는 것이다. 그리고 부녀자들에게 순종을 요구하면서 율법을 근거로 내세웠는데, 구약성서 어느 본문을 말하는지도 분명치 않다는 것이다.

이 침묵명령을 바울로가 내린 것인지 아니면 후대 서기관이 서간집을 모으면서 여기에 삽입한 것인지 판단하기란 쉽지 않다. 이 문제는 바울로가 여성을 보는 이중적 입장에 따르면 쉽게 풀릴 수도 있다. 바울로는 그리스도인으로서 원론적으로는 남녀평등을 주장했지만 각론에 이르러서는 유대인으로서 조상들의 전통에 따라 남녀차별 발언을 했다. 사도 바울로의 여성에 대한 이중적 입장을 고려한다면, 바울로는 11장에서는 여자들이 교회모임에서 기도하고 예언하는 것까지는 허용했지만, 14장의 질문이나 평가하는 것까지는 허용하지 않았다는 식으로 이해할 수도 있겠다.

또 한 가지 34절에 들어 있는 부녀자 침묵명령은 영언에 관계되는

Klauck, *1 Korintherbrief*, Echter Verlag 1987, pp.104~106 ; A. Strobel, *Der erste Brief an die Korinther*(Zürich, 1989), pp.222~223 ; H. Conzelmann, 같은 책, p.246 ; E. Schweizer, "The Service of Worship: An Exposition of 1 Cor 14," *Interpretation* 13, 1959, pp.402~403 ; P. B. Payne, "Fuldensis, Sigla for Variants in Vaticanus and 1 Cor 14, 34~35," NTS 41, 1995, pp.240~262 ; Antoinette Clark Wire, *The Corinthian Women Prophets. A. Reconstruction through Paul's Rhetoric* (Minneapolis, 1995), pp.229~232 ; J. Kremer, 같은 책, p.314 ; Gorden D. Fee, 같은 책, pp.699~710 ; F. J. Ortkemper, *1. Korintherbrief*, SKK 7, Stuttgart 1993, pp.139~141.

것으로 주로 부녀자들이 황홀경에 빠져서 아무 때나 지껄이는 그런 행위를 금지시킨 것으로 볼 수도 있다. 아무래도 남성들보다는 여성들이 영언에 더 심취하였다. 따라서 공식모임에서 그들이 영언을 하게 되면 예배에 지장을 줄 수 있기 때문에 영언행사 금지를 내린다. 최근에는 33ㄴ~35절의 부녀자 침묵명령은 바울로의 발언이 아니고, 서기 100년경 남존여비사상을 가진 사람이 에페 5,22~24 ; 콜로 3,18 ; 1티모 2,11~15절을 본떠 이곳에 삽입했다고 하는 이른바 '삽입설'을 주장하는 학자들이 득세하는 형편이다.

> 37 누구든지 자기가 예언자라든가 영의 은사를 받은 사람이라고 생각한다면 내가 적어 보내는 것들이 곧 주님의 명령임을 깨닫도록 하시오. 38 누구든지 이것을 인정하지 않는다면 인정받지도 못할 것입니다. 39 그러므로 형제 여러분, 예언할 수 있기를 간절히 바라되, 그렇다고 신령한 언어로 말하는 것을 가로막지는 말고 40 모든 것이 예의바르고 질서있게 이루어지도록 하시오.
>
> (37~40절)

바울로는 영언과 예언문제를 다루고 나서 훈계조로 자신의 결론을 내린다. 즉, 지금까지 바울로가 밝힌 내용은 자신의 인간적 배경하에서 나왔지만 주님의 명령에 의한 것이나 다름없다는 것이다. 또한 바울로는 영언보다 예언의 은사를 더 높이 평가하지만, 그렇다고 영언으로 말하는 것을 무시하거나 가로막지는 말라고 권면하면서 어떤 은사든지 예의바르고 질서있게 행사되어야 한다는 지침을 내린다. '예의바르게 (εὐσχημόνως)' 낱말은 바울로 친서인 1테살 4,12 ; 1코린 14,40 ; 로마 13,13에만 세 번 나오는데, 로마서에서는 '단정하게'로, 테살로니카 전서에서는 '착실하게'로 그리고 여기서는 '예의바르게'로 쓰인다. 그리고 '질서있게(τάξις)'는 신약성서에 모두 아홉 번 나오는데(루카 1,8 ;

1코린 14,40 ; 콜로 2,5 ; 히브 5,6.10 ; 6,20 ; 7,10~11.17), '질서', '순서', '차례'라는 뜻으로 주로 'κατά'라는 전치사와 결합하여 부사적 의미로 사용된다.

4. 영언과 예언

1) 영언[52]

영언에 대하여 바울로가 내린 평가를 요약하면 다음과 같다.

(1) 영언은 성령의 작용으로 인해 행해지는 말이지만, 정신을 잃고 하느님께 드리는 기도이기 때문에 사람들은 도무지 알아들을 수 없는 말이다(14,2.9.14.15.16).

(2) 영언은 흡사 바른 소리를 내지 못하는 악기처럼 분간할 수 없는 소리다(14,7~8).

(3) 영언은 뜻은 드러나지 않고 소리만 들리는 마치 외국어와 같은 말이다(14,11.21).

(4) 영언은 그것을 지껄이는 개인에게는 유익하나 교우들과 공동체에는 아무 도움이 되지 못한다. 그래서 초심자나 외교인이 교회에 와서 영언하는 일을 목격한다면 미쳤다 할 것이다(14,4.16.17.19.23.28).

(5) 그래서 바울로는 집회에서 영언으로 만 마디 말을 하느니보다 다섯 마디라도 온전한 정신으로 예언하라고 하였다(14,19).

(6) 영언은 특히 열광주의자들이 몰아경에서 지껄이는 말이기 때문에, 영언하는 이가 해석의 은사를 받거나 해석의 은사를 받은 사람이

---

52 영언에 대한 자세한 내용은 J. Behm, ThWNT I, 725를 참조할 것.

있는 경우에만 하라고 하였다(14,13).

　(7) 이런 이유로 바울로는 은사 목록에서 영언을 맨 마지막에 열거하였다(12,10~14.28).

　(8) 바울로는 영언을 낮게 평가한 다음, 교우들에게 영언사용에 대한 지침을 내린다. 영언을 할 경우 교회공동체 내에서는 삼가고 혼자서 하느님하고만 해야 한다(14,28). 교회모임에서 영언을 할 경우 한 번에 둘 혹은 많아야 셋이서 차례로 해야 한다(14,27). 그리고 그 중 한 사람이나 다른 사람이 반드시 해석해야 한다(14,5.13.27~28).

2) 예언[53]

예언을 이해하기 위해서는 구약과 신약에 나오는 '예언자'의 정체를 파악해야 한다. 왜냐하면 예언자는 예언의 은사를 행사하는 이를 가리키기 때문이다. 어원적으로 볼 때 '예언자'라는 낱말은 히브리어 '나비(aybin:)'와 그리스어 '프로페테스(προφήτης)'를 번역한 것이다. 먼저 '나비'가 구약성서에서 어떻게 쓰이는가를 탈출기 7장 1절과 신명기 18장 18절을 통해서 살펴보기로 하겠다. 탈출기 7장 1절을 옮기면 다음과 같다. "야훼께서 모세에게 이르셨다. '보아라, 내가 너를 파라오 앞에 하느님처럼 세우리니, 너의 형 아론이 너의 대변자(나비)가 되리라." 여기서 '대변자'로 번역된 말은 히브리어 '나비'이다. 따라서 '나비'는 하느님과 백성 사이에 서서 하느님 말씀을 받아 그들에게 대신 전하는 하느님 말씀의 대변자라 하겠다.

　또한 신명기 18장 18절을 옮기면 다음과 같다. "나는 네 동족 가운데

53　예언과 예언자에 대한 자세한 내용은 G. Friedrich, ThWNT Ⅵ, p.829 ; R. Rendtorff, "αψβιν·: in the OT," TDNT Ⅵ, p.812 ; H. Krämer, "προφήτης," TDNT Ⅵ, pp.783~796을 참조할 것.

서 너와 같은 예언자(나비)를 일으키리라. 내가 나의 말을 그의 입에 담아 주리니, 그는 나에게서 지시받은 것을 그대로 다 일러줄 것이다." 여기서도 예언자, 곧 '나비'는 하느님에게서 지시 받은 것을 백성들에게 그대로 다 전해 주는 것이 아니다. 따라서 구약성서에 나타난 예언자는 미래에 일어날 일을 알려주는 이라기보다 하느님 말씀을 받아서 대신 전하는 대변자 혹은 대언자라 하겠다.

신약성서에 나오는 '예언자'는 그리스어 '프로페테스'에서 나온 말인데, 이는 '말하다'의 의미를 지닌 '페미'와 접두어 '프로'가 결합하여 이루어진 합성어이다. 여기서 '프로'는 '대신해서', '위해서'라는 뜻을 가진 말이고, '페테스'는 '말하는 사람'이라는 뜻이다. 따라서 두 낱말을 합쳐보면 '다른 분을 대신해서 말하는 사람', 곧 '대변자'나 '대언자'의 뜻이 된다. 또한 '프로'는 '앞', '앞서서'라는 뜻이 있는데, 여기서는 시간적인 앞도 될 수 있고 장소적인 앞도 될 수 있다. 여기서는 장소적인 '앞'으로 보는 것이 옳을 것이다. 이렇게 볼 때 신약의 예언자도 사람들 앞에 나가서 하느님 말씀을 대신 전하는 '대변자'라 하겠다. 따라서 구약과 신약에 나타난 예언은 예고나 예보를 뜻하는 豫言(예언)보다는 하느님 말씀을 맡아서 전한다는 預言(예언)으로 표기해야 한다.

특히 코린토전서에 나타난 예언자들은 신체험, 인간체험을 깊이 한 영적 지도자로서 하늘의 비밀을 밝혀주는 사람이었다(1코린 13,2). 또한 교우들을 키워주고 격려해주고 위로해주는 사람이었다(1코린 14,3). 그리고 안 믿는 이들의 마음에 숨겨진 것들을 드러나게 하여 그들이 회개하고 하느님을 찬양하도록 도와준 사람이었다(1코린 14,24~25).

이 예언에 대해서도 바울로는 다음과 같은 지침을 내린다.

(1) 예언을 할 경우 하느님의 신비와 모든 지식을 알게 되어 영적 생활에 도움이 된다(13,4).

(2) 예언을 할 경우 교우들은 건설하고 위로하고 격려하게 된다(14,3).

(3) 영언이 개인에게 유익한 데 비해 예언은 공동체 모두에게 유익하다(14,4~5.19).

(4) 예언은 안 믿는 이들에게도 유익을 주기 때문에 예언을 할 경우 이들이 하느님을 믿고 찬양하는 효과를 가져올 수 있다(14,24~25).

(5) 바울로는 예언을 높이 평가한 다음 영언과 마찬가지로 지침을 내린다. 예언을 할 경우 둘이나 혹은 셋만 해야 한다(14,29). 예언이 행해지는 동안 다른 이들은 식별해야 한다(14,29). 예언을 하는 동안 다른 이에게 계시가 내려지지만 처음에 예언을 하던 이는 잠잠해야 한다(14,30).

5. 나오는 말

은사는 사람에 따라 다른 모양으로 주어지는 성령의 선물이다. 코린토전서 12장에는 아홉 가지 은사가 나오지만, 은사의 수는 이보다 훨씬 더 다양하다. 이 은사들 사이에는 다양성만 있을 뿐이지 우열은 없다. 그것은 이 다양한 은사들의 원천이 같기 때문이다. 사도 바울로는 은사의 다양성과 이 다양한 은사의 동일한 원천에 대해 다음과 같이 말한다. "은사는 여러 가지입니다. 영은 같은 영이십니다. 섬기는 일은 여러 가지이나 주님은 같은 주님이십니다. 일은 여러 가지이나 모든 이 안에서 모든 일을 하시는 분은 같은 하느님이십니다."(1코린 12,4~6).

은총의 선물인 은사(카리스마)는 그 종류가 여러 가지지만 그것을 주시는 분은 같은 성령이시라는 것이다. 섬기는 일인 직분(디아코니아)은 그 종류가 여러 가지지만 우리가 섬기는 대상은 같은 주님이시라는 것이다. 활동인 일(에네르게마)은 여러 가지지만 모든 이 안에서 모든 활동을 일으키시는 분은 같은 하느님이시라는 것이다. 성령께서 각 사람에게 각각 다른 은총의 선물을 주셨다는 것은 각 사람이 받은 카리스마가 서로 다르다는 것이다. 따라서 모든 은사들에는 우열은 없고 오직 다양성과 그 은사를 받은 이들에 대한 상호존중만이 있을 뿐이다. 그리고 성령께서 각 사람에게 각각 다른 은총의 선물을 주신 것은 공동선을 위해서이다(1코린 12,7).

따라서 은사문제를 가지고 어떤 사람의 신앙정도를 평가해서는 안 된다. 영언을 행하는 사람들은 자신들만이 참된 신앙인인양 으시대면서, 아무데서나 과시라도 하듯 더욱 열정적으로 영언을 행사하는 경우가 많다. 하지만 우리는 바울로가 코린토전서 12장에서 은사목록을 언급하면서 영언을 끝에다 배치한 사실에 주목할 필요가 있다. 코린토교회 교우들은 영언의 은사를 가장 높이 평가했지만, 바울로는 의도적으로 이 은사를 마지막에 제시함으로써 영언의 가치를 약화시켰던 것이다. 그리스도인 공동체의 새로운 생활을 이야기하는 로마서 12장 3~8절에도 은사목록이 나오는데, 여기에서 바울로는 영언의 은사를 언급조차하지 않았다. 또한 바울로친서 어디에도 영언이 비중있게 다루어진 곳은 없다. 이렇게 볼 때 영언은 코린토전서 12~14장을 제외하고는 바울로의 신학적 관심사가 아니었음이 분명하다.

성령의 은사는 모든 그리스도인에게 주어진다. 그리스도인이라면 누구나 자기 자신에게 맞는 은사를 받기 마련이다. 그 은사는 사람에 따라 다양하게 주어지기 때문에 어느 은사가 더 가치 있는가 하는 문제는 중요하지 않다. 다양한 은사들에 대한 상호존중과 그 은사들을 잘 활용하여 교회공동체 건설에 이바지하는 일만이 중요할 뿐이다. 그리고 은사를 받았다는 사실이 결코 성숙한 그리스도인의 표지는 아니다. 성숙한 그리스도인이냐 아니냐는 은사 자체보다 그 은사의 최종목표인 사랑실천으로 결정된다. 그래서 사도 바울로는 코린토전서 12장과 14장에서 성령이 주시는 은총의 선물인 은사들을 길게 설명하면서, 13장에서 '사랑의 찬가'를 소개한 것이다. 사도 바울로가 사랑을 노래한 것은 코린토교회 교우들이 사랑을 실천해서가 아니다. 오히려 은사에 사로잡혀 날뛰는 열광주의자들의 잘못된 은사관으로 분열된 공동체에 사랑이 절실히 필요했기 때문이다. 사도들 가운데 바울로만이 영언의 은사에 익숙했던 것은 사실이나 은사보다 사랑을 더 강조했다. 사랑만이 성숙한 그리스도인의 표지다. 아무리 뛰어난 은사를 지녔다 해도 사랑이 없으면 참 그리스도인이라 할 수 없다(1코린 13,1~7).

코린토교회는 이른바 은혜를 많이 받은 교회였다. 그래서 교회 안에는 신령한 언어를 말하는 이들과 예언하는 은사를 받은 이들이 많았던 것이다. 이런 은사를 받은 교우들은 자신들이 받은 신령한 언어와 예언 은사가 최고라고 생각했다. 반면에 다른 교우들은 지혜·지식·병 고치는 일·기적을 일으키는 일이 최고라고 주장했다. 또 어떤 교우들은 그런 것들은 다 소용없고 어려운 사람들을 도와주는 일이 제일 중요하다고 했다. 이로 인해서 교우들 사이에 싸움이 발생했던 것이다. 코린토 전서 13장에 들어 있는 사랑의 찬가는 이와 같은 배경에서 나온 것이다. 다툼이 있는 공동체에 가장 필요한 것은 두말할 나위도 없이 사랑인 것이다. 그래서 바울로는 13장 1~3절에서 사랑이 없으면 어떤 은사도 소용이 없다는 말을 세 번씩이나 강조한 후, 4~7절에서는 교우들은 모름지기 사랑을 가진 사람답게 처신해야 한다고 노래했던 것이다. 사랑을 가진 그리스도인들은 인내·친절·겸손·예의·무욕·용서 등등 윤리적으로 뛰어난 덕성을 갖추어야 한다는 것이다. 바울로는 은사만능주의에 빠진 열광주의자들의 잘못된 은사관을 바로잡아주기 위해 사랑의 찬가를 전해주면서 은사와 사랑과의 관계를 언급했는데, 특히 8~13절에는 사랑의 찬가를 쓴 그와 같은 목적이 분명하게 드러나 있다.

바울로는 13장 8절에서 사랑이 갖는 무한성과 예언·신령한 언어·지식의 은사가 갖는 유한성을 지적했다. 예언과 신령한 언어 그리고 지식은 하느님을 아는 데 나름대로 유익한 은사이지만, 종말이 되면 사라지고 마는 반면에 사랑은 무한한 종말론적인 가치가 있다. 바울로는 은사들과 사랑 사이의 차이점을 세 가지 사례를 들어 설명했다. 9~10절에서 바울로는 지식·예언은 나름대로 긍정적인 측면이 있지만, 그것들은 하느님에 대해 부분적으로 알려주기 때문에 일시적이라고 했다. 따라서 온전한 것이 오면 그분에 대한 부분적인 것들은 없어지고 만다. 11절에서 바울로는 어린이와 어른을 대비하면서 어린이는 그 수준에 맞는 생각과 말과 행동을 하는데, 만일 어린이가 어른이 되어서도 여전히 그러한 행동양태를 지닌다면 아무리 어른이 되었어도 어른으로 볼 수 없다고 했다. 이와 같이 눈앞에 보이는 일시적인 은사에 탐닉하는 것은 어린이의 모습이고, 반면에 종말론적인 가치인 사랑은 어른의 모습이다.

12절에서 바울로는 지식과 예언의 은사를 통해서는 마치 거울을 통해서 사물을 보는 것처럼 하느님을 불확실하게 알게 되지만, 종말이 되면 얼굴과 얼굴을 마주 보듯이 확실하게 하느님을 알게 된다고 말한다. 그때가 되면 마치 하느님께서 우리 인간을 아시는 것처럼 우리도 완전하게 하느님을 알게 되는데, 이러한 종말론적인 가치가 곧 사랑이다. 바울로는 은사의 유한성과 사랑의 무한성을 언급한 후, 13절로 사랑의 찬가를 마무리했다. "그러므로 이제 믿음과 희망과 사랑 이 세 가지는 계속됩니다. 그 가운데에서 으뜸은 사랑입니다."

믿음·희망·사랑은 종말에 사라질 일시적인 유한성을 지닌 은사들과는 달리 무한성을 가진 종말론적 가치인데, 그 중에서도 으뜸은 사랑이라는 것이다. 바울로는 12,31ㄴ절에서 "내가 이제 여러분에게 더욱 뛰어난 길을 보여주겠습니다"라고 했다. 여기서 말하는 '뛰어난 길'은 사랑의 길이다. 따라서 사랑은 모든 은사의 바탕이 된다. 어떤 교우가 아무리 뛰어난 은사를 소유했다 해도 사랑이 수반되지 않으면 참 그리스도인이라 할 수 없다. 그러므로 성령의 모든 은사들은 사랑에 의해서 통제를 받아야 하며 사랑으로 그 기능을 발휘해야 한다. 사랑이 동반되지 않으면 아무리 놀라운 성령의 은사도 제 기능을 발휘할 수 없을 뿐 아니라 잘못된 방향으로 나가게 된다.

끝으로 사도 바울로가 코린토교회의 무질서한 은사문제를 바로잡기 위해서 제시한 두 가지 식별기준을 살펴보겠다. 첫 번째 기준은 그리스도론적 기준이다. 그리스도론적 기준이란 은사를 행사하는 사람이 "예수는 주님이시다"라고 고백하는 경우에는 성령의 작용이고, "예수는 저주받으라"고 말하는 경우에는 악령의 작용이라는 것이다. 한마디로 은사를 받았다는 이가 예수를 전하지 않고 자신을 드러내어 과시하는 경우에 그 은사는 성령으로부터 주어진 참다운 은사가 아니다. "그래서 이제 알려 주거니와, 아무도 하느님의 영에 힘입어 말하면서 '예수는 저주받으라'고 할 수 없으며 또 성령에 힘입지 않고서는 아무도 '예수는 주님이시다'라고 말할 수 없습니다"(1코린 12,3).

두 번째 기준은 교회론적 기준이다. 교회론적 기준이란 은사를 받은 이가 교회공동체에 유익을 끼치면 올바로 행사된 은사이고, 반대로 공동체의 질서를 어지럽혀 분열을 초래하면 잘못 행사된 은사라는 것이다. "각자에게 영을 드러내는 은사가 베풀어지는 것은 공익을 위해서입니다"(1코린 12,7). 따라서 은사를 받은 이는 누구나 자기 자신보다 예수 그리스도를 드러내야 하며, 자신의 이익보다 교회공동체의 이익을 먼저 생각해야 한다. 바울로 자신의 고백을 들어보자. "나도 내 유익이 아니라 모든 사람의 유익을 좇아, 그들이 구원받도록 모든 일에서 모든 이의 마음에 들려고 애쓰는 것처럼 말입니다"(1코린 10,33). 그리고 모든 은사는 예의바르고 질서있게 이루어져야 한다(1코린 14,40).

4

한국적

그리스도교의

제문제

개신교의 세례에 대한 한국 천주교회의 오해

한국 천주교회 세례관행에 대한 교부학적 연구

최원오

(전 부산가톨릭대학교 교수)

1. 머리말

개신교신자가 천주교로 개종하려면 가톨릭교회에서 다시 세례를 받아야 하는가? 이 물음은 255년경 마그누스가 키프리아누스에게 던진 물음과 흡사하다. 노바티아누스 열교(裂敎, schisma)에서 세례를 받은 사람이 가톨릭교회에 입교할 때 다시 세례를 받아야 하는가 라는 물음이었다. 키프리아누스는 이단자와 열교자가 가톨릭교회에 입교할 경우, 다시 세례를 받아야 한다고 답했다. 왜냐하면 그들이 가톨릭교회 '바깥(foris, extra)'에서 받은 세례는 무효하며 참된 세례가 아니라는 까닭이었다.[1] 그러나 키프리아누스의 이 주장은 아우구스티누스 이래로 더 이상 설득력을 지니지 못하는 이설(異說)에 지나지 않는다. 오늘날 가톨릭교회 법전을 비롯한 교회문헌들은 개신교에서 개종한 신자들의

---

1 키프리아누스, 『편지』 69 참조. 교부의 인명과 지명은 한국교부학연구회, 하성수 편, 『교부학 인명·지명 용례집』(분도출판사, 2008)을 따랐다.

재세례를 엄격하게 금한다.[2]

다시 첫 물음으로 돌아가자. 우리나라에서 개신교신자가 천주교로 개종하려면 가톨릭교회에서 다시 세례를 받아야 하는가? 놀랍게도 한국천주교회는 키프리아누스의 답변을 되풀이하면서, 성공회를 제외한 개신교 세례가 무효라고 규정하고 있다. 수많은 교회문헌과 제2차 바티칸공의회가 아우구스티누스를 비롯한 권위 있는 교부 전통에 따라 '가톨릭교회 바깥'(개신교)의 세례를 유효하다고 인정하나[3], 한국 천주교회는 아직고 키프리아누스의 재세례 노선을 따르고 있는 것이다.

필자는 이미 키프리아누스 교회론과 성사론의 오류를 밝히며, 오늘날 한국 천주교회가 되풀이하는 키프리아누스적 재세례의 부당성을 다음과 같이 지적한 바 있다.

만일, 개신교회에서 세례를 받고 가톨릭교회에 입교하는 사람들에게 그 세례의 유효성을 부정한다거나, 사목적 편의 때문에 다시 세례를 베푼다면, 그것은 이단자와 열교자의 세례를 부정하고 재세례를 베풀어야 한다고 주장했던 키프리아누스의 성사론적 오류를 되풀이하는 것이 된다. 개신교 형제들은 더 이상 구원에서 제외된 그리스도의 원수들도 아니며, 교회 '바깥'에서 멸망할 수밖에 없는 가엾은 무리도 아니다. 우리는 이미 개신교 형제들과 세례에서 '성사적 친교(communio sacramentorum)'를 이루고 있다. 성부와 성자와 성령의 이름으로 베풀어진 세례는 그 누가 어느 교회에서 베풀었다 할지라도 유효하기 때문이다.[4]

───────────────

2 『교회법』 제869조 1항과 2항 참조.

3 『일치교령』 3항과 22항 참조.

4 최원오, 「치프리아누스 바로 보기」, 『神·世界·人間』(정달용 교수 신부 정년 퇴임 기념 논총)(분도출판사, 2004), 276쪽.

이러한 지적은 교회법 분야에도 이어졌으니, 홍기선 신부는 가톨릭 신자와 개신교신자의 혼인문제를 다루면서, 개신교에서 유효한 세례를 받은 사람들에게 조건부 세례를 남용하는 한국 천주교회의 관행을 날카롭게 비판하였다.[5]

사실, 그리스도교의 2,000년 역사 속에는, 본원적 참된 본질로부터의 일탈, 무서운 타락과 파행적 발전, 그리스도교 지도자들의 기괴한 범죄와 패덕 같은 비본질적인 것들이 뒤섞여 있다. 그러나 이를 헤치고 언제나 줄기차게 보존되어온 그리스도교의 본질들이 있으니, 그 가운데 하나가 바로 동일한 가입의례인 '세례'다.[6] 이는 16세기 종교개혁 이후에도 변함없이 유지된 그리스도교의 본질이었다. 참으로 우리 교회는 "주님도 한 분, 믿음도 하나, 세례도 하나입니다. 모든 이의 아버지 하느님도 한 분이시니, 그분은 모든 이 위에 모든 이를 통하여 모든 이 안에 계십니다"(에페 4,5)라고 믿고 고백해왔으며, '하나인 세례'의 원칙을 소중하게 지켜왔다.

세례는 세계 모든 그리스도인이 이루는 일치의 기초다. 제2차 바티칸공의회는 이를 천명했다. "그리스도를 믿고 올바른 세례를 받은 이들은 비록 완전하지는 않더라도 어느 정도 가톨릭교회와 친교를 이루고 있는 것이다. … 세례 때에 믿음으로 의화된 그들은 그리스도와 한 몸을 이루고 마땅히 그리스도인이라는 이름을 가지며, 가톨릭교회의 자녀들은 그들을 당연히 주님 안에 형제로 인정한다."[7] 그러므로 "세례는 세례를 통하여 새로 태어난 모든 사람을 묶어 주는 일치의 성사적 끈이다."[8] 가톨릭과 개신교는 이미 세례를 통하여 '성사적 친교(communio

5 홍기선, 「혼종혼인을 대하는 사목자의 정신과 자세」, 『사목』 308(2004), 45~49쪽 참조.
6 한스 큉, 『그리스도교: 본질과 역사』(분도출판사, 2002), 548, 969~972쪽 참조.
7 『일치 교령』 3항.

sacramentorum)'를 이루었다는 점을 제2차 바티칸공의회는 분명히 확인했으며, 이는 교부들의 성사신학 전통을 고스란히 이어받은 것이다.

세례의 친교조차 인정하지 않은 채, 개신교신자들과 벌이는 이벤트성 일치운동은 공허하기 짝이 없다. 하나인 세례를 통하여 한 분이신 하느님 자녀로 태어난 한 핏줄이라는 진실조차 부인하면서 어찌 형제적 일치를 말할 수 있으랴!

이 논문에서는 개신교 세례가 왜 유효한지 그 신학적 원리를 교부들의 성사론을 통하여 증명하고, 교부들의 빛으로 한국 천주교회 세례관행을 조명하고자 한다. 우선 전례와 성사에 관한 한국 천주교회의 지침을 간략하게 살펴본 후, 교부들의 해법을 제시하겠다.

2. 문제제기

한국 천주교 주교회의는 1995년에 『한국 천주교 사목 지침서』를 공포하였다.[9] 이 지침서 편찬은 1984년부터 시작되었고, 1995년 공포되기까지 11년의 준비과정을 거쳤다. 이 문헌은 한국 천주교 전래 '200주년 기념 사목회의'에서 나타난 여러 가지 의견을 반영하였고, 우리 현실 여건에 부합하는 지침서로서, '교회의 일치된 모습'을 더욱 잘 드러내게 되었다고 서문은 밝힌다.[10]

그러나 『한국 천주교 사목 지침서』 제58조부터 제62조에 이르는 "비가톨릭신자의 세례"에 관한 규정은 중대한 성사론적 오류를 지니고 있

---

8 『일치 교령』 22항.

9 ① 하느님 백성, ② 전례와 성사, ③ 사목, ④ 선교와 신자단체, ⑤ 사회, ⑥ 교회법이 준용하는 한국의 국법을 다룬다.

10 『한국 천주교 사목 지침서』 서문.

으며, 한국 천주교회 재세례 관행의 불행한 원천이 되었다. 이 지침서는 성공회 세례만 유효하다고 인정할 뿐, "성공회 이외의 기타 개신교 교파의 교역자가 집전한 세례는 그 유효성이 의심된다"[11]고 규정하며, 그 이유를 다음과 같이 설명한다.

첫째, 그 교파의 교리가 세례성사의 필요성을 인정하지 않는 경우가 있고, 둘째, 그 교파의 교리는 세례성사를 인정하더라도 교역자가 세례성사를 올바르게 집전하지 않는 경우가 있다.[12] 나중에 "성사론의 근본 원리"라는 항목에서 구체적으로 지적하겠지만, 이는 도무지 한국 개신교 현실과는 상관없는 것들이다.

『한국 천주교 사목 지침서』(1995)는 개신교 세례의 유효성을 의심해야 하는 근거로, 교회법 제869조 2항과 일제강점기에 작성된 『한국 천주교 공용 지도서(Directorium Commune Missionum Coreae)』(1931)를 제시한다. 그러나 놀랍게도 교회법의 해당 조항은 재세례를 다음과 같이 원천 금지한다. "비가톨릭교회 공동체에서 세례 받은 이들은 조건부로 세례 받지 아니하여야 한다."[13] 단지 조건부 세례는 "세례의 유효성에 대하여 의심할 만한 중대한 이유가 있을 경우"(본인이 세례를 받았는지 기억이 가물가물할 경우 또는 성부와 성자와 성령의 이름으로 물로써 세례를 받지 않은 경우)만을 예외로 인정할 따름이다.[14]

더욱 놀라운 것은 『한국 천주교 사목 지침서』의 "기타 교파 신자의 세례"(제59조)에 관한 규정은 1922년에 뮈텔 주교가 발표한 『서울교구 지도서(Directorium Missionis de Seoul)』의 지침을 고스란히 되풀이한다는 점이다.

---

11 『한국 천주교 사목 지침서』 제59조.
12 같은 곳 참조.
13 『교회법』 제869조 2항.
14 같은 책, 제869조 1항과 2항.

이단자(열교인)들을 주님의 성교회로 받아들이기 전에 세심한 주의를 기울여 그들이 유효하게 세례를 받았는지 혹은 의심스럽거나 무효인 세례를 받았는지 모든 경우에 특별한 방법으로 살펴보는 것이 필요하다. 일반적으로 성공회 교역자들에게서 받은 세례는 유효한 것으로 간주해야 한다. 그러나 한국의 다른 개신교 교역자가 수여한 세례는 의심스러운 방법으로 행했다고 여긴다.[15]

세례의 유효성을 "세례 집전자가 누구냐(actus hominis)" 또는 "그 세례를 어느 교회에서 베풀었느냐(actus ecclesiae)"에 결부시키는 것은 성사론의 근본원리를 뒤엎는 것이다. 굳이 교부학의 치밀한 연구를 거치지 않더라도, 제2차 바티칸공의회가 비중 있게 인용하는 "누가 세례를 줄 때에 그리스도께서 친히 세례를 주신다"[16]는 아우구스티누스의 한마디에 성사론의 근본원리가 함축되어 있다. 성사를 베푸시는 분은 집전자나 교회가 아니라 바로 그리스도 자신이시라는 것(actus Christi)이 그 핵심이다.

실제로 제2차 바티칸공의회가 폐막한 지 얼마 지나지 않아, 교황청에서는 『일치 지침서(Directorium Oecumenicum)』(1967)를 발표했는데, 여기에서는 가톨릭교회로 개종하려는 개신교신자에게 무분별하게 조건부로 세례를 주지 말 것과 그들이 받은 세례의 유효성을 의심하지 말라고 당부한다.[17]

부득이한 경우에는 누구나, 심지어 세례를 받지 않은 사람까지도, 세례집전에 합당한 의향을 갖고, 성부와 성자와 성령의 이름으로 세례를 베풀 수 있다고 교회법이 규정하고 있으니, 개신교 교역자가 세례

---

15 홍기선, 같은 글, 47쪽에서 재인용.

16 아우구스티누스, 『요한복음강해』 6,7 ; 『전례헌장』 7항 참조.

17 홍기선, 같은 글, 48쪽 참조.

를 베풀었다는 이유로 그 유효성을 의심하는 것은 명백한 오류이다.[18]

오늘날 한국 천주교회는 교부전통과 교회법 및 보편교회 지침에 완전히 어긋나는 이단적 세례관행을 되풀이하고 있다. 이는 『한국 천주교 사목 지침서』가 신학적 숙고 없이 『서울교구 지도서』(1922)와 『한국 천주교 공용 지도서』(1931) 같은 낡은 지침서를 기계적으로 '재활용'한 결과일 것이다. 교부전통과 제2차 바티칸공의회 가르침 및 가톨릭교회의 세례신학을 온통 뒤흔들어 놓은 "세례성사 지침"이 대희년으로 가는 길목에서 반포되었다는 것은 한국 천주교회 사목과 신학의 후진성을 단적으로 보여주는 예다.

제2차 바티칸공의회가 개신교를 '갈라진 형제'라고 부르는 근본에는, 하나인 세례를 통하여 태어난 하느님 자녀라는 확신이 굳게 자리 잡고 있다. 이것은 결코 흔들릴 수 없는 대원칙이며, 아우구스티누스 이래 수많은 교부들이 줄기차게 보존해온 전통이다. 안타깝게도 『한국 천주교 사목 지침서』는 우리 현실 여건에 부합하는 방향타로서 '(가톨릭)교회의 일치된 모습'을 더욱 잘 드러내고자 했지만[19], 세례의 친교를 통해 이미 누려 마땅한 갈라진 형제들과의 일치에는 결정적인 걸림돌이 되고 말았다.

한마디로, 한국 천주교회의 세례관행은 키프리아누스가 주장했던 그릇된 '재세례(ribamptismus)' 관행의 반복이며, 교부전통 및 보편교회 가르침과 어긋나는 명백한 성사론적 오류이고 오해다. 이 해묵은 재세례관행의 뿌리는 3세기까지 거슬러 올라간다.

---

18 『교회법』 제861조 2항 ; 『가톨릭교회 교리서』 제1256항 참조.
19 『한국 천주교 사목 지침서』 서문 참조.

3. 재세례 논쟁의 뿌리[20]

세례관행은 지역교회 별로 서로 다른 전통을 지니고 있었다. 카파도키아 지방 카이사리아와 일부 아시아지역에서도 재세례가 행해졌지만, 재세례 논쟁이 가장 치열했던 곳은 뭐니 뭐니 해도 북아프리카 교회였다. 북아프리카 교회는 일찍이 테르툴리아누스가 그의 저서 『세례론(De baptismo)』(200~206년경)에서 밝힌 이단자들이 베푼 세례의 유효성을 분명히 부정했다.

> 그들의 세례는 우리들의 세례와 하나일 수 없습니다. 왜냐하면 똑같은 세례가 아니기 때문입니다. 정해진 규정을 벗어나서 살아가는 그들은 의심할 나위 없이 세례를 지니지 못하고, 지니지 못한 것을 깨닫지도 못합니다. 그러므로 세례를 지니지 못한 그들은 세례를 받을 수도 없습니다.[21]

테르툴리아누스는 '세례는 하나!'라는 원칙 아래, 그리스도교회의 세례가 이단들이 베푸는 세례와 다르다고 강조한다. 더 나아가, 이단자들이 베푼 세례가 아무 효력이 없을 뿐더러 무효하다는 사실을 주장하기 위해, 이단자들이 믿는 하느님이 그리스도인의 하느님과 다르다는 사실을 부각시켰다.[22] 그 후 220년경, 카르타고의 주교 아그리피누스가 소집한 교회회의에서 북아프리카 주교들은 이단자들이 베푼 세례는 무효하며, 오직 가톨릭교회 안에서 베풀어진 세례만 유효하다고 결정하였다.[23] 이처럼 북아프리카 전통은 이단자들의 세례를 인정하지 않고,

---

20 최원오, 「치프리아누스 바로 보기」, 255~261쪽 요약.
21 테르툴리아누스, 『세례론(De baptismo)』 15,2 ; 『정결론(De pudicitia)』 19,5 참조.
22 테르툴리아누스, 『세례론』 15,2 참조.
23 키프리아누스, 『편지』 71,4,1 ; 73,3,1 ; 아우구스티누스, 『세례론(De baptismo)』

다시 세례를 베풀었다. 그러나 재세례가 북아프리카 교회 전체의 관행은 아니었던 것 같다. 적어도 마우리타니아 지방에서는 재세례를 베풀지 않았던 것이 분명하기 때문이다.[24]

사실, 테르툴리아누스는 재세례에 관하여 그리 많이 언급하지 않았다.[25] 그러나 얼마 지나지 않아 키프리아누스가 활동하던 무렵에는 재세례 문제가 북아프리카 교회를 송두리째 뒤흔들게 된다. 왜냐하면 바로 그 시기에 그리스도교가 급속도로 팽창하였을 뿐 아니라, 영지주의자를 비롯한 수많은 사람이 가톨릭교회에 몰려들었기 때문이다. 엄청나게 밀려드는 대규모 개종자들 앞에서, 키프리아누스는 이단자에게 다시 세례를 베풀던 북아프리카 교회전통을 강력하게 밀고 나갔다.[26]

노바티아누스 열교가 일어나자(251년), 이 문제는 북아프리카에서 더욱 날카롭게 불거졌다. 255년경 마그누스라는 사람이 키프리아누스에게 물음을 던져왔다. 곧, 노바티아누스 열교에서 세례를 받은 사람이 가톨릭교회에 입교하려 할 때 다시 세례를 받아야 하는가 라는 문제였다. 키프리아누스는 모든 이단자와 열교자가 교회에 '들어오고자'(돌아오는 것이 아님!) 할 때 반드시 참되고 유일한 세례를 가톨릭교회 안에서 받아야 한다고 답했다. 그들의 세례는 참된 세례가 아니라는 까닭이었다.[27] 키프리아누스는 255년과 256년에 세 차례 교회회의를 소집하였

3,12,17 ; 『페틸리아누스 반박 하나인 세례(De unico baptismo contra Petilianum)』 13,22 ; 『도나투스파 문법학자 크레스코니우스 반박(Contra Cresconium grammaticum partis Donati)』 3,3 ; J. A. Fischer・A. Lumpe, Die Synoden von den Anfängen bis zum Vorabend des Nicaenums (Konziliengeschicht), Reihe A, Paderborn, 1997, pp.50, 52, 153, 157, 159, 161 참조.

24 키프리아누스, 『편지』 71,1s ; B. Kriegbaum, Kirche der Traditoren oder Kirche der Martyrer? Die Vorgeschichte des Donatismus, Innsbruck 1986, p.51 참조.

25 테르툴리아누스, 『세례론』 15,2s ; 『정결론』 19,5 참조.

26 R.A. Markus, "Introduzione generale," NBA 15/1(1998), p.19 참조.

27 키프리아누스, 『편지』 69 참조.

다. 거기 참석한 북아프리카 주교들은 이단자가 베푼 세례가 무효하다는 사실을 다시금 확인하였다. 그리고 이단과 열교에서 세례 받은 후 가톨릭교회에 돌아오는 사람들에게는 다시 세례를 베풀어야 한다는 데 동의하였다.[28]

255년 또는 256년에 열린 북아프리카 교회회의 문헌과 결정사항이 로마의 주교 스테파누스에게 전해졌다. 스테파누스 교황은 키프리아누스의 입장에 강력하게 반발하였다. 이단자들이 가톨릭교회로 개종하면 그들에게 안수만 하여 화해하고 맞아들이는 것이 교회전통이므로, 다시 세례를 베풀어서는 안 된다는 것이었다.

누군가 어떤 이단에서 여러분에게 온다 할지라도, 아무 것도 바꾸지 말고 전통만 따를 일입니다. 용서받을 수 있도록 그에게 안수하면 됩니다. 이단자들끼리도 이 이단에서 저 이단으로 넘어가면 새로운 전입자에게 그들 예식에 따라 다시 세례를 베풀지 아니하고 친교를 이룹니다.[29]

그 당시 로마교회는 다른 지역교회들에 비해 신학적으로 매우 뒤떨어져 있었다. 스테파누스 교황은 왜 재세례를 행하지 말아야 하는지 체계적으로 설명할 신학적 역량을 갖추지 못하였고, 단지 전통과 관행만을 내세웠을 뿐이다. 스테파누스의 주장은 이 한마디에 요약된다.

아무 것도 바꾸지 말고, 전통만 따를 일입니다.[30]

---

28 255년 교회회의: 키프리아누스, 『편지』 70 ; 256년 첫 교회회의: 키프리아누스, 『편지』 72 ; 256년 9월 교회회의: 『주교 선언문(*Sententiae episcoporum*)』(CSEL 3/I,435 461) ; B. Kriegbaum, Kirche 51 ; J. A. Fischer A. Lumpe, *Synoden* pp.234, 307 참조.
29 키프리아누스, 『편지』 74,1,2 ; W. M. Gessel, "Ketzertaufstreit," *Lexikon für Theologie und Kirche* 5(1996), 1417s 참조.

그러나 키프리아누스는 재세례 관행이 북아프리카 교회에서 전혀 새
로운 것이 아니라 이미 오랜 전통이었노라고 맞받아쳤다.

우리 결정은 새로운 것이 아닙니다. 이미 오랜 세월 속에서 우리 조상들은
이런 결정을 내리셨습니다. 우리는 그대들과 똑같은 합의로써 이 결정을
지켜왔습니다. 우리는 아무도 교회 바깥에서 세례 받을 수 없다고 생각합
니다.[31]

키프리아누스는 카르타고의 주교 아그리피누스가 소집한 교회회의
(220년경)를 상기시키면서, 이 관행은 선대 주교들이 내린 결정이라고
강조하였다.

(이단과 열교교회로부터 가톨릭) 교회에 오는 사람들에게 세례를 베풀어
야 한다는 우리 결정은 결코 새로운 것도 아니며, 즉흥적인 것도 아닙니
다. 그것은 이미 여러 해 전에 결정되어 오랜 세월 동안 행하여 온 것입니
다. 거룩한 기억으로 남아 있는 아그리피누스 시대에 교회회의에 모인 수
많은 주교들이 한 마음으로 이 결정을 내린 것입니다.[32]

카이사리아의 주교 피르밀리아누스는 키프리아누스에게 격려편지를
보내어, 스테파누스가 이단전통에 의존한다고 비판하였다. 곧, 스테파
누스는 이단자끼리도 이 이단에서 저 이단으로 넘어갈 때 서로 다시
세례를 베풀지 않는 전통을 지니고 있으므로, 가톨릭교회도 재세례를

---

30 키프리아누스, 『편지』 74,2,2: "Nihil innovetur, inquit, nisi quod traditum est" ;
    74,1,2 참조.
31 같은 책, 70,1,2.
32 같은 책, 3,3,1.

베풀지 말아야 한다고 주장했다는 것이다. 사실, 키프리아누스는 북아프리카 교회의 재세례 관행 근거로 구체적인 교회회의까지 들이대며 역사적으로 증명했지만, 정작 스테파누스가 내세운 것이라고는 이단 전통뿐이었다. 로마교회의 빈약한 신학이 고스란히 드러나는 스테파누스의 논리를 피르밀리아누스는 이렇게 증언하였다.

> 스테파누스는 자신의 편지에서, 이단자들도 세례에서는 합의를 이루어 이 이단에서 저 이단으로 넘어오는 사람에게 세례를 베풀지 않고 그들과 친교를 이룬다고 말했습니다. 그는 우리에게마저 그렇게 하라고 강요하는 것 같습니다.[33]

스테파누스는 여기에 그치지 않고, 키프리아누스에게 파문하겠노라고 위협하였다. 그러나 실제 파문했는지는 정확하게 알 수 없다. 단지 여기에 관한 키프리아누스의 증언을 들을 수 있을 뿐이다.

> 이단 및 그리스도인의 원수들과 벗함으로써 하느님께 영광을 드리시오. 그대는 그리스도의 진리와 교회 일치 안에 충실하게 남아 있는 주교들을 파문해야 한다고 믿습니까?[34]

스테파누스 교황은 생애 말년에 헬레누스와 피르밀리아누스 주교, 킬리키아 교회, 카파도키아 교회, 갈라티아 교회 및 이단자들에게 재세례를 베풀던 다른 지역교회들도 파문하겠노라고 위협하였다.[35]
이처럼 팽팽한 대립은 갑작스레 밀어닥친 박해로 말미암아 중단되

---

33 피르밀리아누스의 편지: 키프리아누스, 『편지』 75,7,1.
34 키프리아누스, 『편지』 74,8,2 ; 아우구스티누스, 『세례론』 5,25,36 참조.
35 에우세비우스, 『교회사』 7,7,5 참조.

었다. 발레리아누스 황제의 박해로 스테파누스(+257년)와 키프리아누스(+258년)가 차례로 순교했기 때문이다.[36] 쓰라린 논쟁은 두 주인공의 죽음으로 중단되었지만, 이것이 재세례 관행의 끝을 의미하는 것은 아니었다. 이 논쟁은 어떤 결론이나 합의에도 이르지 못한 채 휴화산처럼 이글거릴 뿐이었다. 재세례 관행은 4세기 초까지 "아프리카 법(lex africana)"처럼 계속되었다. 로마 교회회의(313년)와 아를 교회회의(314년)에서 도나투스 열교를 거슬러 재세례를 금지하기까지, 키프리아누스의 재세례 주장은 북아프리카에서 전폭적인 지지를 받았다.[37]

더구나 도나투스 열교가 자기 교회에 입교하는 가톨릭신자에게 다시 세례를 베풀었기 때문에, 재세례 관행은 걷잡을 수 없이 번져나갔다. 그 결과, 키프리아누스가 원했든 원하지 않았든지 간에, 그의 성사론과 교회론은 도나투스 열교가 채비를 갖추고 발전하는 데 결정적 역할을 한 셈이 되었다.

만일 스테파누스 교황이 반세기만 더 오래 살았더라면 교회는 도나투스 이름으로 조각나지 않고, 오히려 키프리아누스 열교 이름으로 두 동강 났을지도 모른다는 가정이 퍽 설득력 있게 들린다.[38] 키프리아누스가 끝까지 교회일치 안에 머물렀다는 사실을 아무리 높이 평가한다 할지라도,[39] 로마와 카르타고를 두 동강낸 키프리아누스의 재세례 주장은 안타깝게도 도나투스 열교로 가는 탄탄대로를 마련해주고 말았다.

---

36 폰티우스, 『키프리아누스의 생애(*Vita Cypriani*)』 14~17 ; 키프리아누스, 『편지』 80 참조.

37 로마 교회회의(313년)는 키프리아누스의 신학노선을 이어받은 도나투스 열교의 재세례 관행을 단죄했고, 아를 교회회의(314년)는 재세례를 금지하는 새로운 규정을 마련했다. 『아를 교회회의(314년)(*Concilium Arelatense a.314*)』 9 ; J. Gaudement(ed.), *Conciles Gaulois du IV siècle*, SC 241,46,67 참조.

38 J. P. Brisson, *Autonomisme et christianisme dans l'Afrique romaine de Septime Sévère à l'invasion vandale*, Paris 1958, 109s 참조.

39 아우구스티누스, 『세례론』 1,18,28 참조.

4. 키프리아누스의 성사론[40]

키프리아누스에 따르면, 이단과 열교에서 가톨릭교회로 개종하는 사람은 '재세례'를 받는 것이 아니라, '참세례'를 받는 것이다. 왜냐하면 이단자와 열교자한테서 받았다고 하는 세례는 세례가 아니라 목욕에 지나지 않기 때문이다.

성령을 지니지 않은 사람이 어찌 영적 세례를 지닐 수 있단 말입니까? 그러므로 그들이 씻는 물은 몸을 씻는 목욕물에 지나지 않으며 세례성사가 아닙니다.[41]

따라서 이단과 열교 교회에서 가톨릭교회로 돌아온 입문자는 '두 번째 세례'를 받는 것이 아니다. 그는 유일한 세례 은총의 샘인 교회에 '들어와'(돌아오는 것이 아님!) 처음으로 참된 세례를 받는 것이다.

우리는 저곳(가톨릭교회 바깥)에서 오는 자들이 다시 세례를 받는다고 생각하지 않습니다. 그들은 단순히 세례를 받을 뿐입니다. 왜냐하면 이단자들은 아무 것도 지니고 있지 않기에 그들한테서는 아무 것도 받지 못하기 때문입니다. 그래서 그들은 모든 은총과 진리가 있는 이곳 우리에게 (그 은총과 진리를) 받기 위하여 옵니다. 왜냐하면 은총과 진리는 하나뿐이기 때문입니다.[42]

키프리아누스에게는 '재세례'라는 말 자체가 성립되지 않는다. 교회

---

40 최원오, 「치프리아누스 바로 보기」, 261~273쪽 요약.
41 키프리아누스, 『편지』 75,13,2.
42 같은 책, 71,1,3.

'안'에서 이루어진 세례만 참되고 유일한 세례이므로 이단자들이 내세우는 세례는 세례가 아니기 때문이다.[43] 가톨릭교회의 세례만이 '참된 물(aqua vera)'이며, 이단과 열교가 베푼 세례는 구원을 주지 못하는 '더러운 물(aqua profana)'이다.

우리는 가톨릭교회가 제정한 세례만 유일하게 남아야 한다고 결정하였습니다. 이 까닭에 우리는 재세례를 베푸는 것이 아니라, 음탕하고 더러운 물에서 오는 자들에게 세례를 베풀 따름입니다. 왜냐하면 그들은 구원의 선물을 주는 참된 물로 씻어서 거룩해져야 하기 때문입니다.[44]

키프리아누스는 구체적으로 어떤 경우에 누가 다시 세례를 받아야 하는지 두 가지로 구분하여 말한다. 첫째는 가톨릭교회에서 세례 받은 사람이 이단과 열교 교회로 넘어갔다가, 마음을 고쳐먹고 다시 가톨릭교회에 돌아오고자 하는 경우다. 키프리아누스는 그들이 이미 가톨릭 세례를 받았기 때문에, 교회에 돌아와 참회하면 다시 세례를 베풀지 않는 '오랜 관행'이 있었노라고 증언한다.[45] 이 오랜 관행에 따라 적절한 참회과정을 거쳐 재세례 없이 안수로만 그들을 교회에 받아들여야 한다는 것이다. 이 경우에 이단자와 열교자는 참회자와 똑같이 취급되었으며, 쉽게 교회에 '돌아올 수' 있었다.

우리에게서 세례를 받고 이단교회에 넘어갔던 사람들 문제에 대해 우리도 오늘날 똑같은 관행을 받아들입니다. 그들이 나중에 자신의 죄와 잘못을 깨닫고 진리와 어머니 품에 돌아오고자 한다면, 마치 참회자를 받아들이

---

43 같은 책, 72,1,3.
44 같은 책, 73,1,2.
45 같은 책, 71,2,1.

듯 그들에게 안수하는 것만으로 넉넉합니다.[46]

둘째는 가톨릭교회 '바깥' 곧 이단교회나 열교교회에서 세례 받은 후 가톨릭교회에 입교하려는 경우다. 이 경우에는 그들에게 참된 가톨릭 세례를 베풀어야 한다. 이는 가톨릭교회 '바깥'에 있는 대립주교에게 세례를 받았을 경우 그 세례가 유효한가라는 물음, 곧 성사의 유효성에 관한 문제이기도 하다.

어떤 사람들이 처음에는 가톨릭교회 주교였다가 나중에 교회를 떠나서도, 자신에게 성사를 베풀 성직자의 권한이 있다고 주장하며 세례를 베풀었습니다. 우리는 그들을 세례 받지 않은 사람이라 여기기로 결정하였습니다. 그들한테 세례 받은 다음 우리에게 오는 사람들은 아무 것도 받은 것이 없기에, 가톨릭교회의 참되고 유일한 세례를 우리한테 받아야만 합니다. 그리하여 생명을 씻고 새롭게 태어나게 됩니다.[47]

키프리아누스의 결론은 이렇다. 이단자들은 가톨릭교회 '바깥'에서 이미 성령을 잃어버렸다. 교회 '바깥'에는 성령께서 활동하시지 않으니 세례를 유효하게 베풀 수 없다. 그러므로 교회 바깥에서 이단과 열교의 더러운 물로 얼룩진 자들은 가톨릭교회 '안'에서 반드시 참다운 세례를 받아야 한다. 만일 구원의 세례를 받지 않으면 이단자와 열교자는 교회 '안'에 머물 수 없고 '바깥'에서 멸망할 것이다. 교회 '안'에 머물 수 있는 유일한 방법은 합법적 세례를 통하여 교회에 '들어오는 것'이다.[48]

---

46 같은 책, 71,2,2 ; 74,12 73,23,1 ; 아우구스티누스, 『도나투스파 문법학자 크레스코니우스 반박』 2,30,42 ; 『세례론』 3,11,16 참조.

47 피르밀리아누스의 편지: 키프리아누스, 『편지』 75,22,1.

48 키프리아누스, 『편지』 75,15,1 참조.

한마디로, 교회 '바깥'에는 성령도 없고, 유효한 세례도 없고, 세례의
은총도 없고, 세례의 열매인 구원도 없다.[49] 곧 "교회 바깥에는 구원이
없다(Salus extra ecclesiam non est)."[50] 바로 여기에서 키프리아누스의 그
유명한 신학명제가 탄생한다. 그러나 이 말은 교회와 구원에 관한 교의
선언이 아니라, 이단자들이 베푼 세례의 유효성에 대한 성사론적 답변
일 따름이다. "교회 바깥에는 성령이 없다"는 말과 똑같은 논리다. 굳
이 풀어 말하자면, "교회 바깥에서는 구원의 세례가 베풀어질 수 없다"
는 뜻이다.

키프리아누스는 때로 성사의 유효성이 집전자 개인의 '거룩함
(sanctitas)'이나 '신앙(fides)'에 달려 있다고 주장한다는 인상을 준다. 예
컨대, 키프리아누스는 사제나 성사 집전자는 깨끗한 사람이어야 한다
고 말하곤 했다.

> 제대와 희생제사에 봉사하는 사제들과 성직자들은 완전하고 티 없어야
> 합니다.[51]

또한 성사가 효력을 지니기 위해서는 성사를 베푸는 사람과 받는 사
람의 믿음이 필요하다고 강조하기도 한다.

> 신적 직무로 베풀어진 것은, 베푸는 사람과 받는 사람의 충만하고 완전한
> 믿음으로 받을 수 있습니다. 그럴 때 비로소 하느님 은혜를 온전히 얻게
> 되는 것입니다.[52]

---

49 같은 책, 72,1,1 ; 69,11,3 ; 70,2,3 ; 70,3,1 ; 74,5,1 참조.
50 같은 책, 73,21,2 ; M. Bévenôt, "Salus extra ecclesiam non est," *Fides sacramenti
Sacramentum fidei*(Assen 1981), pp.97, 105 참조.
51 키프리아누스, 『편지』 72,2,2.

그러나 키프리아누스는 성직자들이 언제나 거룩하게 살아야 한다고 말하면서도[53], 하느님 앞에서는 그 누구도 거룩하지 않다는 사실도 잊지 않는다.[54] 더 나아가, 하느님의 뜻을 거슬러 부당한 주교가 선출되어 주교품을 받을 수도 있다고 인정한다.[55] 그러니 키프리아누스는 성사집전자 개인의 거룩함을 유효한 성사의 필수조건으로 보지는 않은 셈이다.

오히려 키프리아누스가 요구하는 가장 본질적 조건은 "성사를 가톨릭교회 안에서 베풀어야 한다"는 것이다. 곧, 성사집전자는 성령께서 머무시는 가톨릭교회 '안'에 소속되어야 한다. 성사의 유효성은 성사를 베푸는 사람이나 받는 사람의 개인적 '거룩함'에 달린 것이 아니라, 참된 교회 '안'에서 베풀어졌느냐에 달려 있다. '눈에 보이는 교회(ecclesia visibilis)'에 소속되기만 하면, 교회는 자신의 거룩함으로 성사를 유효하게 만든다는 것이다.[56]

키프리아누스가 "지니지 못한 것을 누가 줄 수 있으며, 성령을 잃어버린 자가 어떻게 영적인 것을 집전할 수 있는가?"[57]라고 할 때, 이는 성사집전자 개인능력을 말하는 것이 아니라, 집전자가 교회 '안'에 머물러 성령을 모시는가를 묻는 것이다. 예컨대, 노바티아누스 열교는 가톨릭교회와 똑같은 예식에 따라 세례를 베풀고, 삼위일체 하느님을 향한 똑같은 믿음을 지니고 있었지만, 키프리아누스는 이단자나 열교자

---

52 같은 책, 69,12,2.
53 같은 책, 29,2 ; 67,4,2 참조.
54 키프리아누스, 『주님의 기도(De dominica oratione)』 6과 12 ; 『선행과 자선(De opere et eleemosyni)』 18.
55 키프리아누스, 『편지』 67,4,4 참조.
56 A. Schindler, "L'Histoire du Donatisme considérée du point de vue de sa propre théologie," Studia Patristica 17(1982), p.1307 참조.
57 키프리아누스, 『편지』 70,2,3.

가 아무리 올바로 세례예식서를 읽어낸다 할지라도, 세례는 오로지 교회에 소속된 자가 교회 '안'에서만 유효하게 베풀 수 있다고 보았다.[58]

키프리아누스에 따르면, 세례는 "교회 안에 세워졌다(in sancta ecclesia constitutum)."[59] 세례는 "교회의 세례(ecclesiae baptismus)"[60]이며, 하느님께서 교회에 주신 선물이다.[61] 따라서 오직 교회만 세례를 베풀 권리를 지니며, 이 권리는 교회에 이미 주어졌다. 하느님께서 교회에 선사하신 이 세례는 이제 '하느님의 행위(actus Dei)'라기보다 '교회의 행위(actus ecclesiae)'로 베풀어진다. 성사는 전적으로 교회에 의존하고, 교회가 성사를 관리하고 집행하는 주체가 되었다. 하느님의 역할은 성사나 구원의 선물을 교회에 맡기는 데서 거의 끝나 버리고, 교회가 하느님을 '대신하여' 성사관리자와 집행자가 된 것이다.[62] 여기서 교회란 가톨릭교회라는 점은 두말할 나위도 없다.

이 사상은 그가 즐겨 사용하는 '어머니(mater)' 또는 '신부(sponsa)'라는 교회 표상에서 잘 드러난다. '어머니 교회(mater ecclesia)'는 아버지 하느님의 구원을 전달하는 성사의 통로이다. 어머니 교회는 자기 자녀에게 아버지 하느님으로부터 받은 생명의 선물을 전달하기 때문에, 어머니 교회와 친교와 일치 속에 있지 못하면 구원 생명을 얻을 수 없다.[63] 『가톨릭 교회 일치(De ecclesiae catholicae unitate)』에는 하느님 아버지와 어머니 교회의 떨어질 수 없는 관계가 더욱 분명하게 드러난다.

---

58 같은 책, 69,7,1 2.
59 같은 책, 70,1,2 ; 73,1,1 참조.
60 같은 책, 72,1,1.
61 같은 책, 73,10,1 참조.
62 W. Simonis, *Ecclesia visibilis et invisibilis. Untersuchungen zur Ekklesiologie und Sacramentenlehre in der afrikanischen Tradition von Cyprian bis Augustinus*(Frankfurt, 1970), 12s 참조.
63 키프리아누스, 『편지』 71,1,3 참조.

교회를 어머니로 모시지 않은 사람은 하느님을 아버지로 모실 수 없습니다.[64]

더 나아가, 신부인 교회는 신랑인 그리스도와 결혼하여 자녀를 영적으로 출산한다.[65] 신랑이신 그리스도와 결혼할 때 하느님 아버지한테 모든 선물을 위탁 받은 교회는 하느님께 자녀를 낳아드리고, 자신에게 맡겨진 생명의 선물로 자녀들을 지키고 양육하고 구원의 길로 이끈다.[66] 훗날 도나투스파는 키프리아누스의 이 사상을 고스란히 물려받았다. 그들은 키프리아누스처럼, 성사란 교회에 맡겨진 것이며 교회의 능력으로 그 선물을 관리하고 분배한다고 여겼다. 특히 도나투스파 주교 파르메니아누스는 '혼인 지참금(dotes)'이라는 개념을 통하여 키프리아누스의 교회론과 성사론을 계승 발전시켰는데, 아버지 하느님은 그리스도의 신부인 교회에 '혼인 지참금'을 지불했으니, 이 보화를 소유하고 관리하는 주체는 바로 자신의 거룩한 교회라는 것이었다.[67]

5. 옵타투스와 아우구스티누스의 성사론

카르타고의 주교 키프리아누스는 하느님 백성을 향한 뜨거운 사랑과 사목적 열정으로 온 삶을 불사르다, 마침내 258년 발레리아누스 황제의 박해 때 영웅적으로 순교하였다. 그리하여 그는 북아프리카에서 가

---

64 키프리아누스, 『가톨릭 교회 일치』 6.
65 키프리아누스, 『편지』 74,6,2 참조.
66 키프리아누스, 『가톨릭 교회 일치』 6 참조.
67 옵타투스, 『도나투스 열교(De schismate donatistarum)』 2,2~13 ; P. Marcelli, "La simbologia delle doti della chiesa in Ottato di Milevi: problemi e significato," Studi e Materiali di Storia delle religioni 14(1990), pp.219~244 참조.

장 사랑받는 순교자가 되었다. 그가 남긴 저술들은 엄청난 반향을 불러 일으켜 수없이 필사되었고, 심지어 성서처럼 읽히기까지 했다. 문제는 키프리아누스의 성사론적 오류마저도 커다란 권위를 지니게 되었다는 데 있다. 게다가 그 신학노선을 고스란히 이어받은 도나투스 열교를 통하여 키프리아누스의 성사론은 확대 재생산되어 북아프리카 교회를 오랫동안 괴롭혔다. 밀레비스의 옵타투스와 히포의 아우구스티누스가 본격적으로 도나투스 논쟁에 뛰어들기까지 키프리아누스 신학이 북아 프리카 교회를 온통 휘어잡은 것이다.

이단자와 열교자에게 다시 세례를 베풀어야 한다는 주장은 4세기 초 부터는 더 이상 받아들일 수 없는 신학폐기물이었지만, 북아프리카에서 순교자 키프리아누스를 거슬러 『키프리아누스 반박(Contra Cyprianum)』 이라는 작품을 저술한다는 것은 불가능한 상황이었다. 그 까닭에 키프 리아누스가 세상을 떠난 지 100년이 더 지나도록 그 누구도 감히 키프 리아누스의 신학노선을 반박하거나, 키프리아누스의 권위와 신학체계 를 등에 업은 도나투스 열교를 논박할 엄두조차 내지 못했다. 마침내 364년경, 가톨릭에서는 최초로 이 논쟁에 뛰어들어 키프리아누스와 도 나투스의 오류를 바로 잡은 교부가 있었으니, 그가 바로 북아프리카 밀레비스의 주교 옵타투스다. 그러나 옵타투스도 키프리아누스와 정면 대결하는 것만큼은 피했다. 마치 키프리아누스 신학을 모르는 체 침묵 하면서, 키프리아누스 신학노선을 그대로 이어받은 도나투스파 우두머 리 파르메니아누스를 대리인으로 내세워 조목조목 반박하는 형식을 택 하였다.[68]

옵타투스의 성사신학은 『도나투스 열교(De schismate donatistarum)』라 는 작품에 집약되어 있다.[69] 이 작품에서 옵타투스는 도나투스파를 '형

---

68 최원오, 「치프리아누스 바로 보기」, 242~244쪽 참조.

69 Optat de Milève, *Traité contre les donatistes*, M. Labrousse(ed.), SC 412~

제들'이라 부르면서 화해와 일치로 초대한다. 옵타투스에 따르면 가톨릭교회와 도나투스교회는 서로 끊을 수 없는 '거룩한 형제애 사슬(sanctae germanitatis vincula)'에 묶여 있다.[70] 도나투스교회도 가톨릭교회와 같은 성사, 같은 성서를 지니고 있으며 같은 신앙을 고백하고 같이 기도한다. 도나투스파가 믿는 하느님과 가톨릭교회가 믿는 하느님은 같은 분이며 모두들 같은 어머니교회에서 태어난 형제들이다. 단지, '사랑'이 부족하여 지금은 잠시 갈라져 있지만 다시 하나될 수 있도록 서로를 위해서 기도하자고 제의하는 옵타투스는, 교부시대에 드물게 만나는 교회일치운동의 선구자이다.[71]

일찍이 키프리아누스는 가톨릭교회 '바깥'세계를 전적으로 부인했다. 세례도 은총도 구원도 교회 바깥에서는 있을 수 없다고 보았다. 키프리아누스를 스승으로 받드는 도나투스파도 자기네 거룩한 교회 '바깥', 곧 가톨릭교회에서 베풀어진 세례를 무효하다고 주장했다.

그러나 옵타투스는 가톨릭교회 바깥에도 유효한 성사가 있다고 인정한다. 곧, 도나투스 열교가 비록 가톨릭교회 바깥에 있지만, 같은 믿음으로 말미암아 유효한 세례를 베풀 수 있다고 본 것이다. 이 인식은 고대 그리스도교 성사론을 주도하던 키프리아누스의 배타적 전통을 뒤엎는 코페르니쿠스적 전환이다. 훗날 아우구스티누스가 그의 신학 스승인 옵타투스의 성사신학을 고스란히 물려받아 깔끔하게 종합해내지만, 교회론과 성사론의 결정적 전환은 이미 옵타투스에게서 이루어진 셈이다.[72]

413(1995~1996) 참조.

70 옵타투스, 4,2,5 참조.

71 최원오, 「밀레비스의 옵타투스」, 한국교부학연구회, 『내가 사랑한 교부들』(분도출판사, 2005), 142쪽 ; C. Mazzucco, "La pace come unità della chiesa e le sue metafore in Ottato di Milevi," *Civiltà classica e cristiana* 12(1991), pp.173~211 참조.

옵타투스에게 성사는 단순히 '교회행위(actus ecclesiae)'가 아니다. 교회에는 성사가 있지만, 교회가 성사'행위(actus)'의 주체는 아니라는 것이다. 성사가 교회 '안'에 주어져 있지만, 성사의 원천은 교회가 아니라 하느님이시다.[73] 성사가 '하느님의 것(res Dei)'[74]이요 '하느님의 일(opus Dei)'[75]이라면, 성사는 교회와 독립된 것일 뿐 아니라, 오히려 교회보다 앞서 존재하는 하느님의 선물이다.[76] 이처럼 옵타투스는 인간적 요소들을 성사에서 분리시키고, 하느님께서 성사행위에 몸소 참여하신다는 사실을 강조하였다.[77]

옵타투스는 세례를 구성하는 세 가지 요소를 "첫째, 삼위일체, 둘째, (세례 받는) 신자, 셋째, 집전자"[78]라고 보았다. 그러나 이 세 가지에 모두 똑같은 비중을 두지는 않는다. 세례에서 삼위일체 하느님의 역할이 결정적으로 중요하지만, 세례 받는 사람의 올바른 믿음도 필요하다. 그러나 세례집전자는 세례의 유효성에 아무 영향도 끼치지 못한다.[79]

첫째, 삼위일체이신 하느님의 이름을 부르지 않고서는 결코 세례가 이루어질 수 없다.[80] "세례성사는 전적으로 하느님의 행위이며…",[81] "천상선물은 인간한테서 오는 것이 아니라, 삼위일체로부터 모든 신자

---

72 C. Wono, *Ottato di Milevi, una svolta nella teologia della chiesa e dei sacramenti* (Roma, 2000) 참조.

73 W. Simonis, *Ecclesia* 46 참조.

74 옵타투스, 4,9,6 참조.

75 옵타투스, 2,21,5 참조.

76 Y.M. Congar, "Introduction et notes," *Oeuvres de Saint Augustin. Traités antidonatistes*, vol.1, BA 28(Paris, 1963), p.68 참조.

77 옵타투스, 5,4,6~10 참조.

78 옵타투스, 5,4,1.

79 B. Kriegbaum, "Optatus von Mileve," *TRE* 25(1995), 301 참조.

80 옵타투스, 5,4,1 참조.

81 옵타투스, 5,7,8 참조.

에게 내려오기 때문이다."[82] 그러므로 삼위일체 하느님은 세례의 핵심을 이룬다.

둘째, 옵타투스는 세례 받는 사람의 신앙도 필요하다고 보았다. 신앙의 필요성을 주장하기 위하여 옵타투스는 몇 가지 성서 대목을 예로 든다. 죽은 딸을 위하여 기도하던 여인의 믿음(마태 9,8 ; 마르 5,23 ; 루카 8,42), 하혈하던 여인의 믿음(루카 7,50 ; 마르 5,34 ; 마태 9,22), 백인대장의 믿음(마태 8,5~13 ; 루카 7,2~10).[83] 이 일화들에서 구원 치유를 행하시는 분은 언제나 예수님이지만, 당신의 신적 행위가 효력을 낼 수 있도록 인간의 믿음을 요구하신다. 이처럼 구원의 치유는 언제나 예수님의 능력과 그 믿음에 응답한 덕분에 이루어졌으며, 믿음이 없었다면 성자의 능력은 열매를 맺지 못했을 것이다.[84] 여기서 중요한 것은 집전자의 믿음이 아니라, 세례 받는 자의 믿음이다.[85]

셋째, 집전자의 역할은 세례성사를 구성하는 세 가지 요소 가운데 하나이지만, 처음 두 가지에 비하면 아무 것도 아니다. 집전자는 종에 지나지 않으므로 어떤 권리도 내세워서는 안 된다. 오직 하느님만이 주인이시고 인간은 일꾼(minister)에 지나지 않으며, 심부름꾼은 교회에서 봉사하는 것 말고는 어떤 권리도 주장할 수 없다.

여러분은 종에 지나지 않는데 거드름을 피우며 식탁의 주인 행세를 합니다. 바오로는 겸손했기에 자신과 다른 사람들을 종으로 여겼습니다. 그것은 아무도 자기 희망을 사도나 주교들에게 두지 않게 하려는 것이었습니다. 그래서 바오로는 이렇게 말합니다. "도대체 아폴로가 무엇입니까? 바

---

82 유타투스, 5,3,1 참조.
83 옵타투스, 5,8,1~7 참조.
84 옵타투스, 5,8,1 참조.
85 옵타투스, 5,3,12 참조.

오로가 무엇입니까? 그들은 여러분을 믿음으로 이끈 일꾼일 따름입니다"(1코린 3,5 참조).[86]

집전자는 의인이든 죄인이든 간에 자기 힘으로 세례의 은총을 베풀수 없다.[87] 옵타투스와 도나투스파(또는 키프리아누스)의 결정적 차이는 "누가 세례를 베푸는가?"라는 문제에서 두드러진다. 도나투스파(또는 키프리아누스)는 하느님께서 당신의 모든 선물을 이미 교회에 맡겼으므로, '교회'가 집전자를 통해 세례의 은총을 베푼다고 보았다. 그러나 옵타투스는 '하느님'께서 몸소 당신 교회와 집전자를 통해 세례를 베푸신다고 주장했다. 이제 옵타투스에게 집전자의 역할 ─ 그가 윤리적으로 거룩한가 또는 그가 어느 교회에 속해 있느냐 ─ 은 세례성사에서 비본질적인 것이 되고, 삼위일체 하느님께서 절대적으로 중요한 자리를 차지하게 되었다.

성사 유효성의 판별기준을 인간적 요소에 둘 경우, 모든 기준은 상대화될 수밖에 없다는 것을 옵타투스는 꿰뚫었던 것이다. 예컨대, 도나투스파처럼 거룩한 교역자만이 성사를 집전할 수 있다고 가정할 경우, 도대체 변화무쌍한 집전자의 '거룩함'을 기준 삼아 성사의 유효성을 판단하는 것 자체가 불가능하다고 본 것이다.

집전자들은 날마다 시간과 장소와 사람에 따라 바뀝니다. 사실 언제 어디서든 세례를 베푸는 자는 인간 개인이 아닙니다. … 집전자들은 바뀔 수 있지만, 성사는 바뀌지 않습니다.[88]

---

86 옵타투스, 5,7,12.
87 옵타투스, 5,1,11 참조.
88 옵타투스, 5,4,4.

성사의 유효성 논의에서 가변적 요소인 집전자의 거룩함을 배제하고 나면, 변하지 않는 것은 성사 자체의 거룩함인데, 그 거룩함은 인간이나 교회로부터 오는 것이 아니라, 삼위일체 하느님으로부터 오는 것이다.

> 일꾼은 바뀔 수 있지만, 성사는 바뀔 수 없습니다. 세례를 집전하는 사람은 누구나 일꾼일 뿐 성사의 주인이 아니라는 사실을 여러분은 보게 됩니다. 또 성사는 인간을 통해서 거룩해지는 것이 아니라 그 자체로 거룩한 것입니다. 그런데 그대들(도나투스파)은 어찌하여 성사가 그대들만의 소유물인 양 내세웁니까? 어찌하여 그대들은 하느님의 선물로부터 하느님을 배제하려고 합니까? 당신의 것을 베푸실 수 있는 권리를 하느님께 돌려드리시오. 이 거룩한 선물은 인간이 베풀 수 있는 것이 아니기 때문입니다.[89]

옵타투스에게 유효한 세례란, "성부와 성자와 성령의 이름으로 올바른 신앙을 지니고 받은 세례"다. 누가(예컨대 열교자가) 어디에서(예컨대 가톨릭교회 바깥에서) 베풀었느냐는 아무 상관이 없다. 한 세기 전에 벌어졌던 키프리아누스와 스테파누스의 논쟁을 놓고 보자면, 사실 옵타투스의 입장은 스테파누스의 입장과 거의 비슷하다. 왜냐하면 스테파누스 교황도 성부와 성자와 성령의 역할에 세례의 유효성을 전적으로 귀속시켰기 때문이다. 키프리아누스는 스테파누스를 다음과 같이 반박한 바 있다.

> 세례 베푸는 자가 누구인지 생각하지 않는 그들은 어리석기 짝이 없다.

---

89 옵타투스, 5,4,2 ; 5,7,4 참조.

그들에 따르면 세례 받은 사람은 삼위일체인 성부와 성자와 성령의 이름을 부르는 것만으로 은총을 받을 수 있었다. ··· 그들은 자기 교회 밖에서 어떤 식으로든 세례를 받기만 했다면 자신의 의지와 신앙을 통해서 세례의 은총을 누릴 수 있다고 말한다. 이것은 의심할 나위 없이 우스꽝스러운 것이다.[90]

이 "어리석고 우스꽝스러운" 입장이 바로 옵타투스가 제시한 성사론의 핵심이다. 옵타투스는 당대 최고의 신학적 권위를 누리고 있던 키프리아누스의 입장에서 과감하게 벗어나, 그동안 전통만 강조하면서 제대로 신학적 대응을 하지 못했던 로마 세례전통에 탄탄한 신학적 이론을 제공하면서 성사신학의 새로운 장을 활짝 열었다.[91]

가톨릭교회와 도나투스교회 사이에 여전히 남아 있는 가장 중요한 연결고리가 삼위일체 하느님을 향한 똑같은 '신앙(fides)'이라고 본 옵타투스는, 이 믿음의 토대 위에서 분열된 두 교회의 일치를 위해 소중한 다리를 놓았다. 옵타투스는 '신앙'이 분열된 두 교회를 이어주는 결정적 중요 요소이며, '성사의 친교(communio sacramentorum)'를 가능하게 해준다고 보았다.[92]

그러나 옵타투스의 성사론은 여전히 과도기적 특성을 온전히 털어내지는 못했다. 왜냐하면 열교에서 베푼 세례는 인정했으나, 이단자들이 베푼 세례는 부정했기 때문이다. 유효한 세례는 '삼위일체의 이름으로' 베풀어야 할 뿐 아니라, 세례 받는 자의 '믿음'도 필요하다고 주장함으

---

90 키프리아누스, 『편지』 75,9,1s.

91 M. Labrousse, "Le baptême des hérétiques d'après Cyprien, Optat et Augustin: influences et divergences," *REAug* 42(1996), p.230 참조.

92 J. Ratzinger, *Volk und Haus Gottes in Augustins Lehre von der Kirche*(München, 1954), 106과 109s 참조.

로써, 올바른 신앙에서 벗어나 있는 이단자들의 세례를 인정하지 않았기 때문이다.[93]

사실 옵타투스의 거의 전적인 관심사는 북아프리카교회 전체를 온통 뒤흔들었던 '갈라져 나간 형제' 도나투스파와 일치하는 문제였다. 여기에 비하면 이단문제는 거의 관심 밖의 일이었다. 재세례와 관련된 묵은 논쟁에 혈혈단신으로 뛰어들어 가톨릭교회와 도나투스교회의 '성사적 친교'를 확증하는 일조차 힘겨운 마당에, 이단자들 문제까지 품어낼 여력은 없었을 것이다. 그리하여 옵타투스는 교회 역사상 최초로 '이단(haeresia)'과 '열교(schisma)'를 분명히 구별하여, 삼위일체 하느님에 대한 올바른 '신앙'고백 없이 베풀어진 이단자들의 세례는 부정하고, 일시적 '분열' 속에 머물고 있는 열교자들이 베푼 세례의 유효성을 인정했다.

남은 문제는 장차 아우구스티누스가 깨끗하게 정리하고 종합해낸다. 그는 삼위일체의 이름으로 세례가 베풀어지기만 하면 그 집전자가 이단자든 열교자든 상관없이 유효하다고 선언한다. 이제 세례의 유효성은 세례 받는 자의 신앙과도 상관없이 전적으로 하느님의 이름에만 달리게 된 것이다. 아우구스티누스에 따르면, 성부와 성자와 성령의 이름으로 베풀어진 세례는 그 자체로 유효하다.

> 만일 마르키온이 복음 말씀에 따라 "성부와 성자와 성령의 이름으로" 세례를 베풀었다면, 그 성사는 온전한 것이다. 비록 그의 믿음이 가톨릭 진리의 가르침과 다른 의미를 똑같은 말마디 안에 담고 있고, 그 믿음이 온전하지 않고, 믿을 수 없는 오류로 망가져 버렸다 할지라도 말이다.[94]

---

93 옵타투스, 1,10,6~7 참조.
94 아우구스티누스, 『세례론』 3,15,20.

그러나 아우구스티누스는 세례가 유효하게 베풀어졌다고 해서 세례의 은총이 온전히 실현되는 것은 아니라고 보았다. 유효한 세례가 그 자체로 구원을 보장해주지 않는다고 보았기 때문이다. 아우구스티누스는 세례의 '유효성(validitas)'과 세례의 '효력(effectus)'을 구별하였다.[95] 유효한 세례는 죄인이든 성인이든, 이단자든 열교자든 누구나 베풀 수 있지만, 참된 구원의 효력은 참으로 사랑과 일치의 삶을 사는 사람만이 누릴 수 있다고 본 것이다.[96]

아우구스티누스에 따르면, 무릇 그리스도인이란 '보이는 교회(ecclesia visibilis)'에 소속되는 것만으로는 충분하지 않고, '보이지 않는 교회(ecclesia invisibilis)' 안에 머물러야 한다. 곧, '세례'로써 현세 제도에 소속되는 것보다 더 중요한 것은 '사랑'으로 영적 교회에 소속되는 것이다. 그때야 비로소 참으로 그리스도인이랄 수 있고, 사랑만이 하느님 자녀가 누구인지 식별해주기 때문이다. 유효한 세례가 자동으로 하느님 자녀의 지위를 보증해주지 않는다는 것이 아우구스티누스의 확신이다.

오로지 사랑만이 하느님 자녀와 악마 자식을 구별해줍니다. 모두가 다 그리스도의 십자성호를 긋고 모두가 '아멘'이라 대답하고 '알렐루야'를 노래한다 해도, 또 모두 다 세례를 받고 교회에 다니고 성전을 지어 올린다 할지라도, 하느님 자녀와 악마 자식을 구별하는 것은 오직 하나, 사랑뿐입니다. 사랑이 있는 사람은 하느님에게서 난 사람이고 사랑이 없는 사람은 하느님에게서 난 사람이 아닙니다. 이것이야말로 기준이요, 이것이야말로 식별의 대헌장입니다.[97]

---

95 같은 책, 3,15,20 참조 ; A. Lombardi, "Introduzioni particolari e note," *Opere di sant'Agostino. Polemica con i donatisti*, NBA 15/1(1998), pp.252~254.

96 아우구스티누스, 『세례론』 4,14,21 참조.

97 아우구스티누스, 『요한 서간 강해(*In epistula Ioannis ad Parthos tractatus*)』 5,7.

아우구스티누스 성사론의 가장 중요한 원칙은 성사를 베푸는 자는 집전자가 아니라, 예수 그리스도 자신이시라는 것이다.

> 베드로가 세례를 줄 때도 세례를 베푸실 분은 그리스도이시고, 바오로가 세례를 줄 때도 세례를 베푸실 분은 그리스도이시며, 유다가 세례를 줄 때도 세례를 베푸시는 분은 그리스도이시다.[98]

이 한마디에 아우구스티누스 성사론의 핵심이 담겨 있으니, 성사의 유효성은 인간이 아니라, 전적으로 그리스도께 달려 있다는 것이다. 이렇게 아우구스티누스는 성사에서 하느님의 주도적 '권한(potestas)'과 인간의 도구적 '직무(ministerium)'를 구분해내었다. 이 가르침은 제2차 바티칸공의회에 이르기까지 가톨릭교회 성사론의 흔들릴 수 없는 원칙이며, 여기에는 더 이상 키프리아누스나 도나투스의 케케묵은 성사론이 비집고 들어갈 여지가 없다.[99]

6. 성사론의 근본원리

옵타투스와 아우구스티누스를 통하여 제시된 성사론의 기본원리는 크게 두 가지로 요약할 수 있다. 첫째, 성사는 하느님의 것이다. 곧, 성사의 주인도 하느님이시며, 성사를 베푸시는 분도 하느님이시고, 성사를 이루시는 주체도 하느님이시다. 따라서 성부와 성자와 성령의 이름으로 세례를 베풀 때, 그 주체는 교회나 집전자가 아니라 바로 하느님

---

98 아우구스티누스, 『요한복음강해』 6,7.
99 최원오, 「교부들의 교회론: 엄격주의와 관용주의의 대결」, 『가톨릭 신학과 사상』 제50호(가톨릭대학교출판부, 2004), 150~161쪽 참조.

자신이시다. 둘째, 집전자는 종이며 도구에 지나지 않는다. 당연히 집전자는 성사의 유효성에 어떤 구실도 할 수 없다.

이 두 가지 근본원리는 오늘날까지 변함없이 적용된다. 가톨릭교회는 유효한 세례의 조건을 무엇이라고 가르치는가? 현행 교회법과 교회문헌들이 제시하는 유효한 세례의 판별기준은 세례성사 집전 때에 '질료(materia)'와 '말의 형식(verborum forma)'을 제대로 갖추어 베풀었느냐는 것이다.[100] 여기서 질료란 물이고, 말의 형식이란 삼위일체이신 하느님 이름을 부르는 것이다. 곧, 성부와 성자와 성령의 이름으로 물로써 세례를 베풀었다면 유효한 세례가 이루어진 것이다. 여기서 세례집전자나 세례 받은 사람이 소속된 교회는 세례의 유효성과 아무 상관이 없다.[101]

이제 한국천주교회의 세례지침을 다시 살펴보자. 『한국 천주교 사목지침서』는 성공회 이외의 기타 개신교 교파 교역자가 집전한 세례의 유효성을 의심하는 이유로 다음 두 가지를 제시했다.[102]

1. 그 교파 교리가 세례성사의 필요성을 인정하지 않는 경우가 있고,
2. 그 교파 교리가 세례성사를 인정하더라도 교역자가 세례성사를 올바로 집전하지 않는 경우가 있다.

첫째, 세례(baptismus)의 필요성을 인정하지 않으면서 세례를 베푸는 개신교회는 없다. 세례는 2000년 교회역사의 소용돌이 속에서도 한결같이 보존되어온 그리스도교의 본질 가운데 하나다. 이는 세계교회협의회(WCC) 산하 '신앙과 직제 위원회(the Faith and Order Commission)'에

---

100 『교회법』 869조 2항 참조.
101 홍기선, 같은 책, 48쪽 참조.
102 『한국 천주교 사목 지침서』 제59조.

서 60년 가까운 논의와 노력 끝에 140개 종파의 의견을 수렴하여 발표한 『세례·성찬(성만찬)·직무(직제)(Baptism, Eucharist and Ministry)』 (1982)라는 제목의 리마 문서에서 더욱 분명히 확인할 수 있다.[103] 따라서 세례의 필요성을 인정하지 않는 개신교가 있다는 가정 자체가 시대착오적이며 현실과 동떨어진 것이다.

둘째, "교역자가 세례를 올바로 집전하지 아니하는 경우"에 세례의 유효성이 의심된다고 하였다. "올바로 집전하지 아니하는 경우"가 무엇을 의미하는지 분명하게 적시하지 않지만, 이는 '개신교' 교역자에게만 한정할 문제가 아니다. 예컨대, 성부와 성자와 성령의 이름으로 물로써 세례를 집전하지 않은 경우가 "교역자가 세례를 올바로 집전하지 아니하는 경우"에 해당된다면, '개신교'뿐 아니라 '가톨릭' 교역자가 세례를 올바로 집전하지 아니하는 경우에도 그 세례는 당연히 무효다. 따라서 세례 일반론을 개신교 세례의 유효성을 의심하는 이유로 제시하는 것은 어불성설이다. 세계교회협의회(WCC)의 『리마 문서』 (1982)는 "세례는 성부와 성자와 성령의 이름으로 물로써 집례된다"[104] 고 분명히 밝혔으니, 결코 개신교 세례의 유효성을 의심해서는 안 될 일이다.

한마디로, 세례는 집전자나 소속교회와 무관한 하느님의 행위다. 가장 본질은 "성부와 성자와 성령의 이름으로 베풀어지는 것"이다.

---

103 이 문헌은 '세례·성찬·직무(Baptism, Eucharist and Ministry)'의 첫 글자를 따서 『BEM 문서』라고도 하고, 리마에서 발표되었다고 해서 『리마 문서』라고도 한다. 「세례, 성찬, 직무」, 『교회일치문헌 1』(한국 천주교 주교회의, 2008), 471~536쪽 ; 교황청 교회일치 위원회, 정태현 역, 「'세례, 성찬, 직제'에 대한 가톨릭의 응답」, 『宗敎神學硏究』 제3집(분도출판사, 1990), 343~377쪽 참조.
104 『리마 문서』 17항.

7. 맺는 말

『한국 천주교 사목 지침서』는 "사목 여건이 변화하여 지침서를 개정할 때까지는, 한국교회에서 사목 준거가 되는 규범이므로, 교회구성원 모두가 이 사목지침을 성실히 존중할 것을 당부"[105]하였다. 그러나 불행하게도 이 지침서는 그 탄생 때부터 이미 성사론의 치명적 오류를 담았기 때문에, 세례지침의 개정은 시급하기 짝이 없다.

남용되는 '조건부 세례(baptismus sub condicione)'는 '재세례(ribaptismus)'와 전혀 다를 바 없다. 키프리아누스도 이단자와 열교자에게 다시 세례를 베풀 때, 그들이 가톨릭교회 밖에서 받은 세례는 무효라는 확신에 찬 '조건'으로 세례를 베풀었기 때문이다. 따라서 조건부 세례는 '극히 예외적인 경우'(본인이 세례를 받았는지 기억하지 못하는 경우 또는 성부와 성자와 성령의 이름으로 물로써 세례를 받지 않은 경우)에만 한정되어야 하며, 가톨릭 사목자들이 개신교에서 천주교로 개종하는 신자들에게 통상 조건부로 세례를 베푸는 관행은 엄격하게 규제되어야 한다.

이제 개신교신자가 가톨릭교회에 입교하기 위하여 두 번째의 세례를 받는 이단적 관행은 하루 빨리 한국교회에서 사라져야 한다. 그들의 세례를 인정하지 않거나 의심하는 것은 하느님의 능력, 곧 성사 자체를 인정하지 않고 의심하는 것이기 때문이다.

이미 세례를 받은 개신교신자들은 '일치예식'을 통해 가톨릭교회에 받아들이면 된다. 예비자 교리반을 통해서 가톨릭교회의 신앙과 실천을 배우는 일은 성사의 차원과는 전혀 다른 사목적 차원의 일이다. 따라서 그들이 사목적 배려로 세례예식에 참여할 경우에라도 수세예식만

---

105 『한국 천주교 사목 지침서』 서문.

큼은 반드시 생략해야 한다. 그들은 이미 자신들의 교회에서 집전자나 교회의 이름으로가 아니라, 성부와 성자와 성령의 이름으로 세례를 받았기 때문이다. 그 세례는 '하나인' 세례이며, 이 세상에서 유일하고 완전한 세례다. 세례는 인간이나 교회가 베푸는 것이 아니라, 하느님께서 베푸시는 것이다. 하느님께서 하신 일을 사람이 무효화하거나 의심해서는 절대 안 될 일이다.

한마디 덧붙이자면, 필자는 교회법학자는 아니지만, 가톨릭신자가 개신교신자와 결혼할 경우, 타교파(개신교) 혼인금지와 미신자 장애를 동시에 관면해야 하는 한국 천주교회의 어처구니없는 관행이 하루 빨리 시정되어 마땅하다고 본다.[106] 세례 받은 개신교신자를 '미신자'로 여기는 것은 주님의 세례를 부정하는 중대한 잘못일 뿐 아니라, 똑같은 하느님을 아버지로 모시는 한 형제를 멸시하는 반복음적 처사이기 때문이다.

교황청 그리스도인 일치촉진평의회가 세계교회협의회(WCC)의 『세례 · 성찬(성만찬) · 직무(직제)』(BEM문서, 1982)에 대하여 내놓은 답변은 우리의 이러한 확신을 더욱 굳게 해준다.

BEM은 우리로 하여금 다시 한 번 그리스도교적 일치를 위한 기초인 세례에 관하여 반성하도록 도와줄 수 있다. 가톨릭교회와 모든 그리스도교 공동체는 세례를 진정으로 거행하는 공동체들 사이에 존재하는 그리스도 안에서의 믿음과 삶의 실제적 유대를 더욱 깊이 인식해야 하고 이 인식의 표현방법들을 찾아야 한다. … 우리의 분열을 지속시키는 상황 속에서도 갈라진 그리스도인들 사이에서 완전하지는 못하지만 그런 대로 실재적 일치를 이미 이루고 있다고 말할 수 있는 것은 바로 이 세례를 바탕

---

106 홍기선, 같은 책, 45~46쪽 ; 황종렬, 「'혼종혼인'의 개념화 문제: 한국 신학의 관점에서」, 『사목』 310(2004), 43~54쪽 참조.

으로 해서다. BEM 본문은 이미 존재하는 이 일치의 세례적 바탕을 설명
한다.[107]

8. 에필로그

지난 2006년 여름 교황청 그리스도인 일치촉진평의회 의장인 발터 카
스퍼(Walter Kasper) 추기경이 여드레 동안 우리나라에 머물렀다. 2006
년 7월 17일부터 21일까지 수원에서 열린 아시아 지역 주교 세미나를
주재한 카스퍼 추기경은 2006년 7월 23일에는 제19차 세계감리교대회
가 열린 서울 금란교회에서 루터교 세계연맹 사무총장인 이스마엘 노
코 목사, 세계감리교협의회의 선데이 음방 회장과 함께 「가톨릭 교회 ·
루터교세계연맹 · 세계감리교협의회의 의화에 관한 공동 선언문」에 서
명함으로써 루터교에 이어 감리교와도 '의화교리'에 관하여 500여 년
만에 역사적인 화해와 일치를 이루었다. 한국 천주교 주교회의 한국사
목연구소는 2006년 7월 21일 발터 카스퍼 추기경을 초청하여 한국 천
주교회가 풀어가야 할 교회일치에 관한 중요한 사목적 문제들에 관하
여 특별 인터뷰를 가졌는데, 카스퍼 추기경은 개신교 신자들에 대한
재세례 문제에 관하여 분명하고 명쾌한 답을 제시해주었다.[108] 추기경

---

107 교황청 그리스도인 일치촉진평의회, 정태현 역, 「'세례, 성찬, 직제'에 대한
    가톨릭의 응답」, 『宗敎神學硏究』 제3집(분도출판사, 1990), 375~376쪽.
108 이 인터뷰에는 당시 주한 교황 대사였던 에밀 폴 체릭 대주교와 한국 천주
    교 주교회의 교회일치와종교간대화위원회 위원장 김희중 주교, 한국 천주교
    주교회의 사무처장 배영호 신부, 한국사목연구소 연구원들이 배석하였고 필
    자가 진행하였다. 인터뷰 전문은 『사목』(주교회의 2007년 춘계 정기총회의
    결정에 따라 2007년 4월에 폐간)에 실려 있다. 「한국 교회 일치 운동의 길을
    묻다」, 『사목』 332(2006), 한국천주교중앙협의회, 6~21 참조.

은 개신교 신자들에 대한 재세례 관행의 잘못을 분명히 지적하며, "이는 다른 교회들에 대한 배려나 존중의 문제가 아니라, 성사 자체에 대한 존경과 존중의 문제"임을 강조하였고, 한국 천주교 주교회의 차원에서 비가톨릭교회 공동체들과 함께 모여 그들이 베푸는 세례에 관하여 논의하고 확인한 다음 그 유효성 여부를 제대로 판단할 것을 권고하였다. 그리고 또 몇 해가 지났으나 한국 천주교회의 사목현실과 사목지침서는 변함이 없고, 한국 천주교회의 교회일치운동이 걸어가야 길은 아직 멀고도 험하기만 하다. 여기에는 가장 핵심적인 두 가지 물음과 답변만 그대로 인용한다.[109]

■ 물음 : 개신교 신자들에 대한 조건부 세례에 관하여

최근 한국 통계청의 인구주택총조사 결과를 보면, 한국의 천주교 인구는 총인구의 10.9%에 이르고, 타종교나 다른 그리스도인 공동체에서 천주교로 개종하는 경우도 크게 늘어나고 있습니다. 한 조사에 따르면, 개종한 천주교 신자 중 59.2%가 개신교신자였던 것으로 보고되고 있습니다. 한국 천주교회는 오래전부터 개신교(성공회 제외)에서 베푸는 세례의 유효성을 의심하여 통상적으로 조건부 세례를 베풀어왔습니다(『한국 천주교 사목지침서』 제59조 참조). 그러나 최근 한국 천주교 주교회의 신앙교리위원회 및 교회일치와종교간대화위원회에서는 이 문제를 신학적으로 검토하여 "비가톨릭 교회 공동체에서 세례 받은 이들은 조건부로 세례 받지 아니하여야 한다."(교회법 869조 2항)라는 보편교회의 가르침에 따른 새로운 지침을 준비하고 있습니다.[110] 이는 3세기 중반 키프리아누스 주교와

---

109 위의 글, 15~17.
110 주교회의 한국사목연구소가 교황청 그리스도인 일치촉진평의회 의장 인터뷰를 추진하던 무렵 두 위원회는 이 문제에 관한 신학적 논의와 검토를 해 나가기로 하였으나 아직 실현되지 않고 있다.

스테파누스 1세 교황의 재세례 논쟁 이래 가톨릭교회가 한결같이 지켜온 재세례 금지 전통을 다시금 확인하는 것이기도 합니다. 개신교 세례의 유효성에 관한 추기경님의 고견을 듣고 싶습니다.

■ 답변 (카스퍼 추기경)

재세례는 배제되어야 한다는 것이 모든 전통적인 교회들의 공통된 이해입니다. 우리 가톨릭교회는 성부와 성자와 성령의 이름으로, 물로써 베푸는 모든 세례를 인정합니다. 교회법에 따라 우리는, 다른 교회가 그 교회 나름의 전례에 따라 이러한 형식으로 세례를 주는 경우 그 세례를 인정합니다. 따라서 가톨릭으로 개종할 때에 또 다른 세례가 있을 수 없습니다. 구원을 위한 조건부 세례는 세례의 형식(삼위일체 정식인 "성부와 성자와 성령의 이름으로")에 합당한 의심이 제기될 때에만 고려됩니다. 그러한 조건부 세례는 본성상 재세례가 아닙니다. 그러나 오해를 피하고 다른 교회 전통을 존중하기 위해서는, 조건부 세례를 베푸는 경우를 되도록 최소화해야 합니다.

저는 한국 천주교회가 다른 개신교회들과 함께 모인 자리에서 이 문제에 관하여 논의할 것을 제안합니다. 그리고 그들에게 어떤 방식으로 세례를 베푸는지 물어보십시오. 곧 성부와 성자와 성령의 이름으로, 그리고 물로써 세례를 베푸는지 확인하십시오. 그리고 이 모임의 결과를 가지고 한국 주교회의 차원에서, 비가톨릭교회 공동체에서 베푼 세례를 어떻게 여길 것인지에 대하여 판단하시기 바랍니다. 무엇보다 이는 다른 교회들에 대한 배려나 존중의 문제가 아니라, 성사 자체에 대한 존경과 존중의 문제라는 것을 강조하고 싶습니다.

■ 물음 : 혼종혼(matrimonium mixtum, 가톨릭 신자와 비가톨릭 그리스도인 사이의 혼인)에 관하여

위의 상황과 관련한 문제가 혼인에서도 드러나는데, 한국에서는 가톨릭신자가 개신교신자와 혼인할 경우, 개신교신자의 세례를 인정하지 않아 '미신자 장애' 관면을 베풀고 있습니다. 이 문제에 관하여 추기경님의 고견을 청합니다.

■ 답변 (카스퍼 추기경)

개신교신자들이 유효한 세례를 받았으면, 개신교신자들과의 혼종혼에서는 미신자 장애가 존재하지 않습니다. 따라서 개신교 세례의 유효성을 인정하면 이 문제는 자연스럽게 해결될 것입니다.

한국적 지역 기독교 신학의 구상

유영모 신학의 비평적 분석

박명우

(경민대학 교양학부 교수)

1. 연구의 출발, 목적과 방법

종교다원주의는 여러 가지로 정의할 수 있다. 그 가운데 종교다원주의가 종교적 정황을 설명한다는 측면에서 보면 한국의 종교다원주의란여러 종교의 사회적·종교적 공존을 설명하는 적절한 용어라 하겠다.종교들의 공존 속에는 부인하기 힘든 상호연관(interaction)이 있으며,이로 인하여 종교다원주의와 혼합주의를 혼동하는 위험도 도사리고 있다. 한국 기독교는 이러한 정황 속에 전래되었으며, 다른 종교와 마찬가지로 상호연관 속에 공존할 수밖에 없는 문화와 지정학적 조건을 동일하게 지녔다. 그러므로 한국 기독교신학은 마치 전 세계 각 지역의기독교가 그 지역 나름대로의 특성을 지닌 것처럼 나름의 특성을 지닐수 있다. 물론 선교 초기 선교국의 피선교지 선교전략이나 선교사들의개인적 목적을 충분히 감안해도 그렇다.

그래서 로버트 슈라이터(Robert J. Schreiter)는 '지역신학' 개념을 통하여 신학은 지역 사람들이 형성하고 그 지역을 위해 발전해야 한다고 분명히 했다.[1] 왜냐하면 어떤 신학도 '우주적(universal)' 또는 '영구한 (perennial)' 신학이라는 전제 규범적(normative) 신학 자리를 차지할 수 없기 때문이다. 또한 이 논문은 모든 신학이 지역신학이라고 강조하려 한다. 현재까지 사용된 현대신학의 선교용어인 '원주민신학(indigenous theology)'이나 '토착화신학(inculturation theology)', '맥락신학(contextual theology)'은 흔히 비서구 현상들을 구별하기 위해 서구의 '규범적 신학 들(normative theologies)'이 사용한 것이다. 그리고 이 용어로 서구신학을 칭하는 것은 신학적 의미상 부적절하다고 본다.

이러한 지역신학의 의도를 받아들인다면, 한국 기독교신학은 규범적 신학들이 강요하는 모방을 따를 필요가 없으며 오히려 각 지역의 경험 을 소중하게 여길 수 있게 된다. 이점에서 한국 종교다원주의의 특성 을 감지하여 지역신학의 가능성을 모색하는 것이 중요하다. 특별히 종 교다원주의를 신학적 바탕으로 삼은 그리스도인의 삶을 추적해서 신 학 구상의 가능성과 문제점을 살필 때 지역신학의 첫발을 뗄 수 있을 것이다.

우리는 다음과 같은 과정을 통해 지역신학의 의도를 만족시킬 수 있 다. 첫째, 유영모를 통해 나타나는 지역신학의 동기와 한국인의 다원주 의적 종교경험 및 표현을 통해 전개되는 지역신학을 살펴본다. 둘째, 유영모의 신학내용을 구체화하는 작업이 필요하다. 이는 여러 지역신 학 간 대화를 위한 방편으로 중요하다. 셋째, 이 지역신학을 구상하는 방법론을 자세히 고찰할 필요가 있다. 이 방법론은 지역신학을 더 잘

---

1 Robert J. Schreiter, *Constructing Local Theologies*(New York: Orbis Books, 1999), p.2. 이 논문에서 '지역신학'이라는 용어는 슈라이터(Schreiter)가 사용하는 위 계적 의미를 본질적으로 배제하며, 오히려 일반적인 '지역'의 의미를 더 광범 위하게 내포한다.

구별하게 하는 요인이며, 지역신학을 이해하여 각자의 경험을 잘 해석하게 해줄 것이다.

이 연구는 기본적으로 신학적 분석방법을 방법론적 근간으로 삼는다. 유영모의 은유적이며 시적인 글들을 통해 조직적 신학체계를 이끌어 내고자 한다. 물론 유영모의 일기나 대다수 글들을 통해 드러나는 그의 사상은 이러한 체계화를 본질적으로 거부하며, 유영모 역시 이 조직체계를 원하지 않을지도 모른다. 그러나 이것은 유영모와 다른 시대 문화 속에 살지만 그와 종교적 경험을 공유하고 싶어하는 이들에게 필요불가결한 것이다. 또한 유영모 신학의 조직적 체계화는 그의 삶과 분리해서 생각할 수 없기에 그의 삶을 조명하는 사회 전기적 접근이 필요하다. 그가 말하는 대다수 신학내용은 어떤 관념이 아니라 그의 삶 속에 육화되었기 때문이다. 이외에도 유영모의 신학을 이해하려면, 한국의 종교다원주의의 특성을 설명하고 유영모의 신학적 자리를 설명해줄 현상학적 접근방법과 역사적 방법론도 고려해야 한다. 마지막으로 유영모의 신학적 자리에 대한 전지구적 공헌을 살펴보려면 서구 지역신학들과 비교하는 비교방법론도 고려해야 할 것이다.

2. 지역신학의 자리 : 한국 종교다원주의와 유영모

1) 한국의 종교다원주의

한국 종교다원주의의 근간은 층층이 쌓여 지층구조를 이루는 종교역사에 있다. 스미스(W. C. Smith)[2]가 이미 지적한 것처럼 한 종교의 역사

---

2 W. C. Smith, *The Meaning and End of Religion*(Minneapolis: Fortress Press, 1991), pp.154~169.

속에 축적된 전통과 신앙의 퇴적층은 한 종교뿐 아니라 전체 역사에서 개별종교에 따라 축적되었음을 의미한다. 그리고 종교는 살아 있는 사람 속에 내재된 생명 있는 현상이듯이 종교다원주의도 하나의 이념이기보다는 살아 있는 인간 속에 내재된 생명력 있는 현상이다. 한국종교는 뚜렷하게 무(巫)와 불교와 유교가 특정 시기에 절대적 영향을 행사하면서 지층을 형성했고 끊임없는 상호연관(interaction)을 통한 생명연계를 지속해왔다. 기독교는 이러한 지층 위에서 전래되었다.

지층의 맨 아래를 구성하는 무는 조화의 전통을 바탕으로 오랜 시간 생존할 수 있었으며, 타종교들에게도 직·간접적인 영향을 주었다. 불교는 동북아 불교의 전성시대를 열면서 원효와 지눌이 선교의 일치를 이루어낸 통합전통을 전수하여 중국불교와 차이를 보인다. 가장 최근에 그 시대를 마감한 유교는 중국유교와 분명히 구분되는 여러 가지 성과를 일구어내었다. 퇴계 이황은 중국유교를 심화하여 역으로 중국유교에 영향을 주었고, 그 성과를 바탕으로 율곡 이이는 통합논리를 다시 한 번 전개했다.

다른 지역과 구분되는 지역성을 토대로 자신의 종교문화를 일구어온 자리가 바로 한국 종교다원주의의 현장이다. 이미 모든 종교가 한국에 들어와 한국화되었고 그 위에 다른 종교들이 계속 전래된 것이다. 기독교도 이 종교적 지층 위에 전래되었고 동일하게 한국화의 과정을 밟았다. 윤이흠[3]은 연구를 통해 이미 이 사실을 발견하고 종교의식 조사에서 수많은 종교인이 복수종교를 지닌다고 지적했다. 이러한 전거를 통해서 한국인의 종교경험은 단순 구분되거나 개별 확인을 통해 드러나지 않는 복수적 경향을 띤다. 그러므로 한국인의 종교경험은 결국 종교다원주의적이라고 볼 수 있다.

---

3 윤이흠, 『한국종교연구』 2(서울: 집문당, 1991), 218쪽.

2) 유영모의 생애

1890년 3월 13일 서울에서 아버지 유명근, 어머니 김완전 사이에서 맏
      아들로 태어나다.
1905년 YMCA 총무 김정식의 인도로 연동교회에 나가다.
1910년 남강 이승훈의 초빙으로 평양 정주 오산학교에서 교사로 2년
      간 봉직하다.
1912년 기성교회에 나가지 않기 시작하다. 톨스토이와 우치무라 간조
      의 영향을 받다. 동생 영묵의 죽음으로 세상엔 완성된 게 없다
      고 생각하다. 노자와 불경을 읽기 시작하다.
1915년 김효정(23세)과 결혼하다.
1917년 육당 최남선과 교우하며 잡지 『청춘』에 기고하다.
1918년 살아온 날 수를 셈하기 시작하다.
1921년 고당(古堂) 조만식(曺晩植) 후임으로 오산학교 교장(8대)에 취
      임, 일년간 봉직하다. 이때 제자 함석헌을 만나다.
1922년 오산학교 교장직을 사임하다.
1928년 YMCA간사 창주(滄柱) 현동완(玄東完)의 간청으로 YMCA 연경
      반(研經班)을 1963년까지 35년간 지도하다.
1935년 종로 적선동 솜공장을 처분하고 고양군 은평면 구기리로 옮겨
      농사짓다.
1939년 『성서조선』 124호(1939년 5월호, 103~104쪽)에 「湖岩 文一平
      兄이 먼저 가시는데」 추도문을 기고하다.
1940년 『성서조선』 135호(1940년 4월호, 75~76쪽)에 「결정함이 있어
      라」 시편을 기고하다.
1941년 마음의 전기(轉機)를 맞아 예수정신을 신앙의 기조로 하다. 2월
      17일부터 하루에 저녁 한 끼만 먹는 일식을 시작하고, 이튿날

엔 종신토록 부부간 성생활을 끊겠다는 뜻의 해혼(解婚)을 선언하다. 12월 5일 하나님 아버지의 사랑을 절감하고 '눅임의 기쁨(一日氣溫感)'을 작시하여 『성서조선』 156호(1942년 1월호, 12쪽)에 기고하다.

1942년 1월 4일 重生日, 入敎(1905년)한 지 38년 만에 하나님과 예수를 깊이 체득하고 "부르신 지 38년 만에 믿음에 들어감"(『성서조선』 157호, 1942년 2월호, 33~38쪽), 「우리가 뉘게로 가오리까」(『성서조선』 158호 1942년 3월호, 57~61쪽)를 기고하다. 성서조선 사건으로 4~5월 57일 동안 종로경찰서와 서대문형무소에 구금되다.

1955년 일 년 뒤인 1956년 4월 26일에 죽는다는 사망예정일을 선포하다. 1955년 4월 26일부터 일기(『다석일지』)를 쓰기 시작하여 1974년 10월 3일까지 계속하다. 김흥호는 속기사를 시켜 다석의 1956~57년도 YMCA 연경반(研經班) 강의를 기록케 하다.

1959년 노자를 우리말로 번역하다.

1960년 주규식이 1960~61년도 YMCA 연경반 강의를 받아쓰다.

1965년 강원도 평창군 방림에서 농사짓는 차남 자상(自相)을 자주 찾아가다.

1977년 객사할 요량으로 6월 21일 가출했으나 23일 밤중에 순경에게 업혀 집으로 돌아오다. 그 후 거의 말을 하지 않다.

1980년 사람을 알아보지 못하다. 7월 31일 부인 김효정 여사 88세로 별세하다.

1981년 2월 3일 구기동 집에서 돌아가다. 날수로 33,200일을 살다. 2월 5일 벽제 공원묘지의 부인 곁에 묻히다.

3. 지역신학의 한국적 구상

1) 유영모의 신 이해 : 한웋님

지역신학이 신 이해를 먼저 떠올리는 것은 슈베르트 옥덴(Schubert M. Ogden)이 말한 것처럼 하나님 없이 기독교신앙에 대해 말하는 것만큼 부조리한 일은 없기 때문이다.[4] 그리고 누구든지 신 논의에 대해 정보를 제공하려면 불가피하게 이 논의에 책임을 지고 관여할 수밖에 없다. 그러므로 신 이해는 개인적 측면이 강할 수밖에 없는데, 이것은 현대신학이 그러하듯 신 이해에 대한 물음이 '타당성(validity)' 문제에서 '의미(meaning)' 문제로 전이된 것과 깊이 연관된다. 이것은 신 이해에 대한 논의가 결국 기독교 중심에 위치할 수밖에 없으며, 이 논의에 참여하는 것은 개인의 정황을 떠나서는 이해하기 어려움을 알려준다. 유영모는 이 논의에 참여하여 실천신학을 이끌어내는 기초를 놓았으며, 신 이해를 지역화했다.

유영모가 시도하는 신 이해의 출발은 기존 서구신학의 신 이해와 관련된 문제점에 해당하는 신의 원초적 절대성과 초월성으로 신의 구체적, 귀결적 관계성과 내재성을 약화시켜 서로 조화하지 못하게 만든 것에 해결책을 제시한다. 그것은 신 이해의 지역화를 통해 자연스럽게 드러나는 부분으로, 어떤 신학적 창조행위가 개입된 것은 아니라고 본다. 구체적으로는 그의 신 이해 결과인 '한웋님'이란 용어형성과 관련되고, 다른 하나는 이 용어가 나타내려는 의미와 관련된다.

한국에서 신 호칭에 관한 논의는 대개 '하나님'과 '하느님'으로 대변되며, 이 논의는 한글문법 변천과 함께 모음 아래 아자를 사용하지 않

---

4 Schubert M. Ogden, *The Reality of God*(Harper & Row, 1966), p.14.

는 것과 깊이 관련된다. 게다가 초기 개신교 선교사들이 개신교 전체에 가르친 '하나님'과 공동번역작업으로 '하느님'을 혼용하면서 아직도 통합하지 못한 신 호칭문제로 남아 있다. 이 논쟁에서 이장식은 "이 용어(하나님과 하느님)들은 성서의 하나님 개념과 어느 정도 관련되지만 둘 중 어느 하나도 신에 대한 신학적 의미를 충분히 담지 못했다"고 지적했다.[5] 그리고 노스룹(F. S. C. Northrop)이 지적한 대로, 서구는 개념을 확정지으려 하지만 동양은 개념을 확정짓지 않고 모든 것을 포괄하며 표현불가능한 영역을 고려하는 편이다.[6]

유영모는 한웋님[7]이란 용어를 그의 말년에 규칙적으로 사용하면서 다른 한자용어인 상제(上帝), 주재(主宰), 신(神)과 하나님, 한우님, 한우임등도 공용한다. 1955년 그가 일기를 쓰기 시작한 때 이미 맞춤법 개정으로 '하나님'이란 용어를 성서 번역에 사용했다는 사실을 감안한다면 그가 의도적으로 이 같은 용어를 공용했다고 볼 수 있다. 그리고 1956년 9월 10일 일기에 처음 쓴 한웋님은 이후 일기에 신의 호칭으로 일관되게 사용한다. 한웋님의 '한'은 임금처럼 존귀하고 높은 존재를 의미하며[8], 한없이 넓은 우주를 의미하는 '큼'으로 해석되었다. 그리고 '한'은 '한아'라고 말할 때 '하나'와 구별되는 큰 하나라고 표현하였다.[9] 그리고 '웋'은 위 즉 하늘을 뜻한다고 할 수 있다. 그 이유를 유영모는 하나님은 저 위에 계신 것 같기 때문이라 했다. 한국의 현대 인쇄 시스템으로는 이 '웋'자의 원래 모습을 살리기 힘들지만, 유영모는 "하나님을 한웋님이라 하고 싶은데 '웋'자는 위쪽에서 보나 아래쪽에서 보나

5 이장식, 「하나님 칭호의 신학적 근거」, 기상, 80. 7., 128.

6 F. S. C. Northrop, *The Meeting of East and West*(New York: The Macmillan Company, 1953), p.333.

7 이 한웋님은 제자들(김흥호, 박영호)의 번역이나 저술에도 잘 나타나지 않는다.

8 『다석일지』, 1956.9.28.

9 유영모, 『다석어록』(서울: 홍익제, 1993), 260쪽. 이후로 『다석어록』으로 약칭.

같아요."[10]라고 의미를 부여했다. 이를 통해 용어 자체에 형용사적 의미들을 담아 어떤 결정론적 의미를 유보하면서 진리추구에 계속 임할 수 있는 길을 열어주려 한다.

유영모의 신 호칭에 관한 이런 태도는 전적으로 그가 표방하는 실용주의적 태도와 연관된다.[11] 이 실용주의는 이론체계가 아닌 태도(an attitude)이며, 유영모의 자유롭고 독특한 언어사용을 북돋운다. 유영모는 학문과 진리를 추구하는 데 우리말의 중요성을 많이 부각시켰다. 그의 제자 김흥호에 의하면 "유영모 선생님은 우리말을 하나님의 계시요, 훈민정음을 하늘 글이라고 생각했다. 하나님의 뜻은 우리말 속에 담겨 있는 선택된 말이라고 생각했다. 그래서 하나님 뜻을 알려면 우리말을 풀어보면 된다"고 했다.[12] 그 한 예로 다음과 같은 시를 『다석일지』에서 찾아볼 수 있다.

말아 말 므로 보자 나 타고 갈 말 네게 맷스니
내 프러내 내가 타고 나갈 말을 네게 탈다
고르르 된 말슴이기 가려보믄 되리라.[13]

---

10 박영호 편역, 『동방의 성인: 다석 유영모』(서울: 무애, 1993), 197쪽.
11 유영모는 마치 거지가 먹을 것이 부족해서 아무것이나 가리지 않고 먹는 것에 자기 자신을 비유했다. 그리고 그렇게 먹어도 자신은 소화시킬 능력이 있다고 했다. 박영호, 『다석 유영모의 생애와 사상』 하(서울: 문화일보, 1996), 147쪽.
12 김흥호 편역, 『다석명상록』 1(서울: 성천문화사, 1998), 138쪽. 박영호 역시 유영모가 우리 한글이 하나님 계시로 이루어진 글이라 했다고 밝혔다. 생애 하. 134
13 『다석일지』, 1956.2.5. 다음과 같은 해석이 가능하다. "말(horse)아 말(word)을 물어보자. 내가 타고 갈 말(horse)을 너에게 매어 놓았다. 내가 타고 나갈 말(horse)을 내가 풀어내어 타고 달려야 한다. 그러나 내가 탈 말(horse)은 고르고 분석하고 가려보아야 한다."

다음으로 유영모는 한웋님을 이야기하면서 신은 없다고 말한다. 그리고 신을 아느냐고 물으면 모른다고 말한다.[14] 왜냐하면 "신이라는 것이 어디 있다면 신이 아니다. 언제 어디서 어떻게 생겨 무슨 이름으로 불리는 것은 신이 아니다."[15] 이 없음은 유영모가 이해한 동양적 무(無)와 관련된다. 예를 들어 나가르주나(Nagarjuna, 100?~200?)가 설명한 것처럼 무(無)는 불교용어로 수냐타(Sunyata)라 불리며 유(有)도 아니고 비유(非有)도 아니며, 유(有)와 비유(非有) 둘도 아니며, 그 둘의 부정도 아니다.[16] 즉 두 극단적 입장인 존재의 궁극적 부정과 존재개념에 대한 집착을 다 부정하여 무를 올바르게 파악하는 깨달음에 이르려는 것이다.[17] 그래서 유영모는 이렇게 썼다.

우리의 생명이 한없이 넓어지면 빔(공: 절대)에 다다를 것이다. 곧 영생하는 것이다. 빔(공)은 맨처음 생명의 근원이요, 일체의 근원이다. 한웋님이다.[18]

유영모는 이러한 불교적 이미지와 아울러 노장사상 속에도 유사한 의미를 엿본다. 『도덕경』 1장에 나오는 "이름이 없는 것은 천지의 시작이요 이름이 있는 것은 만물의 어머니다"[19]와 유사하게 그는 다음과 같이 쓴다.

---

14 『다석어록』, 15.

15 『다석어록』, 98.

16 See F. Streng, *Emptiness: A Study in Religious Meaning*(Nashville: Abingdon Press, 1967), p.146.

17 아베 마사오(Massao Abe)는 이를 설명하기를 이러한 이중부정은 결국 더 강한 긍정을 내포한다고 한다. Masao Abe, "Substance, Process, and Emptiness," *Japanese Religions*(September, 1980), p.31.

18 『다석어록』, 285.

19 『도덕경』 1장.

없음은 더없이 크고 완전한 것을 말한다

있음은 작게 나누어진 것들을 말한다

여기에 있고 저기에 있는 것은 수효가 많다

그러나 무극 태극은 하나이며 으뜸자리다.[20]

무로서의 한웋님만이 가장 크고 절대적이다. 유로서 존재하는 천지 만물은 절대적이지 않다. 즉 유영모는 없음을 통하여 신을 하나의 존재로 대상화하길 거부하는 적극적 의지를 보여준다. 비록 신을 최고 존재, 제일원인, 완전 실체 등으로 부를지라도 이것은 신을 제한하는 것이다. 이것을 굳이 서구신학자인 폴 틸리히의 말을 빌어 설명하면, 신이 실존한다(God exists)는 말은 신을 유한성 안에 끼워넣는 일로써 신을 부인하는 것과 다름없으며, 동시에 신의 절대성을 훼손하는 불경스러운 표현이다.[21]

그렇다고 신 부재만 주장하는 것은 아니다. 신은 없지만 계신다. 유영모는 개인이 인격적으로 경험할 수 있는 요소들을 가지고 설명한다. "내가 있으니 한웋님도 계시다고 생각해야 한다"[22]고 본 유영모는 자신한테서 비롯되는 인격적 관계를 통해 신을 이해한다. 그리고 다음과 같이 신 있음을 노래한다.

---

20 『다석일지』, 637. 원문. "無者莫大全之謂, 有者衆小分之謂, 此有彼有多數炙, 無極太極一元位." 『다석일지』는 전 4권으로 홍익제에서 출판함.

21 Paul Tillich, *Systematic Theology*, vol.1(Chicago: Univ. of Chicago Press, 1951~ 63), pp.205, 237. See Robert Ross, *The Non-Existence of God*(New York: The Edwin Mellen Pree, 1978), pp.1~45, 70~155 ; Adrian Thacher, *The Ontology of Paul Tillich*(Oxford: Oxford Univ. Press, 1978), p.71.

22 『다석어록』, 269.

한읗님은 어디나 계신다. 한읗님은 언제나 사신다. 영원전부터 무한 끝까지 영원히 서 있지만 변함이 없고, 무한히 돌아가지만 없어짐이 없다.[23]

신의 조화로운 본성이 있다는 태도에는 궁극적 실재를 비인격적으로 경험하는 불교와 인격적으로 경험하는 기독교에 아무 거리낌이 없다. 바로 유영모의 하나 사상이 이 문제를 해결하는 열쇠다. 그의 하나에 대한 태도는 그의 사상 전반에 나타나며, 이미 한읗님을 설명할 때 '한'에서 그러한 의도를 보인다. 그러나 이 하나는 통일이 아니고 바로 완전한 조화를 의미한다. 나아가서 이 하나 사상은 그의 글 속에서 자주 언급되듯이 "無極과 太極"이라는 동양적 세계관과 아주 깊이 연관된다.[24] "허무는 무극이요, 고유는 태극이다. 태극 무극은 하나이며 하나는 신이다. 有의 태극을 생각하면 無의 무극을 생각하지 않을 수 없다"[25]면서 있음과 없음의 관계에 대한 그의 생각이 어떤지 잘 밝혀준다.

유영모의 신 이해는 동양적 우주관 위에 기초하며, 신 호칭은 한국의 종교다원주의 상황 안에서 동양의 실용주의적 입장을 살린 종교적 태도에서 나왔다. 이것은 유한한 것 너머의 절대적 삶을 산 것이 아니라, 유한한 것을 관통하는 보편적 삶을 살아온 그의 전 생애가 보여 준다. 보편은 언제나 신과 인격적 관계에 머무르며, 그 관계를 통해 신을 인식할 수 있게 해준다. 아울러 신을 인식하는 주체인 인간에 대해 유영모는 가족적 관계성과 신의 초월성으로 말미암은 인간의 책임을 강조하여 인간을 신 이해에 머물러 있도록 한다.

23 김흥호, 『다석명상록』 1, 494쪽.
24 『다석어록』, 241쪽 ; 『다석일지』 1, 637쪽.
25 『다석어록』, 240쪽.

2) 그리스도론적 접근 : 얼 그리스도론

신에 대한 유영모의 지역적 이해는 자연스럽게 기독교의 중심을 구성하는 예수 이해를 불러일으킨다. 그의 신학사상 속에서 신 이해가 기독교를 이해하는 기초라면 그리스도 이해는 기독교신앙을 실천하게 하는 근거다. 신약성서나 초대 교회역사는 예수 그리스도와 그리스도의 복음에 대한 어떤 단일하고도 규범적인 이해와 표현을 보여주지 못한다. 초대교회의 다양하고 구체적인 상황과 배경, 그리고 신약성서의 기록 목적이 다양한 사고의 범주 및 용어로 예수를 이해하고 표현하게 했기 때문이다.[26] 이렇게 지역적이고 시대적인 맥락을 반영하는 것이 "예수는 누구인가?"라는 물음에서 매우 중요하며, 유영모도 이 질문에 자신의 지역과 시대를 반영하여 전개하였다.

유영모의 그리스도론 구성에서 중요 역할을 하는 것은 '얼'이다. 얼은 사회 역사적이고 정신사적인 의미를 반영하는 용어이다. 유영모는 이 용어를 종교적 의미로 삼아, 요한복음 6장 63절에서 생명을 주는 것은 얼(영)이라 번역한다. 그리고 이 얼은 육과 구분된다. 나아가 "인간의 주인은 얼이다"[27]라고 말하는 한편, 이 얼은 몸에만 제한되지 않고 우주로까지 확대된다. 이 얼은 한웋님한테서 온 씨다. "하나님의 얼은 나무다. 씨가 어디서 왔나, 나무에서 왔다. 나무는 씨의 근원이다. 예수는 하나님으로부터 왔다. 그리고 씨가 터져 나오면 나무가 된다. … 얼로는 예수도 나도 다 하나님의 씨다."[28]

이러한 은유 외에도 얼을 사용하는 유영모는 유교의 성(性)이 개체와

---

26 Aloys Grillmeier, *Christ in Christian Tradition*, trans. by John Bowden(London: Mowbrays, 1975), p.33.

27 『다석어록』, 24쪽.

28 『다석어록』, 148쪽.

전체를 포괄해주는 것에 주목한다. 『중용』 첫머리의 천명지위성(天命之謂性)을 해석할 때, 천명을 '참 생명'으로 보아 주희가 제시한 유리론(唯理論)적인 '하늘의 명령'을 거부한다. 유학자 이기동도, 내 육체가 가진 "살려는 마음"은 다른 사람이 가진 살려는 마음과 동일하며 살아 있는 모든 물체에 존재하는 그것과도 같다고 했다.[29] 그러므로 성(性)은 내 삶을 유지해간다는 측면에서는 개체적이지만 다른 생명체에 존재하는 것과 동일하다는 측면에서 전체적이다. 유영모에게 이 성에 비견되는 참 생명의 존재가 바로 얼이다. 나아가 불교에서 사용하는 용어인 불성(佛性)에서 성의 역할을 주시한다. 유영모가 생각하는 불성이란 유교적 성에서 확인한 것과 동일하게 인간 속에 있는 영원한 생명을 의미한다.[30] 이외에도 많은 부분에서 불성을 얼로 언급하지만, 유영모는 불교적 개념을 언급하기보다는 오히려 얼을 유교와 불교의 특정 개념을 통해 새롭게 해석하려는 측면이 농후하다.

그러면 이 얼을 매개로 유영모의 그리스도론을 살펴볼 때, 몸의 예수는 그리스도가 아니라고 유영모는 말한다. 예수의 몸(flesh)은 얼과 상대되는 의미를 지녀서, 예수 역시 탐진치의 삼독(三毒)을 지니고 수성(獸性)의 모습으로 살았음을 가리킨다. 그러므로 인간 예수는 우리 몸과 같이 죽을 수밖에 없는 완전한 인간이다. 이것은 유영모가 예수를 평가절하하려는 것이 아니다. 오히려 예수를 우리 경험영역 바깥에서 이해하던 종래의 예수 이해를 거부하는 것이다. 기독교역사 속에 비추어 보아도, 예수 몸이 그리스도라면 완전한 인간이라는 예수의 본성을 놓치지 않으려던 노력들은 헛수고인 셈이다. 유영모 시각에서 보면, 이렇게 된다는 것은 예수를 하나님 자리에 올려놓는 것이고 나아가 우상숭배다.

---

29 이기동, 『대학중용강설』(서울: 성균관대학 출판부, 1990), 92쪽.
30 박영호, 『다석 유영모의 불교사상』(서울: 문화일보, 1996), 47쪽.

그렇다면 그리스도는 무엇인가? 몸의 예수가 그리스도가 아닌 것은 그리스도가 얼이기 때문이다. 얼은 여러 사람에게 여럿으로 보일 뿐 하나의 얼이다. 그래서 그리스도를 어떠한 특정 개인으로 믿고 따르는 것은 잘못이다. 이 얼은 우주적이고 역사적이고 인류적인 얼이기 때문이다.[31] 몸의 예수에 대한 이해와 마찬가지로 그리스도에 대한 이해도 새롭게 해야 한다. 그리스도를 문자적 의미에 따라 해석하면 본래 의미에서 벗어날 수밖에 없다. 유영모의 생각은 「그리스도의 의미」라는 다음 시에 나타나 있다.

그리스도란 뜻을 정말 알기 어렵다. 어떻게 정의내릴 수 있겠는가. 기름부음을 받았다는 뜻이라면 小我가 믿고 좇아갈 목적이 될 수 있지만, 성령의 부으심을 받았다 하면 大我가 성장하는 길(도)이 될 것이다.[32]

유영모가 강조하는 그리스도의 진정한 의미는 세상의 직위나 권세로서 육적인 것이 아니다. 오히려 육적 측면에서 보면 아무것도 아니지만 하나님 앞으로 올라갈 수 있는 성령의 부으심이라는 것이다. 그러므로 예수의 얼을 그리스도로 보지 않고 자연인 예수를 그리스도로 보는 것은 잘못이다.

유영모의 두 번째 그리스도 이해는 더 고조된다. 그는 그리스도에서 예수를 분리시킨 후, 다음으로 하나님에서 예수를 분리시키려 한다. 이것은 역으로 예수를 그리스도와 하나님에서 분리하지 못하고 혼동하는 관념에 도전하는 것이다. 몸의 예수가 그리스도가 아니듯 예수는 하나

---

31 박영호, 『다석 사상정해』(서울: 홍익제, 1994), 111쪽. 이후로 『다석 사상정해』로 약칭 표기.

32 김홍호, 『다석명상록』 2, 165쪽. 基督名義: 基督意義政解難, 定義如之何處到, 傳油小我信順標, 注靈大我成長道 『다석일지』 1, 518쪽.

님이 아니다. 왜냐하면 우리 인간이나 예수는 다같이 하나님이 창조했기 때문이다. 그러므로 예수나 우리는 하나님 아들은 될 수 있어도 하나님은 될 수 없다. 그래서 그는 이렇게 쓴다.

> 사람을 숭배해선 안 된다. 그 앞에 절할 분은 참되신 하나님뿐이다. 종교는 사람을 숭배하는 것이 아니다. 하나님을 하나님으로 깨닫지 못하여 사람더러 하나님 돼 달라는 것이 사람을 숭배하는 이유다. 예수를 하나님 자리에 올려놓는 것도 이 때문이고 가톨릭이 마리아 숭배하는 것도 이 까닭이다.[33]

그러므로 하나님만 예배해야 한다. 예수나 석가, 그 외 어떤 사람도 신성화하는 것은 우상숭배다. 예수가 행한 유일한 것은 "아버지께서 하신 그대로를 이루는 것"[34]이었다. 그럼에도 유영모가 예수를 붙드는 근거는 다른 측면에서 찾을 수 있다. 유영모는 예수를 유교적 관점에서 부자유친의 완성자로 인정한다. 유교의 효는 모든 종교의 핵심이며 효의 실제 실천은 부자유친이다. 여기서 '부(父)'는 육적인 부친만이 아니라 얼의 근원이신 하늘의 아버지를 의미한다. 하늘의 아버지에게 예수는 완벽한 효도를 보여주어 우리 스승이 되었고 믿음 대상이 되었다. 이 믿음은 그냥 예수를 알거나 따라가는 것이 아니고, 그가 지고 간 십자가의 길을 따라 그의 신앙을 실천하는 것이다. 유영모가 찾아낸 예수의 배타적 성격은 하나님의 외아들이 아니라 가장 완벽한 본보기라는 데 있다.

세 번째로 그는 그리스도가 예수만이 아니라고 한다. 왜냐면 "말씀 곧 얼의 몸입음(신학적 용어로 육화)은 예수만의 일이 아니요 모든 사

---

33 『다석어록』, 278쪽.
34 같은 책, 340쪽.

람의 공통된 일"[35]이라 보아야 옳다. 요한복음 기자가 예수에게만 얼의 몸입음을 한정시킨 것은 결정적 오류라 할 수 있다.[36] 요한복음에서 독생자란 하나님의 생명인 얼의 존재를 깨달은 자다. 그는 하나님을 아버지로 부르는 참나이다. 이 참나야말로 시공에 속한 몸나를 초월하는 절대이며, '나지 않고 죽지 않는 영원한 생명'이다.[37] 그래서 유영모는 이렇게 분명하게 선언한다.

> 기독교 믿는 자는 예수만이 그리스도라 하지만 그리스도는 예수만이 아니다. 그리스도는 영원한 생명인 하나님으로부터 오는 성령이다.[38]

유영모는 그리스도를 하나님의 얼이라고 밝히면서, 인간에게 줄곧 오시는 얼인 성령을 말한다. 인간은 이 얼을 받아 거듭나야 참 인간이 된다. 그러므로 예수와 우리 속에 있는 얼은 동일한 얼이다.

예수의 얼이 그리스도라면 인간의 얼도 그리스도라고 말할 수 있다. 얼, 즉 하나님의 절대생명으로서 인간과 예수는 공통되기 때문이다. 이 과감한 발상은 유영모의 하나님·얼·예수 이해를 통해 조명하면 자연스러운 것이다. 우주에 참생명으로 존재하시고 모든 피조물과 경계 없이 관계 맺으시며 인간 안에 동일하게 존재하시는 하나님의 얼은 인간과 예수의 관계를 어렵지 않게 해준다.

마지막으로 유영모의 그리스도 이해 중 가장 중요한 측면은 우리가 그리스도라 부르는 것의 실체를 하나님의 얼로 보는 것이다. 그래서 유영모의 그리스도 이해를 신학적 용어로 표현하면 얼 그리스도론이라

---

35 『다석 사상정해』, 118쪽.
36 같은 책, 118쪽.
37 같은 책, 119쪽.
38 『다석어록』, 344쪽.

부를 수 있다. 이와 관련해서 유영모는 그리스도를 이해하기 위해 하나님의 얼을 어떻게 그리스도 이해의 중심에 세우느냐에 몰두했다. 그는 이 문제를 예수 자신의 그리스도 인식에서 끌어내고자 한다.

예수도 당시 이스라엘 백성이 가졌던 메시아사상에 대해 모를 리 없었다. 그럼에도 예수는 메시아 이해에 대해 전혀 다른 입장을 표명한다. 유영모는 말하기를 "요한복음 8장 15절에 너희는 육신으로 판단하나 나는 안 한다. 세상은 그리스도까지도 육체로 판단하려 한다. 육을 쓸데없다고 말하면서도 그리스도의 생애를 문제 삼는다. 생애가 문제가 아니라 말씀이 문제다."[39] 그리고 "예수는 빛이라고 한다(요한 12,46) 빛은 정신이다. 얼이다. 정신의 자각이 빛이라는 말이다."[40] 이런 관점에서 예수는 제자와 백성들의 잘못된 사상, 특히 그리스도가 다윗 후손 가운데서 나온다는 믿음 등을 지적한다고 이해할 수 있다.

그렇기 때문에 얼의 생명 차원에서는 나너 구별이 없다. 그럴 때 나는 "더 이상 개인으로서의 작은 나(小我)가 아니고 모든 나를 통틀은 참나(眞我)요 큰나이다." 바로 이 큰나가 그리스도요, 하나님의 아들이다.[41] 예수가 이 땅에 온 목적도 이것을 알리기 위해서다. 유영모는 말한다.

예수가 이 땅에 온 것은 사람의 참 생명이 그 몸에 있지 않고 얼에 있음을 알리기 위해서다. 그는 하나님 아버지께서 주신 얼이 그리스도임을 가르쳤다. 아버지의 얼은 아들의 얼보다 크지만(요한 14,28), 아버지와 같이 나지 않고 죽지 않는 영원한 생명이다.[42]

---

39 『다석어록』, 143쪽.
40 『다석어록』, 149쪽.
41 『다석 사상정해』, 108쪽.
42 『다석어록』, 137쪽.

이러한 유영모의 예수 이해는 인간 예수의 구체적 삶을 진지하게 고려했을 뿐 아니라 예수의 형이상학적 본성을 얼 그리스도로 이해하여 충족시킬 수 있었다. 그래서 하나의 역사적 특정존재로서 신적 로고스를 완전히 독점, 해소하는 것이 아니라 모든 인간에게 그 길을 개방해 놓는다. 이점은 분명 기존의 전통적 그리스도 이해의 그리스도 독재주의, 그리스도 우상주의[43]와는 차이를 보여준다. 그리고 전통적 그리스도론과 연관된 얼 그리스도론은, 구약과 신약의 영(the Spirit)의 역사와 예수 그리스도를 긴밀히 관련지어 그리스도의 특이성과 보편성을 신구약성서 전체를 통해 드러낸다.

3) 실천신학 구상 : 귀일신학

유영모의 실천신학은 이미 논의된 한웋님과 얼을 통한 그리스도 이해의 기반 위에 있다. 유영모의 신학은 어떤 신학적 특이성에 중점이 있기보다는 근본적으로 지역성에 기초한 실천 지향적 신학방법론이다. 귀일(歸一)이란 용어는 이미 원효의 기신론에 나오는 귀일심원(歸一心原)과 비교할 수 있으며, 방법론에서 유영모는 이것을 빌어왔다고 생각된다. 유영모는 귀일을 신에게 돌아가는 길로 설명하면서 "돌아감"의 행위를 신의 말씀을 이루는 행위로 보았다. 아울러 귀일의 실체를 신을 강하게 "붙잡는" 행위로도 표현하는데, 이는 자신을 향한 단순한 권면이 아니라 강한 명령을 포함한다. 이러한 그의 구체적 깨달음은 바로 생명의 완성을 보여준 예수 때문에 가능했다.

그러므로 귀일은 유영모 자신의 믿음을 펼쳐 나가는 가장 기본조건이다. "마치 모든 초목이 태양에서 왔기 때문에 언제나 태양이 그리워

---

43 Mary Daly, *Beyond God the Father*(Boston: Beacon Press, 1973), p.69.

서 태양을 머리에 이고 태양을 찾아 하늘높이 곧장 뻗어가며 높이높이 서 있는 것처럼, 사람은 하나님께로부터 왔기 때문에 언제나 하늘로 머리를 두고 언제나 하늘을 사모하며 곧장 일어서서 하늘을 그리워하는 것 같다. 사람이 하나님을 찾아가는 궁신(窮神)은 식물의 향일성과 같이 인간 가장 깊은 곳에 도사린 인간 본성"[44]이다. 이를 통해 유영모는 "하늘로부터 땅에 내려 왔다가 다시 위로 올라가는 것을 '길'이라 보고 그 길을 환하게 걸어감이 '진리'라고 보며 아버지와 아들이 환한 빛으로 하나가 되는 것을 생명"[45]이라 생각했다. 길과 진리 생명이 모두 귀일 속에 있는 것이다.

이와 같은 귀일을 가능하게 한 예수의 귀일은 도대체 무엇이었을까? 이 물음에 답할 때 유영모를 귀일이라는 실천신학의 장으로 나서게 한 요소들을 함께 다룰 수 있다. 유영모는 예수와 그리스도의 구별과 관계에서 무시하기 쉬운 예수의 삶과 선포를 귀일을 통해 새롭게 경험한다. 예수는 완전한 효를 행한 효자다. "유교에서 효는 부모에게 하는 것을 말하지만, 마침내 하나님에게 바치는 마음이 참된 효다. 하늘 아버지께 효할 줄 알아야 인간 아버지에게 효할 수 있다. 효의 실상은 하나님에게 하라는 것이다. 하나님을 바로 아는 사람은 최선의 효를 할 수 있다." 신약성서 기자들도 예수를 하나님과 연결시키는 칭호로 하나님 아들을 사용한다. 그는 사랑하는 아들(마르 1,11 ; 9,7 ; 12,6)이요, 독생자(요한 1,14.18 ; 3,16.18 ; 1요한 4,9)이며, 맏아들(로마 8,29 ; 골로 1,15.18 ; 히브 1,6 ; 묵시 1,5)이다.

이 신약성서 기록들이 예수 자신의 사실적 언어에 근거했든 저자들의 고백적 표현이든, 하나님과 예수를 연결시키는 독특한 표현임에는 틀림없다. 아들로서 예수는 아버지 하나님과 관계를 유지하기 위해 아

---

44 『다석어록』, 39쪽.
45 같은 책, 167쪽.

버지가 주신 사랑(agape)을 통해서 자신을 이웃에게 내어주었다. 그는 병든 사람을 치유하고, 많은 사람에게 새롭고 훌륭한 인생의 가능성을 열어주기 위해 몸소 결혼과 가정, 재물 소유와 부 축적이라는 많은 가능성을 버렸으며, 세상 사람이 으레 누리는 삶조차 버리고 갔다. 이 모든 것은 아버지의 뜻에 전폭적으로 순종하며 살았기 때문에 가능했다. 아버지 뜻을 하나도 어기지 않고 아버지 방식대로 온 세상 사람에게 도전하는 아들의 삶이었다.[46]

예수의 귀일은 결국 돌아가야 할 대상인 아버지에 온전히 의존하는 것이다. 아버지는 보편적 사랑을 지니셨다. 신의 사랑은 주는 사랑이다. 인간이 무언가 특별한 자격을 가져서가 아니라 당신 자녀이기 때문이다. 그래서 예수는 그가 전하는 사랑 법칙대로 죽기까지 했다. 예수가 목숨까지 내어 놓은 이 사랑은 그가 아버지한테서 왔기 때문이다. 마치 식물이 태양을 향하듯 인간 속에는 그러한 본성이 자리잡고 있다.[47] 그러므로 귀일의 '하나'는 영원한 신비이신 신(하나님), 즉 아가페 자체이기도 하다. 아가페가 가장 잘 드러난 곳은 예수이듯, 아가페는 귀일을 통해 구체적으로 나타날 수밖에 없다.

여기서 귀일이 갖는 실천신학의 구상을 엿볼 수 있다. 예수의 모범은 누구보다 완전하지만 그렇다고 다른 인간경험을 무시하거나 배타적 우월감을 갖지 않는다. 그의 모범은 오히려 완벽한 하나님의 실체를 드러내는 것이었다. 예수는 신의 현존 앞에 있다는 사실을 생생하게 의식하는 인간으로 행동했고 자신을 신의 목적 안으로 이끌어가시는 엄숙한 인격적 힘을 경험했다. 그리하여 신의 현존을 그의 삶 속에서 살고 다른 사람에게 무한히 열어주는 본보기가 되었다.

따라서 그의 모범은 예수 자신뿐 아니라 우리에게 신앙모델로서 계

---

46 『다석명상록』 1, 68쪽.
47 『다석어록』, 39쪽.

속 의미를 준다. 기독교의 종교경험이란 예수의 모범을 통해 드러난 귀일 속에 우리 삶 전체를 가져다 놓는 것이며, 이를 통해 사회에서 모든 인간이 귀일 속으로 들어올 수 있도록 돕는 우리 자신의 모범까지도 포괄한다.

우리가 예수의 실천에 응답하는 그리스도인으로서 귀일을 실천할 때 예수의 모범에서 충분한 동기와 영향을 받으며, 그의 실천은 우리가 이해할 수 있는 생생한 모델이 된다. 예수가 전통적 그리스도교 신조가 선포하는 신성을 지니지 않고 우리 이성을 넘어선 신비와 결합되지 않아도, 그는 여전히 그리스도교신앙 중심에 설 수 있다. 이로써 진정한 개방 속에서 신의 본성을 지닌 본모습을 그대로 드러내는 자로 예수를 이해할 수 있다. 그러므로 예수와 그의 모범적 신앙 없이는 아버지를 더 잘 알 수 없다.

결론적으로 귀일이 가진 종교경험의 가장 근원적이고 가장 궁극적 특성은, 우리 신앙의 도그마화를 막아주고 계속 신앙 속으로 몰입하게 해준다는 점이다. 그리하여 그리스도교의 종교성을 회복하고 우리 관심을 종교에서 하나님으로 돌려놓아, 우리 믿음이 예수가 전한 복음의 실체를 믿는 것이라고 일깨워줄 것이다.

4. 결론

한국의 종교다원 상황에서 지역신학을 구상하는 일은 유영모의 신학적 성찰과 실천신학 방법론으로 어느 정도 성과를 거두었다. 물론 유영모가 지역신학을 시도한 유일한 사람은 아니지만, 한국의 종교다원주의를 감안한다면 그가 가장 중요한 공헌을 했다고 할 수 있다. 그 공헌을 요약하면, 먼저 그는 한국의 종교다원주의를 거부하지 않고 그의 전 삶을 통해 받아들였다. 한국신학계의 기존 풍토에서 그가 한국의 종교다원주의 속에서 신학할 수 있는 가능성을 열어주었다는 점은 고무적이다. 두 번째로 그는 지역신학을 위해 지역언어를 사용했다. 지역언어의 개념과 경험을 신학작업의 주요과정 속에서 확인할 수 있다는 것은 지역신학의 미래를 위한 아주 중요한 첫걸음이다. 세 번째로는 본문에서 자세히 확인한 신 이해를 들 수 있다. 그가 제시한 "없이 계신 한웋님" 이해는 서구적 신 이해를 지역화한 중요한 보기이며, 다른 신학 방법론에 영향을 미칠 수 있는 아주 중요한 작업이었다. 동시에 다른 지역의 지역신학에도 강한 동기를 줄 수 있으며, 서구적 신 이해에도 영향을 줄 수 있다. 네 번째로 유영모의 얼 그리스도론이다. 이것은 한국의 여러 자생 신학들에게 부족했던 그리스도론 문제를 다루었다는 점에서 그 논의의 여하에 따라 중요한 역할을 할 수 있다. 마지막으로 유영모의 신학방법론이자 그 방법론적 신학의 결실인 귀일이다. 이것은 이론과 실천을 조화시키는 중요한 공헌을 할 수 있다. 신학은 학문적 연민이 아니라 인간 본래성을 깨달아 새 삶을 추구하는 것이기 때문이다.

이러한 유영모의 공헌은 현대 그리스도인이 당면한 종교다원주의 문제에도 공헌한다. 먼저, 배타적 태도를 극복하게 해준다. 유영모도 경험했듯이 구분할 수 없이 육화된 한국의 종교다원적 상황을 받아들이고 그를 통해서 더 나은 해석과 경험들을 내어놓는 것이 더 중요하기 때문이다. 자신 속에 내재된 상황을 구분하고 배척하는 것은 무의미하다. 둘째로 통합적 신 이해를 제시한다. 없음과 있음, 한웋님으로 이어지는 그의 통합적 관점은 신학 개념에 붙잡히지 않는 신 이해를 제시한다. 셋째로 신학언어로서 은유적 언어의 가능성을 보여 준다. 유영모의 일기나 글이 제시한 은유는 개념 속에 끊임없이 개방하는 새로운 신학언어의 가능성을 열어준다.

5
현대신학의
제문제

현대신학에 대한 반성과 전망

예언신학과 지혜신학의 변증법을 위한 시론[*]

민경석

(클레어몬트 대학원 신학교수)

1970년대 이후의 현대신학은 지금 깊은 어려움에 봉착해 있다. 현대신학은 부족신학으로 파편화되고 전체에 대한 감각을 상실했으며, 교회들로부터 소외되고 세계화의 도전에 응답하려는 능력이나 관심을 상실하였다. 우리는 신학에 새롭게 접근해야 할 카이로스 시기에 살고 있다. 지금의 카이로스는 하느님 말씀과 하느님에 관한 말씀(logos)인 신학이 더 적절한 보편성을 지녀야 하고, 교회의 포괄적 요구들에 진정 관심을 보이며, 세계화의 인간적 함의에 예민한 새로운 신학을 요청한다. 이 새로운 접근을 위하여 필자는 예언(prophetic)신학과 지혜(sapiential)신학의 두 모형사이에 균형이나 상호보완이 아닌 방법론적 긴장을 제창하고자 한다. 이를 위하여 먼저 예언자적 행동신학에 압도된 현대신학의 상황을 비판적으로 분석하여 그 공헌과 약점을 지적할

---

* 이 논문은 필자의 저서, *Paths to the Triune God*: *An Encounter Between Aquinas and Recent Theologies*(Notre Dame, IN: University of Notre Dame Press, 2005)의 7장을 약간 수정하고 축소한 것임을 밝혀둔다.

것이다. 둘째로 예언신학과 지혜신학 두 가지 유형의 특색들을 검토한
다. 셋째로 이 두 유형사이의 상호긴장 또는 변증법적 만남을 통하여
한쪽의 강점과 다른 쪽의 약점이 서로 도전하는 새로운 신학 방법론을
제시하고자 한다.

1. 현대신학의 현황

현대신학을 통틀어 엉망이라고 한다면 그것은 과장임에 틀림없다. 그
러나 현대신학이 적어도 대단히 혼란스러운 모습을 보여주었다고 한다
면 그것은 과장이 아니다. 거의 30년 넘게 현대신학은 방법론, 관심,
관여대상 등에서 점점 활발한 다원성을 보였다. 부분적으로는 급격한
사회변화의 도전에 응답하고자, 또 대부분은 서구식민주의 역사에 내
포된 정치적, 신학적 억압으로부터 벗어나고자 그리스도교 신학은 새
소리, 새 안건, 새 방법론을 추구하였다. 이것들은 고전적 서구신학만
이 유일 규범이고 보편신학이라는 주장의 환상의 탈을 벗겼고, 다시는
어떤 신학도 그것만이 절대 보편신학이라고 주장하지 못하게 만들었
다. 30년 넘게 신학의 다원주의는 축제를 벌여왔다. 그러면서 많은 것
을 얻었다. 이념적 자기비판, 의심의 해석학, 여러 소수민족과 여성을
해방하는 신학적 필연성, 교회 민주화와 세계해방 과정에 더 깊은 관
여, 우주에서 인간이 차지하는 위치에 대한 새로운 반성, 문화와 종교
적 타자에 대한 새로운 존경심. 모든 신학은 이와 더불어 다른 많은
것을 더 이상 무시할 수 없다.

　게다가 새 천년대와 새로운 세기를 맞아 신학은 또 하나의 전환점을
맞았다. 한편으로 현대신학의 활력과 창조적 상상력은 이제 모두 바닥
난 것 같다. 지난 몇 년 동안 현대신학은 어떤 새로운 자극이나 새로운

통찰력도 보여주지 않고 이미 토의한 것들만 반복할 뿐이다. 또 다른 한편 신학의 극단적 다원주의는 스스로의 약점을 교정할 수 있는 중화제, 즉 새롭고 오래된 인간분열의 여러 경계선을 넘어 아무리 달라도 공통된 인간성을 공유하며 온 인류의 상호연대를 말할 새로운 신학의 태동을 요구한다. 세계도 바뀌어 여러 민족과 문화가 인터넷이라는 공통공간에서 서로 만나면서, 사람들은 서로의 차이를 절실하게 느끼는 동시에 남들과 함께 살아야 할 필요성도 똑같이 절실하게 느낀다. 세계화의 신학적 의미는 무엇인가? 진정 우리는 새로운 종류의 신학을 요청하는 새로운 카이로스에 살고 있다.

우선 현대신학 방법론의 확산을 이야기해보자. 서구 근대성의 혁명이 데카르트의 방법론서설과 초기 근대 서구철학의 비판적 인식론으로 시작되었듯이, 현대신학의 급격한 변화도 새로운 방법론의 도입을 통하여 이루어졌다. 해석학, 선험적 방법론, 이야기, 수사학, 실천, 경험, 문화언어학, 토착화, 해체주의, 탈식민주의 같은 것들은 지난 30여 년 동안 도입된 새로운 신학방법들이다. 그러나 이것들은 그저 방법론에만 그치는 것이 아니었다. 그것들은 바로 신학을 다른 방향으로 이끌기 위하여 의도적으로 선택된 방법이었고, 따라서 그 자체로 새로운 내용의 새 신학을 구축하려고 시도하였다.

다양한 방법 속에는 다양한 신학적 관심이 내포되어 있다. 라틴아메리카의 억압받는 가난한 이들의 해방과 미국의 흑인 해방 요구가 불러온 해방의 바람은 백인 여성, 다른 소수민족 여성, 모든 소수민족, 아메리카 원주민, 히스패닉계 미국인, 아시아계 미국인, 그리고 자연에까지도 확산되었다. 그런가하면 상호의존적 세계에서 함께 살아야 하는 상황은 타종교와 타문화를 존중하고 대화하라는 요구를 확대시키고 있다. 그리스도교는 아직도 아시아와 아프리카 지역문화와 지역종교 안에 토착화할 과제를 안고 있다. 그리스도교의 세계참여를 강조하는 이러한 관심과는 대조적으로, 세계참여가 오히려 그리스도교 정체성을 파괴한다고 염려하면서 전통으로 회귀하여 그리스도교 정체성을 회복하려는 움직임도 있다.

신학방법론이 신학적 중립에 머물지 않고 신학내용과 관심사를 내포하듯이, 신학적 관심사도 나름의 신학주체, 대상, 상황을 전제로 한다. 사실 자기 고유의 상황에서 일어나는 신학적 관심사들을 걸맞는 방법으로 표현하는 이가 바로 신학주체다. 유럽의 전통적 백인 남성 신학자 외에도 최근까지 서구 그리스도교 역사 속에서 본인의 소리를 내지 못했던 이들의 신학적 음성을 들려준다. 모든 민족의 여성과 남성이 신학주체가 되어 자기 고유의 성과 민족에게 자신의 고유한 상황과 고통을 말한다. 그래서 지금은 민족 숫자만큼 여러 종류의 신학이 존재하면서 각자의 피해 역사, 그리스도교에 대한 전망, 미래에 대한 희망을 말하고 의심과 회복의 해석학에서부터 설화, 해체, 탈식민주의론에 이르기까지 다양한 방법론을 구사한다.

이러한 신학적 진전은 여러 면에서 긍정적인 공헌을 했다. 여러 집단은 상이한 여러 방법이 오랫동안 부재했던 그들 나름의 그리스도교 이상을 제시함으로써, 그동안 억압되었거나 망각되었거나 미진했던 그리스도교의 여러 차원과 측면을 특별히 부각시켜왔다. 이들 신학은 본질상 여러 역사적 억압에 대한 반발이며, 자기만의 이상을 모든 이에게 부과하여 억압을 정당화해온 서구 그리스도교 전통에 대한 반응이다. 그 반응과 반발은 역사적으로 정당했고 절박했으며 해방적이었다. 그리고 그것은 우리 모두를 더 풍요롭게 만들었다.

그렇다고 현대신학에 심각한 문제가 없는 것은 아니다. 현대신학은 많은 심각한 문제를 안고 있다. 그중에 가장 기본적인 것은 신학이 신학답지 않게 극도로 파편화되었다는 것이다. 문제는 다양한 신학이 그 나름의 시각과 안건과 방법을 가졌다는 점에 있지 않고, 그 나름의 시각, 안건, 방법을 절대화함으로써 다른 신학들에 대하여 스스로 폐쇄하고, 신학을 한 개 부족의 정치학, 역사, 사회학으로 축소시켰다는 데 있다. 서로 다른 성과 민족을 내세우는 집단들은 서로 대화가 없고 다른 억압받는 집단들의 호소도 듣지 않는다. 각자 자기 자신의 시각이나 이해를 챙기고 변호하지 않으면 다른 그 누구도 그렇게 해줄 리 만무하다는 우려가 팽배하고 있다. 각 집단은 세계의 혈투장에서 관심과 자원과 권력을 위하여 서로 경쟁하지 않으면 안 된다고 믿는다. 따라서 성과 민족의 경계를 넘어 일정한 통일성, 보편성, 연대성을 말하려는 모든 시도는 의혹의 눈길을 받고 허물을 벗기고 저항해야 할 전체화와 지배를 위한 기도로 간주된다. 각 집단은 오직 자기와 자기집단의 해방만을 위할 뿐 다른 모든 집단에 대해서는 의혹과 경계심만 있을 뿐이다. 많은 집단에서 평등권 획득이 아직도 요원한 목표로 남아 있고 그를 위한 피눈물 나는 투쟁이 계속 요구되는 이 시점에서 이러한 상황은 민족과 성들 간 관계 사회학으로만 본다면 아무 이상한 것이 없다.

그러나 그것을 신학적 상황으로 본다면 큰 불행이 아닐 수 없다. 특수집단이 그동안 신학 역사에서 억압받았던 고유한 시각과 요구를 가지고 신학을 함으로써, 계속되는 보편교회의 신학적 성찰에 고유하게 기여하고, 의심의 해석학적 접근을 통하여 신학전통 속에 포함되어 있는 온갖 억압적 이념과 비인간적 요소를 제거하려는 것은 합당하고 공평한 일이다. 그러나 전통에 대한 이 부정적 비판에만 그치고 자기 시각만 절대화하여 특정집단의 요구만을 표현하는 신론, 그리스도론, 구원론에만 매달린다면 심각한 문제를 초래하지 않을 수 없다. 지난 몇십 년간 신학자들의 전형적 질문은 하느님, 그리스도, 구원, 은총 등이 특정집단, 예를 들어 백인여성, 미국 원주민, 흑인, 흑인여성 등에게 각각 무엇을 의미하는가였다. 최근에는 이 특정집단들이 내적 차이에 따라 더욱더 세분화되었다. 예를 들어 여성집단은 민족, 계급, 성적 경향에 따라 더 세분된다.

그러나 이 경향은 특정집단의 시각과 요구뿐 아니라 대화를 통하여 타집단의 시각과 요구도 포함하는 하느님, 그리스도, 구원의 진정한 보편성을 회복하려는 노력은 소홀히 한다. 의심의 해석학의 목적은 보편성을 주장하는 특정시각의 허구성을 폭로하는 것이지, 또 하나의 특수성을 절대화시키고 거기 안주하려는 것은 아니다. 어느 시각도 어느 정도의 특수성은 면치 못할 것이지만, 시각의 특수성은 영원히 고정된 것이 아니며 대화와 변증법을 통해 더 보편화될 수 있다. 그것은 마치 보편성이라고 하여 고정된 것이 아니고 정도의 차이를 내포할 수 있는 것이나 마찬가지다. 특정 시각은 언제나 더 보편적이고 덜 특수하도록 노력할 수 있다.

한걸음 더 나아가서 우리는 주장하는 내용(content)과 주장의 시각(perspective)을 구별할 필요가 있다. 주장의 시각은 항상 정도 차는 있지만 특수성을 면할 수 없다. 그러나 주장하는 내용은 많은 경우에 보편성을 띤다. 사실 모든 중요 주장은 보편주장이다. '하느님'에 관한 모든 주장은 본래 보편주장이다. 왜냐하면 그리스도교 전통에서 모든 피조물의 창조, 구원, 재창조에 관여하지 않는 비보편적인 것은 하느님으로 간주할 수 없기 때문이다. 모든 신학적 주장은 궁극적으로 하느님과 관련되어 있고 하느님을 궁극적 맥락으로 삼기 때문에 본래 보편성을 지닌다. 이것은 그리스도, 죄악, 구원, 은총, 교회 사명 등에 관한 모든 신학적 주장에 해당한다. 하나의 시각이 특수성을 지니는 것은 정상이다. 그러나 특수한 시각이 오직 특수한 내용과 요구만 내포해야 된다는 것은 비정상이다. 특정집단의 시각이라고 하여 그 집단의 특수한 역사와 이해에만 국한된 하느님을 고집하는 것은 하느님 개념 자체를 부정하는 것이다. 아무리 특수한 시각이라도 하느님 개념 자체의 보편성을 모색하도록 노력할 수 있다. 어느 특정집단의 시각과 요구에만 해당되는 주장은 사회학·역사학적 주장은 될지 몰라도 신학적 주장은 될 수 없다. 주장의 시각과 내용의 차이를 구별하지 못하는 것은 모든 피조물과 온 인류의 하느님을 하나의 부족신으로 전락시키고 신학을 사회학으로 전락시킴으로써 궁극적으로는 신학을 파괴한다.

신학이 스스로를 절대화하는 다양한 집단의 특수 주장들로 파편화되었다는 사실은 대단히 불행한 일이다. 그리고 이것은 심각한 결과를 초래한다. 첫째로 신학을 특수집단의 요구와 시각으로 축소시킨다는 것은 신학의 기본내용에서 진정한 보편성을 상실하고 신학의 진정한 신학적 성격을 상실한다는 의미다. 우리는 특수집단의 시각과 요구를 기초로 하느님, 그리스도, 구원 등이 저들 집단에게 무엇을 의미하는지는 토론해도, 그 특수성 속에, 그 특수성을 통하여, 그 특수성을 넘어서, 우리 모두에게 무엇을 의미하는지에 대해서는 토론하지 않는다. 특수집단마다 자기요구에 부응하고 그러다 보니 그 집단 방식대로 다시 만들어진 부족신이 생긴다. 비록 우리의 하느님 개념은 특수하고 따라서 그 의미에 충실하기 위하여 항상 자기초월이 필요함에도, 보편성과 전체성의 궁극적 기초인 '하느님' 개념이 망각되었다. 어떤 하느님 개념이 고의로 또 자기만족 때문에 특수주의적이라면 그것은 진정한 하느님 개념일 수 없다.[1] 그러기에 데이비드 트레이시(David Tracy)는 신학은 반드시 '공공성(public)'을 띠어야 한다고 주장한다. 완전 사적이거나 특수한 신학은 하느님에 대한 학문일 수 없고, 보편적인 하느님에 관해 말하지 않는 신학은 하나의 좋은 문화이론은 될 수 있어도 신학일 수는 없다.[2]

---

1 Karl Rahner, *Foundations of Christian Faith*, trans. William Dych(New York: Seabury Press, 1978), pp.46~51.

2 David Tracy, *The Analogical Imagination: Christian Theology and the Culture of*

둘째로 신학의 보편성 상실은 계급, 성별, 종족, 종교, 국가, 문화 차에 따라 상이한 집단 간 심각한 반목과 소외를 반영하고 조장하기도 한다. 집단 정체성을 초월하는 통일성이나 상호연대성이나 공통된 인간성에 대한 감각은 찾아볼 수 없게 되었다. 한국계 미국인 남성으로서 나는 백인여성신학, 히스패닉계통 여성신학, 또 흑인여성신학, 흑인신학, 미국원주민신학 등 그 많은 민족신학이나 여성신학에 포함되지 않고, 어쩌다 포함된다면 한 남성으로서 비판대상일 뿐이다. 이 모든 신학이 그리스도교 신학이라 자처하는데, 나는 분명 그리스도교 신학자지만, 이들은 나를 철저히 무시하고 제외시켜버린다. 따라서 나는 나름의 신학인 한국계 미국신학을 해야 한다. 모든 집단은 따라서 그 나름의 신학을 하라고 강요받는다. 하느님의 보편성과 하느님 안에서 그리스도를 통하여 성령께서 이루시는 온 인류의 상호연대성에 대한 감각을 회복하려는 시도는 전혀 없다. 전통신학이 한 신학, 즉 백인남성 서구신학의 묵시적 인종중심주의와 남성중심주의의 희생자였다면, 현대신학은 분명한 자기의식을 가지고 인종중심주의와 성중심주의를 추구하는 많은 신학들의 상호경쟁에 짓눌린 피해자라 할 수 있다.

셋째로 현대신학의 이 특수주의적 파편화는 포괄적 요구를 지닌 교회로부터 신학을 분리시키는 결과를 가져왔다. 이들 신학은 대개 해방신학이며 억압에서 해방되는 것을 최대 관심사로 간주하고 다른 모든 것을 해방의 관점에서 고려한다. 이것은 동시에 신학들이 사회문제와 그 문제를 해결하려는 인간실천에 집중하고 또 거기 제한되어 있음을 말한다. 그러나 항구적 제도인 교회는 사회적인 것, 정치적인 것을 초월하는 포괄적 요구를 내포한다.

인간해방과 사회정의를 가르치고 실천하는 것은 그리스도교 정체성

Pluralism(New York: Crossroad, 1981), pp.51~52.

의 본질을 이루지만, 교회는 이외에도 다른 많은 것을 고려해야 한다. 교회의 정체성과 연속성에 필수적인 종교교육과 교리교육은 사회정의에 관한 것 외에도 그리스도교 교리 전체를 포함해야 한다. 성찬례는 사회정의의 의무를 상기시켜주어야 할 뿐 아니라, 해방을 포함하는 동시에 그것의 초월을 펼치시는 하느님께 감사하고, 하느님을 찬미하며 영광을 드려야 한다. 교회는 현재와 미래뿐 아니라 과거와 전통도 챙겨야 한다. 전통과의 연계는 스스로를 역사적 종교로 간주하는 그리스도교 정체성에 특별히 중요한 의미를 지닌다. 교회는 또 교회 모든 성원에게 세상에서 그리스도를 따르는 방법으로 영성을 교육해야 한다. 영성을 통하여 신자들 마음은 삼위일체이신 하느님을 경험하도록 깊어지고, 그 사랑 속에서 모든 창조세계와 인류를 포함하도록 넓어지며, 세상에서 유익한 사랑을 실천하는 능력을 받는다. 교회는 또 노인, 청소년, 병자, 죄수 등 다양한 요구를 지닌 모든 집단에게 사목적 배려와 상담을 제공해야 하며, 이것은 사회정의 문제를 초월하는 것이다.

교회가 지녀야 할 관심사들은 특정 소수민족과 성의 해방을 초월한다. 사회정의 같은 어느 특정 요구가 다른 많은 요구에도 넓은 함의를 갖는 대단히 절박한 요구일 수 있다. 그러나 사회정의를 포함한 어느 특정 요구도 모든 요구를 포함할 만큼 보편적일 수는 없다. 신학이 실제로 다른 모든 요구를 소홀히 하면서까지 한 가지 요구에만 매달린다면 그것은 두 가지 불행한 결과를 초래하게 된다.

한편으로 신학은 교회의 포괄적 요구를 만족시키지 못하여 교회로부터 스스로를 소외시키고, 또 다른 한편으로는 신학만이 제공할 수 있는 체계적, 포괄적 성찰을 상실하여 교회를 즉흥적, 시의편승적, 피상적 대안으로 희생시켜버린다. 그 결과는 우리가 오늘날 주류교회에서 관찰하는 바와 같이 혼란과 무력감의 범람이요, 신자들이 주류교회를 떠나 그 밖에서 새로운 의미와 위로를 찾는 것이다.

헤겔철학이 제시한 종교의 세속적 책임과 1989년 베를린장벽이 붕괴될 때 종교의 역할에 대해 어느 학자는 정치적 내용 말고 아무 다른 내용도 없는 종교의 미래에 다음과 같은 도전적 질문을 던졌다.

평화를 위한 주간기도회 형식으로 조용한 혁명은 시작되었다. 그것은 교회를 떠나 시가지로 퍼졌고 한 정치인은 군대에 명령하여 "우리가 국민이다"라고 외치는 군중에게 발포하지 말라고 주문하였다. 그 결과 장벽은 무너졌고 하나의 국가는 붕괴되었다. 이것이 바로 종교의 '세속화' 현상인가? 물론 그럴 것이다. 그러나 라이프치히 교회들은 다시 조용하고 또 텅 비어 있다. 이것도 종교의 '세속화'가 의미하는 것인가? 만일 1989년에 교회가 사회 불만세력들의 '윤리적 공간'이었다면, 이러한 불만이 공적으로 표출될 수 있는 지금 교회 역할은 무엇이어야 할까? 교회는 거룩한 저항의 공간으로 남아 있어야 될까? 그런데 내용도 없이 그렇게 할 수 있을까?[3]

소수민족 차별과 성 억압의 장벽은 여전히 허물어지지 않음에도 이 지적은 계속 도전이 된다. 억압 문제가 교회와 세속정치 문제로 점차 대두됨에 따라, 신학과 교회 역할과 내용이 무엇이어야 할까라는 문제는 피할 수 없는 것이 되었다. 해방 말고 신학에 다른 내용이 있는가? 해방 이후에도 신학은 생명을 유지할 수 있을까?

현대신학의 파편화현상은 본래 전체에 대한 감각상실에 기인한다. 전통신학의 내용은 그 주장만큼 보편성을 갖지는 못했어도 나름대로 전체에 대한 감각을 유지하고 있었다. 그러나 지금 우리는 어느 부족,

---

3 Michael Vater, "Religion, Worldliness, and Sittlichkeit," in David Kolb(ed.), *New Prespectives on Hegel's Philosophy of Religion* (Albany, NY: SUNY Press, 1992), p.212.

국가, 또는 민족만의 신이 아닌, 모든 존재자의 초월적 원천이요, 모든 피조물과 온 인류의 하느님으로서의 하느님에 대한 감각을 상실하였다. 여성만의, 라티노만의, 흑인만의 그리스도가 아닌, 그를 통하여 모든 것을 창조하신 볼 수 없는 하느님의 모상이며, 모든 이를 위해 살고 죽었으며 부활하신 새로운 아담으로서, 온 인류를 일치로 부르는 새 인류의 머리인 그리스도에 대한 감각을 상실하고 있다. 또 우리는 전체라는 인류감각, 공통된 신학적 운명을 갖고 공통된 실존적 생활조건을 공유하는 상호연대와 상호의존 공동체, 죄인들과 성인들의 공동체라는 감각을 상실하고, 상호대립하는 남자, 여자, 흑인, 그리고 다른 소수민족들의 집합, 때로는 궁극목표까지 서로 다른 집단이라는 감각밖에는 없다. 교회에 대한 감각도 마찬가지다. 시대, 장소, 요구의 보편성을 지닌 보편교회에 대한 감각은 없어지고, 특정지역, 집단, 성을 위한 교회밖에 없으며, 삼위일체이신 하느님 안에서 모든 피조물과 온 인류를 일치시키는 성사로 온 인류의 모든 요구를 충족시키려는 교회는 없어지고 오직 행동하는 교회만 있을 뿐이다. 전체로서의 삶에 대한 감각도 상실하여 개인적인 것과 사회적인 것, 행동과 관상, 인간적인 것과 우주적인 것, 시간과 영원을 모두 망라하며 수많은 차원과 조건과 요구를 아우르는 전체로서의 삶의 의미는 없어지고 오직 상이한 요구의 단순 집합이라는 삶만 남아 있다.

마지막으로 오늘날 대단히 절박하게 요청되면서도 결핍된 것이 있다면, 그것은 특수집단의 해방은 물론 모든 중요한 인간문제의 공통 맥락인 세계적 맥락에 대한 진지한 의식이라 하겠다. 세계적 자본주의 경제 역학은 상이한 집단들을 무한히 복잡한 상호의존 그물 속에 함께 모아, 한편으로는 서로 다른 타자성에 더욱 민감하게 만들고, 또 한편으로는 타자들과 함께 사는 방법을 모색하도록 강제한다. 모든 전통적 정체성의 장벽을 허물어버리는 것도, 삶 전체를 상업화하는 것도, 모든 윤리적 책임감을 무기력하게 만드는 것도, 독립국의 주권을 상대화하는 것도, 또 자연을 파괴하면서 온갖 경제적 불평등과 불안정성을 조성하는 것도 세계시장의 동력때문이다. 이것은 성, 종족, 계급, 국가, 종교, 문화 차이에도 모든 특수집단이 예속되지 않으면 안 되는 공통맥락이며 상황이다. 이 맥락을 변형시키고 인간화할 수 있다면, 그것은 오직 모든 집단이 연합할 때만 가능하며 지금처럼 특수주의적 민족주의와 성 중심주의로 파편화되었을 경우에는 전혀 불가능하다.

그런데 현대신학의 현장을 보면 우리 모두가 살고 있는 세계적 맥락의 공통 위기에 당면하여 종족과 성 차이를 넘어 연대하려는 어떤 노력도, 또 그런 노력에 대한 절박함도 찾아볼 수 없다. 우리는 각자 특수성의 포로가 되었다. 자연파괴는 환경신학자만의 관심으로 남아 있고, 오늘날 전개되는 삶 전체의 광범한 저속화현상을 걱정하는 이는 아무도 없다. 어떤 집단도 세계은행, IMF, 세계무역기구가 미국과 미국기업들의 압력하에서 제3세계 많은 나라들에 정책을 부과하여 발생시킨 인간적 고통을 고민하는 것 같지 않다. 온 세계에 그 탐욕과 위선을 떨치며 영향력을 넓혀가는 미국의 일방적 제국주의가 빚어내는 세계적 결과에 아무 집단도 문제를 제기하지 않고 있다. 각 집단은 오직 자기집단의 종족적 또는 성적 정체성에만 집착하면서, 자신의 억압된 과거를 회복하고 자신의 해방만을 성취하려고 분주하며, 모든 정체성을 상대화시키고 모든 문화적 가치를 천박하게 만들며 새로운 형태의 억압을 창조하는 세계적 맥락은 무시한다.

이제는 하느님의 궁극성에 대한 감각을 어느 정도 되찾을 때이며, 그리스도론, 신학적 인간론, 교회론에서 신학적 보편성을 회복하기 위해 노력할 때이다. 또 우리 인간의 운명에 관한 전체감각, 연결성, 상호연대성을 더욱 의식하고 오늘날 모든 투쟁의 공통맥락인 급속한 세계화 추세 속에서 모든 중요 문제들의 상호의존성에 특히 주목해야 한다.

그러나 전체에 대한 감각을 되찾기 위해 전비판적(precritical)이 아닌 후비판적(postcritical) 방법을 사용하는 것도 중요하다. 우리는 모든 특수성과 함께 억압받는 이들의 울음소리를 못들은 체 할 수 없다. 필자는 전통적 유럽신학의 기만적 보편성으로 무조건 되돌아가라고 주장하는 것이 아니다. 앞으로 다루겠지만 전체 감각 없는 신학은 신학일 수 없고, 억압받는 이들에게 우선적 관심을 갖지 않는 신학은 그리스도적일 수 없다. 따라서 우리에겐 전체성과 특수성 모두가 필요하다. 필자가 지금까지 비판한 것은 특수성 자체가 아니고, 자기 속에 갇혀 있는 자기만족이고 자기를 절대화하는 특수성이다. 그러면 한순간도 해방의 지상명령을 잊지 않으면서 어떻게 전체성에 대한 감각을 되찾을 수 있을까? 그것은 대체로 해방실천 위주의 예언신학이 득세한 현대신학에 관상적 지혜를 도입하고, 지혜와 예언 사이의 단순한 균형이나 상호보완이 아닌 긴장을 유지하는 데 있다. 또 이 두 신학을 두 가지 상호병행하는 신학이 아닌 동일한 신학의 서로 뗄 수 없는 측면으로 보는 데 있다.

2. 예언신학과 지혜신학 : 신학의 두 가지 유형

신학을 유형화하는 데는 여러 가지 방법과 기준이 있다. 우리는 신학을 트레이시의 주장대로 사고, 언어, 행동의 인간학적 기준에 따라 현시(manifestation), 선포(proclamation), 역사적 행동(action)의 신학으로 분류할 수 있고, 방법론적 기준에 따라 초월적, 해석학적, 해방적, 설화적, 탈근대적 신학으로 분류할 수 있다. 교파를 기준으로 가톨릭, 개신교, 정교신학으로 분류할 수 있고, 민족이나 성별 기준에 따라 흑인신학, 히스패닉신학, 미국원주민신학, 백인여성신학, 흑인여성신학 등으로 분류할 수도 있다. 필자는 행동적 예언신학(activist prophetic theology)과

현대신학에 대한 반성과 전망 417

관상적 지혜신학(contemplative sapiential theology)의 두 가지 유형으로
신학을 분류하고자 한다. 그것은 현대신학 상황이 내포하는 여러 모순과
문제에 가장 적절한 분류이다. 이미 지적한 현대신학의 문제점들은 모든
방법론, 교파, 종족, 성 차이를 넘어서 모든 신학을 곤경에 빠뜨린다.

필자의 분류는 인간지능을 관상 또는 이론, 사변 지능과 행동·실천
지능으로 나누는 서구의 고전적 구분에 기초한다. 사변지능의 목적은
지혜요, 궁극성, 전체성, 필연성 속에서 모든 것을 보고 관조하는 것이
고, 실천지능의 목표는 현명(prudence)하게 역사의 우발성과 특수성 속
에서 적절한 행동과 변혁으로 인간성을 완성하는 것이다. 사변지능의
역학은 실재를 있는 그대로 궁극성과 보편성 속에서 인지하고 수동적
관상의 대상으로 파악한다. 실천지능의 역학은 현실을 특수한 역사 속
에서 마땅히 그래야 하는 당위로 파악하고 변혁적 행동대상으로 다룬
다. 사변지능의 목적은 실재 있는 그대로를 이해하는 것이요, 실천지능
의 목적은 행동 대상과 수단으로 현실을 인지하는 것이다. 행동은 언제
나 역사적으로 규정적이다. 즉 그 상황, 자원, 목표, 그리고 결과에 있어
서 특수성을 지닌다. 행동을 위한 실천학문으로서의 신학은 따라서 목
적과 관심과 범위에서 특수성, 지역성, 제한성을 지니기 마련이다. 그
반면에 역사적 행동의 필연성을 벗어난 관조를 위한 사변학문으로서의
신학은 그 목적과 범위가 보편성을 띤다. 그 관심과 내용을 볼 때, 행동
(action, praxis)은 신학의 특수화를 요구하고, 관상(contemplation)은 신
학의 보편화를 요구한다.

따라서 관상적 지혜신학의 목표는 실재의 전체성, 궁극성, 깊이를 관
조하는 것이고, 실천적 예언신학의 목표는 행동을 통하여 현실의 우발
성과 특수성을 고려하면서 그것을 변혁하고 인간화하는 것이다. 두 유
형의 차이는 관상과 행동, 고전적 의미에서 '지혜(wisdom)'와 '현명
(prudence)', 보편성과 특수성의 차이라고 할 수 있다. 우리가 해방의

특수성과 신학의 보편성 사이의 모순을 고려한다면 트레이시의 현시, 선포, 행동의 유형학조차도, 선포신학이 어디에 기우느냐에 따라 관상신학과 행동신학의 긴장에로 축소될 수 있다. 그러면 잠시 각 유형의 특징을 비교적 자세히 기술해본다.

행동과 실천신학인 예언신학은 행동이 포함하는 여러 특성을 그대로 가졌다. 첫째, 행동의 목적이 항상 특수하고 규정적인 것처럼, 예언신학도 그 시대 특수문제의 해답을 얻고자 모든 관심을 집중한다. 구스타보 구티에레스(Gustavo Gutierrez)가 해방신학을 기술하듯이, 해방신학은 "특수문제들에 관심을 기울인 데서" 파생하고 "역사의 특정 시간과 장소에 얽힌 현실에 생명을 바쳐 관여"하고 있다.[4] 그 특수문제는 십자가 망각, 참 신앙 상실, 정치와 경제적 억압, 성차별, 치명적인 자연파괴 등일 수 있다. 예언신학은 시대의 징표를 식별하여 특수하면서도 그 시대의 많은 다른 문제와 연관될 만큼 중요한 문제에 응답하려고 한다. 이 중심과제를 올바로 선택하기 위해 모종의 사회분석이 필요하다. 예언신학은 시대의 추세와 압박으로 말미암아 신앙의 핵심가치가 위기에 처했다는 의식에서 출발한다. 예언신학은 본래 한 시대를 규정짓는 핵심 위기에 응답하는 신학이다. 따라서 현재 위기에 집중하고 그 위기에 대한 비판적 사회의식이 끝나면 그 신학도 종말을 고한다. 새로운 위기에 대응하고자 다음 신학에 자리를 내어주고 역사에서 사라지는 것이다.[5]

둘째로 예언신학은 신앙과 그 시대가 가장 주목하는 위기에 응답하기

---

4 Gustavo Gutierrez, *A Theology of Liberation: History, Politics, and Salvation*(Maryknoll, NY: Orbis, 1988 ; 15th anniversary edition), 11 and 10.

5 신학의 역사적 적절성(relevance) 개념에 대한 훌륭한 분석은 Clodovis Boff, *Theology and Praxis: Epistemological Foundations*(Maryknoll, NY: Orbis, 1987), pp.175～185 참조.

때문에 그 관심사는 의도적으로 한쪽에 치우친다. 예를 들어 어느 특수 집단의 해방 같은 특수한 문제를 삶과 신앙의 중심으로 보고 그리스도의 정체성 자체가 거기 달려 있다고 생각하면서 이론과 실천을 그 문제 해결에 바치며, 신앙과 삶의 다른 문제들을 오직 그 문제와 연관지어 평가하고 직접 관련이 없는 다른 모든 문제는 소홀히 하거나 무시해버린다. 이 편파성은 예언신학 방법의 본질을 이룬다. 후안 루이스 세군도(Juan Luis Segundo)가 간단명료하게 말했듯이 "성서는 보편적 하느님의 보편적 인간에 대한 담화가 아니다. 우리는 오늘 우리의 구체적 역사상황에 비추어 하느님께서 우리를 부르시는 해방에 가장 유익한 부분이 될 하느님 계시를 발견하고 하느님 말씀으로 명시해야 하기 때문에 편파성은 정당화된다. 같은 계시의 다른 부분들은 내일 자유로운 우리 여정을 완성하고 교정하는 데 도움이 될 것이다. 동일한 성서에서 하느님은 우리에게 말씀하시려 계속 찾아오실 것이다."[6] 편파성은 신앙과 삶 전체에 관한 모든 적절한 문제와 제목을 체계적이고 포괄적으로 다루려는 노력을 의심하고, 시대의 가장 절박한 문제에만 관심을 쏟는다.

셋째, 행동을 요구하는 특수문제에 깊이 골몰하는 예언신학은 특수집단 속에 그 기초적 행동주체와 대상이 육화하고 뿌리내린다. 시대의 위기는 그것이 흑인이든, 히스패닉 여성이든, 인도의 달리트나 라틴아메리카의 혼혈인이든, 특수집단의 고통으로 드러나고 구체화된다. 이처럼 예언신학은 각 특수집단을 '우선 선택'하는 특수신학이다. 예언신학은 특수민족들의 고통 속에서 생겨나 저들의 경험을 성찰하고 저들의 요구에 부응하려 노력하면서 그 신학의 행동주체와 대상이 되어 호소한다. 예언신학의 규범과 '제일차 원천'은 이 특수 경험들과 요구로 구성된다.[7] 제임스 콘(Cone)이 흑인신학의 해석학적 원리에 관하여 한

---

6 Juan Luis Segundo, *The Liberation of Theology*(Maryknoll, NY: Orbis, 1976), p.33.
7 Ada Maria Isasi-Diaz, *En la Lucha, In the Struggle: Elaborating a Muherista Theology*

말은 모든 예언신학에 해당된다. "흑인에게 맞는 모든 하느님 이야기의 규범은, 흑인해방의 필요한 혼을 제공하는 흑인 메시아로서 예수를 시현하는 것이다."[8] 흑인신학은 '오직' 흑인공동체에만 책임을 지며 "미국에서 흑인혁명을 위한 몇 가지 윤리적, 종교적 범주를 제공하면서 흑인의 신학적 자기규정을 조리 있게 표시하고자 노력한다."[9] 따라서 민중과 유기적으로 연대하고 그들 경험에 실존적으로 참여하는 것은 예언신학을 완전하게 하는 본질로 간주된다. 예언신학의 관심과 주체와 대상은 특수하고 지역적이다. 고통 받는 인류를 전체적으로 말하거나 인간 고통을 일반적으로 말하는 것은 금기시된다. 그것은 특수집단의 고통이 갖는 구체성과 유일성을 희석하는 것이기 때문이다.

넷째, 특정 위기에 대한 실천적 해답을 찾는 예언신학은 본래 행동을 강조한다. 중요한 것은 유익한 결과를 가져오는 행동이다. 따라서 예언신학은 삶에 임하는 일반적 태도로서 피동적 수용성보다는 능동적 행동과 참여를 강조한다. 그것은 행동인류학, 역사 안의 행동자임을 말하는 인간학에 기초하고, 사유와 존재의 인식자를 강조하는 고전적 인간학과 대조된다.[10] 인간이 역사주체요, 역사는 주어진 것이 아니고 인간이 만든 것이므로 억압구조도 인간이 해체할 수 있다는 개념은 예언신학이 가장 선호하는 개념이다. 예언신학은 조직신학을 윤리학과 통합하여 억압받는 민중의 윤리적 자율성을 도모하고자 한다.[11] 따라서 예언신학은 본래 정치적이며 억압관계와 권력구조를 변혁하고 인간화하는 것을

(Minneapolis: Fortress, 1993), p.175.

8 James H. Cone, *A Black Theology of Liberation*(Maryknoll, NY: Orbis, 1982 ; 2nd ed.), p.38.

9 Cone, *A Black Theology of Liberation*, p.10.

10 필자의 *Dialectic of Salvation: Issues in Theology of Liberation*(Albany, NY: SUNY Press, 1989), pp.27～28, 163～169.

11 Isasi-Diaz, *En la Lucha*, pp.4～5.

목표로 한다. 예언신학의 지배적 덕목은 희망이며, 종말론적 희망이 아닌 역사적 희망이다. 그러므로 가장 큰 유혹은 역사에 절망하는 것이다.

다섯째, 변혁에 투신하는 예언신학은 과거와 전통과 전체 역사를 부정적 시선으로 보면서, 적극 긍정하고 감상해야 할 어떤 것이 아닌 오직 변혁시켜야 할 대상으로 간주한다. 전통이 이념적으로 억압의 추문에 깊이 연루되었음을 한순간도 잊지 않으면서, 회복의 해석학보다는 의혹의 해석학에 더 관심을 갖는다. 유일한 목표인 해방이 절박하고 중요하다고 강조하는 예언신학은 전통에 억압적 이념이 들어 있고 전통 속의 비억압적 요소는 현재의 긴박한 문제들과 무관하다고 보아 전통 전부를 기각하려 한다. 현재를 위하는 예언신학은 현재 '유익한'[12] 어떤 것을 전통 속에서 발견하지 못하는 한 전통과 모든 유대를 끊어버린다. 제임스 콘이 분명히 지적했듯이 "흑인신학은 흑인해방투쟁에 유익한 그리스도적 전통에만 관심을 갖는다. 과거를 돌아보면서 흑인신학은 그리스도적 전통이 미국에서 흑인억압과 어떻게 관련되었는가?"를 질문한다.[13] 예언신학은 전통 전체 속에, 또 신앙과 삶의 선조들이 경험한 것과 지혜가 축적된 전통 속에서 아무 긍정적인 것도 발견하지 못한다.

예언신학은 여러 억압형태, 예를 들어 성차별, 민족중심주의, 계급주의, 종족주의 때문에 전통이 오염된 사실에 주목하여 전통 전체를 범죄시하며, 전통의 구원 가능한 측면에 침묵함으로써 전통 전체를 부분이

---

12 Letty M. Russell, "Search for a Usable Past," *Human Liberation in a Feminis Perspective*: *A Theology*(Philadelphia: Westminster, 1974), pp.72~103. 이런 의미에서 성 토마스를 따르는 여성주의 신학자로서 대다수 여성주의자보다 전통에 더 동정적인 엘리자베스 존슨은 신의 불가해성, 유비, 신의 여러 명칭에 관한 고전적 전통을 신에 대한 해방적 언어를 재구성하는 유용한 자료로 고려하고 있다. 그녀의 *She Who Is*: *The Mystery of God in Feminist Theological Discourse*(New York: Crossroad, 1992), pp.104~123 참조.

13 Cone, *A Black Theology of Liberation*, p.35 ; emphases added.

아닌 전체로 단죄한다. 메리 데일리(Mary Daly)가 주장하듯이 "신학과 윤리 개념체계 전체가 성차별사회의 이해에 봉사하는 경향이 있다."[14] 엘리자베스 존슨(Elizabeth Johnson)도 삼위일체 전통 전부를 통째로 단죄한다. 그녀는 말한다. "삼위일체 상징은 서구에서 지난 몇천 년 동안 [평등한 이들의 공동체에서 사랑의 관계를 촉진하는 데] 실패하였다. 그것은 등한시되었고 문자대로 해석되었으며 호기심 대상으로만 취급되거나 그 의미와 완전 동떨어진 개념적 곡예술로 분석되었다. 따라서 그 교리는 대부분 알아들을 수 없고 종교적으로 쓸모없는 것으로 전락하였다."[15]

여섯째이며 마지막으로, 행동을 통하여 특수집단의 해방을 추구하는 실천신학인 예언신학은 신중심이 아니고 인간중심이다. 그것은 일차로 역사와 인간문제를 취급하고 이차로만 하느님, 삼위일체론, 창조세계에 대한 신의 안배, 모든 사물의 궁극 목표와 완성이신 하느님을 다룬다. 예언신학이 어쩌다 하느님과 삼위일체 문제를 다룰 때는, 바로 하느님 교리를 역사해방의 지상명령에 적응시키고 해방의 신학적 정당화를 위하여 체계적으로 그 교리의 전통적 내용을 다시 해석하려 할 때다. 예언신학도 지혜와 이성적 지식을 담은 신학의 역할을 필요로 할 수 있지만, 그것은 오직 그 시발점, 내용, 목표인 실천과 관련하여 다시 정의하고 상황화하기 위해서다.[16] 따라서 예언신학의 재구성은 축소하고 심지어는 투사하는 식이다. 그리스도교 교리의 의미는 인간해방을 촉진하는 이념적 역할로 축소된다. 예를 들어, 몰트만(Moltmann), 보프

---

14 Mary Daly, *Beyond God the Father: Toward a Philosophy of Women's Liberation* (Boston: Beacon Press, 1973), p.4.

15 Elizabeth A. Johnson, "Trinity: To Let the Symbol Sing Again," *Theology Today* 54:3 (October 1997), pp.300~301.

16 Gutierrez, *A Theology of Liberation*, p.11.

(Leonardo Boff), 엘리자베스 존슨은 삼위일체 교리를 세 동등한 위격의 공동체로 재구성하는 즉시 전체주의적 억압을 비판하고 민주주의적 평등을 옹호하는 데 적용시킨다. 결국 신학은 인간학의 투사라는 포이에르바흐(Feuerbach)의 주장이 정당함을 보여준다. 몰트만의 삼위일체론이 "오직 인간에게 다시 끌어들이기 위하여 인간적 특징 [상호의존적 존재인 위격]과 실천적 함의를 하느님께 돌리고" 현재의 인간이해를 "위험하게 절대화한다"고 비판하는 제임스 매키(Mackey)의 주장에도 큰 진실이 있다.[17] 이런 비판은 거의 모든 예언신학에 해당된다.

종합적으로 말한다면 예언신학은 일부러 포괄적 신학이 아닌 부분적이고 지역적인 신학을 추구한다. 그것은 종교적 중요 문제들보다 하나의 역사적 위기에 집중하며 온 인류가 아닌 특수집단을 위하여 일면적 방법을 선택하여, 관상보다는 행동에 투신하며 전통 전체를 의심의 눈으로 단죄하고 신보다 인간을 중심에 놓는다. 이것은 현대신학의 주류를 형성한 모든 예언신학의 공통본질을 이룬다.

그에 반하여 아타나시우스에서 아우구스티누스, 아퀴나스까지 모든 고전신학을 포함하는 지혜신학은 모든 면에서 예언신학의 정반대 편에 서 있다. 지혜신학의 고전적 예인 아퀴나스 신학을 기초로 지혜신학의 특징들을 살펴보기로 한다.[18]

지혜신학은 관상적 지혜를 가지고 만물의 궁극적 시초이며 목적이신 하느님을 관조하고, 다른 모든 것은 '하느님의 의미(sub ratione Dei)',

---

17 James P. Mackey, "The Preacher, the Theologian, and the Trinity," *Theology Today* 54: 3(October 1997), 364 ; 이와 비슷한 비판으로 Colin Gunton, "The God of Jesus Christ," *Theology Today* 54: 3(October 1997), 329 참조. 신과 삼위일체 개념을 재구성한 예로는 Elizabeth A. Johnson, *She Who Is* ; Leonardo Boff, *Trinity and Society*(Maryknoll, NY: Orbis, 1988), Jurgen Moltmann, *The Trinity and the Kingdom* ; James H. Cone, *A Black Theology of Liberation* 참조.

18 필자의 성 토마스 해석에 대하여는 *Paths to the Triune God* 참조.

곧 하느님과의 관계와 하느님을 향한 움직임 속에서 관조하고 평가한다. 따라서 첫째, 지혜신학은 어느 하나의 역사문제에 집중하지 않고 모든 문제를 궁극 목표이며 완성인 하느님과의 위계 관계 속에서 다룬다. 신학은 먼저 하느님과 관련된 것이므로 다른 모든 것을 하느님과 관련하여 본다. 신학 대상은 하느님, 하느님의 존재, 하느님의 속성, 하느님의 삼위일체적 삶, 하느님이 모든 피조물과 맺는 창조와 구원 관계다. 인간 문제뿐 아니라 우주, 심지어 천사문제를 포함하는 모든 본질적 문제들을 다루며 우발성, 유한성, 목적론, 섭리 등의 문제를 토의한다. 인간문제를 다룰 때도 그 문제의 모든 본질적 차원, 즉 역사적 해방문제와 영원한 운명의 문제, 역사적 모순과 실존적 모순 문제들, 개인적 존재와 사회적 존재 문제들, 육체와 영혼 문제들, 지능, 의지, 감성 문제들, 행동과 관상 문제들을 모두 다룬다. 하느님이 모든 사물의 궁극적 기원이며 목적인 것처럼 전체에 대한 시각과 전체감각은 지혜신학의 본질을 이룬다.[19]

둘째, 신중심적 전체감각을 지닌 지혜신학은 문제를 다룰 때 일면만을 고려하지 않고 모든 면을 고려한다. 그것은 체계와 포괄성을 지향하며, 모든 것을 궁극적 기원과 목적이신 하느님과의 적절한 목적론적 상호관계 속에서 이해하고자 한다. 그러한 체계적, 포괄적 시각을 지닌 지혜신학도 조직 원리를 필요로 한다. 그저 모든 것을 열거만 하고 즉흥적으로 분석할 수는 없기 때문이다. 그러나 지혜신학의 조직원리는 해방이나 무신론처럼 특수한 지배적 역사문제가 아니고, 하느님이 모든 사물과 맺는 보편적, 위계적, 목적론적 관계다. 지혜신학이 부각시키는 것은 바로 하느님, 하느님 은총을 통한 창조와 구원, 하느님께로 가는 길인 그리스도다. 지혜신학은 인간구원 문제도 특별히 강조하지 않는다. 하느님이 모든 피조물을 창조하셨다는 공통된 창조의 맥락 속에서

---

19 신학의 고유 대상에 관한 토론은 Aquinas, *Summa theologiae*, Part I, Question I 참조.

다룰 뿐이다. 하느님과의 목적론적 관계 속에서 지혜신학은 모든 것을 포용한다. 이것은 성 토마스 아퀴나스의 신학대전 세 부분과 611개의 문제 — 한 문제가 지금 하나의 학술논문에 비길 수 있는 — 로 다룬 모든 제목을 생각해보면 쉽게 알 수 있다.

셋째, 전체에 대한 시각인 지혜신학은 신학 맥락이나 주체나 대상을 보편주의적으로 바라본다. 어느 특정집단의 관심이나 맥락을 따로 떼어 강조하거나 특정집단의 주체성과 대상들에 스스로를 제한하지 않는다. 특수집단의 특수문제와 관심들은 그리스도교 특수윤리의 관심은 되어도 조직신학 자체의 관심분야는 아니다. 신학의 고유관심은 그 궁극적 기원과 목적인 하느님과의 목적론적 관계 속에서 온 인류에 공통된 보편 맥락인 인간본질과 존재의 피조물성 및 죄스런 상황을 성찰하는 것이다. 신학은 특수집단의 우연적 특수상황에 관여하지 않고 오직 온 인류의 보편적 필연성, 존재론적 구조, 초자연적인 것에 대한 자연적 욕망, 원초적 죄악 또는 본성의 죄, 은총을 통한 치유와 초자연적 지위로의 상승, 성령 안에서 그리스도와의 결합, 덕과 악습, 하느님을 만나는 궁극적 운명 등을 다룬다. 각 집단마다 각자 신학을 간직하도록 특수집단의 시각과 요구에 맞춘 신학, 즉 부족적 신학 개념은 하느님 개념 자체와 모순되기 때문에 그것은 근본적으로 비신학적이다.

넷째, 전체를 조망하는 지혜신학은 필연적으로 관상을 지향한다. 전체성, 보편성, 궁극성 등은 오로지 진리를 궁극적으로 넓고 깊게 추구하고 진리 자체를 즐기는 사변적 지성의 무한한 동력인 관상에 의하여 가치 있다고 인정받고 느껴지는 것이다. 한편 특수한 역사의 우발성 속에서 행동하기를 목적으로 삼는 예언신학의 실천지성은 그 문제와 관심이 지역에 국한되고 특수하며 부분적이다. 그렇다고 예언신학이 하느님과 세상의 창조 및 구원관계에 대하여 성찰하지 않는 것은 아니다. 예언신학도 이러한 성찰을 필요로 한다. 왜냐하면 그것은 정의, 평화, 화해를 원하시는 하느님의 '예언자적' 의지에 집중하는 신학이기 때문이다. 그러나 예언신학은 지혜신학처럼 하느님의 궁극성과 보편성에 대한 성찰 자체를 가치 있다고 생각하지 않고, 하느님의 의지를 특수하고 지역적인 관심사에 제한시킨다. 마찬가지로 지혜신학도 역사의 우연적 특수성에 무관심하지 않다. 왜냐하면 지혜의 역할 중 하나가 바로 역사의 상대적 사건들을 판단하는 것이기 때문이다. 그러나 지혜신학의 역사적 관심은 지혜신학의 주된 관심이 아닌 이차적 관심이며, 주된 관심은 실재 전체를 궁극적으로 폭넓게 관조하는 것이며 또 그 자체를 위하여 그렇게 하는 것이다.[20]

관상은 실재를 주어진 대로 받아들이고 실재의 모든 측면과 함의를 알려고 노력하며 실재와 실재에 대한 우리 지식 자체를 목적으로 즐기려 한다. 그 반면에 행동은 실재를 변혁시켜야 할 대상으로 보고 실재나 실재에 대한 우리 지식 자체를 목적이 아닌 행동을 통한 변혁 수단으로만 여긴다. 행동의 관점에서 볼 때 세계는 주어진 것이 아니고 만들어진 것이다. 반면 관상의 입장에서 볼 때 세계는 궁극성과 전체성에 있어서 주어진 것이며 피조물인 우리의 합당한 역할은 그 주어진 것에 우리를 개방하고 그것을 받아들이는 것이다. 세계의 기본구조, 조건, 동력과의 관계에서 인간은 능동적이기보다 훨씬 더 피동적인 존재이다. 우리가 행동으로 성취할 수 있는 것은 삶의 기본조건에 따라 제한되어 있다. 건설적 행동이란 오직 주어진 삶의 존재론적 조건 밑에서만 가능하고 또 그 조건 속에 이미 주어진 가능성을 현실화하는 것에 불과하다. 우리가 행동을 통하여 그 조건을 위반할 때 제일 먼저 고통당하는 것은 바로 우리 인간이며, 자연과의 생태학적 관계에서 이미 느끼고 있다. 가장 기본적 의미에서 우리는 현대 인간중심주의의 주장처럼 세

---

20 역사에 대한 지혜의 비판적 기능에 관하여 Aquinas, *Summa contra gentiles*, I, 1(1) ; II, 24, (4) ; *Summa theologiae*, I, 1, 6 ; I-II, 66, 5 ; II-II, 45, 1 참조.

계를 '만들거나', '구성'하지 않는다. 이 둘 중 한 가지를 한다 해도 그것은 우리가 창조하지 않은, 이미 주어진 조건 밑에서 하는 것이다. 우리가 세계를 '구성'할 수 있는 것은 오직 우리가 주어진 삶의 조건에 의해 그렇게 하기로 '구성되었기' 때문이다. 관상은 이처럼 역사주의의 오만을 상대화시킨다.

게다가 관상의 입장에서 볼 때 세계는 하느님의 선물로 주어진 것이므로 근본적으로 좋은 것이다. 세계는 하나의 성사(sacrament)로서 하느님의 창조와 구원이 현존한다는 표지이고 초월적인 것으로 우리를 지시한다. 물론 세상에는 악도 많다. 그러나 선악은 존재론적으로 동등하지 않다. 선은 악보다 더 기본이고 본질이며, 악은 오직 존재 구조 속에 내재하는 선을 부정하고 모독할 때 존재하므로 선에 기생해서만 가능하다. 실재에 대한 관상은 실재의 기본적 선성(善性)을 존재론적으로 신뢰하고, 하느님 목적의 종말론적 완성을 존재론적으로 희망하여 힘을 얻는다. 우리는 세상을 만들지도 않았고 세계가 악하기만 하고 모든 것이 우리에게만 달린 듯이 간주하여, 우리가 모든 것을 통째로 새로 만들려할 필요가 없다. 세상의 궁극적 운명은 세상을 만든 분에게 맡기고, 하느님의 섭리에 따라 피조물인 우리 본성과 능력만큼씩 챙기라고 맡겨 놓은 우주의 작은 한 구석에서 우리가 할 수 있는 일을 다 하면 그뿐이다.

지혜신학 논리대로 사물에 대한 원근감각을 회복하면 우리는 전 세계를 새로 창조해야 하는 오만, 역사에 대한 과장된 희망, 인간적 노력만 갖고 모든 것을 기대할 때 생기는 불안과 절망으로부터 보호받을 수 있다. 하느님의 은총과 섭리를 신뢰하면서 광대한 우주와 더 무한하신 하느님 신비 속에서 우리가 얼마나 왜소한가를 냉정하게 보고 받아들인다면, 우리는 모든 강박관념에서 해방되고 하느님 안에서 진정으로 안식하면서 하느님의 창조세계를 즐기며 창조주를 찬미할 수 있을 것이다. 관상 목표는 실재를 주어진 대로 인식하고 그 근본적 선성을 감상하며 존재의 신비에 감탄하는 것이다. 또한 하느님이 선물로 주신 창조세계에 감사하며 모든 유한한 사물을 '무한히' 초월하는 하느님의 불가사의한 위엄에 영광을 드리는 것이다. 따라서 지혜신학은 신을 찬미함, 신비주의, 부정신학, 영성, 행동보다 관상을 지향하곤 하는 아시아 여러 종교와의 대화로 우리를 이끌어준다. 하느님의 의미 속에서 하느님과 모든 것을 관조하는 것은 창조주보다 피조물에 훨씬 더 가까운 인간이 취할 가장 합당한 태도라 할 수 있다.

다섯째, 실재 자체를 긍정하면서 전체에 대한 시각을 추구하는 지혜신학은 전통을 긍정적으로 수용한다. 예언신학처럼 현재를 분리시켜 절대화하지 않으며, 가다머(Gadamer)가 말한 대로 전통의 '영향사(Wirkungsgeschichte)' 속에서만 현재가 가능하다고 보면서, 현재는 과거에 의존하고 과거와 이어져 있어서 과거 업적 위에서만 무엇을 성취할 수 있다고 생각한다. 과거는 그저 암흑과 악, 이데올로기나 편협함이나 억압만이 아니고 현재에도 무엇인가 가르칠 수 있고 조명할 수 있는 경험과 지혜의 축적이다. 전통에는 악하고 불완전한 면이 있지만 현재보다 더 그런 것은 아니며, 현재의 악과 불완전함도 때가 되면 모두 밝혀질 것이다. 지혜신학은 역사를 서로 무관하고 고립된 사건들과 이야기의 집합이 아닌 하나의 지속적 전체로 고려하며, 그 속에 있는 지혜에 존경을 보내고 잘못은 인내와 관용으로 받아들인다. 역사상 새롭거나 독창적인 것 같은 모든 주장에 의연하게 대처하듯이 역사의 추문과 사소한 약점에도 충격받지 않는다. 전통의 선성을 기본적으로 신뢰하면서, 지혜신학은 전통을 그리스도교 신앙의 필수적 전달수단이며 신앙을 풍요롭게 만드는 전개과정으로 긍정하고 받아들인다. 그것은 진리의 충만함이 그리스도교 신앙 초기에만 존재하고 나머지 신앙 역사는 모두 왜곡과 쇠퇴 역사라고 단순화하지 않는다. 과거 잘못에 무관심하지 않으면서도 지혜신학은 의심의 해석학보다는 회복의 해석학에 더 관심을 보이며, 규칙적으로 새로운 통찰과 모범과 쇄신의 원천이 되는 전통을 돌아본다. 아퀴나스가 전통, 성서, 교부들 및 아리스토텔레스와 계속 대화한 것은 우연이 아니다.

여섯째이며 마지막으로, 보편주의적이고 목적론적 시각을 지닌 지혜신학은 본질적으로 인간중심이 아닌 신중심이다. 지혜신학의 기본 관심사는 만물의 궁극적 기원과 목적이신 하느님을 관상하고 모든 것을 그 자체로가 아니고 하느님과의 관계 속에서 관상한다. 따라서 지혜신학은 전근대 문화처럼 자연을 절대화하지 않고 근대문화처럼 인간 역사 자체를 절대화하지 않는다. 절대화하는 것이 있다면 그것은 하느님뿐이므로, 자연과 역사를 하느님과 연관지음으로써 모두 상대화시킨다. 신학적 지혜의 역할은 모든 것을 그 궁극목표인 하느님과 관련지어 판단하고 평가하는 것이기 때문이다. 자연과 역사를 비판하는 지혜신학은 항상 하느님과 영원한 삶의 빛 속에서 원근감과 비례감으로 모든 것을 보라고 촉구하며, 자연과 역사에 완전히 빠져버리는 것을 경계한다. 현재는 역사 전체가 아니다. 역사 전체는 피조세계 전체를 아우르지도 않는다. 또 전체 피조세계가 실재 전체도 아니다. 실재는 하느님을 의미하며, 하느님은 만물의 창조적 기원이자 궁극목적으로서 모든 것에 내재하는 동시에 모든 것을 '무한히' 초월하신다. 이 하느님이 바로 신학적 관상의 첫 번째 대상이다. 이럴 때만 신학은 참으로 하느님의 로고스요 하느님에 관한 로고스일 수 있다.

3. 실천과 관상의 변증법을 지향하며

앞에서 토론한 것을 살피면 각 신학이 얼마나 다른 신학의 교정을 통해 한계지어지고 도전 받아야 할 필요가 있는지 분명해진다. 이것은 서로 대조된 여섯 가지 문제점에 모두 해당된다.

첫째로 주목해야 할 것은 특수한 역사 문제를 중요 관심사로 여기는 예언신학의 특성과 모든 본질적 종교 문제를 하느님과의 목적론적 관계에서 심각하게 다루려는 지혜신학의 특성 간 긴장이다. 예언신학의 도전이 없다면 지혜신학은 항상 특수한 역사 속에 구체화되어야 하는 그리스도 신앙에 결정적으로 중요한 많은 역사 문제에 무관심할 수 있다. 유럽 고전신학은 이점에서 정당한 비난을 받은 바 있다. 그러나 지혜신학의 도전 없이는 예언신학도 지구적 실존 문제에 무관심해질 수 있고 궁극적인 것에 대한 신학 고유의 시각을 잃을 수 있다.

둘째로 주목할 바는 고유한 역사적 관심사를 절대화하고 다른 모든 것을 그 특수 지상명령에 종속시키려는 예언신학과 모든 문제를 포괄적으로 균형 있게 다루려는 지혜신학 사이의 긴장이다. 지혜신학의 도전이 없으면 예언신학은 일면성만 띠고 신학 고유의 전체 감각을 상실한다. 반면에 예언신학의 도전 없는 지혜신학은 너무나 포괄적이고 균형을 이루어 신학적 성찰의 합당한 대상인 역사의 우선순위와 역사적 충돌의 중요성을 인지하지 못한다.

셋째로 주목할 바는 하나의 특수집단과 그 집단의 역사적 지상명령에만 집중하려는 예언신학과 보편주의적이고 모든 것을 포용하려는 지혜신학 사이의 긴장이다. 여기서도 지혜신학의 도전 없는 예언신학은 그리스도교 신앙과 시각에서 본질적인 것을 잃고 만다. 예를 들어 그리스도의 몸을 통해 성령의 능력으로 하느님 앞에서 모든 피조물과 인류의 기본 유대를 이루지 못하고 인간소외와 분열을 초래할 수 있다. 반대로 예언신학의 도전이 없다면 지혜신학은 특정한 역사 충돌로 발생한 특정 민중의 고통을 외면하고, 특수 상황의 실제 역사적 역학관계와 동떨어진 전비판적이고 윤리주의적인 만민 평화와 화해만 추상적으로 추구하고 설교하게 된다. 예언신학이 제공하는 구체적 특수성이 결핍

되면 지혜신학에서 말하는 그리스도의 몸 안에서 이루어지는 모든 이의 보편적 연대는 불가능하고 사회 역사 내용이 없는 무기력한 이상으로 남을 뿐이다.

넷째로 주목할 바는 인간의 역사적 행동에 초점을 두는 예언신학과 모든 실재의 관상에 초점을 두는 지혜신학 간 긴장이다. 지혜신학의 도전이 없으면 예언신학은 인간행동을 절대화하고 모든 것을 인간적 변혁과 조작 대상으로 축소하며 희망과 절망사이를 배회할 것이다. 반면에 예언신학의 도전 없는 지혜신학은 관상의 즐거움을 역사적 행동에서 도피하는 구실로 사용하고, 때로는 신적 은총이 우위에 있다고 보아 신앙과 정치를 분리하는 사고에 빠진다. 또 하느님 섭리에 대한 희망을 그리스도적 사랑과 가장 반대되는 억압적이고 비인간적인 역사 상황을 숙명론으로 수용하는 것과 혼동하게 된다.

다섯째로 주목할 바는 모든 전통을 의심하는 예언신학과 모든 전통을 지혜의 원천으로 성화하려는 지혜신학 사이의 긴장이다. 예언신학의 도전이 없으면 지혜신학은 모든 전통을 단순히 주어지고 물려받은 그대로 비판함 없이 긍정하고 과거에서 현재까지 이어온 억압과 결과까지도 정당화하려는 경향이 있다. 반면 지혜신학의 도전이 없으면 예언신학은 선과 정당성이 해방을 실천하는 현재 순간에만 있다고 착각하고, 역사적으로 조건지어진 현재 시각과 이상을 절대화하며, 하느님 안에서 성인과 죄인들의 위대한 공동체 및 선조들과의 깊은 유대를 차단하는 경향을 지닌다.

여섯째이며 마지막으로 주목할 것은 예언신학의 인간중심주의와 지혜신학의 신중심주의 사이의 긴장이다. 지혜신학의 도전이 없으면 예언신학은 인간적이고 역사적인 것들로 스스로를 탕진하고 모든 것을 하느님 안에서 관조하는 신학 고유의 시각을 상실하거나 신학을 인간학으로 축소시킨다. 지혜신학의 도움 없는 예언신학은 모든 해방실천을 지구적이고 궁극적이며 신학적인 가치가 없는 순간의 노고로 축소시킨다. 예언신학의 도전이 없으면 지혜신학은 하느님 개념이 실제로는 역사에 중개된 것이고 오염된 것일 수 있다는 사실을 망각하고, 하느님이 아닌 역사적으로 오염된 신 개념에 모든 것을 종속시키는 이데올로기를 숨길 수 있다. 또 영원한 것과 시간에 매인 것의 이분법적 사고에 빠져 원근감각과 비례감각의 이름으로 역사 해방이라는 지상명령에 무관심하거나 적대감을 가질 수 있다. 예언신학이 제시하는 사회 · 역사비판 작업이 없다면 지혜신학은 종말론적 완전성에 못 미친다는 구실로 현실을 단죄하거나 구체적 상황과 무관하게 추상적 윤리 지침만 강요할 것이다.[21] 지혜신학의 '하느님 의미(ratio Dei)'를 배제한 예언신학은 신학의 자격을 상실하며, 예언신학의 현실비판 없는 '하느님 의미'는 역사에 무기력하고 추상적이며 이데올로기로 전락할 수도 있다.

예언신학과 지혜신학은 말할 것도 없이 그리스도교 신학의 두 가지 본질적이고 필수적인 측면을 말한다. 신적 궁극성, 존재론적 보편성, 정신적 깊이를 지닌 전체를 관상적 시선으로 보지 않는 신학은 신학일 수 없다. 그것은 고작 인간중심주의와 인간학일 뿐이다. 또한 자연과 역사에서 고통의 온갖 원인을 예언자적 시선으로 비판하지 않는 신학 역시 그리스도교 신학일 수 없다. 그것은 고작 창조세계의 고통을 감추는 이데올로기, '민중의 아편'으로 작용하는 심미학일 뿐이다. 그리스도교 신학의 완전성은 모든 신학이 예언신학과 지혜신학 요소를 겸비하고 '아직 아니다'와 '이미 그렇다'의 두 요소를 아우르면서, 두 요소는 서로 교정하고 도전하라고 요청한다. 고전적 표현으로 실천적 '지혜'(practical wisdom)와 관상적 '현명함'(contemplative prudence)을 요청

---

21 신앙에 대한 추상적 개념과 이른바 종말론적 유보에 관한 비판으로 Juan Luis Segundo, *The Liberation of Theology*, pp.125~153 참조.

한다. 그렇다면 이 둘 사이의 관계는 어떻게 개념화할 수 있을까? 여기에는 네 가지 가능성이 있다. 그것은 과장, 병행, 균형과 변증법적 긴장이다. 하나씩 설명하여 본다.

첫 번째 방법은 신학에서 그동안 최소화하고 저평가했다고 생각되는 요소, 예를 들어 예언신학의 지혜 요소가 지닌 역할과 중요성을 과장하는 것이다. 이것은 키에르케고르가 객관적이고 사회적이고 역사적인 요소에 반하여 개인 주체성의 중요성을 일부러 과장하려 했던 것과 마찬가지다. 그러나 필자는 이것이 현실적 대안이라고 생각하지 않는다. 교정은 왜곡된 점을 제거하여 올바르게 만드는 것이다. 과장하고 또 다른 왜곡을 만들어내는 것은 교정하기 위해 또 한 세대의 노력을 필요로 하고 낭비하는 것이다.

그렇다면 이 두 유형의 신학을 서로 곁에서 나란히 병행하는 작업은 어떤가? 이것도 마땅치 못한 방법이다. 왜냐하면 단순 병행작업은 서로를 쉽게 무시할 수 있기 때문이다. 옆에 나란히 있다 해도 서로 관여하거나 서로 도전하지 않는다. 마치 많은 현대신학이 나란히 병존하면서도 서로 주목하지 않으면서 자기만의 관심에 집중하는 것이나 마찬가지다.

상호교정 작용은 교정되어야 할 대상 내부에서만 가능하다. 교정자와 교정 대상이 두 유형의 독립된 신학이며 서로 무관할 경우 교정은 불가능하다. 따라서 신학의 두 유형이 동일한 신학의 두 변증법적 순간이나 측면으로 바뀌어야만 같은 신학 안에서 서로 도전하고 대결하고 교정할 수 있다. 그런데 진정 대결과 교정을 바란다면 행동과 관상의 균형, 특수성과 보편성의 균형처럼 둘의 균형을 회복하는 것으로는 불가능하다. 균형은 둘의 평화와 조화를 의미한다. 그러나 상반된 궁극적 주장과 경향을 띤 두 가지 신학 방법과 모형이 상호대결하고 도전할 때 평화와 조화는 찾기 어렵다.

교정자와 교정 대상의 관계는 따라서 둘 사이의 변증법과 긴장으로

밖에 개념화할 수 없다. 각자는 상대방 안에 파고들어 존재하면서도 타자에 의해 축소되지 않고, 타자에 반대하여 자신의 본질을 보존하려고 노력하면서 서로 도전하고 서로 교정한다. 다시 말하여 올바른 교정 작용은 예언신학과 지혜신학이 동일한 신학 안에서 상호긴장 속에 존재하는 두 순간이 될 때만 가능하다. 오직 이 긴장만이 각자 자족하거나 자기 절대화로 타자를 무기력하게 만드는 것을 방지할 수 있다. 각 유형의 신학은 각자 고유한 방법과 해석학적 순환을 가질 수 있다. 그러나 예언신학은 자기 방법과 해석학적 순환 속에 지혜신학의 비판적 순간을 구조적으로 삽입해야 하고, 지혜신학도 자기 방법과 해석학적 순환 속에 예언자적 중개의 순간을 포함시키는 것이 필요하다.[22]

그런데 예언과 지혜의 순간이 형성하는 상호교정 관계는 우연적 필요에 기초하지 않는다. 그것은 이미 이 세상 인간존재의 변증법적 구조 속에 뿌리를 둔다. 인간존재는 지능과 감각, 이론과 실천, 초월과 역사성의 외적 집합이 아니고 이 두 요소가 존재 안에서 서로 이어진 구체적 전체요 변증법적 단일체다. 지성과 이어지지 않은 순수감각이 없듯이 감각과 이어지지 않은 순수지성도 없으며, 하느님을 만나서 종말론적 구원을 누리려고 초월하는 자아와 역사 안에서 역사 해방을 위해 투쟁하는 자아도 두 개로 분리된 자아가 아닌 하나의 자아다. 자연만이 아닌 역사로서의 인간실존이 가능한 것은 자아가 초월적이기 때문이며, 인간실존이 초월을 지향하는 것은 그 반대로 역사가 우리로 하여금 초월하도록 도전하고 제한하기 때문이다.

키에르케고르는 인간실존 변증법을 우리 토론과 관련하여 이렇게 본다. 인간실존은 무한과 유한의 종합이다. 인간실존이 유한하기만 하다

---

22 현대 예언자적 신학자인 존 소브리노(Jon Sobrino)는 초월성과 역사성의 이러한 갈등에 특히 예민하다고 할 수 있다. 그의 *Jesus in Latin America*(Maryknoll, NY: Orbis, 1987), pp.10~11 참조.

면 인간은 아무 문제의식도 없는 순수직접성 또는 순수본능만을 지닌 피조물로 전락할 것이다. 한편 우리가 무한하기만 하다면 우리 실존은 확실하고 긍정적이고 완성된 존재일 것이다. 불확실성, 부정성, 불완전성 같은 삶의 문제들은 무한과 유한의 종합과 거기서 파생하는 긴장, 우리 존재를 제한하려는 유한성과 우리 존재를 확대하려는 무한성 사이의 긴장에서 나온다. 우리가 이 삶의 긴장을 못 참고 둘 중 하나를 제거하여 긴장을 없애려 한다면 동시에 인간성도 잃고 만다. 이것은 바로 거짓 삶의 유혹이기도 하다. 심미적 삶은 무한의 측면을 제거하고 유한의 본능적 직접성에 매달려 심리학의 내재적 인과율에 완전 종속되고, 사변적 삶은 유한성을 제거하고 순수사고의 영원 속에 안주하려 한다. 두 경우 모두 종합은 사라지고 인간은 그저 하나의 물건 아니면 하나의 순수 영이 되어버린다. 따라서 이러한 변증법과 긴장은 모든 애매성, 부정성, 역설과 함께 인간실존의 진리에 충실하려는 모든 존재와 사고와 의사교류에 반영되어야 한다. 그 종합을 없애지 않고 긴장 속에서 양극을 그대로 보존하는 것은 바로 예술과 정열의 문제다. 그러기에 키에르케고르는 '실존 훈련', '주관적 반성', '간접적 의사소통' 등을 요구한다.[23]

마찬가지로 라너(Rahner)도 하느님에 대한 인간의 모든 발언은 한편으로 범주적 또는 역사적 기원, 다른 한편으로 하느님을 향한 인간의 자기초월 사이의 돌이킬 수 없는 긴장 속에서만 가능하다고 주장한다. 그러한 긴장은 일의성(univocity, 一義性)과 타의성(equivocity, 他義性)을 피해보려는 우리 논리의 이차적 산물이 아니고, 초월을 통해서만 역사를 가질 수 있고, 역사를 통해서만 초월할 수 있는 정신적 주체인

---

23 Soren Kierkegaard, *Concluding Unscientific Postscript*, trans. David F. Swenson and Walter Lowrie(Princeton, NJ: Princeton University Press, 1941), pp.74~84, 17 6~78, 223, 314.

우리 존재 자체의 원초적 긴장을 말한다. 모든 범주적 경험을 가능케 하는 초월성은 범주적, 일의적 개념보다 더 원초적이다. 본래 유비(analogy)는 정신적 존재 자체의 초월적 움직임을 가리킨다. 유비는 일의성과 타의성 사이의 중간이거나 잡종이 아니다. 유비는 범주적 인간 존재와 하느님의 불가해성 사이의 긴장을 말한다. 우리는 역사성과 초월성 사이의 유비적 긴장 속에 살고 있다. 트레이시의 '유비적 상상력(analogical imagination)'도 이러한 '유비적 실존'에서 파생한 이차산물이라 할 수 있다.[24]

행동과 관상, 역사와 초월의 긴장은 우리 존재의 본질적 차원(existential)이다. 따라서 이 차원은 인간적 삶의 진실에 충실하려는 모든 신학 속에 반영되어야 한다. 그리스도교 신학적 사색은 이러한 실존적 긴장을 음미할 수 있을 만큼 유비적이어야 하고, 그 긴장을 모든 복잡함 및 차별과 함께 표현할 수 있을 만큼 예술적이어야 하며, 그 긴장을 모든 심각함과 함께 유지할 수 있도록 열정적이어야 한다. 예언신학이나 지혜신학의 자기만족에 굴복하려는 유혹은 대단히 오래된 유혹이다. 이것은 오직 참된 유비적 신학만이 식별할 수 있고 위대한 신학적 열정만이 저항할 수 있는 유혹이며, 오직 위대한 예술만이 그 긴장의 모든 의미를 표현할 수 있다. 오늘날 그리스도교 신학은 오직 유비적 신학, 오직 예언신학과 지혜신학이 조직적으로 실천하는 긴장 또는 변증법으로서만 가능하다. 필자는 우리가 살고 있는 현대가 이것을 요구한다고 생각한다.[25]

---

24 Rahner, *Foundations*, pp.71~73.

25 탈근대주의의 '전체성(totality)' 비판에 대한 필자의 동정적 비판으로는 필자의 *The Solidarity of Others in a Divided World: A Postmodern Theology after Postmodernism* (New York: T&T Clark International, 2004), pp.1~88 참조.

제국주의적 세계화 시대에
그리스도교 신학의 맥락과 과제

민경석

(클레어몬트 대학원 신학교수)

이 논문에서 필자는 제국주의와 제국주의에 대한 저항에 역점을 둔 세계화신학의 개요를 제시하고자 한다. 이 논문은 세 부분으로 구성되었다. 첫째 부분에서는 세계화 과정과 그 과정 속에서 제국주의의 역할, 그리고 제국주의가 주도한 세계화가 어떤 인간적 고통을 낳았는지 기술할 것이다. 둘째 부분에서는 제국주의적 세계화가 야기한 엄청난 고통이 하느님 모습대로 창조된 인간의 존엄성을 해치는 죄악이요, 성부의 아들딸이며 성자 안에서 형제자매인 인간적 유대를 깨는 죄악이며, 하느님과 우리를 화해시키는 성령을 거스르는 죄악임을 지적한다. 또 정의와 평화와 창조질서 보전을 위한 모든 노력의 가장 큰 장애물이요 부정적 조건이므로, 제국주의가 주도하는 세계화는 현대 모든 신학의 가장 중심 맥락이라고 주장할 것이다. 셋째 부분에서는 세계화신학의 과제를 요약하면서 우리가 가진 인간 개념과 하느님 개념의 진정한 세계화, 삼위일체이신 하느님 안에서 '남들의 연대'로 구체화되어야 할 세계화의 신학적 의미, 차별성의 신학적-사회학적 의미, 세계화 시대의 교회 사명을 성찰하고자 한다.

우리는 지금 21세기 초엽에 살고 있다. 해방신학, 여성신학, 흑인신학, 민중신학, 환경신학 등 현존하는 신학들은 지난 30여 년 동안 많은 공헌을 하였고 앞으로도 많은 과제를 수행해야 한다. 그러나 현재 새로운 시대적 상황과 맥락은 이 모든 신학에, 문제제기부터 기본개념 정립과 신학의 구체적 내용기술에 이르기까지 모든 것을 새롭게 생각하라고 요구한다. 어떻게 보면 기성신학들은 이미 할 일을 다 하고 새로운 신학의 출현을 기다리고 있지 않나 하는 시대적 느낌도 부인할 수 없다. 이런 의미에서 필자가 제시하려는 제국주의적 세계화의 맥락에서 그리스도교 신학의 과제를 성찰하는 것은 바로 우리시대의 신학적 요청이 아닐까 생각한다.

1. 세계화, 제국주의, 인간 고통

지금처럼 세계화가 하나의 절박한 현상으로 드러내기 전에 이미 사회적이고 상호의존적 존재인 인간은 본래 세계화의 가능성과 필연성을 지녔다. 인간 역사는 궁극적으로 모든 민족과 문화와 인종을 포함하는 상호의존으로 점점 다가가고 있다. 우리는 본래 상호의존적 존재로서 경제・정치・문화적으로 서로 의존하며 살아간다. 이 상호의존은 정치 집단인 국가와 법률과 제도, 정책과 행동 형태로 객체화된다. 사회적 요구와 인간의 창의성은 새로운 생산 수송 통신기술을 만들어내고, 이것은 세계 여러 부족, 민족, 문화, 지역 간 상호의존을 더욱 심화시키고 확대시켜 궁극적으로는 전 세계가 하나의 대도시를 형성하여, 어느 특정지역 경제나 정치나 문화도 더 이상 자기충분하지 못하고 세계 다른 곳의 경제, 정치, 문화에 의존하게 된다. 이 과정을 어떤 이는 비영토화

(deterritorialization)라 부른다.[1] 우리는 국가들 사이에서 점증하는 상호 의존의 함의와 결과를 규제하기 위하여 국제법과 국제기관들을 설립한다. 필자는 한걸음 더 나아가 인간 역사는 바로 세계화 역사요, 계속 더 심화되고 확대되는 인류의 상호의존 과정이라 말하고 싶다. 세계화는 순수 우발적 사건이 아니고 인간본성의 가장 기본적 사회성과 역사성 속에 뿌리박힌 현상이라고 할 수 있다.

그러나 점증하는 상호의존 과정이 세계적 차원에 도달하여 전 세계 일반인의 의식에까지 침투한 것은 최근 일이다. 따라서 세계화는 경제·정치·문화적 관점이나 역사·종교적 관점에 이르기까지 다양한 관점에서 많은 연구 대상이 되었다. 세계화는 다른 국적, 문화, 인종에 속하는 인간을 공통공간에 모아, 다른 사람의 타자성을 어떻게 인정하고 존중하느냐의 문제를 제기함과 동시에 차이에도 불구하고 어떻게 모든 이에게 공통되고 구속력을 지니는 법률과 정책과 제도를 건설하여 함께 살아가느냐는 문제를 제기한다. 세계화 과정은 인간조건이 지닌 상호의존의 변증법, 즉 서로 다른 사람들이 어떻게 함께 살아가는 방법을 창출하느냐 하는 가장 중요 문제, 즉 타자와 연대를 통하여만 자기 존엄성을 보존할 수 있고 인간 품위를 살릴 수 있는가 하는 문제를 극도로 심화시킨다.

기본욕구와 이해와 존엄성을 서로 의존하지 않으면 안 되는 인간실존의 기본구조는 모든 인간적 투쟁의 씨앗을 내포한다. 우리는 서로 의존하지만, 누구나 동등하게 서로 의존하지는 않는다. 어떤 사람은 남에게 더 의존하고 어떤 이는 덜 의존한다. 남에게 덜 의존하고 상대적으로 더 강한 사람들은 자기보다 더 의존하는 이들을 항상 착취하고 억압하려는 유혹을 받게 되고, 의존도가 높아 상대적으로 약한 사람은

---

1 John Tomlinson, *Globalization and Culture*(Chicago: The University of Chicago Press, 1999), pp.106~149.

자신의 생존 자체를 위하여 저항하지 않으면 안 됨을 느낀다. 민족국가 출현 이후 지난 몇 세기 동안 각 국가는 항상 불안정하고 불평등한 상호의존 맥락 속에서 다른 경쟁국에 대항해 자신의 정체성, 생존권, 문화와 주권을 지키고자 노력하였다. 민족주의는 다른 나라를 제치고 한 나라를 자기 긍정하는 것이다. 그러나 강국의 침략과 지배에서 자기 국가의 독립을 보존하려는 자기 방어적 민족주의와, 남을 지배하고 착취하고 제어하며 자기 의지를 다른 나라에 강요하는 강국의 자기 절대화 민족주의는 구별해야 한다. 우리는 강국의 자기 절대화 민족주의를 제국주의라 부른다. 제국주의가 되기 위하여 국가는 과거 대영제국이 하던 대로 다른 나라를 직접 점령하고 관리할 필요가 없다. 오늘날 세계 여러 곳에서 미국이 하듯이, 다른 나라의 결정에 영향력을 행사할 수 있는 것으로 충분하다. 이런 의미에서 세계화 역사는 국가적 차원에서 보면 주인과 노예 간 변증법의 역사이다. 그것은 강한 억압 국가에게는 자기를 절대화한 제국주의적 지배 역사요, 약하고 억압받는 국가에게는 자기 방어적 민족주의와 해방 역사다.

세계화와 제국주의와 인간고통의 상호관계는 제국주의 국가들이 자행한 수많은 전쟁이 쉽게 증명한다. 지난 세기 1898년의 스페인과 미국 간 전쟁, 1904년의 러일전쟁, 두 번의 세계대전, 한국전쟁, 베트남전쟁, 걸프전쟁 등 중요 전쟁들만 고려해도 모두 제국주의가 일으킨 전쟁이었다. 자원과 영토와 기술을 다른 나라에 의존하는 일이 생산 수송 통신기술 발달로 가능해졌고, 국가들의 욕구와 야심과 탐욕으로 더 필요하게 되었다. 이 상호의존은 많은 다른 나라를 공통 연결망 속에 모으고, 강국은 자기 이익을 위하여 이 연결망을 노골적 제국주의 방식으로 착취한다. 피정복 국가들에게 자기네 경제 정치 문화를 강요하는 동시에 자기네의 추악한 동기를 '구원' '문명' '공동체' '번영' '자유' '정의' '민주주의'라는 수사학으로 치장하여 은폐한다. 제국주의는 세계화 과

정의 진행을 전제로 하고, 상호의존 연결망 속에 정복시킨 나라들을 유인함으로써 세계화 과정을 더욱 심화시킨다. 제국주의는 상호의존하는 세계화에 이미 속한 국가들 간 긴장과 충돌을 구체화한다.

그 첫 번째 결과란 늘 피정복 민족의 처참한 고통이며, 피정복 민족은 인명상실, 종족살육, 자원약탈, 재산파괴, 정치주권 상실, 문화적 정체성 상실을 대가로 지불한다. 둘째로 정복국가의 하층계급과 피억압자들은 군대봉사, 인명상실, 사회복지 축소, 극도의 빈곤이라는 대가를 치른다. 여기서 특기할 사항은 제국주의가 서로 싸우는 국가의 국민만 고통에 처넣는 것이 아니라, 제국주의 경쟁 속에 휘말려 들지 않으면 안 되는 다른 민족들에게도 큰 고통을 가져다준다는 사실이다. 특히 제국주의 독일과 제국주의 러시아 틈새에서 고통당한 폴란드, 오토만 제국과 오스트리아-헝가리제국 사이에서 고생한 코소보, 그리고 일본, 중국, 러시아, 미국 사이에서 고생한 한국이 본보기다.

20세기 많은 전쟁이 빚어낸 엄청난 인간 고통은 제국주의로 인한 대가가 얼마나 큰지 말해준다. 특히 피살자, 부상자, 피난민에 관한 통계 수치는 전쟁이 어떤 괴물이요 흡혈귀인가 알려준다. 1924년 2월 미합중국 전쟁성 보고에 의하면, 제1차 세계대전은 모두 6,500만 명의 군인을 동원하여 850만 명의 사상자, 2,120만 명의 부상자, 800만 명의 포로를 양산하였다. 이 숫자는 110만 명의 프랑스군 사망자, 160만 명의 독일군 사망자, 150만 명의 오스트리아-헝가리제국 사망자, 그리고 50만 명의 이탈리아군 사망자를 포함한다. 여기에 기아와 추위와 질병과 전쟁 관련 이유로 사망한 1,300만 명의 민간인 희생자도 첨가해야 한다. 모두 합하여 제1차 세계대전은 2,150만 명을 살육하였다.[2] 제2차

---

2 *The New Encyclopaedia Britannica*, Volume 29(Chicago: Encyclopaedia Britannica, Inc., 1998), p.987 ; Michael Clodfelter, *Warfare and Armed Conflicts: A Statistical Reference to Casualty and Other Figures, 1500~2000*(Jefferson, NC: McFarland,

세계대전이 일어나기 전까지 제1차 세계대전을 단순히 '세계전쟁(The World War)'으로 불렀다는 사실은 특히 주목할 가치가 있다. 파괴기술이 더욱 발전함에 따라 제2차 세계대전 희생자는 더욱 심각하게 증가하였다. 가장 희생자를 많이 낸 소련과 중국 통계가 불확실하기 때문에 정확하지는 않으나 많은 추정에 의하면 제2차 세계대전은 군인과 민간인 모두 합쳐 3,500만 명 내지 6,000만 명의 사망자를 내었으며, 모두 7,300만 명의 군인이 동원되어 그중에서 1,900만 명이 사망하였고, 1,300만 명이 부상당하였으며, 600만 명이 포로가 되거나 실종되었다. 폴란드는 인구의 20%를, 소련은 10%를 상실했다.[3] 중국은 1,400만 명의 군인을 동원하여 그중 150만 명을 잃었고 800만 명의 민간인 사망자를 내었다. 일본은 900만 명의 군인을 동원하여 170만 명의 사망자를 내었다. 독일은 1,800만 명의 군인을 동원하여 320만 명의 군인과 250만 명의 민간인 사망자를 내었다. 소련은 약 3,000만 명의 군인을 동원하여 1,100만 명과 700만 명의 민간인 사망자를 내었다.[4]

1950년부터 1953년까지 3년 동안 계속된 한국전쟁 총 희생자에는 400만 명의 사망자와 부상자가 있으며, 여기에는 130만 명의 남한 사람과 250만 명의 북한 사람이 포함된다. 그 전쟁은 한국 생산시설의 2/5와 모든 주택의 1/3을 파괴하였다.[5] 남한 군인은 25만 7,000명의 사

2002 ; 2nd edition, p.479)는 민간인 사망자 수를 650만 명으로 훨씬 작게 계산하였다. 프랑스, 독일, 오스트리아-헝가리, 그리고 이탈리아군 희생자들의 숫자는 Samual Dumas and K. O. Vedel-Petersen, *Losses of Life Caused By War* (Oxford: Clarendon Press, 1923), pp.140~143에 의거한 것임.

3 *The New Encyclopaedia Britannica*, Vol.29, pp.1022~1023 ; 동원된 인력의 전체 숫자는 Clodfelter, p.582에 의거한 것임.

4 이 모든 통계 수치는 John Ellis, *World War II: A Statistical Survey* (New York: Facts on File, 1993, pp.253~254)에 의거한 것임. 상이한 수치로는 Clodfelter, p.582 참조.

5 *The New Encyclopaedia Britannica*, Volume 22(Chicago: Encyclopaedia Britannica,

망자를 내었고 미국은 3만 5,000명의 사망자를 내었으며 10만 명의 부상자와 1만 명의 미군이 포로가 되거나 실종되었다. 거의 100만 명에 가까운 중국군이 사살되거나 부상당하거나 실종되었고, 50만 명의 북한군이 사살되고 부상당하거나 실종되었다.[6] 1955년부터 1975년까지 20년 동안 계속된 베트남전쟁은 남쪽에만 20만 명의 사망자와 50만 명의 부상자를 산출하였고, 북쪽과 베트콩은 거의 100만 명의 사망자와 수많은 부상자를 내었으며, 남북 합쳐 거의 100만 명의 민간인이 생명을 잃었다. 미국은 6만의 사망자와 30만 명 이상의 부상자를 내었고 2,000억 달러의 전쟁비용을 지불하지 않으면 안 되었다.[7]

제국주의 국가들 간 군사적 충돌이 빚은 이 끔찍한 파괴와 손실에, 많은 국가가 자기 나라 시민과 외국인 거주자에게 자행한 더 엄청난 숫자의 살육행위를 첨가해 보자. 이 살육은 공산주의와 비공산주의 국가들 사이의 대립 속에서 자기 입장을 강화하기 위하여 자행된 것이었고, 그 대립은 자체로 제국주의 국가들 간 군사 충돌의 빌미를 제공하였다. 한 추정에 의하면, 1930년대 소련 강제수용소에서 6,200만 명이 사라졌고, 1930년과 1940년대 민족주의자와 공산주의자 사이의 피나는 투쟁과 1960년대 문화혁명 속에서 중국은 4,500만 명을 잃었다. 1930년과 1940년대 나치 독일 강제수용소에서는 유대인뿐 아니라 슬라브인, 세르비아인, 체코인, 폴란드인, 우크라이나인을 비롯한 다른 종족을 합하여 거의 2,000만 명의 살육이 자행되었다. 제2차 세계대전 중 일본군이 중국, 한국, 필리핀, 프랑스-인도차이나, 인도, 싱가포르,

1998), p.501.

6 Clodfelter, pp.734~735.

7 *The New Encyclopaedia Britannica*, Volume 12(Chicago: Encyclopaedia Britannica, 1998), p.363 ; 한국전쟁과 베트남전쟁 중 미국 희생자에 관한 상이한 통계로 는 *Time Almanac 2003*(Boston: Time, 2002), p.374 참조.

말레이시아, 미얀마, 그리고 태평양 여러 섬에서 자행한 살육은 600만 명의 사망자를 내었고, 1970년대의 크메르 루즈가 캄보디아에서 자행한 인종살육 만행은 200만 명의 희생자를 내었다. 20세기 초반 터키 정권이 자행한 아르메니아인 살상은 180만 명의 사망자를 내었다. 제2차 세계대전 종결 후 폴란드, 발트해 연안 국가들, 체코슬로바키아, 헝가리, 루마니아, 유고슬라비아에 있던 독일인은 150만 명을 살육했으며, 1971년의 동서 파키스탄 전쟁도 150만 명의 사망자를 내었고, 1940년대와 1990년대의 슬로베니아, 크로아트, 세르비아인들 사이의 인종 대립은 100만 명의 사망자를 내었다. 또 20세기 초엽 멕시코 정부는 150만 명의 원주민을 살해하였다. 한 통계에 의하면 1900년부터 1987년까지 많은 정부가 자국 시민과 외국인 거주자에 자행한 모든 살육행위는 1억 7,000만 명을 능가하였다. 여기에 전쟁으로 야기된 모든 사망자를 포함하면 20세기 제국주의 전쟁 상황에 희생된 이는 모두 2억 명을 훨씬 넘는다.[8]

20세기는 제국주의와 그 충돌이 세계화한 세기요, 경쟁적 제국주의로 인간 고통이 세계화된 세기다. 미국의 이라크 침략으로 시작된 21세기도 20세기와 근본적으로 다를 것 같지 않아 보인다. 소련과 그 우방들의 몰락에도 불구하고 제국주의 국가들 간 긴장, 특히 경제·군사적 긴장은 자원과 시장에 대한 이해가 증가함에 따라 더욱더 고조되고 있다.

지난 세기의 세계화는 극단적 인간 고통을 대가로 치루면서 이루어졌다. 오늘날 세계화는 미국과 미국에 적을 둔 다국적기업들이 주도하고 있다. 이는 패권적 제국주의에 의한 세계화이다. 미국의 경제·정치·문화적 권력은 전 세계 경제 정치 문화를 미국의 국가적 이해 맥락 속에서 미국의 이데올로기 영향 아래 미국 방식대로 지배하고 재형성

---

8 R. J. Rummel, *Death by Government*(New Brunswick, NJ: Transaction, 1994), pp.1~28.

하였다.[9] 그것은 상호인정과 나눔과 연대의 세계화가 아니고, 모든 지역의 전통과 특성을 말살하고 모든 것을 서구의 표준과 모형에 따라 동질화하는 전체화(totalization)의 세계화다. 그로 말미암아 세계는 사회질서 붕괴, 빈곤 증가, 폭력 상승, 자연 훼손, 미래에 대한 점증하는 불안 등을 경험하면서 세계화에 반발하고 있다.[10]

이러한 사실을 고찰하고 세계화를 개념화할 때, 우리는 두 가지 극단을 피해야 함을 알게 된다. 하나의 극단은 세계화를 단순하게 특정 정보 지식 상품 기술 등이 전 세계에 빠른 속도로 유포되는 과정으로만 생각하고 그 속에 필연적으로 포함된 상호의존 및 상호지배적 변증법과 그로 인한 인간 고통이라는 부정적 차원을 무시하는 추상적, 비현실적, 관념론적 개념이다. 또 하나의 극단은 그것이 인간본성에 의한 것이든 국가 간 관계구조에 의한 것이든 국가 간 관계를 적대적이고 경쟁적인 것으로만 생각하고 세계화 과정이 제국주의적 전쟁을 필연적으로 포함한다고 묘사하며 정당화하는 이른바 '현실주의(realism)적' 냉소주의 개념이다. 전자는 전 세계 차원의 인간 고통을 무시하고, 후자는 그 고통을 유감스럽지만 필연적인 인간의 비극적 고통으로 정당화한다.[11]

고통은 우리에게 항상 무엇을 생각하게 한다. 수세기에 걸쳐 방대한

---

9 미국의 제국주의적 역사와 경향에 대한 최근 저서로 Andrew J. Bacevich, *American Empire*: *The Realities & Consequences of U. S. Diplomacy*(Cambridge: Harvard University Press, 2002)와 Chalmers Johnson, *The Sorrows of Empire*: *Militarism, Secrecy, and the End of the Republic*(New York: Henry Holt, 2004) 참조.

10 세계화 비판과 반대 논의는 William Greider, *One World, Ready or Not*: *The Manic Logic of Global Capitalism*(New York: Simon & Schuster, 1997 ; Touchstone Book), Jerry Mander and Edward Goldsmith(eds.), *The Case Against the Global Economy and for a Turn Toward the Local*(San Francisco: Sierra Club Books, 1996) 참조.

11 이 '현실주의적' 세계화 개념으로 John J. Mearsheimer, *The Tragedy of Great Power Politics*(New York: W. W. Norton, 2001) 참조.

규모의 자연적 고통은 인간 삶의 우연성과 유한성을 성찰하게 하였다. 지금 서술한 방대한 규모의 인위적 고통, 다시 말하여 인간이 인간에게 가하는 비인간적 폭행도 많은 성찰을 하게 한다. 그것은 어떤 종류의 신학적 성찰을 요구하는가? 한 세기 동안 제국주의가 빚어낸 2억 명 이상의 희생자는 신학에 어떠한 도전을 던지고 현대신학에 무슨 과제를 요구하는가? 신학은 아직도 저들 무덤에서, 때로는 이름도 없는 무덤에서, 우리를 향해 소리치는 2억여 명 영혼의 음성을 못 들은 척 할 수 있을까? 로마제국의 소수 그리스도인 박해가 묵시록에 나타난 종말론적 성찰을 불러일으켰다면,[12] 20세기 제국주의가 저지른 그 많은 살상과 파괴는 어떤 종말론적 성찰을 우리에게 요구하는가?

2. 21세기 그리스도교 신학의 맥락과 과제인 제국주의적 세계화

패권적 제국주의의 세계화 과정이 빚은 인간고통의 엄청난 규모가 제일 먼저 생각하게 만드는 신학적 질문은 왜 아직까지 제국주의적 세계화를 신학의 맥락과 과제로 여기는 그리스도교 신학이 출현하지 않았는가다. 19세기 이래 그리스도교 신학은 언제나 그 맥락에 예민하였다. 지난 30년 동안 그리스도교 신학은 맥락적 사고를 중시했다. 우리는 희망의 신학, 세속화신학, 정치신학, 해방신학, 여성신학, 흑인신학, 아시아신학, 흑인 여성신학, 환경신학 등 맥락 신학이 출현하는 것을 차례

---

12 로마 제국주의의 종말론적 심판으로 묵시록을 해석한 것에 관하여는 Adela Yarbro Collins, "The Apocalypse(Revelation)," *The New Jerome Biblical Commentary*, 996~1016 ; Elisabeth Schussler Fiorenza, *The Book of Revelation*: *Justice and Judgment*(Philadephia: Fortress, 1985) ; M. Eugene Boring, *Revelation* (Louisville: John Knox, 1989), pp.178~189 참조.

로 보았다. 예를 들면 히틀러의 억압 같은 특정 억압에 저항하는 신학적 토의를 보았고, 해방신학의 혁명과 제국주의에 대한 저항도 보았으며, 정치신학에서 종교의 개인화에 대한 비판도 들었고, 베트남전쟁 같은 특수 상황에 저항하는 신학적 성찰도 읽어보았다. 그러나 패권적 제국주의의 세계화를 특수주제로 삼는 체계적 신학 성찰이 없었음은 참으로 이해할 수 없는 일이다. 2억 명에 달하는 사망자와 부상당하고 실종되고 고아나 과부가 되고 피난민이 된 수십억 명에 가까운 이들을 생각한다면 그리스도교는 이 모든 인간적 고통의 궁극적 의미와 요구에 관한 신학 성찰로 홍수를 이루었을 만도 했다. 카뮈는 두 번의 세계대전을 겪으면서 세계적 규모의 인간고통을 요구한 역사적·형이상학적 반항, 다시 말하여 인간의 유한성을 받아들이기 거부하고, 그 참담한 고통의 대가를 치르면서까지 자신의 이데올로기를 절대화하고자 하는 반항들에 관한 심원한 철학적 명상록인 『반항하는 인간(L'homme révolté)』을 저술하였다. 그런데 이에 견줄 만한 그리스도교의 신학적 성찰이 별로 없었다는 사실을 어떻게 설명할 수 있을까? 만일 종족차별, 성차별, 환경위기, 빈부차별 등이 새로운 신학의 새로운 맥락이 되기에 충분하다면, 한 세기 동안 2억 명 이상의 인간 살육을 야기한 제국주의적 세계화는 새로운 신학의 맥락이 되기에 충분하고도 남지 않았을까?

필자는 제국주의에 의한 세계화가 새로운 신학의 맥락이 되기에 충분하고도 넘칠 뿐 아니라 그것이 대표하는 인간적 재앙의 근본성, 그 영향의 포괄적 규모, 그 구조적 중심성을 볼 때 현대신학에서 가장 의미 있고 중요한 맥락이라고 주장하고 싶다.

첫째로 제국주의에 의한 세계화는 영원한 생명을 위하여 하느님이 창조하고 구원한 인간 생명 자체를 위협하기에 가장 근본적 위협이다. 라인홀드 니버와 많은 신학자가 지적했듯이, 제국주의의 악마적 성격은 바로 스스로를 절대화하고 방해가 되는 모든 나라와 서슴없이 전쟁을 벌이는 강박에 있다. 제국주의는 제국주의적 의지에 저항하는 이는 가릴 것 없이 죽이고 파괴하려는 내재적 필연성과 가장 효과적인 대량살상 기술로 무장한 최강 군대를 유지하려는 집념을 불태운다. 생명자체를 위협하는 것은 분명 어떤 위협보다 가장 추악하다. 그것은 충분한 생계, 건강, 평등, 정체성, 다른 인간적 가치나 재화에 대한 위협보다 더 근본적이다. 이 후자는 오직 우리가 존재할 때에만 의미 있는 것이기 때문이다. 생명 자체는 모든 선중 가장 근본 선이며, 따라서 삶 자체에 대한 위협은 모든 위협 중에 가장 기본적 위협이다.

둘째로, 제국주의가 주도하는 세계화는 어떤 인간적 부정보다 악과 고통의 범위가 더 크다. 제국주의적 세계화는 이미 밝힌 대로 지난 한 세기 동안 많은 전쟁을 통해 2억여 명의 생명을 희생시켰을 뿐 아니라 그보다 더 많은 숫자의 사람을 불구자로 만들고, 성폭행을 가하고, 가정을 파괴하고, 굶주림과 질병과 빈곤을 초래하며, 굴종적 종속을 강요하고, 향토문화를 말소하며, 인간적 가치를 저하시키고, 많은 민족을 억압적 전체성에 종속시켰다. 이 사실은 지난 한 세기 동안 2억 명 이상의 피살자들, 그 몇 배가 넘는 다른 희생자들, 그리고 숫자로 표현할 수 없는 또 다른 형태의 엄청난 손실과 재난 속에 잘 나타난다. 전쟁은 인간적 가치를 전도시키고, 인간을 짐승으로 만든다. '완전한 군인'이 되려면 '완전한 살인자'[13]가 되어야 한다. 전쟁은 한 국가와 또 한 국가를 대립시킬 뿐 아니라, 온 세계를 우방과 적국으로 나누고, 정복된 민족마저 협조자와 배반자로 분리시켜 서로 싸우게 만든다. 그것은 대의민주주의를 약화시키고, 국가보안과 애국심이라는 이름 아래, 모든 반대의견을 의심하거나 불법화시켜서 폭정적 경향을 조장한다. 전쟁 압력 밑에서 정권들은 항상 자기의 승리를 위하여 사실을 허위로 진술하

---

13 J. A. Hobson, *Imperialism: A Study*(New York: Allen & Unwin, 1938 ; reprint 1975 ; original edition 1902), p.133.

고 과장하고 왜곡시킨다. 온 사회가 '명백한 소명(manifest destiny)', '세계에 문명을 가져다 주어야 할 사명(civilizing mission)', '백인들의 짐(the white man's burden)' 등 가장 고결하게 칭송하는 이상으로 추켜세워 권력과 재화와 지배에 대한 노골적 욕망을 가장하고 정당화하려는 위선과 조직적 기만에 희생된다. 전쟁의 짐은 언제나 가난하고 소수에 속하며 힘없는 원주민의 어깨에 떨어진다. 제국주의는 이러한 해악을 소수 선민 지배계급을 위해 자행한다. 이 세상에는 성차별, 종족차별, 소수파 차별 등 우리가 마땅히 비난해야 할 많은 형태의 악과 부정이 존재한다. 그러나 필자는 이 어떠한 것도 제국주의적 세계화의 해독에는 미치지 못한다고 생각한다. 제국주의적 세계화의 해독은 지리상 세계를 아우를 뿐 아니라 경제 정치 문화 등 인간 삶 전체에 크나큰 대가를 부과한다는 의미에서 포괄적이기도 하다.[14]

셋째로, 제국주의적 세계화는 모든 다른 맥락에 절대적 영향을 행사하고 다른 맥락의 조건을 구성한다는 의미에서 구조상 가장 중심에 있다고 할 수 있다. 제국주의 국가들 간 경쟁은 하나의 세계구조로서 전 세계 권력과 자원의 생산·분배·소비에 대한 가장 기본적 조건을 구성하고, 모든 올바른 인간적 요구 충족과 모든 진보적 사회개혁의 성패를 좌우하는 관건이 된다. 제국주의국가 간 죽기 살기의 경쟁은 문자 그대로 수억 명의 생명을 빼앗아갈 뿐 아니라, 죽음에 대한 공포를 이용하여 엄청난 개인적 수모와 국가적 수모를 감내하도록 강제하고, 여성과 소수민족들에게 가장 큰 고통을 안기며, 빈곤·질병·무지 퇴치

---

14 제국주의의 경제적, 정치적 대가에 관한 고전적 토론으로는 홉슨(Hobson)의 위 저서 참조. 제국주의의 자기 절대화 경향과 심리적 대가에 관하여는 Reinhold Niebuhr, "The Morality of Nations," *Moral Man and Immoral Society* (New York: Charles Scribners Sons, 1932), pp.83~112와 Robert Jay Lifton, *Superpower Syndrome: Americas Apocalyptic Confrontation with the World*(New York: Nation Books, 2003) 참조.

를 위한 기본적 인간화 사업에 절대 필요한 금전과 물질을 파괴 목적으로 도용한다. 그것은 또한 민족들 간 국가적·문화적· 종교적 적대감을 부추기며, 모든 인간적 가치를 상품으로 전락시키고, 많은 민족과 국가를 새빨간 거짓말, 분열 이데올로기, 거짓 의식에 종속시킨다. 그것은 무엇보다 우리 공통의 고향인 자연을 파괴한다. 그리고 이 모든 악을 세계적 차원에서 자행한다. 인간의 존엄성, 사회정의, 상이한 집단 간 평화, 창조세계가 처한 온전성의 위기에 관심 있는 사람은 이 모든 가치를 세계적 차원에서 파괴하고, 정책과 경제적으로 어떠한 사회개혁적 움직임이든 불가능하게 만드는 패권적 세계화의 위기에 무관심할 수 없다. 이런 의미에서 패권적 세계화는 다른 모든 맥락의 맥락이요 조건으로 작용한다.

필자는 패권적 제국주의에 의한 세계화가 우리 시대 가장 핵심 위기이며 따라서 신학의 가장 중요 맥락임을 의심치 않는다. 그렇다고 다른 맥락이 중요하지 않다거나, 다른 맥락 신학이 세계화신학에 모든 것을 양보하고 사라지라는 뜻은 아니다. 기존 해방신학의 여러 맥락은 세계화의 맥락으로 단순 축소·환원될 수 없다. 그러나 어떤 신학도 세계화라는 핵심 맥락과 제국주의에 저항하는 가장 중요 과제를 무시할 수 없다. 각 맥락 신학의 사안들이 성공하기 위해서라도 그러하다. 왜냐하면 이 모든 맥락은 제국주의적 세계화의 파괴와 충격에 항상 노출되어 있기 때문이다. 제국주의에 저항하지 않고는 여성평등도, 소수민족 해방도, 자연보존도, 또 종교 간 평화도 기대할 수 없다.

사망자와 부상자는 물론이고 그 경제·정치·문화적 대가를 모두 고려한다면, 패권적 제국주의에 의한 세계화는 인간이 만들어낸 모든 구조 중 최고의 억압구조이며, 하느님 모습으로 창조된 인간에게 부과된 20세기 모든 인위적 고통의 가장 크고 가공할 만한 원인이다. 따라서 삼위일체 하느님께 범하는 죄의 가장 악마적 원천이며 구체적 모습이다. 그것들은 그저 '과오'나 '비극'이나 '범죄'에 그치는 것이 아니고 엄격한 신학적 의미에서 '죄악'을 형성한다. 그것은 성부와 성자 모습으로 창조된 인간의 기본적 존엄성을 침범하는 것이며 성령의 움직임 속에서 성부의 아들딸이며 성자의 형제자매로서 일치와 화합으로 불리운 인간 유대를 파괴하는 행위다. 따라서 그것은 당신 모습대로 우리를 창조하신 성부, 우리 모두를 당신 안에서 형제자매로 받아들여 성부의 자녀가 되게 하신 성자, 우리 모두를 삼위일체이신 하느님 속에서 화해시키는 성령에게 죄짓는 것이다.

노예제도, 민족차별, 성차별, 다른 비인간적 범행을 고의로 지지하는 신학에 음흉한 무언가가 있다면, 패권적 제국주의 형태로 인간에게 부과한 엄청난 고통을 등한시하는 신학은 더 말할 나위도 없을 것이다. 이점에서 우리는 심각한 결정에 직면하였다. 우리는 우리의 상호의존을 악용하여 다른 나라를 정복함으로써 세계 정복자라는 자기만족의 환상을 즐기면서 하느님에게 우상숭배의 죄를 범하며 인간 상호간 유대를 파괴하는 행동을 계속할 것인가? 아니면 우리의 상호의존을 인간 공통의 신학적 운명으로 받아들이고 그 상호의존의 변증법을 인간화함으로써 서로 인정하고 나누고 연대하여 세계화를 창출하고 '새 하늘 새 땅'에 도래할 하느님의 종말론적 지배의 징표가 될 것인가?

패권적 제국주의는 그것이 야기하는 위기의 깊이, 그 위기의 세계적 규모, 다른 맥락에 대한 절대적 영향 등과 이 모든 것들의 신학적 의미의 중요성으로 말미암아 새롭게 신학하고 제국주의적 세계화 시대와 위기에 더 적합한 새로운 신학모형을 창출하라고 요구한다. 그 세계적 위기는 신학과 무관하지 않으며 실천신학의 한 부분으로 취급될 수도 없고, 다른 맥락 신학과 같은 수준의 단순한 맥락 신학으로 취급할 수도 없다. 그것은 과거의 어떤 맥락 신학보다 더 근본적이고 더 세계적이며 더 구조적인 새로운 신학 내용과 강조점을 요구한다.

3. 세계화신학의 과제들

제국주의적 세계화 맥락 속에서 신학을 한다는 것은 무엇을 의미하는가? 제국주의와 세계화의 위기가 발생시키고 위기의 의미를 더 잘 밝힐 수 있는 신학 문제들은 무엇인가? 필자는 세 가지 문제를 제시하고자 한다. 첫째로 어떻게 하면 아직도 우리 사고방식을 지배하는 모든 부족주의를 초월하여, 상호연대와 상호의존 의식을 세계화시키고 하느님 의식을 거기에 맞게 세계화시키느냐 하는 문제다. 둘째로 국적이나 종족이나 종교나 문화가 다른 타자에 대한 우리 태도를 어떻게 근본적으로 바꾸느냐 하는 문제다. 셋째로 이 시대적 요청에 대응하여 교회 본질과 사명을 어떻게 새롭게 개념화하느냐.

1) 세계화의 신학적 의미

인간과 신 개념의 구체적 보편화

세계화 시대에 산다는 것은 상호의존하는 우리 현실을 특별히 주목하는 것을 말한다. 어떤 민족이나 국가도 스스로 충분하지 않다. 우리는 경제생활, 정치생활, 문화생활의 모든 차원에서 다른 나라와 민족들에게 의존한다. 미국 경제는 미국 공장에 기름과 원료를 제공하고 그 공장의 산물을 소비하며 소비자를 위해 값싼 물건을 생산해주는 다른 나라에 의존한다. 미국 정치는 다른 나라가 그 정책에 동의하느냐 하지 않느냐에 좌우되기에 다른 나라의 반응을 고려하지 않을 수 없다. 미국 문화는 미국에 자국 국민을 보낼 뿐 아니라 방문자, 관광객, 유학생, 기업인, 영주권자나 시민으로서 미국에 올 때 함께 가져오는 각국 문화에도 의존한다. 작은 나라는 큰 나라의 경제 정치 문화 권력에 항상 노출되어 자신의 의존성을 경험한다. 뿐만 아니라 세계적 상호의존은 점점 더 인간 삶의 심연에 깊이 영향을 미치고, 많은 다른 나라에까지 그 범위를 확대시키며, 이 모든 심화와 확대 과정은 빨라지고 있다. 이제 우리는 우리만의 부족이나 우리만의 국가나 우리만의 문화나 우리만의 종교적 입장에서 살고 생각할 수 없다. 우리는 점점 더 다른 나라, 다른 문화, 다른 종교, 다시 말하여 세계적 지평과 보편적 인류의 지평 속에서 살고 생각할 것을 강요받는다. 이것은 강한 나라나 약한 나라 모두에게 해당된다. 우리는 추상적 일반 개념이 아니라 구체적이고 차별화된 실체로 인간의 보편성을 다시 발견하라고 요구받는다.

인간의 보편성을 재발견한다는 것은 한 개인이나 부족이나 국가로서 자기만족의 환상을 포기하고 우리가 경제·정치·문화적 삶의 모든 조건에서 서로 의존한다는 사실에 기초하여 살고 생각한다는 뜻이다. 어떤 개인도 자신만의 고립된 노력으로 이 조건들을 창출할 수 없다. 또 어떤 나라나 사회도 자신의 노력만으로 이 조건들을 창출할 수 있는 시대는 지났다. 우리의 정치·경제·문화 행동들이 삼위일체이신 하느님 모습으로 창조된 인간적 품위에 맞게 살아가느냐, 어떻게 자비의 하느님이 이 세상의 우리 삶이 지닌 확정적이고 종말론적인 가치를 판단하실 것이냐를 결정한다. 우리의 지상 해방이나 종말론적 구원은 우리가 어떻게 개인적으로 또 국가적으로 서로 협동하고 의존하느냐에 달려 있다.

따라서 우리의 상호의존과 유대는 동시에 역사적이고 종말론적인 것이다. 시간과 영원에서 우리의 인간적 운명은 상호연대에 달려 있다. 이 운명의 연대성은 오늘날 인류 전체를 포함한다. 시간과 영원에서 우리 삶의 성공은 부족이나 국가나 문화나 종교의 경계를 넘어서 서로 의존한다. 인간의 보편성에 관하여 묵상한다는 것은 인간본성의 추상적이고 보편적 개념을 생각하는 것이 아니다. 우리가 타자에게 어떠한 행위를 하기 앞서 모든 인간적 경계를 넘어서서 그 행동이 타자에게 어떠한 구체적 정치·경제·문화적 영향을 끼칠 수 있는지 심각하게 고려하고, 그 영향이 우리의 해방과 구원에 끼치는 의미를 평가한다는 뜻이다. 인간본성은 인간 운명의 실제 유대 속에서만 구체적으로 존재한다.

따라서 우리 인간성을 구체적 세계 운명의 연대 속에서 생각한다는 것은 하느님과 종교에 관한 협소한 사고방식을 초월하게 한다. 경제나 정치나 문화를 더 이상 부족·민족·지역 관점에서만 생각할 수 없는 현대세계는 하느님과 종교에 관한 생각도 부족·민족·지역 관점에서만 생각할 수 없다. 우리는 하느님을 세계적, 우주적 차원에서 다시 생각해야 한다. 하느님은 유대인이나 그리스도인이나 무슬림이나 한국인이나 미국인이나 일본인만의 하느님이 아니다. 하느님은 온 인류와 모든 피조물의 하느님이다. 하느님이 어떻게 우리 그리스도인에게 당신을 계시하는가 질문하는 것만으로는 충분치 않다. 우리는 동시에 어떻게 하느님이 다른 민족들에게도 당신을 계시하고 구원을 주시는지 관심을 가져야 한다. 우리 시대의 요구는 하느님을 모든 민족과 온 피조세계의 하느님으로 생각하되, 전통적 그리스도교가 했던 것처럼 그저 막연하게 추상적으로 하는 것이 아니고, 서로 다른 여러 민족과 문화의 상이한 구체적 역사 속에서 어떻게 하느님이 작용하고 당신을 계시하였는지 현실적으로 생각하는 것이다. 따라서 인도인의 하느님, 나이지리아인의 하느님, 베네수엘라인의 하느님이라고 하느님을 구체화해야 한다. 그렇다고 부족신 시대로 돌아가는 것이 아니라, 각 나라 사람을 각기 다른 방법으로 사랑하시며 동시에 모든 민족을 구체적 보편 섭리 속에 함께 모으시는 하느님의 진정한 보편성을 인정하고 밝히는 것이다.

모든 국가를 그 나름대로 사랑하시는 보편적 하느님을 생각한다는 것은 곧 우리 인간의 보편적 유대를 구체적으로 생각한다는 의미다.

정치신학은 우리에게 공과 사를 분리하지 말라고 가르쳐주었고, 해방신학은 해방투쟁을 구원과 분리시키지 말라고 가르쳐주었다. 여성신학은 인간존재의 성적 차원을 신학에서 떼어내지 말라고 가르쳐주었고, 여러 종류의 민족 신학들은 우리 민족과 국가적 경험을 신학에서 소외시키지 말라고 가르쳐주었다. 또 종교다원주의는 종교 간 차별성을 신학적 성찰 속에 구체화하라고 가르쳐주었다. 필자의 의견에 의하면 세계화신학은 우리에게 인간존재의 여러 차원에 대한 이 배려를 완전히 보편적이고 구체적으로 차별화하여 세계화시키길 요구한다. 예수는 자신의 전체 삶의 기초였던 산상설교에서 이웃뿐 아니라 원수도 사랑함으로써 세리와 이방인 수준을 넘어서라고 요구한다. 오직 그러한 실천을 통해서만 하늘에 계신 우리 아버님의 아들이 될 수 있으며, 하느님 아버지가 완전한 것처럼 완전해질 수 있다. 왜냐하면 하느님은 "악한이나 선한 이에게 모두 해를 뜨게 하고, 의로운 이나 의롭지 않은 이들에게 비를 보내시기"(마태 5,43~48) 때문이다. 우리 시대의 요구는 이 사랑의 지상명령을 문자 그대로 세계적 차원에서 구체화하고 보편화하는 것이다. 우리는 진정 보편적 인간을 위한 정의와 사랑을 실천할 때 하느님의 보편성을 올바로 이해할 수 있다. 이 의미에서 세계화는 우리에게 그리스도교 원래 이상으로 돌아가라고 요구한다.

하느님과 인간을 세계적 차원에서 생각한다는 것은 인간과 모든 피조물을 포함한 실재 전체를 궁극성과 심연의 관점에서 생각하는 것이다. 그것은 모든 인간을 우주의 한 부분으로 생각하고, 모든 피조물을 궁극적 원천이며 목적인 하느님과의 관계에서 생각한다는 뜻이다. 그것은 더 큰 사물의 이치 속에 또 하느님과 전체의 지평 속에 인간이 어떤 위치를 차지하는가 생각하는 것이고, 우리 자신을 자연의 한 부분이자 하느님 모습대로 창조된 피조물로 생각한다는 의미다. 그것은 인간조건의 본질적 겸허함을 인정하는 것이고, 세상을 '구성'하고 '정복'

하려는 서구 근대주의에 깊이 박힌 인간의 자기 우상화와 자기 절대화를 포기하는 것이다. 세상을 구성하고 세상을 지배한다는 것은 구체적으로 결국 상호지배를 뜻하기 때문이다. 우리는 우주적 맥락에서 우리의 겸허한 위치를 잊어서는 안 된다. 이 커다란 지평은 모든 우상숭배적 주장이 허구일 뿐 아니라 인간 삶의 존귀성, 이 세상에서 잠시 살아가는 동안 우리가 서로에게 가져야 할 자비와 서로에 대한 필요성, 출신이나 국적이나 문화나 성공에 기초한 모든 경험의 상대성, 이 모든 것이 결국 인간 공통운명인 하느님과 우리의 초월적 관계라는 절대 기준에 종속되어 있음을 알려준다. 역설적이지만, 제국주의가 초래한 전쟁들은 그 종말론적 죽음과 파괴력을 통하여 인간의 모든 절대 주장이 허구라고 깨우쳐주었고, 인간존재 밑바닥의 존재론적 유한성과 우발성을 실감케 만들었으며, 이 우발적 삶의 존귀함과 하느님과 다른 인간에 대한 우리의 의존성을 부각시켜주었다. 따라서 전쟁이 끝날 때마다 많은 사람이 종교로 귀의하는 현상은 이상할 것이 없었다.

그 궁극성과 심연에서 전체에 관하여 이렇게 생각하려면 관상이 필요하다. 실천은 구체적 역사 속의 행동을 의미하고 특정 경제·정치·문화에 매몰됨을 의미한다. 세계화 시대의 보편적 시각이 요구하는 전체관은 역사적 실천의 직접적 맥락에서 후퇴한다. 전체, 하느님, 모든 피조물, 온 인류와 하느님에 대한 공통지향성, 그 지향을 가지고 올바른 위치에서 역사적 실천 다시 생각하기를 의미한다. 우리가 세계적 실천의 지상명령을 더 잘 이해하려면 전체에 대한 관상적 관점이 절실하게 필요하다. 세계화는 우리에게 관상과 행동을 함께 요구한다. 관상을 통해 보편적 시각을 갖고, 행동을 통해 보편적 시각의 역사적 요구를 구체화한다. 우리 시대는 이 전체에 대한 관상적 관점과 관상적 사고방식을 재발견하는 일이 절실하다. 많은 현대신학이 이 관상적 접근을 등한시한다는 사실이 유감이다.[15]

2) 다름의 신학적 의미

세계화가 우리에게 생각하길 요구하는 보편적 인간성은 언제나 계급, 국가, 문화, 종교, 종족에 따라 차별화되어 존재한다. 따라서 세계화는 이 같은 차별화나 다름의 신학적 의미를 생각하라고 요구한다. 사회적이고 상호의존적 존재인 인간은 부족이나 지역, 신분, 직업, 계급, 국가, 언어, 문화, 이해관계 등의 동일성에 따라 상호의존 연결망, 다시 말하여 '동일성 체계(system of identity)'를 구성하면서 살아간다. 이 체계가 그 구성원에게 항상 공정한 방법으로 그 범위 안에서 상호필요와 이해를 충족시킨다면 대단히 중요한 인간적이고 윤리적이며 신학적인 역할을 수행한다 할 수 있다. 그러나 유감스럽게도 많은 경우 그렇지 못하다. 특히 일부 구성원이 정치권력을 장악하여 국가의 공통자원과 권력을 자기만의 이익을 위하여 남용할 때, 동일성 체계는 분열과 소외의 원인이 된다. 동일성을 기준으로 그들은 다른 집단을 제외하고 차별한다. 그럼으로써 그 체계는 폭군체제로 전락한다. 예를 들어 그리스도교 같은 특정 종교, 부유층 같은 특정 계급, 경상도와 같은 특정 지역, 군인 같은 특정 직업, 서울대학교 같은 특정 교육기관이 정치권력을 장악하고 전 국가를 자신의 협소한 이익에 종속시킬 때, 전 국민은 '동일성의 폭정(tyranny of identity)'을 경험한다. 또 미국 같은 특정 국가의 경제·정치·문화적 선민집단이 다른 나라와 전 세계에 그들의 동일성과 특수이해를 강요할 때, 우리는 바로 제국주의라고 부르는 동일성의 폭정을 경험한다.

인간으로 산다는 것은 타자, 우리와 다르고 우리와 상호의존하는 남

---

15 현대신학의 관상적 차원 결핍에 대한 비판과 그의 필요성에 관하여 필자의 *Paths to the Triune God: An Encounter between Aquinas and Recent Theologies*(Notre Dame, IN: University of Notre Dame Press, 2005), ch. 7 참조.

들과 함께 사는 것을 의미한다. 역사는 바로 지금까지 다양한 동일 집단들이 한 민족국가로 합쳐지고 민족국가의 동일성 속에서 모든 봉건적·지역적 차별을 국가의 중심권위로 예속시키는 과정이었다. 국가는 그 수준에서 '타자간 공동체'였으며, 대부분은 한 집단이 다른 집단에게 폭정을 휘두를 수 있었다. 16세기 서구 근대화 시작 이후, 그리고 특히 20세기 초 이후로, 우리는 제국주의 위협 속에서 살아왔으며 동일성의 폭정을 겪어왔다. 제국주의는 많은 경우 전 세계를 자기식의 동일성으로 장악하여 종속시키려 한다. 따라서 근대 역사는 제국주의 역사요, 또 제국주의에 저항한 역사였다. 이 역사는 국가의 경제·정치·문화적 차원을 포함하였다. 세계화 추세는 모든 차별을 신자유주의 자본주의경제라는 단일체제에 종속시켜 국가와 지역 간 빈부 차를 더욱 심화하고, 많은 정권의 정치 독립을 위협하고, 많은 국가를 경쟁적 제국주의자들의 앞잡이, 꼭두각시, 우방으로 전락시키며, 서구와 특히 미국식 모형에 따라 모든 전통문화를 근대화시켜 모든 문화 차를 말소하였다. 이 역사에서 종교 역할은 애매했다. 종교는 한편으로 제국주의의 종속적 도구로써 제국주의의 모든 만행에 초월적 정당성을 부여하였고, 또 한편으로는 해방에 대한 염원을 일으켜 많은 저항과 독립운동에 초월적 정당성을 부여하였다.

이것은 동시에 하나의 질문을 던진다. 차별 또는 차이의 의미는 무엇인가? 이 문제에서 우리는 두 종류 차별을 구분해야 할 것이다. 하나는 억압적 차별이고 다른 하나는 해방적 차별이다. 원칙적으로 이야기할 때, 경제 분야든 정치·문화·종교분야든 모든 권력 차이는 그것이 권력 없는 자들의 해방에 봉사하지 않는 한 십중팔구 억압이다. 이 차별은 억압적 차별이며, 따라서 우리는 그것을 정의의 이상에 가까이 가져오도록 노력해야 한다. 그러나 내용 차이, 다시 말하여, 경제이론, 정치형태, 전통문화 양식, 종교적 신념과 실천 등의 내용 차이는 어떻게 작용하느냐에 따라 해방적일 수도 억압적일 수도 있다. 그것은 인간의 기본적 물질 요구에 봉사하고, 정의로운 관계를 촉진시키며, 인간실존의 창조적 표현을 고무하느냐 안하느냐에 달려 있다. 내용 차이는 흔히 억압 가능성과 해방 가능성이 애매하게 섞인 경우가 많다.

세계화는 두 종류 변증법을 포함한다. 하나는 차별화 변증법으로, 우리는 다른 내용을 간직한 다른 이들과 더 긴밀하게 접촉하여 국가와 종족과 문화와 종교 차이에 더 민감하게 된다. 또 하나의 변증법은 상호의존 또는 유대 변증법으로, 우리는 차이에도 불구하고 점점더 함께 살 수 있는 방법을 협상하여 모든 이의 기본인권을 촉진하고, 정당한 차이들을 보호하며, 모든 이의 공동선에 봉사할 수 있는 제도와 법률과 정책을 창조하라고 요구받는다. 현재 유행하는 탈근대주의는 차별을 강조하지만, 상호의존하는 세계에서 우리는 자신만의 차별성과 고립된 우리 관심사가 다른 이와 전혀 무관한 상황을 낳을 수 없음을 알아야 한다. 세계화는 우리 모두를 공통의 정치 공간으로 몰아넣어 기본 법률과 제도에 합의하고 공통 공간에서 공존할 수 있는 조건을 협상하라고 요구한다. 이것은 바로 미국에서 모든 민권투쟁과 다문화투쟁의 쟁점이 되었고, 이제 세계로 확대되어 상이한 국가, 문화, 언어, 종교를 가진 사람들이 사업상대자, 이주노동자, 유학생, 관광객, 영주권자, 불법체류자로 함께 살아가면서 생기는 많은 문제의 핵심을 이룬다. 세계화의 윤리적이고 신학적인 지상명령은 세계적 차원에서 내용의 정당한 차별성을 흔쾌히 받아들이는 동시에 권력의 차별성을 축소하여 국가 안에서 또 국가, 민족, 문화, 종교의 장벽 너머 진정으로 '타자와 연대 (solidarity of others)'하도록 함께 살아가는 방법을 창조한다.

이 점에서 경제, 정치, 문화, 종교의 상호의존을 위한 전 세계적 변증법은 몇 가지 관찰을 요청한다. 큰 나라와 초강국의 세계 제패를 위한 경쟁은 국제적 정치·경제 질서를 기본적으로 왜곡시켰다. 강한 나라들은 언제나 저들의 높은 생활수준을 유지하고, 세계적 경쟁 속에서 자신의 상대적 위치를 확보하기 위해 언제나 더 많은 재원을 탐냈다. 그들은 세계인구에서 차지하는 비례 이상으로 세계 재원을 낭비한다. 전 세계 인구의 6%인 미국이 전 세계 자원의 25%를 소비한다는 사실은 이미 유명하다. 저들은 또한 환경 파괴의 주범이다. 세계 경쟁에서 상대적 경제·정치 우월성을 유지하기 위해 저들은 항상 군사적 힘을 구축하고 유지하고 증가시키려 노력하며, 전 세계를 파괴적 군비경쟁으로 몰아넣고 인간적 기본욕구에 필요한 자원을 탈취하여, 세계평화와 창조세계의 온전함을 핵무기로 위협한다. 게다가 강대국들의 첨예한 경제·정치 경쟁은, 노골적 기만과 위선적 이데올로기부터 홍보수단의 노골적 남용 및 하느님을 내세운 종교적 호소에 이르기까지, 온갖 수단을 동원하여 전 세계인의 마음과 머리를 정복하려 문화전쟁을 심화시킨다.

문화와 종교 차이는 동시에 문화와 종교 차별을 유지하면서 함께 살아가는 것에 대한 이론적이고 실천적인 문제들을 제기한다. 문화와 종교 차이는 기본적 지평과 관점 차이를 의미한다. 그렇다면 공통된 궁극 지평이 없는데도 종교와 문화 간 이해와 평화를 촉진하는 것은 어떻게 가능할까? 종교 간 평화는 다른 종교에 선교하는 것과 타협할 수 없는 것인가? 근본이 다른 지평을 가진 문화와 종교들이 어떤 현실적 대화와 이해를 할 수 있을까? 종교와 문화 분리를 당연시하면서 과연 공동선에 절대 필요한 문제들의 사회적 합의 도출이 얼마나 가능할까? 억압자와 피억압자 사이에 정치·경제적 정의를 수립하지 않고 과연 문화와 종교 차이에 관한 대화를 촉진할 수 있을까? 팔레스타인과 이스라엘이 정치적 정의를 성취하지 않고, 이슬람과 유대교의 평화를 성취할 수 있을까? 정치·경제적 충돌상황에서, 종교는 어떠한 긍정적 영향을 미칠 수 있을까? 모든 종교 간 대화 문제나 종교 다원주의 문제도 관념론에서 벗어나 세계화의 구체적 맥락 속에서 재검토되어야 할 것이다.

이것은 동시에 많은 신학이 국가 안 성차별, 민족차별, 계급차별의 억압적 차별성을 제거하려고 노력했듯이, 세계화신학은 이 차별들을 전 세계적 차원에서 제거하려 노력해야 함을 의미한다. 이 점에서 다른 나라들에 대한 강국과 초강국들의 제국주의적 자기 절대화가 국제적 분야에서 타자와 연대를 촉진하는 데 가장 큰 장애물이고, 세계평화의 가장 큰 적은 초강국들이라는 사실을 인정하는 것이 대단히 절실하다. 많은 국가, 특히 세계의 진정한 민주주의 국가는 개인의 기본인권을 법과 제도로 보호함으로써, 인간존재의 가장 오랜 저주였던 '자연상태(state of nature)'를 극복하는 데 공헌하였다. 이와 마찬가지로 국제적 차원에서 타자와 연대를 촉진하는 데 가장 절실한 과제는 기본 생활수준, 정치적 자기결정권, 문화적 독립을 추구하는 국가 기본권을 제도화하는 것이다. 이것은 제국주의 국가들한테서 모든 국가의 기본적 독립을 보호하고, 제국주의 국가의 탐욕적 경향을 일정하게 제한하는 것이다. 그렇다고 각 국가를 규제할 정당한 방법이나 필요가 전혀 없다는 말은 아니다. 어떤 정부가 대규모 민족학살을 포함한 억압적 폭정의 죄악을 범할 때는 국제적 관심, 국제적 해결책, 국제기관의 관여가 필요할 수 있다. 그러나 그렇다고 아무 초강국이나 일방적 규제를 할 수 있는 것은 아니다. 정당한 이유가 있는지, 또 어떻게 간섭해야 할지 결정하는 것은 국제적 합의에 맡겨야 하고, 늘 다른 나라를 간섭하여 그 나라를 지배하려고 호시탐탐 노리는 초강국의 자의적 결정에 맡겨선 안 될 것이다.

그러나 원칙상 한 나라의 문제는 외국의 간섭 없이 그 나라의 자율적 결정에 맡겨야 할 것이다. 많은 민주주의 국가가 시민 개인의 기본권을 보호하듯이, 모든 외국의 위협에 대항하여 한 국가의 경제·정치·문화적 독립성을 보호하는 것은 본질이다. 이것은 지금처럼 세계화가 초강국들의 이해에 완전 지배되어, 작은 나라들은 독립성을 완전 상실해

가는 이 시대에 더욱 절실하다. 지금까지 나타난 세계화 결과는 각 나라의 정치·경제·문화적 독립을 보호하고 촉진하는 국가 간 연대가 아니고, 제국주의 소수선민이 고안한 전체성에 다른 모든 국가를 무자비하게 종속시키는 것이다. 이런 의미에서 오늘날 개인이나 집단, 한 국가의 사회 구조뿐 아니라 국가 간 행동, 특히 IMF, 세계은행, 세계무역기구 같은 국제기구나 전 세계적 경제·정치 구조에도 비판적인 윤리적 성찰을 적용하는 것이 매우 절박하다.

상호의존을 본질로 하는 인간은 '타자와 연대'를 떠나서는 삶의 초월적 의미를 추구하거나 경제·정치·문화 욕구 등 역사적 삶에 필요한 구체적 조건들을 충족할 수 없다. 지금 세계화는 이 타자 간 연대를 한 국가 안에서 뿐 아니라 세계적 차원에서 구축해야 하는 윤리적-신학적 지상명령을 부과한다. 그리고 그 지상명령은 타자간 연대에 방해가 되는 모든 가면을 벗기고, 특히 제국주의의 종말론적 오만을 하느님의 종말론적 지배에 비추어 단죄하는 과제를 포함한다.

3) 세계화 시대의 교회론

세계화 맥락과 저항의 연대에 대한 정치적 지상명령은 어떤 교회론의 변화를 요구하는가? 본래 교회는 전통 속에 들어 있는 풍부한 신학적 자원들을 회복하여 세계화라는 새로운 맥락 속에서 다시 자신을 점검함으로써 동일성을 깊이 감지해야 한다. 몇 가지 자원의 예를 들어보자. 삼위일체 교리는 서로 다르면서도 하나를 이루는 삼위의 공동체가 세상의 창조와 구원과 재창조의 원천이고 모범이며 목적임을 말한다. 하느님은 그리스도인이나 무슬림이나 유대인뿐 아니라 '우리들의' 아버지이며 모든 피조물과 인류의 어버이시다. 하느님은 특정 선민이 지배하도록 이 지상 재화를 창조하신 것이 아니고 온 인류가 인간적 욕구를 정당하게 충족하도록 이 세상을 창조하셨다. '하느님 백성' 개념은 온 인류가 하느님 안에서 하나가 되도록 부름 받았음을 말하는 종말론적 개념이다. 구원자이신 그리스도는 보편적이고 우선적이며 실천적이고 정치적이며 과장적이고 자기 초월적인 사랑을 선포하였다. 모든 이의 죄를 짊어지고 '고통 받는 종'으로 돌아가셨으며, 지금도 괴로워하는 모든 이들 속에서, 특히 제국주의적 전쟁의 모든 희생자들 속에서 고통 받고 죽어가고 계시다. 온 인류는 죄악과 은총 속에, 또 아담과 그리스도 안에서 상호의존하는 연대로 창조되었다. 온 인류와 모든 창조물은 하느님과 하느님 안에서 원초적이고 목적론적 연대를 누린다. 성령은 모든 이의 원초적 유대의 힘이요 움직임이다. 이 연대는 우리를 성, 민족, 국가, 문화, 종교 차이와 관계없이 '하느님의 백성'과 '그리스도의 몸'의 일부가 되라고 부르며, 그 속에서 서로의 짐을 지라고 부름 받았다. 우리는 우리를 하느님과 화해시키고 서로를 성자 속에서 화해하게 하는 성령의 힘으로 살고 있다. 성부와 성자와 성령 속에서 이 상호연대는 우리의 가장 깊은 인간적 정체성을 이루며, 이에 비하여 모든 인간적 차이는 이차적이고 상대적인 것이다.[16]

그동안 현대신학은 교회 모형으로 제도, 일치, 성사, 종, 선포자 등의 모형을 토의하였다(Dulles). 오늘날 개신교나 천주교는 교회의 가장 적절한 모형으로 일치(communion) 모형을 특별히 강조한다. 모든 전통적 교회 자원을 이 일치 모형을 구체화하려 사용한다. 교회는 하느님 안에서 또 하느님과 온 인류의 일치의 징표요 도구이며, 하나의 성사

---

16 죄와 구원에 관한 온 인류의 연대성에 관하여는 Emile Mersch, S. J., *The Theology of the Mystical Body*, trans. Cyril Vollert, S. J.(St. Louis: B. Herder, 1951), pp.147~168 ; Henri de Lubac, *Catholicism: A Study of the Corporate Destiny of Mankind*(New York: Sheed & Ward, 1950 ; Mentor-Omega Book, 1964), pp.17~32 참조.

(sacrament)다. 교회는 그리스도의 몸이며 성령 안에서 이루어지는 성도들의 일치다. 그렇다면 교회는 바로 하느님 안에서 온 인류의 원초적이고 종말론적인 일치와 연대의 효과적 징표가 되기로 부름 받았다. 오늘날 이것은 자본주의가 야기한 모든 차별과 분단과 충돌의 세계적 맥락 속에서 모든 이의 연대를 효과적으로 구체화하는 임무를 말한다. 교회의 소명은 순전히 정신적이고 내적인 의미에서 일치의 추상적 상징이 되는 것으로 끝날 수 없다. 교회는 서로 다를 뿐 아니라 세계적 맥락에서 서로 분열되어 있는 모든 이의 연대를 구체적으로 촉진하는 촉매가 되어야 한다. 그러한 촉매가 된다는 것은 제국주의에 저항하는 정치학을 통하여 세계적 차원에서 공동선을 촉진하는 노력을 하도록 그리스도인을 교육시킨다는 뜻이다. 오늘날은 제국주의의 악마적 권력에 항거하는 타자 간 연대를 촉진하지 않고는 하느님 백성과 그리스도의 몸이라는 원초적이고 목적론적 일치를 말할 수 없다. 교회는 전 세계 차원에서 '타자 간 연대 성사'로 다시금 자신을 정의하고, 선포와 실천으로 유대를 현실화하여 자신의 성사성(sacramentality)을 증거해야 한다. 오직 그럴 때만 교회는 구원받은 모든 사람이 "모든 민족과 부족과 국가들과 언어에서" 함께 모이는(묵시록 7,9) 온 인류의 종말론적 일치의 징표가 될 수 있다.

이것은 동시에 교회의 지평을 넓혀 제도를 넘어서 온 인류를 포용하며, 제도인 교회와 권력인 성직자의 권위 자체를 목적인 양 간주하는 교회중심주의(ecclesiocentrism)와 성직주의(clericalism)의 안이함으로부터 초월함을 의미한다. 세계화의 위기는 우리 시대의 가장 핵심 위기이며 그 위기에 무관심하고 스스로 고립에 안주하는 교회는, 이런 교회에 무관심한 세계한테서 버림받을 수 있다. 그것은 마치 유럽교회가 근래에 버림받고 쇠퇴하는 사실과 비슷하다. 현대는 교회가 자기만족에 빠지는 것을 허용하지 않는다.

이것은 동시에 교회가 다른 종교들과 실제 대화에 스스로 개방해야 하는 지상명령을 의미한다. 교회는 하느님의 백성이며 그리스도의 몸이다. '하느님의 백성'이나 '그리스도의 몸'은 본래 종말론적 실재이지만, 교회는 그러한 실재의 확정적, 종말론적 실현이 아니고 불완전한 역사적 징표다. 따라서 교회는 언제나 은총 속에 이미 가지고 있는 본질을 좀 더 충분하게 실현하도록 항상 노력해야 한다. 하느님 안에서 온 인류의 원초적이고 종말론적 연대를 더 충족시키는 징표가 된다는 것은 타종교들과 대화하고 자기정체성에 관한 타종교의 통찰을 받아들임으로써 자신을 더 보편적인 것으로 만드는 것이다. 성부와 성자와 성령은 그리스도인의 사유재산이 아니고 온 인류와 종교 안에서 항상 구원 섭리를 펼치고 계시기 때문이다. 성령은 타종교들을 통하여 교회에 말씀하고 계실 수도 있다.

대략 이것이 필자가 제안하는 새로운 신학적 모형의 개요다. 그 신학 맥락은 세계화 맥락이고, 그 신학 과제는 제국주의에 저항하는 것이다. 그 신학 지평은 삼위일체이신 하느님 안에서 타자와 보편적 연대를 이루는 것이고, 그 신학 실천은 저항 속에서 유대를 실천하는 것이다. 교회의 본질과 사명은 하느님 안에서 보편적 일치의 성사성(sacramentality)을 구체화시켜 타자와 구체적, 세계적 연대를 촉진하는 것이다.[17]

---

17 이 논문에서 자세히 다루지 못한 세계화 신학의 여러 측면들 — 삼위일체론, 그리스도론, 성령론, 정치적 접근의 우위성, 특히 '타자간 연대' 개념 — 에 관하여는 필자의 *Dialectic of Salvation*: *Issues in Theology of Liberation*(Albany, NY: SUNY Press, 1989) ; *The Solidarity of Others in a Divided World*: *A Postmodern Theology after Postmodernism*(New York: T & T Clark International, 2004)와 *Paths to the Triune God*: *An Encounter Between Aquinas and Recent Theologies*(Notre Dame, IN: University of Notre Dame Press, 2005) 참조.

탈식민주의 여성의 눈으로 본
상호상황적 성서해석*

김진경

(전 모라비아 신학교 교수)

1. 탈식민주의(postcolonialism)의 등장과 신약성서

탈식민주의가 최근에 학문 전반에 끼친 특징적 영향 중 하나는 식민주의와 서구사회가 우리의 사회적 정체성과 우리 지식 등을 지배했다는 사실을 우리에게 다시 한 번 생각하고 재구상할 수 있게 했다는 것이다.[1] 우리가 알고 있는 사회정체성, 지식과 그에 따른 실천 및 문화 등

---

* 이 글 원제는 "Intercontextual Reading of the New Testament From a Postcolonial Feminist Perspective In a Global Context"다.

1 Gyan Prakash, "Postcolonial Criticism and Indian Historiography," *Social Text* 31 (1992), 8 ; 또한 Gyan Prakash ed., *After Colonialism: Imperial Histories and Postcolonialism Displacement*(Prinston, NJ: Prinston University Press, 1995)을 보라. '탈식민주의적(postcolonial)'이란 용어는 간단히 정의할 수 있는 단순한 용어가 아니라, 식민주의의 다양한 형태와 역사에 따라, 또 탈식민지화(decolonization)의 다양하고 복잡한 과정에 따라 더욱 복잡 미묘하게 정의할 수 있는 용어다. 대다수 탈식민주의 연구가 유럽 식민주의에 중점을 두었기 때문에, 동아시아의 복잡한 식민주의 연구는 전무하다시피 하다. Elain H. Kim과 Chungmoo Choi는 탈

모든 학문분야가 서구사회 경험을 토대로 이루어졌다는 탈식민주의적 인식을 절감한 성서학자들은 식민주의와 성서해석의 밀접한 관계를 재점검하기 시작했다.[2] 수기타라자(R.S. Sugirtharajah)는 탈식민주의적 성서연구를 성서나 성서 해석에 이미 고착된 식민지적 경향을 점검하고 폭로하는 성서연구라고 정의하고, 그 연구 방식으로 식민주의적 가정들을 해체시키고 뒤집는 대안적 성서해석학을 제안한다.[3] 무사 두베(Musa Dube)는 심지어 성서는 제국주의 문헌(text)이며, 예수는 식민지 확장 여행을 일삼았던 제국주의 인물이었다고 서슴없이 말한다. 따라서 두베에게 성서는 현실 세계에 사는 우리 자신의 고유한 현실 상황에 따라 걸러 읽어야 할 책에 불과하다.[4]

성서는 거의 예외 없이 식민주의자의 종교로서 아프리카, 아시아, 아메리카 대륙에 들어갔으며 제국적 지배와 억압의 정당성을 합리화하는 데 사용되었다. 성서가 이러한 식으로 토착민 억압 수단으로 이용된

식민주의 학계에서 "아시아의 일본 식민주의를 다루지 않는 것은 지식생산에서 인종차별인 동시에 비판 가능한 학문영역에 대한 또 하나의 식민지화"라고 경고한다. "Introduction," in *Dangerous Women: Gender & Korean Nationalism*, eds. Elain H. Kim & Chungmoo Choi(New York: Routledge, 1998), 1.

2 R. S. Sugirtharajah, "Biblical Studies after the Empire: From a Colonial to a Postcolonial Mode of Interpretation," in *The Postcolonial Bible*, ed, R. S. Sugirtharajah (Sheffield: Sheffield Academic Press, 1998), p.18. 그러나 성서가 근대 식민사회에서 두드러진 역할을 했기 때문에, 특히 성서학에서 주도적 위치에 있는 유럽과 미국 학풍에 도전하는 탈식민주의적 비평을 하기에는 큰 어려움이 있었다(Richard Horsley, "Submerged Biblical Histories and Imperial Biblical Studies," in *The Postcolonial Bible*, 152).

3 Sugirtharajah, "Biblical Studies After Empire," p.16.

4 Musa Dube, "Savior of the World but not of This World: A Postcolonial Reading of Spatial Construction in John," in *The Postcolonial Bible*, pp.118~135 ; idem., "Toward A Post-Colonial Feminist Interpretation of the Bible," *Semeia* 78(1997), pp.11~26.

것을 재미있게 풍자하는 말이 아직도 남아프리카에 전해져 내려온다.

백인이 우리 나라에 왔을 때 그들은 성서를 가지고 있었고 우리는 땅을
가지고 있었다. 그러나 백인들이 기도하자고 말한 다음에는, 그들이 우리
땅을 가졌고, 우리는 성서를 가졌다.[5]

아프리카인의 이 말이 보여주듯이, 근대 유럽 그리스도교와 식민지
적 억압 사이의 밀접성은 추호도 의심할 여지가 없다. 뿐만 아니라, 성
서연구는 근대 서구문화 산물의 하나로서 식민지화된 나라들의 역사를
등한시했거나 아예 없는 듯이 무시했다.[6] 실제로 탈식민주의가 유럽식
성서해석의 전체주의적 성향에 의문점을 던지고 도전하며 성서연구에
끼친 공헌만큼은 높이 사야 한다.

그렇다면 탈식민주의 상황에서 살고 있는 우리는 성서를 어떻게 이
해하고 해석할 수 있을까? 바늘 가는 곳에 실이 따라 가듯이 성서가
서구 식민주의와 함께 아프리카, 아시아, 라틴아메리카 등에 따라 들어
갔던 사실 자체를 부인할 수는 없다. 한편 우리는 전 세계 238개국 사
람들이 성서를 사용한다는 점을 무시할 수 없다.[7] 더 나아가 제3세계
많은 신학자들은 예언자적이고 해방적인 메시지를 성서에서 발견했으
며, 성서는 그들의 해방신학을 뒷받침하는 근원이 되었다. 이런 맥락에
서 볼 때, 우리는 과연 몇몇 탈식민주의 성서학자들이 주장하듯이 성서
를 단순한 제국주의적 본문으로 볼 수 있을까? 또한 성서의 역사 사회

---

5 Michael Prior, CM. *The Bible and Colonialism: A Moral Critique*(Sheffield: Sheffield
   Academic Press, 1997), p.260.

6 Horsley, "Submerged Biblical Histories," p.154.

7 이 통계는 Barret, Kurian과 Johnson의 *World Christian Encyclopedia: A Comparative
   Survey of Churches and Religions in the Modern World*. 2nd Ed.(Oxford: Oxford
   University Press, 2001)에 기초한 것이다.

적 상황, 특히 예수 당시의 사회·정치적 상황을 고려하지 않고, 단순히 우리의 특수 상황 안에서 우리 자신만의 용어만을 사용한다면 과연 우리는 성서를 어떻게 해석할 수 있을까? 이것이 성서학자가 현재 직면한 어려운 과제다.

리차드 호슬리(Richard A. Horsley)는 "역사의 가장 큰 모순 중 하나는 반제국주의 운동으로 시작한 그리스도교가 제국주의 종교가 되었다는 사실이다"라고 언급한다.[8] 신약성서가 서구 대도시인을 위해서가 아닌, 로마제국과 그 식민통치에 짓눌린 사람들을 위해 쓰였음을 인식하고 상상할 수 있을 때, 비로소 우리는 현재 우리가 직면한 탈식민주의 상황을 그리스도교적 관점에서 비판적으로 이해할 수가 있다. 우리가 처한 탈식민주의와 지구촌 상황을 예수운동의 역사 사회적 배경과 함께 비교 관련시켜 신약성서를 읽으면 성서가 제국주의적 본문이 아님을 확신할 수 있다. 또 한걸음 더 나아가 성서를 남용하거나 버릴 수밖에 없는 위험에서 건져낼 수 있다.

이것이 바로 우리가 지구촌 그리스도교의 미래를 염원하는 전망이다. 그렇다면 우리는 이 과제를 어떻게 이루어 나갈 수 있을까? 이 목적을 달성하기 위해, 나는 우선 탈식민주의 성서해석 전략으로서 성서의 역사 사회적 상황과 독자의 상황 간 상호관련성을 고려하는 상호상황적(intercontextual) 성서해석을 소개하고, 그 구체적인 해석으로 요한복음에 수록된 사마리아 여인 이야기와 간음하다 잡혀온 여인 이야기를 살펴보겠다. 상호상황적 성서해석은 성서와 우리 삶의 자리를 분리하기보다는 오히려 성서이야기 상황과 우리 상황을 밀접하게 연결시켜서 성서와 우리를 더 가깝게 느끼도록 도와준다. 탈식민지 지구

---

8 Richard A, Horsely, "General Introduction," in *Paul and Empire: Religion and Power in Roman Imperial Society*, ed. Richard A. Horsely(Harrisburg: Trinity Press International, 1997), p.1.

촌 안에 살고 있는 우리에게 성서의 상호상황적 해석은 필요 불가결하므로, 마지막 부분에서는 시로 페니키아 여인이야기에 대한 탈식민주의적 해석을 통해 지구촌 그리스도교가 나아가야 할 방향을 제시할 것이다.

2. 요한 4,1~42와 요한 7,53~8,11의 상호상황적 해석[9]

상호상황적 해석이란 무엇인가? '상호상황성(intercontextuality)'이라는 용어는 니콜라스 저부르크(Nicolas Zurbrugg)가 본문 상관성(intertex-tuality)의 한계를 극복하려고 창시하여 제안한 용어다.[10] 상호상황적 해석의 중요성을 논하기 앞서, 본문 상관적(inter/textual) 해석과 상황적(contextual) 해석의 한계에 대해 간단히 언급할 필요가 있다. 담화(discourse), 권력(power)과 주체(the subject)의 연관성을 집중 연구한 미셸 푸코(Michel Foucault)의 주장에 의하면, 권력은 담화를 지배한다.[11] 실제로 세계의 역사는 승자와 권력자에 의해 쓰여져왔다. 지금도 전 세계인은 현재 미국에서 벌어지는 일 대부분을 알지만, 미국에 사는 이들은 자신이 알려고 애쓰지 않는 한, 다른 나라 특히 약소국에서 일어나는 일을 잘 알지 못한다. 페트리스 루뭄바(Patrice Lumumba)가 감

---

9 이 부분에 관한 보다 더 자세한 해석은 김진경의 *Woman and Nation: An Intercontextual Reading of the Gospel of John from a Postcolonial Feminist Perspective* (Leiden: Brill, 2004), pp.90~141을 보라.

10 Nicolas Zurbrugg, "Burroughs, Barthes, and the Limits of Intertextuality," *Review of Contemporary Fiction* 4(1984), pp.88~97.

11 푸코의 연구에 관해서는 Alec Mchoul & Wendy Grace, *A Foucault Primer: Discourse, Power and the Subject*(New York: New York University Press, 1993)을 보라.

옥에서 쓴 편지를 인용하며 끝맺는 영화 『루뭄바(Lumumba)』는 식민주의, 탈식민주의, 후식민주의 과정을 아주 잘 묘사해준다.

나의 동지들이여 울지 말라. 역사는 언젠가 역사를 통해 말할 것이다. 하지만 그 역사는 브뤼셀, 파리 또는 워싱턴에서 쓴 것이 아닐 것이다. 그것은 우리들의 역사 곧 우리 아프리카에서 쓴 역사가 될 것이다.

대다수 약소국가의 역사는 미국과 같은 강대국의 국익에 따라 좌지우지되거나 미미한 것으로 취급되어 세계의 주목을 받지 못하므로, 나도 이 영화를 보기 전까지는 콩고의 식민지역사에 관해 많은 것을 알지 못했다.[12] 이와 마찬가지로, 글을 쓰고 해석하는 행위는 지식 있는 엘리트집단이 행해온 특권이었기 때문에 성서이야기의 전승과정, 성서의 경전화, 성서해석 등은 최근까지 서양 남성학자들이 지배하고 조정해왔다. 가일 코링톤 스트리트(Gail Corrington Streete)는 "엘리트집단이 당시 떠돌아다니던 구전이야기나 생생한 경험 및 풍습에서 자기 기호나 목적에 알맞은 자료들을 직접 취사선택하여 문서화했기 때문에, 문전화된 본문은 일반인이 아닌 특권층 이야기, 경험, 관습 등만을 반영했을 뿐이라고 주장한다."[13] 이 관점에서 성서를 읽을 경우 단순히 성서 본문에만 매달리거나 본문의 상관적(intertextual) 해석만 고수한다면, 성서를 탈식민주의적 관점이나 여성신학적 관점으로 읽을 가능성은 그리 많지 않다.[14]

---

12 Ludo De Witte, *The Assassination of Lumumba*, trans. by Ann Wright and Renee Fenby(London & New York: Verso, 2001).

13 Gail Corrington Streete, *The Strange Women: Power and Sex in the Bible*(Louisville, KY ; Westminster/John Knox Press, 1997), pp.20~21. 또한 Joanna Dewey의 "From Storytelling to Written Text: The Loss of Early Christian Women's Voices," *Biblical Theology Bulletin* 26 (1996), pp.71~78을 보라.

이러한 본문의 상관성이 지닌 한계를 극복하기 위해, 비서구사회나 제3세계인은 서구식 성서해석을 비판하기 시작했고 각자 고유한 상황에 따라 성서를 읽기 시작했다.[15] 그러나 상황적 해석 역시 성서의 역사 사회적 배경과 독자의 상황 간 관계를 규정하지 못할 경우는 시대착오에 그칠 수밖에 없다. 또한 특정 상황에만 적용되는 상황적 해석은 동일 상황을 경험할 수 없는 독자에게는 마이동풍격 해석이 될 수도 있다. 이러한 경우 단순한 상황적 해석은 또 다시 서구 해석과 비서구 해석 사이에 이미 존재하는 이분법적 관계를 더욱 악화시킬 우려가 높다.

앞서 살펴본 본문 상관적 해석이나 상황적 해석의 한계를 극복하기 위해 저부르크가 제안한 대안적 해석전략인 상호상황적 해석을 살펴볼 필요가 있다. 저자가 무엇인가를 쓸 경우에는 기존의 글에 대한 해석을 참조하기 때문에, 저자는 의식했든 못했든 기존의 글 속에 내재한 이데올로기의 지배를 받게 된다. 또한 문학적 본문 구조 안에서 하는 문학적 담론은 비문학적 규범을 압도하는 주도적 역할을 한다. 그러나 비문학 분야를 지배하는 역사, 사회, 문화 상황과 문학본문의 상호교류 및

---

14 본문 상관적 읽기(intertextual reading)에 관해서는 Spike Draisma ed., *Intertextuality in Biblical Writhings*(Kampen: Kok, 1989) ; Ellen Van Wolde, "Texts in Dialogue with Texts: Intertextuality in the Ruth and Tamar Narratives," *Biblical Interpretation* 5(1997), pp.1~8을 보라. 성서의 남성 중심적 해석에 대한 여성주의 비평에 대해선 Tina Pippen, "Ideology, Ideological Criticism, and the Bible," *Currents in Research* 4(1996), pp.51~78이나 Alice Bach, "Feminist Biblical Criticism Approching the Millenium," *Currents in Research* 1(1993), pp.191~215. Joanna Dewey, "Feminist Reading, Gospel Narrative and Critical Theory," *Biblical Theology Bulletin* 22(1994), pp.167~173을 보라.

15 R.S. Sugirtharajah ed., *Voice from the Margin: Interpreting the Bible in th Third World*(Maryknoll, NY: Orbis Books, 1991) ; Kwok Pui-Lan, *Discovering the Bible in Non-Biblical World*(Maryknoll, NY: Orbis Books, 1995).

그 영향을 무시하는 것은 "서로 다른 것들의 영향을 받아 하나의 전체 구조를 이루어 가는 정교한 과정 중에 발생할 수 있는 획기적 변화의 복합성"을 무시하는 것과 같다.[16] 이 문제점을 극복하기 위해 여러 상황의 상호관련성을 고려한 저부르크의 상호상황적 접근은 주목할 만하다. 그의 상호상황적 접근이란 "글쓰는 활동을 문학적 상호관련성 안에만 제한했던 문학적 범주를 초월하여 문학적 담론과 비문학적 범주를 접맥시키는 혁신적 상호상황성을 추구함으로써 글쓰는 활동을 더 포괄적인 학문영역으로 이끄는 신중하고도 모험적인 접근방법"[17]이라고 볼 수 있다. 이 방법은 매우 설득력이 있다. 성서를 읽을 때 성서이야기 배경을 이루는 상황과 우리 상황을 또 다른 본문으로 이용할 수 있게 하기 때문이다.[18]

우리가 어떤 책이나 일기, 또는 다른 무엇을 쓰건 간에, 우리는 아무것도 없는 진공상태에서 글을 쓰지 않는다. 우리가 겪는 상황이 우리가 쓰는 것에 항상 반영되기 마련이고, 우리가 쓰는 것 역시 우리 삶에 영향을 주기 마련이다. 바로 이렇게 상황과 본문은 불가분 관계에 놓여 있다. 그렇다고 해서 성서 본문이 우리가 발견하기 원하는 모든 것, 특히 여성이나 민중과 같은 약자에 관한 것을 모두 전한다고는 할 수 없

---

16 John Frow, *Marxism and Literary History*(Cambridge: Harvard University Press, 1986), pp.127~128.

17 Zurbrugg, "The Limit of Intertextuality," p.128.

18 본문의 상관성(intertextuality)이라는 용어 및 개념 역사는 미카일 박틴(Mikhail Bakhtin)과 함께 시작되었다. 그는 글 쓰는 사람은 본문에 내재된 사항의 영향을 받을 뿐 아니라 독자가 알고 있는 본문과 독자가 처한 현실을 참작하게 되어 있다는 'Dialigicity'의 개념을 소개하였다. 비록 줄리아 크리스티바(Julia Kristeva)가 박틴의 영향을 받아 '본문의 상관성'이라는 용어를 만들어냈지만, 크리스테바의 용어는 단순히 한 본문과 다른 본문 간 상호영향을 말하는 반면, 박틴의 용어는 본문과 상황 간 상호영향을 나타내므로, 나는 여기서 박틴이 정의한 상호상황적(intercontextual) 해석 개념에 의존할 것이다.

다. 왜냐하면 앞서 언급한 바와 같이 성서이야기의 전승과정, 성서의 경전화, 성서해석은 서구 남성학자들이 지배해왔기 때문이다. 그러므로 우리가 성서를 여성 입장과 민중 시각으로 읽고자 할 때는 성서이야기 배경을 이루는 역사 사회적 상황뿐 아니라 우리가 처한 상황을 함께 비교해 읽을 필요가 있다. 이 전제를 갖고 탈식민주의 여성신학적 입장에서 요한복음에 수록된 사마리아 여인 이야기와 간음하다 잡혀온 여인이야기 배경이 되는 역사 사회적 상황과 우리 상황을 관련지어 읽고자 한다.

사마리아 여인 이야기(요한 4,1~42)하면, 우리는 우선 우리 기억 속에 사마리아 지방에 그리스도교를 전하는 데 기여함으로써 과거의 문란했던 삶을 청산하고 예수를 따르는 제자가 되었다는 사마리아 여인이 떠오를 것이다.[19] 사마리아 여인에 대한 이 틀에 박힌 해석은 서구 성서학자의 그리스도교적 해석에서 비롯했다. 사마리아 여인에 관한 그리스도교 중심적 해석은 사마리아가 이방신들을 숭배했다고 전하는 열왕기하 17:30~31과 이스라엘의 배교를 여인의 성적(性的) 부도덕으로 묘사하는 구약성서 전통에 (cf. 호세 2,2.7) 근거한다. 서구 그리스도교 성서학자들은 구약성서의 이 두 경향성을 일축하여 사마리아 여인의 다섯 명이나 되는 전(前) 남편은 사마리아의 종교적 우상숭배 역사를 의미한다고 해석하였다. 그러나 열왕기하 17,30~31을 자세히 읽어

---

19 그러나 그리스도교(Christianity)라는 용어는 그 당시 아직 고정화되지 않았기 때문에, 그리스도교가 전파되었다기보다는 예수운동이 사마리아 지방을 포함한 영역까지 발전되었다는 말이 더 안전할 것이다. 예수를 따르는 사람들의 운동은 매우 급속도로 퍼져갔다. 더욱이 비유대인 참여자까지 포함하고 있던 예수운동은 이스라엘 역사의 완성 또는 이스라엘 문화전통의 연장선으로 이해되었다. 예수 또한 유대인이었고, '그리스도인(Christian)'이라는 용어는 만들어지지 않았다. 이 역사적 관점에서 볼 때, 1세기 중순에 이미 존재했던 그리스도교를 유대주의(Judaism)에 대항한 종교라고 주장하는 것은 무리가 있다고 본다.

보면, 우리는 사마리아인들이 숭배했던 이방신은 대여섯이 아닌 일곱이었음을 알 수 있다. 바꾸어 말하면, 사마리아에 들어왔던 이방신 숫자는 사마리아 여인의 남편 또는 남자 수와 일치하지 않는다. 만약 사마리아 여인의 남자들이 사마리아인이 숭배했던 이방신을 상징하지 않는다면, 그들은 과연 누구이며 구태여 여섯 남편이 아닌 다섯 남편과 여섯 번째 남자로 구분한 이유를 어떻게 설명할 수 있을까? 이 의문점에도 불구하고 서구 성서학자는 자신이 속한 사회 배경인 그리스도교 전통의 지대한 영향을 받아 왔기 때문에, 사마리아 여인이 누구였고 왜 다섯 번이 넘도록 결혼을 했으며, 예수가 생명수에 관한 대화를 하던 도중에 여자 일생에서 가장 상처받기 쉬운 부분을 굳이 건드려 가면서까지 그녀 남편을 데려오라고 요구했는지 등에 대해 관심을 두지 않았다.[20]

크레이그 퀘스터(Craig R. Koester)는 전체 집단 역사를 개인 삶을 통해 묘사하는 요한복음 기자의 농후한 경향성을 지적하고 설명함으로써, 사마리아 여인의 개인 역사는 사마리아에 다섯 외래민족을 들여온 앗수르 식민통치 하에 있던 사마리아 역사를 상징한다고 주장한다. 다섯 외래 식민지 민족이 사마리아에 거주했을 당시에는 그들과 사마리아 사람들 사이의 국제결혼이 성행했지만(cf. 2열왕 17,24), 기원 후 1세기 사마리아가 로마에 의해 식민지화되었을 때는 로마인과 사마리아 사람들 사이에 국제결혼이 이루어지지 않았다고 한다. 이 사회 정치적 분석에 근거하여, 퀘스터는 사마리아 여인의 이전 다섯 남편과 현재

---

20 Sandra Schneiders, "Women in the Fourth Gospel and the Role of Women in the Contemporary Church," *Biblical Theology Bulletin* 12 (1982), p.40 ; Gail O'day, "John," in *The Women's Bible Commentary*, eds. Carol Newsom and Sharon Ringe(Louisville: Westminster/John Knox Press, 1992), p.296 ; Elisabeth Schussler Fiorenza, *In Memory of Her: A Feminist Theological Reconstruction of Christian Origins* (New York: Crossroad, 1983), pp.327~328.

함께 사는 여섯 번째 남자는 각각 사마리아 땅으로 식민지 이주해 온
다섯 민족과 로마제국의 힘을 상징한다고 제안한다.[21] 실제로 로마 결
혼법에 관한 고대자료에 의하면, 로마제국은 식민지통치를 할 당시 엄
격한 결혼규칙을 제정하여 로마인이나 로마군이 로마시민이 아닌 사람
과 국제결혼을 할 수 없도록 하였기 때문에, 로마 밖에서 근무하는 로
마군인이나 로마시민들은 그 지역 여자들과 동거를 하거나 창녀촌을
빈번히 드나들었다고 한다.[22] 이런 역사 사회적 상황에 비추어 볼 때,
사마리아 여인의 여섯 번째 남자는 로마제국을 상징하고 사마리아 여
인은 로마인이나 로마군인과 동거했다고 보는 쾨스터의 주장은 매우
설득력이 있다.

사마리아 여인의 다섯 번이나 넘는 결혼경력은 당시 유대사회에서
여자가 도덕적이냐 아니냐를 구분하는 잣대를[23] 능가할 만큼 생활이 복
잡함을 말해준다. 사마리아 여인이 남자들의 활동시간인 낮 시간에 공
공장소인 우물로 다른 여자들과 동행하지 않고 홀로 왔다는 사실(요한
4,4~7)과, 예수와 대화를 마친 뒤 가족이나 여자들이 모여 있는 집이
아닌 남자들이 모여 있는 공공장소인 마을로 달려갔다는 사실(요한
4,28~42)은, 사마리아 여인이 다른 여자들한테 도덕적으로 더럽다고
따돌림받던 여자였을 가능성이 높음을 시사해준다.[24] 가부장적 사회에

---

21 Craig R. Koester, "The Savior of the World(Jn 4:42)," *Journal of Biblical Literature*
    109(1990), pp.669~676.

22 Leo F. Raditsa, "Augustus' Legislation Concerning Marriage, Procreation, Love
    Affairs and Adultery," *ANRW*, II. 13, 307~310 ; Lisas S. Cahill. "Sex and
    Gender Ethic as New Testament Social Ethics," in *The Bible in Ethics: The Second
    Sheffield Colloquium*, eds. John W. Rogerson, Margaret Davies and M. Daniel
    Carroll R., JSOTSup, 207(Sheffield Academic Press, 1995), pp.290~291.

23 유대관습에 따르면, 여자는 최대 세 번까지 결혼할 수 있었다고 한다. Raymond
    E. Brown, *The Gospel According to John*(Garden City: Doubleday, 1966), p.171.

24 Judith Gundry-Volf, "Spirit, Mercy, And the Other," *Theology Today* 51(1995),

서 남편 없는 여자는 상대적으로 방패막도 힘도 없는 위치에 놓이게 된다. 이혼결정은 주로 남자가 주도하는 특권이었으므로 여자는 쫓겨나거나 버려질 따름이었다. 그럼에도 우리는 단순히 예수가 그녀의 부끄러운 사생활을 알아맞힌 것으로 인해, 사마리아 여인이 예수를 예언자로 받아들였고 더 나아가 예수 제자가 되었다는 식의 가르침만 받았을 뿐,[25] 왜 사마리아 여인이 손가락질 받는 삶을 살았어야 했는지에 대해서는 아무도 관심을 보이지 않았다.

화냥년, 정신대, 양공주 같은 한국 식민지 역사의 잔재가 보여 주듯이, 피식민지 여자들이 성적 착취를 겪거나 무시당할 위험성이 높다는 정치 사회적 관점에서 볼 때, 사마리아 여인의 결혼경력이 사마리아 역사를 상징한다는 퀘스터의 주장은 매우 신빙성이 높다.[26] 그러나 퀘스터는 사마리아 여인의 개인적 삶과 사마리아 역사 사이의 연관성이 피식민지국 여자의 삶에 식민지 침략이 영향을 끼쳐서 생겨날 수 있다는 중요한 사실을 간과하였다. 우리는 식민지 침략이 단순한 땅의 침략이 아닌 여자의 몸까지 겁탈하는 침략임을 쿠웨이트 강간 사건과 난징(南京) 대학살, 정신대 사건 같은 역사를 통해 알 수 있다. 전쟁이 발발한 곳 어디서나 항상 여자 몸의 겁탈이 있었다 해도 과언이 아니다. 이런 점은 사마리아 역사도 예외가 아닌 듯하다. 즉, 사마리아 여인은 사마리아가 식민지화될 당시 침략국과 침략당한 국가 간 힘 싸움에 희

---

p.511.

25 Laurene Cantwell, "Immoral Longings in Sermone Humili: A Study of John 4:5~26," *Scottish Journal of Theology* 36(1983), pp.78~79 ; J. Duncan M. Derrett, "The Samaritan Woman's Purity(John 4:4~52)," *Evangelical Quarterly* 60(1988), pp.295~298.

26 사마리아 여자의 불미스런 결혼 경력과 미군병사와 결혼한 한국 여자들의 복잡한 결혼생활 사이의 비교 분석을 위해서는 김진경의 "A Korean Feminist Reading of John 4:1~41," *Semeia* 78(1997), pp.109~119을 보라.

생당한 여자로 볼 수 있다.

간음한 여인이야기(요한 7,53~8,11) 해석 역시 사마리아 여인 이야기 해석과 흡사하다. 성적(性的)으로 천한 여자 취급을 받던 사마리아 여인을 당신 측근 인물로 받아들인 예수는 간음하다 잡혀온 여인을 죽을 뻔한 위험에서 구해준다. 돌에 맞아 죽게된 자리에서 간음한 여인을 구해낸 예수의 지혜는 모두의 감탄을 자아낼 만한 참으로 슬기로운 지혜였다. 그러나 이 이야기를 자세히 읽어 보면, 정작 간음한 여인 이야기의 주축이 되는 사건은 예수가 간음하다 잡혀온 여인을 용서해 주는 것이 아니라, 예수와 바리사이들이 간음녀를 빌미로 율법에 관하여 논쟁하는 것임을 알 수 있다.

> "어떤 남자가 한 여자와 간통하면, 곧 어떤 남자가 자기 이웃의 아내와 간통하면, 간음한 남자와 여자는 사형을 받아야 한다"(레위 20,10) ; "어떤 남자가 남편이 있는 여자와 동침하다가 들켰을 경우, 동침한 그 남자와 여자 두 사람 다 죽여야 한다. 이렇게 너희는 이스라엘에서 악을 치워 버려야 한다."(신명 22,22).

구약성서에 기록된 율법과 요한복음의 간음한 여인 이야기를 비교해 볼 때, 두 부분에는 상당한 차이가 있다. 요한복음에서는 간음주체와 징벌의 직접 대상이 남자가 아닌 여자이며, 간음한 남자는 전혀 언급되지 않았다. 이와 달리 구약성서의 경우는 "남자가 간통하면 혹은 어떤 남자가 들켰을 때에는"이라는 표현이 보여주듯이, 간음함에 여자보다 남자가 더 적극적 주도권을 가진 것으로 나타났으며, 간음하다 발견되었을 때에도 남자와 여자를 동시에 징벌하도록 되어 있다.

간음은 삼척동자도 알 만큼 남자 혼자로만, 혹은 여자 혼자로만 가능한 것이 아니다. 만약 여자가 간음하다 잡혔다면 마땅히 간음한 남자도 발견되었어야 할 것이다. 그렇다면 간음에 한몫했던 그 남자는 어디에 있었는가? 남자 역시 잡혀 왔다가 돌에 맞았는가, 아니면 여자와 함께 풀려났는가? 요한복음 본문 어디에서도 이 의문점의 답을 찾을 수 없고, 여자의 자기변명도 찾아볼 수 없다. 이와 마찬가지로 요한복음 본문을 통해서는 예수가 땅에 무엇을 썼는지 도무지 알 길이 없다. 그럼에도 많은 학자들은 예수가 땅에 어떤 문장을 썼을까 가지각색으로 추측함으로써 그 신비를 풀고자 노력하였다.[27] 이는 간음한 여인이야기가 커다란 학문적 관심을 끌어왔음에도, 예수만 이야기의 주된 인물로 다루어졌을 뿐, 간음한 여인은 결코 학문적 관심 대상이 되지 못했음을 입증해준다. 간음한 여인은 기껏해야 이야기 구성상 예수를 돋보이게 하기 위한 인물, 지혜롭고 너그러운 예수에게 사죄함 받는 대상, 혹은 바리사이와 서기관들의 가정된 위선을 부각시키기 위해 이용된 문학적 보조 인물 정도로 다루어졌을 뿐이다.

사마리아 여인의 여섯 번째 남자가 로마군인이었을 가능성을 유추하게 해주는 사마리아 여인 이야기의 시대적 배경인 역사 사회적 상황은 간음한 여인이 왜 혼자 잡혀 끌려 왔는지를 알려주는 실마리를 제공한다. 로마황제 아우구스투스(Augustus)의 로마군인 결혼 관련 법령에 따르면, 군인은 25년간 지속되는 군복무 기간 동안 결혼을 하지 않도록 되어 있었다. 이미 결혼한 경우일지라도, 군인의 아내와 자녀는 군복무

---

27 어떤 학자들은 예수가 땅에 그의 적대자들의 죄 목록을 적었거나, 십계명의 어떤 구절을 적었다고 본다. 반면에 다른 학자들은 예수가 땅에 자기 손가락을 사용했다는 것은 예수가 자신의 종교적 권위를 간접 주장한 것이라고 말한다. Brown, *John*, p.333 ; James Sanders, "'Neither do I,' A Canonical Reading of the Challenge to Jesus in John 8," in *The Conversation Continues*: *Studies in Paul and John*, eds. R. T. Fortna and Beverly Gavenza(Nashville: Abingdon, 1990), p.337 ; Paul S. Minear, "Writing in the Ground: The Puzzle in John 8.1~11," *Horizons in Biblical Theology* 13(1991), p.27.

의 효율성과 명령체제 유지를 위해 군인 가장을 따라 옮겨다닐 수 없었다.[28] 우리나라에 주둔한 미군이 기지촌에서 무슨 짓을 하는가를 염두에 둔다면, 성적 욕구가 한창 때인 18세 또는 19세 젊은 나이에 입대한 로마군이 25년이나 되는 긴 복무 기간 동안 그 욕구를 어떻게 해결했을까 상상하는 것은 그리 어렵지 않은 일이다. 간음녀 이야기를 언뜻 겉으로만 읽는다면, 그 여자가 실제로 간음을 했는지 강간을 당했는지 알 수 없다.[29] 사마리아 여인에게 왜 다섯 번이 넘게 결혼을 했어야만 했는지 그 피치 못할 사연을 변명할 기회가 단 한 번도 주어지지 않았던 것처럼, 간음한 여인에게도 자신을 변호할 기회가 전혀 허락되지 않았기 때문이다. 일이 어찌 되었던 간에, 간음한 여인과 같이 있던 남자가 우리 추정대로 로마군이었다면, 왜 바리사이들과 예수는 그 군인에게 어떤 사법적 조치도 하지 못했을까?

역사 문헌자료에 여자가 모호하게 나타나거나 여자 관련 자료가 부족한 이유는 여자에게 침묵(voicelessness)을 강요했기 때문이므로, 여성학자는 여성학의 한 방편으로 전체 역사에 걸쳐 강요된 여성의 침묵의 역사적 배경을 밝혀내고 역사화해야 한다고 주장한다.[30] 역사에서 여자 목소리가 들리지 않는다는 자체는 역사상 여자가 쓴 문헌이 존재하지 않을 뿐 아니라 여자에 관한 언급조차 존재하지 않는다는 것을 의미한다. 따라서 이 가부장적 사회 안에서 여성에 관해 연구할 경우, 여성의

---

28 George R. Watson, *The Roman Soldier*(Ithaca, NY: Cornell University Press, 1969), pp.134~135.

29 마를린 엡(Marlene Epp)에 따르면, 전쟁 기간 동안 여자들은 "수많은 군인들이 자행하는 짐승 같은 공격을 피하기 위해 자발적 강간을 선택하였다"고 한다. Marlene Epp, "The Memory of Violence: Soviet and East European Mennonite Refugees and Rape in the Second World War," *Journal of Women's History* 9(1997), pp.67~68.

30 Carole Boyce Davies and Elaine Savory Fido eds., *Out of Kumbla*: *Caribbean Women and Literature*(Trenton, NJ: African World Press, 1990), pp.1~24.

침묵 개념은 없어서는 안 될 필요 불가결한 요소이다. 잃어버린 이야기 혹은 잃어버린 역사의 공백을 채우는 작업은 여자가 역사상 주변화되었음을 밝혀내어 문학이나 문헌자료에서 가려졌던 여자 존재를 확인시켜주는 일이다. 침묵은 일종의 억압이나 인정받지 못했던 역사를 알려주는 매개체로서, 여성학에 원동력을 제공해줄 수 있는 매우 중요한 소재이다. 또 역사 속에 가려졌던 여자 이야기를 공식적(official) 이야기가 되게 하는 탈식민주의 여성학 읽기 / 쓰기의 핵심논제(issue)가 된다. 이야기의 새로운 의미는 이야기에 나타난 여자의 침묵이나 이야기 자체가 품는 모순 안에서 발견될 수 있다. 주변화된 여자의 목소리는 문학적 문헌 안에서 억압받아온 여자의 역사를 재구성하게 해줄 뿐 아니라, 도식화되어 버린 과거에 도전하고 경전화된 본문에서 짓눌려 버린 목소리의 실체를 밝혀내도록 도와준다.

간음한 여인과 함께 있던 남자가 왜 언급되지 않았을까에 관하여 오랜 동안 관심을 가져왔으나, '윤금이'라는 미군 접대부의 죽음과 관련된 사회적 기억(social memory)을 알기 전까지는 간음한 여자와 함께 있던 남자가 언급되지 않은 이유를 추측조차 할 수 없었다.[31] 윤금이의 시체를 발견한 며칠 뒤, 한국 경찰은 그녀를 죽인 범인을 찾아냈다. 그러나 살인자를 찾아냈지만 한국 검찰 측은 사람을 죽인 미군에게 아무런 법적 조치를 취할 수 없었다. 한미 양국 사이의 불평등한 군사협정

---

31 1998년 10월 28일 윤금이라는 여자가 미군 병사 Kenneth Markle에 의해 피살되었다. "엉망진창이 되어버린 윤금이의 시체는 질에 병 주둥이가, 직장에는 우산이 꽂혀 있었고, 입에는 성냥이 쑤셔 넣어져 있었으며, 몸 전체는 세탁 세제로 뒤덮여 있었다. 그녀의 시체는 그녀가 세들어 살고 있던 지하의 작은 방안의 피로 가득 차 있던 욕조에서 발견되었다." 이 글은 김현숙의 "Yanggongju as an Allegory of the Nation: The Representation of Working-Class Women in Popular and Radical Texts," in *Dangerous Women*, pp.175~201에서 인용하였다.

(Status Of Forces Agreement)덕분에 미군 병사는 한국 검찰의 사법권을 피하는 특권을 누릴 수 있었기 때문이었다. 몸을 팔아 생계를 이어가는 여자들 삶과 경험은 역사나 학술지 같은 공식문서의 관심 대상에서 제외되었으므로, 루이자 파세리니(Luisa Passerini)는 감춰진 역사나 역사가 침묵하는 부분에서 의미를 이끌어내려면 사회적 기억 같이 일반인 생활 속에서 전해 내려오는 여자 이야기를 사용해야 한다고 주장한다.[32] 사회적 기억을 하나의 역사적 자료로 사용하는 여성학적 접근방법은, 윤금이 사건을 군인 접대부의 죽음이라는 개인 차원을 넘어 역사 속 사건으로 연결시켜 그 죽음의 의미를 역사 속에서 규정할 수 있게 하는 데 많은 도움을 준다. 우리 기억 속에 아직도 생생하게 남아 있는 윤금이의 억울한 죽음은 그녀처럼 소리 없이 무참히 죽어간 여자들의 삶을 대표하는 하나의 사회적 기억이다. 간음하다 잡혀온 여인과 함께 있던 남자가 요한복음에 왜 언급이 되어 있지 않고, 어찌하여 바리사이와 예수가 그 남자에 대해 아무 조치도 가할 수 없었는지 해명하는 실마리를 주기 때문이다.

SOFA와 매우 흡사한 고대 로마 군대 법률에 따르면, 로마군이 범죄를 저질러도 그 군인은 주둔기지 밖 법정의 호출을 받지 않았다. 로마 군대의 특혜는 로마 역사가 쥬브날(Juvenal)이 저술한 『풍자(Satire)』에 잘 반영되어 있다. 로마군인이 법정에서 출두 명령을 받더라도, 그는 민간인 원고나 피고에 비해 엄청 유리한 점을 갖고 있었다. 재판관은 다름 아닌 백부장이었고, 법정 재판도 주둔진지 안에서 이루어졌으므로, 증인으로 나선 민간인들은 심리적 위협을 느끼는 게 다반사였다. 군인이 피고인일 경우라도 민간인에게 유리한 것은 전혀 없었다. 민간

---

32 Luisa Passerini, "Women's Personal Narratives: Myths, Experiences, and Emotions," in *Interpreting Women's Lives: Feminist Theory and Personal Narratives*, ed. Personal Narrative Group(Bloomington: Indiana University press, 1989), pp.189~197.

인 원고가 군인에 대하여 소송을 제기했을 경우, 그 재판은 시간 낭비에 지나지 않았으며 민간인 원고 측은 오히려 더 심한 피해를 겪는 위험에 직면하곤 했다고 한다.[33] "군인의 명예와 이권에 어긋나는 진실을 밝히는 증언자를 찾기보다는 오히려 민간인에 대하여 허위를 고하는 거짓증언자를 찾는 것이 더 쉬울 수 있다"[34]는 쥬브날의 결론에 근거하여, 켐벨(J. Brian Campbell)은 로마군인의 이중적 특권을 다음과 같이 요약한다.

군인들은 동료들과 함께 주둔기지에 있음으로 인해 법의 공명정대한 절차를 피할 수 있었다. 군인들은 민간인을 휘두를 수 있는 우세한 위치에 있었기 때문에 민간인의 반항을 회피할 수 있었다.[35]

이러한 역사적 자료를 고려하여 추측해 볼 때, 간음한 남자가 로마군인이었을 가능성을 배제할 수 없다. 간음한 여인과 함께 있던 남자가 로마군인이었다면, 바리사이들과 서기관, 심지어 예수도 왜 그 군인을 구속하지 못했는지 이해할 수 있을 것이다. 그 당시 바리사이와 예수를 비롯한 유대인은 로마 식민지배 아래 있었기에 유대법의 통제를 벗어나 있는 식민통치국 군인을 고소할 수 없었다.

이렇듯 사마리아 여인이나 간음한 여인 같이 성적(性的)으로 문란하다는 이유로 인해 무시를 받아온 여자들은 성서 본문에 나오는 인물이든 우리 삶 속에서 볼 수 있는 실제 인물이든 학자들의 관심 밖의 대상이었다. 따라서 여성학자들은 역사 속에서 구전으로 전해 내려오는 주

---

33 Juvenal, *Satire*, pp.16. 7~9, 13~15, 36~38, 42~44.

34 Juvenal, *Satire*, pp.16. 32~34.

35 J. Brian Campbell, *The Emperor and the Roman Army 31 B.C. ~A.D. 235*(Oxford: Clarenden Press, 1984), pp.254~263.

변화된 여자들에 관한 감춰진 사회적 기억들을 또 하나의 역사 자료로 이용하라고 장려하였다. 한 미군 접대부의 죽음에 관한 사회적 기억은 또 하나의 본문으로서, 요한복음에 언급되었을 만도 했던 간음한 남자가 누구였으며, 왜 예수와 바리사이들은 그에게 아무런 단죄도 할 수 없었는지 추측할 수 있는 역사 자료의 실마리를 제공해주었다. 정신대와 양공주라는 특수한 상황과 관련된 나의 사회적 정체성은 성서이야기의 숨겨진 부분을 해석하는 데 도움을 주는 상호상황적 해석의 핵심 축을 이루었다. 성서이야기 배경이 되는 역사 사회적 상황과 우리 상황을 비교 분석하여 성서를 읽고자 하는 상호상황적 해석은, 사마리아 여인이나 간음한 여인을 단순히 성적으로 부도덕한 여자들로 비난하기보다, 오히려 그 여자들이 부도덕한 여자로 낙인찍힐 수밖에 없었던 상황을 밝혀내고 그 여자들 삶을 이해하는 데 도움을 준다. 이는 가부장적 성서 및 그 해석의 영향 때문에 계속되는, 성서 본문의 부도덕한 여자로 묘사된 인물이나 우리 현실의 흡사한 여자에 대한 강박적 편견을 지양한다. 그리고 그들을 기꺼이 사회 공동체 안으로 받아들이는 데 도움이 되는 성서의 윤리적 해석(ethical readings)의 필요불가피성을 강조해준다.

3. 지구촌 그리스도교의 미래

나는 한국의 탈식민주의 상황 속에서 성장하여 식민지정책과 세계화현상(Globalization)이 힘없는 사람들, 특히 주변화된 여자들 삶에 어떤 영향을 끼쳤는지 목격해온 탈식민주의 여성 성서학자로서, 지구촌 상황에서 어떻게 성서를 해석할 수 있을까에 많은 관심을 두었다.

전세계 그리스도인 수

(단위 : %)

	1900 ~ 2000	2025 (예상 수치)
유럽 / 북미	70.6 / 11.4 ~ 39.6 / 11.2	21.4 / 9.4
아프리카	1.7 ~ 17.7	24.1
아시아 및 태평양 지역	4.0 ~ 17.4	19.5
라틴 아메리카와 카리브해 지역	11.5 ~ 25.2	25.5

미국의 인구 조사

(단위 : %)

	1980 ~ 2000	2030 ~ 2050 (예상 수치)
유럽계 미국인	80 ~ 68.8	60.5 ~ 52.8
아프리카계 미국인	11.5 ~ 12.6	13.1 ~ 13.6
아시아계 미국인	1.5 ~ 3.6	6.6 ~ 8.2
라틴 아메리카계 미국인	6.4 ~ 12.5	18.9 ~ 24.5

위 통계에 따라, 2025년 정도에 이르면 그리스도교는 더 이상 서구 국가가 독점한 종교가 아닐 것이다. 또한 2050년 미국의 주류 인종은 더 이상 유럽계 미국인이 아닐 것이다. 이 통계적 변화는 그리스도교의 실천과 신앙이라는 여러 방면에 실제 영향을 끼칠 것이라 짐작된다. 마이클 프라이어(Michael Prior)는 이러한 지구촌 상황 속에서 그리스도교 신학과 그리스도교회는 탈식민지주의 비평가들이 제기해온 도덕적 문제를 더는 피할 수 없을 것이라고 강력히 주장한다.[36] 성서와 탈식민지주의 사이의 연관성에 초점을 둔 탈식민주의 성서연구는 인간의 도덕성과 용납이 가능한 인간행동에 관심을 두었다. 탈식민주의 성서연구는 유럽과 미국이 주도한 서구 성서해석학이 도덕적 면을 소홀히 했

---

36 Prior, *The Bible and Colonialism*, p.294.

다는 사실을 단순 공격하는 데 머물지 않는다. 한걸음 더 나아가 성서가 인간에 대한 모든 종류의 억압을 정당화하는 강력한 도구로 전락할 위험에서 성서 구해내기를 궁극 목표로 한다. 우리가 성서를 하느님 말씀이자 신적(神的) 영감을 담은 신뢰할 만한 것으로 받아들이려면, 과거의 의미를 발견하는 데서 마냥 만족할 것이 아니라 과거의 의미를 현재 우리 실생활 속에서도 다시 구현해야 한다. 이런 점에서, 탈식민주의 성서연구는 진단 및 치유와 회복 기능을 동시에 갖는 성서학이라 요약할 수 있다.[37]

그렇다면 지구촌의 그리스도인인 우리는 무엇을 할 수 있으며, 전 대륙을 지배하며 지역경제를 망치고 이스라엘의 오랜 전통을 뒤흔들어 놓았던 로마제국의 압제 이데올로기에 대항하여 확장되었던 예수운동을 오늘날 세계화 시대에 어떻게 지속시킬 수 있는가? 세계은행 수석 경제학자로 일했던 조셉 스티글리츠(Joseph Stiglitz)는 그의 책 『세계화와 그 문제점(*Globalization and its Discontents*)』의 집필 동기를 현재 세계 곳곳에서 일어나는 세계화의 문제점 때문이라 밝힌다.

내가 이 책을 쓴 이유는, 내가 세계은행에서 일했던 기간 동안 세계화가 개발도상국과 그 나라 사람에게 끼치는 파괴적 결과를 직접 보았기 때문이다.[38]

오늘날 세계화는 세계 도처에서 도전받는다. 세계화로 인한 불만은 곳곳에서 일어났으며, 그것은 당연한 결과다. 세계화는 유익함을 추구하는

---

37 Prior, *The Bible and Colonialism*, p.295.

38 Joseph Stiglitz는 2001년도 노벨경제학상을 수상했다. 그는 클린턴 대통령 경제자문위원회 위원장으로 워싱턴에서 7년간 일했으며, 세계은행 수석경제학자로 일한 것도 유명하다. Joseph Stiglitz, *Globalization and Its Discontents*(New York: W. W. Norton Co., 2002), pp. ix ~ x.

원동력이 될 가능성이 다분하다. 세계화 정치운동은 채무 공제와 지뢰 관련 조약을 이끌어내는 반면, 민주주의와 문명화된 시민사회의 세계화 관념은 사람들의 사고방식을 바꾸어 놓았다. 경제학자의 기대를 초월할 만큼 수백만 사람들이 단기간에 더 높은 생활수준에 도달할 수 있도록 이바지하였다. 경제 세계화는 외국 투자를 장려하고 새로운 수출시장을 구축하려는 여러 나라의 경제를 활성화하는 이점을 가져다주었다. 그리하여 이득을 얻은 대다수 나라는 자신의 앞길을 주도하게 되었고, 자체 문제점을 스스로 수정하려는 시장(self-regulated market) 개념에 의존하기보다 발전을 위한 정부의 직접개입 역할을 인식하게 되었다. 그러나 세계화가 전 세계인에게 도움만 준 것은 아니다. 수백만 명은 일자리를 잃었으며 그들 삶은 더 불안정하게 되었고 실제 많은 상황은 더 악화되었다. 사람들은 자기 힘으로 어쩔 수 없는 [경제]구조의 힘 앞에서 점점 더 무력감을 느끼게 되었다. 그들은 민주주의와 문화의 파괴를 목격한다.[39]

만일 우리가 예수운동과 사도 바울로 운동의 역사 사회적 배경을 상상할 수 있다면, 우리가 직면한 사회의 기본 메커니즘이 1세기 유대인과 그리스도인이 처했던 사회 체제와 별다름 없음을 발견할 수 있다. 세계화는 세계의 모든 가난한 사람을 이롭게 할 수도 있었다. 그러나 모든 사람의 안전과 평화를 보장한다는 로마제국의 허울 좋은 선전이 가난한 이들의 피땀을 통해 힘 있고 가진 자들만 번영시켰듯이, 세계화 역시 불행히도 가진 자들만 배불리고 있다.[40]

---

39 Stiglitz, *Globalization and Its Discontents*, p.248.

40 로마 통치를 받던 갈릴리 사람들은 자연재해를 당할 경우 다작농사를 하면 그 피해를 줄일 수 있었음에도 다작농사를 지을 수가 없었다. 왜냐하면, 로마가 식민지 통치를 받는 갈릴리 사람들에게 최소 노동력으로 최대 수확을 거둘 수 있는 일작농사를 강요했기 때문이다. 그 당시 일작농사는 지금 유전공학을 이용하여 영세농업을 위협하고 식품기업회사의 영리만을 목적으로 하는

스티글리츠의 세계화에 대한 통찰력 있는 분석은 앞으로 지구촌 그리스도교가 어떤 방향으로 나아가야 할 것인가 지침을 제안한다.

만일 세계화가 계속 과거 방식을 답습한다면, 우리가 계속 과거에 저지른 실수에서 교훈을 얻지 못한다면, 세계화는 발전을 촉진시키지 못할 뿐 아니라 오히려 가난과 불안정을 계속 만들어낼 것이다. 이미 일어나고 있는 반발을 받아들여 개혁하지 않는다면 그 반발은 계속 늘어날 것이며, 세계화에 대한 불만족은 계속 증가할 것이다. … 개발도상국도 자신의 미래를 감당해야만 할 것이다. 그러나 서구의 우리도 책임을 회피할 수 없을 것이다. … 선진국은 세계화를 지배하는 국제기구를 개혁하는 데 한 몫을 담당해야 한다. 이런 기구를 만든 장본인은 바로 우리 서구인이므로 우리가 그것을 고쳐나가야 한다.[41]

개발도상국이 세계화의 문제점을 고치기 위해 자신의 역할을 감당해야 하듯이, 비서구 그리스도인도 지구촌 그리스도교의 구성원으로서 지구촌 그리스도교의 미래를 위해 한 몫을 해야 하며, 서구 그리스도교도 서구 그리스도교로 인해 빚어진 문제점을 고쳐나가야 할 것이다. 나는 이러한 '자아(the Self) / 서구'와 '타자(Other) / 비서구' 사이의 상호협력의 원형을 시로 페니키아 여인이야기(마르 7,24~30)에서 찾고자 한다.

시로 페니키아 여인이 예수에게 그녀의 아픈 딸을 고쳐 달라고 도움을 요청했을 때, 예수는 단번에 거절한다. 예수의 대답 자체는 도덕적

유전자 식품정책에 상응한다고 보겠다. John Dominic Crossan & Jonathan L. Reed, *Excavating Jesus: Beneath the Stones, Behind the Texts*(New York: Harper Collins Publishers, 2001).

41 Stiglitz, *Globalization and Its Discontents*, pp.248~252.

으로 용납할 수 없을 만큼 무례하고도 모욕적이기에, 즉시 다음과 같은 질문을 던질 수 있다. 예수가 애틋한 도움을 청하는 여자의 요구를 어떻게 그렇게도 무참하게 거절할 수 있을까? 그리스도인 대다수는 마르코복음 저자가 독자에게 그리스도인의 믿음은 무엇이든 가능하게 할 수 있음을 보여주려고 시로 페니키아 여인이야기를 이런 식으로 발전시켰을 것이라고 말할 수도 있다. 그러나 이 이야기의 역사 사회적 상황을 고려하고, 예수가 로마제국 통치 아래 있던 갈릴리 지방에서 자란 유대 남자라는 사실을 인정할 수 있다면, 예수가 시로 페니키아 여인의 요구에 무례하게 대답했던 이유를 이해할 수 있다고 본다. 이 이야기 배경이 되는 북부 갈릴리 시골지방과 두로 해안지방에 위치한 도시 사이에는 상호적대감이 대대로 내려오고 있었다. 유대인 입장에서 볼 때, 두로와 시돈은 부유함과 이방의 가증스러운 것들로 가득 차 있던 악의 소굴 같은 거대도시일 뿐이었다. 이와 대조적으로 두로인의 관점에서 볼 때, 갈릴리는 볼 품 없는 작은 시골이긴 하지만 적대감으로 가득 찬 위험한 곳으로 지목되는 지방이었다.[42] 일반적으로 여성 성서학자는 성서가 가부장적 산물이라는 이유 하나로 성서에 나오는 모든 여자 인물을 천편일률적으로 주변화시켜 보는 경향이 있다. 그러나 예수에게 도움을 청한 사람이 단지 여자라고 해서, 시로 페니키아 여인이 힘없고 소외된 여자였다고 볼 수만은 없다.[43] 오히려 그녀가 지방의 유대인 노

---

42 Gerd Theissen, *The Gospels in Context: Social and Political History in the Synoptic Tradition*(Minneapolis: Fortress Press, 1991), pp.60~80.

43 Sharon Ringe, "A Gentile Women's Story," in *Feminist Interpretation of the Bible*, ed. Letty Russell(Philadelphia: Westminster Press, 1985), p.68 ; Leticia A. Guarrdiola-Saenz, "Borderless Women and Borderless Texts: A Cultural Reading of Matthaew 15:21~28," *Semeia* 78(1997), pp.69~81 ; 더 많은 토론을 위해서는 Elisabeth Schussler Fiorenza의 *But She Said: Feminist practices of Biblical Interpretation*(Boston: Beacon, 1992), pp.96~101를 보라.

동자계급을 억압했던 도시 출신 그리스시민으로 묘사된 사실은 그녀가 특권층에 속해 있었음을 말해준다. 두로는 시골인 갈릴리 농산물에 의존하던 부유한 도시로, 위기 상황에 처할 경우는 온 도시를 위해 곡식을 모두 사들일 수 있을 정도로 경제력이 충분한 도시였다(참고. 사도 12,20 ; 요세푸스, 『유대고사』20. 212). 이와 대조적으로 도시의 외딴 경계지역에 살던 농부들은 평소에도 부유한 도시 거주자를 위해 곡식을 생산해야 한다는 강박감을 가져야 했다. 이런 경제상황에 비추어볼 때, "아이들을 먼저 배불리 먹여야 한다. 아이들이 먹을 빵을 집어서 개들에게 던져주는 것은 옳지 않다"(마르 7,27)라는 예수 말은 "유대인이 거하는 도시 주변지역의 가난한 사람들을 먼저 먹여라. 가난한 자들의 음식을 취하여 도시의 부유한 이방인에게 던지는 것은 옳지 않다"는 말로 이해할 수 있다.[44] 시로 페니키아 여인이야기의 이 경제사회적 배경은 왜 예수가 처음에 아이를 고쳐 달라는 여인의 요구를 거절했는지 이해하도록 도와준다.

한편 시로 페니키아 여인이야기를 여성의 관점에서 접근한다면, 이 이야기의 또 다른 의미를 찾을 수 있다. 예수가 유대 지방에서 나와 페니키아, 유대, 그리스라는 세 문화 공존지역으로 들어가는 순간, 시로 페니키아 여인은 성, 계급, 윤리 및 종교 차원에서 예수와 현저히 다른 자신의 사회적 신분을 전혀 개의치 않는 일종의 혼성적 인물로 나타난다. 그녀는 사람들이 보는 앞에서 예수의 모욕적 대꾸로 수모를 겪으면서까지 자기 딸을 고쳐달라고, 불쌍히 여겨달라고 계속 애걸할

---

44 Theissen, *The Gospel in Context*, pp.77~75 참고. 예수가 살던 당시, 갈릴리인은 로마군인이 먼 곳에 노예로 끌어갔거나 지중해 세계의 다른 지역에 있는 유대 공동체에서 더 나은 삶을 찾고자 그들의 황폐해져버린 땅을 떠나곤 했다. 이들을 새 이스라엘의 잠정적 일원이라고 할 수 있는 '이스라엘의 잃어버린 양'이었다고 볼 수도 있다(마태 15,24).

만큼 대담한 인물이다. 뿐만 아니라 그녀는 예수와 계속되는 언쟁을 통해 예수를 궁지에 몰아넣기까지 했다. 엄밀하게 말하자면, 예수가 시로 페니키아 여인을 변호한 것이 아니라 오히려 그 여인이 예수를 대변했다 할 수 있을 것이다(마르 7,28~29).[45] 무엇 때문에 그녀는 대중 앞에서 자신에게 창피를 준 예수를 대변했을까? 오로지 딸의 치유를 위해 그 어떤 것도 마다하지 않겠다고 굳게 마음먹은 시로 페니키아 여인에게는, 그녀가 '타자(Other)'든 아니든, 창피를 당하든 말든 중요하지 않았다. 딸의 치유를 비는 어미의 사랑에서 비롯한 여인의 끈질기고도 지혜로운 말은 결국 예수의 자기 민족중심 이데올로기(ethnocentrism)에 도전하여 자신과 예수 사이에 존재했던 벽을 허무는 강력한 원동력이 되었다.

시로 페니키아 여인이야기는 지구촌 그리스도교를 위해 무엇을 해야 하는지 행동방법을 모색하는 우리에게 모범적 사례를 보여준다. 시로 페니키아 여인이 유대인과 그리스인 간 관례적 적대관계를 부수고 마침내 양측의 갈등을 조절하여 예수를 자신에게 동의하게 만들었다는 점에서, 시로 페니키아 여인이야기는 그리스도 아닌 사람("not-christ")도 구원 능력이 있는 그리스도적("christic") 인물이 될 수 있다는 가능성을 보여준다. 예수운동이 민족의 이익과 경계 및 시대를 초월하여 지금까지 전해올 수 있었던 것은 바로 이 상호연대 참여가 빚어낸 '혼성의 힘(power of hybridity)'이 돌파력으로 작용했기 때문이다. 그러므로 짐 퍼킨슨이 주장하듯 예수운동의 이 정신을 지키려는 미래 지구촌 그리스도교는 "담화(discourse)와 그리스도교 복음주제(subjects)의 혼성(hybridity)을 위해 계속 개방해야 한다."[46]

---

45 Jim Perkison, "A Canaanitic Word in the Logos of Christ: or The Difference the Syro-Phoenician Woman Makes to Jesus," *Semeia* 75(1996), p.69.

46 Perkinson, "A Canaanitic Word in the Logos of Christ," p.82.

한국은 오천 년 동안 단일민족 사회를 이루어왔지만, 이제는 더 이상 동질화된 문화사회를 유지할 수 없게 되었다. 세계 도처, 특히 3세계에서 온 사람들이 한국인 삶의 일부가 되었으며, 그들이 한국에서 혼성 문화를 만들어가고 있기 때문이다. 외국인 노동자들이 불법으로 한국에 들어온 까닭은 고국에 있는 가족을 부양할 돈을 벌기 위해서다. 그들은 이것을 한국의 꿈(Korean Dream)이라 부른다. 한국에서 생겨나는 이 지구촌 마을을 보았을 때, 우리는 세계화의 강력한 영향을 부인할 수 없다. 그러나 동시에 한국에서 이루어지는 세계화 과정도 그 자체의 추한 모습 때문에, 서구인이 받아온 비난을 피할 길이 없게 되었다. 한국은 일본 식민지 통치를 벗어나자마자 전쟁을 치러야 했고, 국가를 재건하기 위해 온갖 수난을 동원해야 했다. 그 당시 가난한 한국인의 값싼 노동력을 한국 정부와 외국 회사 쌍방이 착취했다. 그러나 개구리가 올챙이 시절 생각 못하듯이, 지금은 과거와 전혀 다르게 한국 회사들이 외국 노동자를 착취한다. 또한 세계화로 인해 많은 여자가 더 나은 삶을 살려고 자기 고향인 농촌을 떠나 도시로 이주했으며, 한국이나 일본 농촌 총각들은 자국(自國) 여자와 결혼할 수 없게 되었다. 이 사회 문제를 해결하기 위해 가난한 필리핀 또는 베트남 여자들이 한국이나 일본으로 집단 수입되었다. 미국에 있는 미군 병사들의 한국 아내가 언어 문제와 문화적 장벽으로 일방적 성학대를 당하고 이혼과 결혼을 거듭하며 불행한 결혼 생활을 겪었던 것처럼, 한국 남자들과 결혼한 동남아 여자들 역시 성적 학대 및 이혼과 결혼이 거듭되는 불행한 생활을 겪고 있다.

그래도 지구촌 그리스도교 안에는 아직 여전히 밝은 미래가 있다고 할 수 있다. 한국의 경제성장 기간 동안 자행된 외국 회사의 착취에 대항해 많은 그리스도교 단체가 한국인 노동자 권리를 보호하기 위해 노동자의 산업현장에서 적극 노력한 것처럼, 지금도 많은 그리스도인

단체가 외국인 노동자들을 돕기 위해 이번에는 한국 회사, 한국 정부, 동남아 여자의 한국 남편을 상대로 적극 활동하고 있다. 이러한 그리스도교 단체의 적극적 활동은 사도 바울로의 행적을 연상케 한다. 1세기 당시 로마제국은 노예 주인의 권위를 해치는 사람을 엄벌하는 법이 존재한 엄격한 계급주의 사회였기 때문에 누군가의 노예를 변호하려 나서는 것은 매우 위험한 일이었다.[47] 이 상황에서 노예 오네시모를 돕는다는 것이 얼마나 위험한지 알면서도, 사도 바울로는 도망친 노예 오네시모를 구원하기 위해 그의 주인 필레몬에게 갖은 우정 어린 설득을 하였다. 한국 정부와 한국인을 상대로 힘없는 외국 노동자를 돕는 한국의 지구촌 그리스도인은 위험을 무릅쓰면서까지 오네시모를 돕고자 했던 사도 바울을 연상시킬 뿐만 아니라, 시로 페니키아 여인과 예수가 함께 민족적 장벽을 허물었던 것처럼 국가적 경계선을 초월하는 지구촌 그리스도교가 나아가야 할 방향을 제시해준다.

그리스도교 세계화는 그리스도인이 말하고 행해야 하는 모든 것을 알리기부터 시작해야 할 것이다. 제인 샤버그(Jane Schaberg)는 "성서와 성서 배경이 되는 역사는 세계와 인류가 하나될 수 있다는 믿음, 세계를 치유할 수 있는 힘에 대한 믿음을 창조해 내는 특정 거대담론(metanarratives)의 근원이 된다"고 주장한다.[48] 지구촌에 사는 우리 모두가 지구촌 그리스도인으로서 각자 할 일을 할 때 비로소, 성서가 제국주의적 본문이 아니라 오히려 하느님의 사람들을 향한 하느님의 보편적 관심을 보여 주는 진보적(progressive) 본문임을 믿을 수 있다. 그러

---

47 외국인 노동자를 위해 헌신하는 한국의 그리스도교 목회자와 사도 바울 사이의 더욱 세부적인 비교분석을 보기 위해서는, 김진경의 "Philemon," in *Global Biblical Commentary*, ed. Daniel M. Patte(Abingdon: Nashville, 2004), pp.522～524를 참조하라.

48 Jane Schaberg, *The Resurrection of Mary Magdalene: Legends, Apocrypha, and the Christian Testament*(New York: Continuum, 2002), pp.18～19.

494

나 하느님의 사람들을 향한 하느님 사랑은 화석처럼 굳어버려 변화의 여지가 전무한 닫힌 성서를 통해 드러나는 것이 아니라, 혼성과 변형으로 전통의 변화를 수용할 수 있는 열려진 진보적 성서를 통해 드러난다. 우리는 지금 자국의 이익을 위해서라면 아무 합당한 이유도 없이 다른 나라를 침략하는 미국 제국주의가 펼치는 불안한 지구촌에 살고 있다. 히틀러가 독일이 처한 경제적 궁지에서 벗어나기 위해 '새 그리스도교'의 이름으로 희생양을 만들어 전쟁을 일으켰듯이, 지금 미국도 심각하게 부패된 정경유착이 빚어낸 경제적 난국을 벗어나기 위해 이라크라는 독립국을 희생양으로 처부셨으며, 이 제국주의 정책을 위장하기 위하여 미국 정부는 그리스도교의 선한 윤리와 이슬람의 악함이라는 극단의 이분법적 사고구조를 국민에게 주입시켰다. 이 세뇌교육을 받은 미국인은 그리스도인이든 아니든 모조리 자국의 제국주의 정책을 지지한다. 이른바 민주주의 발전지라는 미국에서 민주주의의 가장 기본이랄 수 있는 의사표현 자유권을 침해하고 공정보도를 말살시키고 있으며, 극단적 보수 그리스도인으로 구성된 부시 정권 수뇌부는 미국 그리스도인의 무비판적이고 절대적인 지지를 받고 있다. 이 시점에서, 미국 성공회 주교가 부시 정권을 향해 던진 예언자적 경고는 귀기울일 만하다.

하느님의 관심은 단순히 어느 한 특정 나라에만 속한 것이 아니라 세계 전체를 위한 것이다. … 우리는 너무나도 자주 믿음을 우리 자신의 시급한 관심사나 국가 이익을 충족시키기 위한 도구로 사용했다. … 국가가 말하는 하느님 말씀(God-talk)과 가난한 자, 억압당하는 자, 배고픈 자 돌보기를 강조하는 복음서의 가치 사이에는 깊은 단절이 있다. 국가가 말하는 하느님 말씀이 하느님이 중히 여기는 가치를 의미하고, 우리가 하느님에게 속한 나라임을 뜻한다면, 우리는 하느님 말씀을 진지하게 생각하든지,

아니면 성서를 아예 치워버려야 할 것이다. 그것도 아니면 성서는 하나의 농담이나 장식에 지나지 않는다고 말하는 것이 더 나을 것이다.[49]

우리는 지구촌 그리스도교의 미래에 이바지할 수 있는 저력이 다분한 한국 그리스도인으로서 우리의 국가정체성과 그리스도인이라는 종교적 정체성이 의미하는 바를 다시 한 번 짚고 넘어가야 할 것이다.

---

49 Frank Griswold Ⅲ(성공회 대주교), *LA Times*, Jan 18, 2003.